କଲ୍ଲୋଳିନୀ

କଲ୍ଲୋଳିନୀ

ନିରୁପମା ଦେବୀ

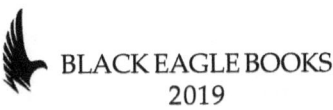

BLACK EAGLE BOOKS
2019

BLACK EAGLE BOOKS

USA address:
7464 Wisdom Lane
Dublin, OH 43016

India address:
E/312, Trident Galaxy, Kalinga Nagar,
Bhubaneswar-751003, Odisha, India

E-mail: info@blackeaglebooks.org
Website: www.blackeaglebooks.org

First International Edition Published by
BLACK EAGLE BOOKS, 2020

KALLOLINI
by **Nirupama Devi**

Copyright © **Nirupama Devi**

All rights reserved. No part of this publication may be reproduced, stored in a retrieval system, or transmitted, in any form or by any means, electronic, mechanical, photocopying, recording or otherwise without the prior permission of the publisher.

Cover & Interior Design: Ezy's Publication

ISBN- 978-1-64560-059-6 (Paperback)

Printed in United States of America

ଉତ୍ସର୍ଗ

ମହାପ୍ରଭୁ, ତୁମେ ହିଁ ତ ମୋର ସବୁ। ତୁମ ଇଚ୍ଛାବିନା କିଛି ବି ସମ୍ଭବ ନୁହଁ। ଅନ୍ତରୁ ଜାଣେ, ତୁମ ଇଚ୍ଛାର ପ୍ରଦତ୍ତ ଏହି 'ଅର୍ଘ୍ୟ' ମୋର ନୈବେଦ୍ୟ ଗ୍ରହଣ କରି ଉତ୍‌ଫୁଲ୍ଲିତ କରାଇଛ। ତୁମ ନିର୍ଦ୍ଦେଶରେ ଏହି ସାଫଲ୍ୟତା ମୋର ସ୍ୱର୍ଗୀୟ ପୁଜ୍ୟ ନନାବୋଉଙ୍କୁ ଉତ୍ସର୍ଗ କରି ଆତ୍ମସୁଖୀ ହେଉଛି। ଜାଣେ 'ତୁମେ ଦୁହେଁ ହସୁଥିବ ମୋ ବାଚାଳତାରେ।'

ତୁମରି

ଚଗଲି ନିରୁ

ସ୍ୱାମୀ ବିଶ୍ୱେଶ୍ୱର ଦାଶଙ୍କ ସହିତ ନିରୁପମା ଦେବୀ

ଜୟ ଜଗନ୍ନାଥ

କ'ଣ କହିବି ବା ଲେଖିବି ଜାଣି ପାରୁନି। ପ୍ରଥମେ ଶୈଳେଶ୍ୱର ବାବୁଙ୍କୁ ମୋର ଆନ୍ତରିକ କୃତଜ୍ଞତା ଜଣାଉଛି। ତାଙ୍କର ସାହାଯ୍ୟ କେବେ ବି ଭୁଲି ପାରିବିନି। ଆମର ପ୍ରଥମ ନାତି 'ଗବୁ'ର ଜନ୍ମ ସମୟର ତତ୍ପରତା ବା ମୋର ସାନ ପୁଅର ଗୋଡ଼ ଭାଙ୍ଗିଯିବା ସମୟରେ ତାଙ୍କର ସହାୟତା ସବୁ ସ୍ମୃତିରେ ରହିଛି, ରହିଥିବ ଏ ଜୀବନ ଥିବା ଯାଏଁ।

ପ୍ରଥମ ଦେଖାରେ ମୁଗ୍ଧ କରିଥିଲା ତାଙ୍କର ଅମାୟିକ, ସାବଲୀଳ, ସ୍ୱଚ୍ଛ କଥାବାର୍ତ୍ତା। ଯେତେ ଦେଖିଛି, ମିଳାମିଶା କରିଛି ସେଥିରେ ସାମାନ୍ୟତମ ଖୁଣ ନଜରରେ ପଡ଼ି ନାହିଁ। ବରଂ ଅଧିକରୁ ଅଧିକ ପ୍ରଫୁଲ୍ଲିତ କରାଇଛି। ତାଙ୍କର ସାହିତ୍ୟ କୃତି, ନାଟକୀୟ ପ୍ରତିଭା, ଅନୁଗୁଳ ପରିବେଶରେ ମିଳାମିଶା, ଶ୍ରଦ୍ଧାଭାବ ମୋର ଅବଚେତନ ମନରେ ଛାପି ହୋଇ ରହିଯାଇଛି। ତେଣୁ ସାନଝିଅ ମାମି, ଜ୍ୱାଇଁ ନିରଞ୍ଜନ ଯେତେବେଳେ ପଚାରିଲେ 'ମୁଖବନ୍ଧ' ଲେଖା କାହା ଦ୍ୱାରା କରିବା, ତତ୍‌କ୍ଷଣାତ ମୋ ମୁହଁରୁ ତାଙ୍କରି ନାମ ବାହାରି ପଡ଼ିଥିଲା। ଏଥିପାଇଁ କେବେ ବି ମୁଁ ପୂର୍ବରୁ ଚିନ୍ତା କରି ନ ଥିଲି। ବାଧବାଧକତା ନଭାବି ସେ ଅନୁରୋଧକୁ ଶୈଳେଶ୍ୱରବାବୁ ରକ୍ଷା କରିଥିବାରୁ ମୁଁ ଅତ୍ୟନ୍ତ ଆନନ୍ଦିତ। ବହୁତ ଖୁସି ଅନୁଭବ କରୁଛି।

ହଁ, ପ୍ରଥମ ଅଜା ଆଈ ହେବାର ଅନୁଭବ ଯେଉଁମାନେ ହେଇ ସାରିଛନ୍ତି ବା ହେବେ ସେମାନେ ଜାଣିଥିବେ ଓ ଜାଣିବେ । ସେ ଅନୁଭବ ବର୍ଣ୍ଣନାତୀତ । ସବୁଠାରୁ ବଡ଼ କଥା ହେଉଛି, ସେ ଅନୁଭୂତିକୁ ସେ ସଂଚିତ କରି ରଖିଛନ୍ତି । ମୋ ସ୍ୱାମୀଙ୍କୁ ଏତେ ଭଲ ଭାବରେ ଚିହ୍ନି, ଜାଣି, ଶ୍ରଦ୍ଧା ଜ୍ଞାପନ କରିଛନ୍ତି । ମୋ ପ୍ରତି ତାଙ୍କର ଉଦାର, ଶ୍ରଦ୍ଧେୟ ମନୋବୃତ୍ତି ବାକି ଦିନଗୁଡ଼ିକ ପାଇଁ ମୋର ପାଥେୟ ହୋଇ ରହିଲା । ଅନୁଗୁଳର ସେ ପରିବେଶର ଅନୁଭୂତି ସର୍ବ ଅନୁଭବୀମାନଙ୍କ ହୃଦୟରେ ନିଶ୍ଚୟ ଛାପ ରଖି ଦେଇଥିବ ।

ମୁଁ ନିଜକୁ ଜଣେ କବି ବା କବୟିତ୍ରୀ ଭାବେ ନିଜକୁ କେବେ ବି ଭାବି ନାହିଁ । ହଁ, ଅତୀତରେ 'ପ୍ରଜାତନ୍ତ୍ର' ଓ 'ସମାଜ'ରେ କିଛି ଲେଖା ମୋର ପ୍ରକାଶିତ ହୋଇଥିଲା । ବୋଧିପ୍ରିୟ ସ୍ୱର୍ଗତ ରାଧାକୃଷ୍ଣ ସାହୁ, ଡାଇରେକ୍ଟର ଭେଟେନାରୀଙ୍କ ସଦିଚ୍ଛାର ପ୍ରେରଣା ପାଇଁ ତିନି ଚାରି ଥର ନିଜ ଆଗ୍ରହରେ ଏହି କାର୍ଯ୍ୟ କରାଇଥିଲେ ।

ସେହିପରି ଆମେରିକାର ଓଡ଼ିଆବାସୀମାନଙ୍କ ଦ୍ୱାରା ପ୍ରକାଶିତ ବିଭିନ୍ନ ପତ୍ରିକାରେ କିଛିଟା ଲେଖା ପ୍ରକାଶ ପାଇଛି । ଏଠି ଜଙ୍ଗଲ ବିଭାଗର ବାର୍ଷିକ ପତ୍ରିକା 'ସବୁଜିମା'ରେ କଛିଟା ଲେଖା ପ୍ରକାଶିତ । କେବେ ବି ମୁଁ ସ୍ୱତଃପ୍ରବୃତ୍ତ ଭାବେ ନିଜ ଲେଖାର ପ୍ରଚାର ପ୍ରସାର କରିବା ପାଇଁ ଉଦ୍ୟମ କରିନାହିଁ, ଏହା ମୋ ସ୍ୱଇଚ୍ଛାକୃତ । ଆମର ଓଡ଼ିଆ ସାହିତ୍ୟ ସମୃଦ୍ଧ । ଏ ଲେଖିକା ଏ କ୍ଷେତ୍ରରେ ନିଜକୁ ଏତେ ତୁଚ୍ଛ ଭାବେ ଯେ, କିଛି ଭାବନାକୁ ଅକ୍ଷରରେ ସଜାଇ, ତାହାକୁ ସାହିତ୍ୟ ଓ କବିତା ଆକାରରେ ସ୍ଥାନ ଦେବା ପାଇଁ କୁଣ୍ଠିତ ମନେ କରେ । ଆଉ ଜଣେ ମୋତେ ଅତ୍ୟନ୍ତ ଭଲ ପାଉଥିବା ସ୍ନେହଶୀଳା ମୋର ମୋର ଭାଇନାଙ୍କ ବଡ଼ବୋହୂ 'ମନି' ସବୁବେଳେ ମୋ ପଛରେ ପଡ଼ିଥାଏ, "ତୁମ ଲେଖା ସବୁ ମୋତେ ଦିଅ ମୁଁ ଛପାଇବି ।" ମୁଁ ଗୁରୁତ୍ୱ ନେଇ ହସରେ ଉଡ଼ାଇ ଦିଏ ତା' କଥାକୁ । ଆଜି ସେ 'ପରପାରି'ରେ ମୋର ଏ ପୁସ୍ତକ ପ୍ରକାଶିତ ହେଉଥିବା ଦେଖି ନିଶ୍ଚୟ ଖୁସି ହେଉଥିବ । ଅଭୁଲା ସେ ସ୍ନେହ ବନ୍ଧନ, ଅତୁଟ । ଏବେ ଅଶୀତି ପର ବୟସରେ ସନ୍ତାନସନ୍ତତିଙ୍କ ଆଗ୍ରହ ଆକାଂକ୍ଷା ପାଖରେ ମୁଣ୍ଡ ନୁଆଁଇବାକୁ ବାଧ ହେଲି । ଈଶ୍ୱରଙ୍କ ଆଶୀର୍ବାଦ ଫଳରେ ସ୍ୱାମୀଙ୍କର ବନ ବିଭାଗ ଯୋଗଦାନ, ମୋର ସବୁଜ ପ୍ରକୃତି ପ୍ରତି ଆସକ୍ତି ଏବଂ ମୋହ ପରିପୂରଣ ହୋଇଥିଲା । ବାଲ୍ୟ, କୈଶୋରରେ ପରିବେଶ, ପୁରୀ ଘର ବିଶାଳ ବଗିଚାର ସୌନ୍ଦର୍ଯ୍ୟ ମୋ ମନରେ ଚିର ସମ୍ପଦ ହୋଇରହିଛି । ମୋ ପିତୃଗୃହ ପୁରୀ ଟାଉନ୍‌ରେ ହୋଇଥିଲେ ବି

ସାକ୍ଷୀଗୋପାଳସ୍ଥିତ ସୋମେଶ୍ୱରପୁରରେ ଆମର ବିରାଟ ପରିବାର ଅବସ୍ଥାନ କରୁଥିଲେ। କାଳକ୍ରମେ ତାହା ଖଣ୍ଡବିଖଣ୍ଡିତ। ରକ୍ଷଣଶୀଳ ବ୍ରାହ୍ମଣ ପରିବାରର ସର୍ବକନିଷ୍ଠା କନ୍ୟା ରୂପେ ଆଦୃତ ଏବଂ ଗେହ୍ଲାପଣରେ ଉବୁଟୁବୁ ହେଲେ ବି ସେ ସମୟରେ ନାରୀ ସମାଜର ସୀମାରେଖା ପରିଧି ଡେଇଁବାର 'ଯୁ' ନ ଥିଲା। କିନ୍ତୁ ନନା, ଭାଇନା, ଦଦେଇ, କକେଇ, ମାମୁ ପ୍ରଭୃତି ପରିବାରର ମୁଖ୍ୟ ପୁରୁଷଗଣ ସଂସ୍କୃତି ସମ୍ପନ୍ନ ଥିଲେ। ଯେତେଦୂର ସମ୍ଭବ ପରିବାରର ମହିଳା ଓ କନ୍ୟାଗଣଙ୍କୁ ଶିକ୍ଷିତା, ସୁରୁଚିସମ୍ପନ୍ନା କରିବାରେ ସାହାଯ୍ୟ କରିଥିଲେ। ବୟସ୍କା ମହିଳାଗଣ ସେମାନଙ୍କ କନ୍ୟା ଯେପରି ଶାଶୂ ଘରେ ନିନ୍ଦିତ ନ ହୋଇ ପିତୃ ପରିବାରର ସୁନାମ ରକ୍ଷା କରିବ ସେଥିପ୍ରତି ଅତ୍ୟନ୍ତ କଠୋର ମନୋବୃତ୍ତି ରଖୁଥିଲେ। ଏହିପରି ସଂଘାତ ଏବଂ ଗୃହର କଠୋର ଚଳଣୀ, ଆଦବକାଇଦା ଭିତରେ ମୁଁ ବଢ଼ିଥିଲି। ପରବର୍ତ୍ତୀ ଜୀବନାନୁଭୂତିରେ ଏହା ମୋତେ ରକ୍ଷା କରିଛି। ଆଧ୍ୟାତ୍ମିକ ପରିବେଶ, ଗୃହରେ ଶାନ୍ତି, ସୁରକ୍ଷା ପ୍ରଦାନ କରୁଥିଲେ ବି ଅନ୍ଧବିଶ୍ୱାସ କିଛିଟା ପ୍ରଭାବ ବିସ୍ତାର କରୁ ନ ଥିଲା ତା' କହି ହେବ ନାହିଁ। କିନ୍ତୁ ମୋର ବିଶ୍ୱାସ, ପରବର୍ତ୍ତୀ କାଳର ଜୀବନ ଚଳନକୁ ଏହା ସୁଶୃଙ୍ଖଳିତ କରିଥାଏ।

ବୌଧଶକ୍ତି ଆସିବା ଦିନଠୁ ଜାଣୁଥିଲୁ ଶ୍ରୀଜଗନ୍ନାଥ ଆମର ପରମ ବାନ୍ଧବ, ରକ୍ଷାକର୍ତ୍ତା, ନୀତିପ୍ରତି ଚଳନରେ ଆପଣାର ସଖା, ସୁହୃଦ୍। ସେହି ପରମବ୍ରହ୍ମ, ସେହି ସର୍ବଦେବଦେବୀ, ସେହି ବିଶ୍ୱ ନିୟନ୍ତା ଭଗବାନ ସବୁ ଧର୍ମ ଏବଂ ଧର୍ମାବଲମ୍ବୀମାନଙ୍କର ଆରାଧ୍ୟ ଦେବତା, ଏକଇ ଈଶ୍ୱର। ତେଣୁ ଯିଏ ତାଙ୍କୁ ଯେଉଁ ଭାବରେ ଭାବିବେ ସେହି ଭାବରେ ପାଇବେ।

ଜଣେ ଗୃହିଣୀ ଯିଏ ଆତ୍ମ ପ୍ରଚାର ପ୍ରସାର ଲୋଭ ନ ରଖି ତା'ର ସନ୍ତାନସନ୍ତତି, ପରିବାର, କୁଟୁମ୍ବ ଦୃଢ଼ ଶୃଙ୍ଖଳିତ ଭାବରେ ଚଳାଏ ସେହି ଏକା ଅନନ୍ୟା ସୁଗୃହିଣୀ। ଏଥିପାଇଁ ଦୃଢ଼ ମନୋବଳ ଏକାନ୍ତ ଆବଶ୍ୟକ। ଏହା ଥିଲା ମୋ ବୋଉର ଶିକ୍ଷା। ନନା ମୋର ଥିଲେ ସନ୍ଥ ପୁରୁଷ। ନିଜର ସ୍ୱାର୍ଥ ବଡ଼ ନ କରି, ଅପର ସୁଖଦୁଃଖରେ ଭାଗୀ ହେବା ମାନବ ଧର୍ମ। ତୁମର ଆପଣା ବୁଦ୍ଧି, ବିବେକ, ବିବେଚନାରେ ସର୍ବଦା ନିରୀକ୍ଷଣ କରି ଆପଣା କ୍ଷତି ତୁଳନା ନ କଲେ ଶାନ୍ତି ମିଳିଥାଏ। ପିତୃପ୍ରତିମ, ମୋ ଭାଇନା, ସାରା ଜୀବନ ଆମ ଗୃହ, ପରିବାର, କୁଟୁମ୍ବର ଛାଇ ହୋଇ ରକ୍ଷା କରିଛନ୍ତି। ଏହି ଆଦର୍ଶ ଯଦି କିଛିଟା ମୋ ଜୀବନରେ ପ୍ରତିଫଳିତ ହୋଇଥାଏ, ତେବେ ଆପଣାକୁ ଭାଗ୍ୟଶାଳୀ ବୋଲି ଭାବିବି।

ପ୍ରଭୁ କୃପାରୁ ମୋର ବିବାହ ଏପରି ପରିବାରରେ ହୋଇଥିଲା ଯେ ସମସାମୟିକ ସମାଜରେ ଆଦୃତ, ପ୍ରତିଷ୍ଠିତ ଥିଲେ। ମୋ ଶ୍ୱଶୁର ସ୍ୱର୍ଗତ ଶ୍ରୀଯୁକ୍ତ ଗୋପୀନାଥ ଦାଶ, ସେ ସମୟର ପରାଧୀନ ଭାରତରେ ବିହାର-ଓଡ଼ିଶାର ଡେପୁଟି କଲେକ୍ଟର ଥିଲେ। ସାଧୁତା, ନୀତିବାନ, ସଚ୍ଚୋଟ, ଧାର୍ମିକ, ଅମାୟିକ ଶାସକ ଭାବେ ବିଖ୍ୟାତ ଥିଲେ। ତାଙ୍କର ଜ୍ଞାତି ଭାଇ ଥିଲେ ଆଚାର୍ଯ୍ୟ ହରିହର ଦାଶ ଏବଂ ପଣ୍ଡିତ ନୀଳକଣ୍ଠ ଦାଶ। ଶୁଣିଛି ତାଙ୍କ ଗୃହରେ ବିଦ୍ରୋହୀ ସ୍ୱାଧୀନତା ସଂଗ୍ରାମୀଙ୍କର ଯିବାଆସିବା ବିଷୟରେ ବ୍ରିଟିଶ ସରକାରଙ୍କ ତରଫରୁ ଅନୁସନ୍ଧାନ କରାହୋଇ ତାକୁ କୈଫିୟତ ତଲବ କରାଯାଇଥିଲା। ତା'ର ଉତ୍ତରରେ ସେ ଲେଖିଥିଲେ ସେମାନେ ମୋ ଭାଇ, ସ୍ୱଗୃହକୁ ଯିବା ଆସିବା ମୁଁ ବନ୍ଦ କରିପାରିବି ନାହିଁ। ମୋର କର୍ମପନ୍ଥା ସେଥି ସହିତ ସଂପୃକ୍ତ ନୁହେଁ। ଆପଣ ଅନୁସନ୍ଧାନ କରି ପାରନ୍ତି।" ସ୍ୱାମୀ ପ୍ରଥମ ଡିଭିଜନ ଚାର୍ଜ ନେଇ ସମ୍ବଲପୁର ଅବସ୍ଥାନ କାଳରେ ଶ୍ୱଶୁରଙ୍କ ପରିଚିତ ବୃଦ୍ଧ ଭଦ୍ରଲୋକ ନାତିମାନଙ୍କ ସହାୟତାରେ ଓ ଡ୍ରାଇଭର ଅସରଫିଙ୍କ ପ୍ରୌଢ଼ ପୁତ୍ର ଜମାଲ ସମସ୍ତେ ଗୋପୀନାଥ ଦାଶଙ୍କ ପୁତ୍ରଙ୍କୁ ଦେଖିବାକୁ ଆସିଥିଲେ। ସେମାନଙ୍କର ପୂର୍ବ ସମୟ ବିଷୟରେ କଥାବାର୍ତ୍ତା ଶୁଣି ଅଭିଭୂତ ହୋଇଥିଲି। ଏହି ଦୁଇ ଗୃହ ମର୍ଯ୍ୟାଦାର କିଛିଟା ଯହି ମୋ ସନ୍ତାନମାନଙ୍କ ଜୀବନରେ ପ୍ରତିଫଳିତ ହୋଇଛି। ତେବେ ତାହା ଈଶ୍ୱରଙ୍କ ଅନୁଗ୍ରହ, ଆଶୀର୍ବାଦ ବୋଲି ଭାବିବି। ମୋ ସ୍ୱାମୀ ସ୍ୱମର୍ଯ୍ୟାଦାରେ ଆଦୃତ ଓ ପ୍ରତିଷ୍ଠିତ। ତାଙ୍କ ସହଧର୍ମିଣୀ ହୋଇ ମୁଁ ସୌଭାଗ୍ୟବତୀ।

ଆମେରିକାବାସୀ ଶ୍ରୀଯୁକ୍ତ ସତ୍ୟ ପଟ୍ଟନାୟକ ଲେଖକ, ପ୍ରକାଶକ ଏବଂ ପ୍ରବାସୀ ଓଡ଼ିଆ ସମାଜର ପ୍ରତିଷ୍ଠିତ ବ୍ୟକ୍ତିତ୍ୱ। ତାଙ୍କର 'ବ୍ଲାକ୍ ଇଗଲ୍ ବୁକ୍ସ' ପ୍ରକାଶନୀ ସଂସ୍ଥା ଦ୍ୱାରା ମୋର ଏ ପୁସ୍ତକଟିକୁ ଛାପିବାର ଆଗ୍ରହ ପ୍ରକାଶ କରିଥିବାରୁ ତାଙ୍କୁ ଅଶେଷ ଧନ୍ୟବାଦ ଜଣାଉଛି ଏବଂ ଶ୍ରୀଯୁକ୍ତ ଅଶୋକ ପରିଡ଼ା ମହୋଦୟ ଏହି ପୁସ୍ତକଟି ପ୍ରକାଶନରେ ବହୁମୂଲ୍ୟ ସମୟ ଦେଇଥିବାରୁ ତାଙ୍କୁ ମଧ୍ୟ କୃତଜ୍ଞତା ଜଣାଉଛି।

ଶ୍ରୀଧମା ଉଦ୍‌ଦାସ

ତା ୨।୧।୨୦୨୦

ମୁଖବନ୍ଧ

ହଠାତ୍ ଗଲା ସପ୍ତାହରେ ବାଉରୀବନ୍ଧୁ ଓ ନିରଞ୍ଜନବାବୁଙ୍କଠୁ ଫୋନ୍ ପାଇ ଆଚମ୍ବିତ ହେଲି, ସେମାନଙ୍କର ଶାଶୂ ନିରୁପମା ଦାଶଙ୍କର ରଚିତ କବିତା ସଂକଳନ 'କଲ୍ଲୋଳିନୀ' ସେମାନେ ପ୍ରକାଶ କରିବାକୁ ଯାଉଛନ୍ତି। ଶୁଣି ଖୁସି ହେଲି। ପଚାରିଲି ବହୁତ ଭଲ କଥା। ହେଲେ ମତେ କ'ଣ କରିବାକୁ ପଡ଼ିବ? ସେମାନେ କହିଲେ- ତୁମେ ତା'ର ମୁଖବନ୍ଧ ଲେଖିବ। ମୁଁ ଆଶ୍ଚର୍ଯ୍ୟ ହେଲି, କହିଲି ଏ ଚିନ୍ତା ଆପଣମାନଙ୍କୁ ଆସିଲା କାହିଁକି? ଦୁହେଁ ଏକ ସଙ୍ଗେ କହିଲେ- ଶାଶୂଙ୍କର ଏଇଆ ଇଚ୍ଛା। ମୁଁ ହତବାକ୍ ହେଲି। ନିରୁପମା ଦେବୀ ଯେ ଏଯାବତ୍ ମୋ ପରି ଅଧମର ସାହିତ୍ୟ ସାଧନା ପ୍ରତି ସଚେତନ ଏ କଥା ଜାଣି ଖୁସି ହେଲି। ସଙ୍ଗେ ସଙ୍ଗେ କହିଲି ଏ ତ ଅନୁରୋଧ ନୁହେଁ, ଆଦେଶ। ମୋର ମନା କରିବାର ଜୁ' ନାହିଁ। କାରଣ ଶ୍ରୀଯୁକ୍ତ ବିଶ୍ୱେଶ୍ୱର ଦାଶ ଓ ଶ୍ରୀମତୀ ନିରୁପମା ଦେବୀଙ୍କୁ ମୁଁ ଏକ ସମ୍ମାନାସ୍ପଦ ଆସନରେ ଅଧିଷ୍ଠିତ କରିଛି ୧୯୬୮ରୁ।

ମୋ ଚାକିରି ଜୀବନ ଆରମ୍ଭ ୧୯୬୮ରୁ ଅନୁଗୁଳଠାରୁ। ସେହିଠାରେ ମୁଁ କନ୍‌ଜରଭେଟର ବିଶ୍ୱେଶ୍ୱର ଦାଶ ଓ ଶ୍ରୀମତୀ ନିରୁପମା ଦେବୀଙ୍କର ଅତି ନିକଟତର ହୋଇଥିଲି। ମୋର ଅତି ଆତ୍ମୀୟ ସାନଭାଇଠାରୁ ଅଧିକ ବାଉରୀବନ୍ଧୁର ଶାଶୂ-ଶ୍ୱଶୁର ସେମାନେ। ଏଣୁ ଡାକ୍ତର ହିସାବରେ ଓ ସମ୍ପର୍କୀୟ ଭାବରେ ମୁଁ ତାଙ୍କ ଘରେ ଅତି ଆତ୍ମୀୟ ସ୍ୱଜନ ହୋଇ ଉଠିଥିଲି। ତାଙ୍କ ବିସ୍ତୀର୍ଣ୍ଣ କ୍ୱାର୍ଟରରେ ଅନେକ ସନ୍ଧ୍ୟାରେ ଗପସପଠାରୁ ଫରେଷ୍ଟବାଲାଙ୍କର ପାର୍ଟିମାନଙ୍କରେ ଏକାଠି ହେବାର ସୁଯୋଗ ମତେ ମିଳିଛି। ବିଶ୍ୱେଶ୍ୱରବାବୁ ଜଣେ ହସଖୁସିଆ ମଣିଷ। ଥଟ୍ଟାପରିହାସଠାରୁ ହାସ୍ୟରସର ଅବତାରଣା କରିବାରେ ସେ ସିଦ୍ଧହସ୍ତ। ଶ୍ରୀମତୀ ନିରୁପମା ଦେବୀ ଜଣେ ଅତି ସ୍ନେହୀ, ଅମାୟିକ, ଧର୍ମପରାୟଣା ନାରୀ। କଳାନିପୁଣା ଯେତିକି ତୀକ୍ଷ୍ଣ ବୁଦ୍ଧିମତୀ ସେହିପରି। ପ୍ରଭୁ ଶ୍ରୀଜଗନ୍ନାଥଙ୍କର ରୀତିନୀତି

ଓ ସମସ୍ତ ସ୍ୱାତନ୍ତ୍ର୍ୟ ଓ ବୈଶିଷ୍ଟ୍ୟର ଟିପ୍ପଣି ଦେବାରେ ସେ ସିଦ୍ଧହସ୍ତା। ସମସ୍ତ ପର୍ବପାର୍ବଣୀରେ ପିଠାପଣାଠାରୁ ପୂଜାଅର୍ଚ୍ଚନାର ବୈଶିଷ୍ଟ୍ୟର ଅବତାରଣାରେ ସେ ଥିଲେ ନିର୍ଭୁଲ ଓ ସ୍ପଷ୍ଟ। ତାଙ୍କ ପାଖରେ ବସିଲେ ସମୟ କେମିତି କଟିଯାଏ ଜଣାପଡ଼େନି। ବିଶ୍ୱେଶ୍ୱର ଦାଶଙ୍କର ବୈଜ୍ଞାନିକ ପରୀକ୍ଷା ନୀରିକ୍ଷା କଥା ଜାଣିଲେ ଆପଣ ବି ହତବାକ୍ ହେବେ। ଘଣ୍ଟାରେ ଲେଖାଥିବା ୱାଟରପ୍ରୁଫ୍‌ର ପରୀକ୍ଷା କରିବାକୁ ସେ ଆମମାନଙ୍କ ଆଗରେ ଗ୍ଲାସ୍‌ଭରା ପାଣି ଭିତରେ ନିଜ ହାତଘଣ୍ଟାକୁ ବୁଡ଼ାଇ ଦେଖାଇବା କଥା ମନେ ପଡ଼ିଲେ ଆଜି ବି ହସ ଲାଗେ। କିନ୍ତୁ ଏହାହିଁ ବାସ୍ତବିକ ବୈଜ୍ଞାନିକ ପରୀକ୍ଷା।

ଆଜି ବି ମନେ ଅଛି ଗୀତା ଏବଂ ବାଉରୀବନ୍ଧୁଙ୍କ ପ୍ରଥମ ସନ୍ତାନ ଗବୁର ଜନ୍ମ କଥା। ସକାଳ ପହରୁ ମତେ ଡକା ପଡ଼ିଲା। ଆସିଲେ ଜଣେ ନର୍ସ ତାଳଚେରରୁ। ଆମେ ସବୁ ଥାଇ 'ଗବୁ' ଜନ୍ମ ହେଲା। ଶ୍ରୀମତୀ ଦାସଙ୍କର ପିଠା ଓ ମିଠା ଖାଇବା। ବିଶ୍ୱେଶ୍ୱର ବାବୁଙ୍କ ମଜାମଜା କଥାର ଅବତାରଣା ଅପେକ୍ଷାରତ ସମସ୍ତଙ୍କୁ ଉଦ୍‌ବୁଦ୍ଧ କରିଥିଲା। ଜୀବନର ଲକ୍ଷ୍ୟ ଯେ ହସ ଓ ଆନନ୍ଦ ଏ କଥା ପତି ପତ୍ନୀ ନୁହେଁ ଆମମାନଙ୍କୁ ବାରମ୍ବାର ଚେତାଇ ଦେଉଥିଲା। ପିତାମାତାରୁ ସେହିଦିନ ସେମାନେ ଜେଜେବାପା, ଜେଜେମା' ହେଲେ। ପ୍ରଥମ ନାତିର ଜନ୍ମ ପରେ ବିଶ୍ୱେଶ୍ୱର ଦାଶ ଓ ନିରୁପମା ଦେବୀ ଏତେ ଖୁସି ହେଇଯାଇଥିଲେ ଯେ ଖିଆପିଆ ଉତ୍ସବର ଏକ ସୁନ୍ଦର ଆସର ଆରମ୍ଭ ହେଇଯାଇଥିଲା। ଅନୁଗୁଳର ଫରେଷ୍ଟ ଅଫିସ୍‌ରଙ୍କଠାରୁ ପୋଲିସ୍ ଅଫିସର୍ ଓ ସବ୍‌ଡିଭିଜନ୍ ଅଫିସର୍ ଓ ଅନ୍ୟ କାର୍ଯ୍ୟ ନିର୍ବାହୀମାନେ ଯେତେବେଳେ କୌଣସି ପାର୍ଟି ପିକ୍‌ନିକ୍‌ରେ ଏକାଠି ହେଉଥିଲେ ମତେ ଡାକୁଥିଲେ। ସମସ୍ତଙ୍କ ଭିତରେ ସାନ ହେଲେ ବି ଡାକ୍ତର ଭାବରେ ମୋର ଆବଶ୍ୟକତା ଯେତେ ନ ଥିଲା- ଜଣେ ସଂସ୍କୃତିସମ୍ପନ୍ନ ଲେଖକ, ଆଲୋଚକ ଓ ବକ୍ତା ଭାବେ ମୁଁ ସେମାନଙ୍କ ପାଖରେ ସମାଦୃତ ଥିଲି। ଆଜି ବି ମନେ ପଡ଼ନ୍ତି- କଞ୍ଜରଭେଟର ଅମ୍ବିକା ମହାନ୍ତି- ବୁଇଅପା। ଏସ୍‌ଡିଓ ଗୋବିନ୍ଦରାମ ଭଞ୍ଜ ଓ ଟ୍ରେଜେରି ଅଫିସର, ସେକେଣ୍ଡ ଅଫିସର୍ ଓ ସର୍ବୋପରି ବିଶ୍ୱେଶ୍ୱର ବାବୁ ଓ ଶ୍ରୀମତୀ ନିରୁପମା ଦାଶ। ସେମାନଙ୍କ ସ୍ନେହ ସୌହାର୍ଦ୍ଦ୍ୟ ଓ ଆପଣାପଣ ମତେ ଆତ୍ମହରା କରିଦେଇଥିଲା। ଏଯାବତ୍ ସେମାନଙ୍କ ହସହସ ମୁହଁ ମୋର ମନର ଯବକାଚରେ ପ୍ରତିବିମ୍ବିତ। ସମୟର ଅତଳ ସାଗର ତଳୁ ୫୦ ବର୍ଷ ତଳର ଅନେକ ଛୋଟବଡ଼ ସ୍ମୃତିସବୁ ଉଙ୍କିମାରି ମତେ ଶିହରିତ କରୁଛି।

ଶ୍ରୀମତୀ ନିରୁପମା ଦାଶ ତାଙ୍କ ଜୀବନର ବାସ୍ତବ ମୁହୂର୍ତ୍ତର ଅନୁଭୂତିକୁ ଲିପିବଦ୍ଧ କରିଛନ୍ତି କବିତା ମାଧ୍ୟମରେ ବିଭିନ୍ନ ସମୟରେ। ଯାହାକି ଆଜି ଏଇ କବିତା ସଂକଳନର ପ୍ରତିଟଠି ଧାଡ଼ିରେ ପ୍ରତିଟି କବିତାରେ ପ୍ରତିଭାତ କବି ସ୍ୱପ୍ନବିଳାସୀ ମନର ଗହନର

ସୁଖ, ଦୁଃଖ, ଆନନ୍ଦ-ନିରାନନ୍ଦ, ଆଶା-ନିରାଶା ପାଇବା ହରାଇବାର ଚିନ୍ତା ଚେତନାକୁ ଲିପିମୟ କରି ସେ ଗଢ଼ନ୍ତି ଏକ ସ୍ୱପ୍ନର କୋଣାର୍କ। ଯାହା ନିଜ ପାଇଁ ଯେତିକି ସ୍ମୃତି ରୋମନ୍ଥନର କାରଣ ପାଠକଙ୍କ ପାଇଁ ସେତିକି ଉତ୍ସାହ ଉଦ୍ଦୀପନା ଓ ଜାଗରଣର ଚେତନା ହୋଇ ପରିପ୍ରକାଶ ହୋଇଥାଏ। ଶ୍ରୀମତୀ ନିରୁପମା ଦାଶ ନିଜର କବିତାରେ ଜୀବନ, ଜଞ୍ଜାଳ, ସୃଷ୍ଟି, ସମୟ ଓ ପରିବାର ସବୁ କିଛିର ନିଛକ ଚିତ୍ରାୟନ କରିବା ସଙ୍ଗେ ସଙ୍ଗେ ଆଧ୍ୟାତ୍ମିକତାର ପ୍ରଲେପ ଦେଇ ପ୍ରଭୁ ଶ୍ରୀଜଗନ୍ନାଥଙ୍କଠାରେ ନିଜର ନୈବେଦ୍ୟ ଅର୍ପଣ କରିବାକୁ ଭୁଲି ନାହାନ୍ତି। ସକଳ ଭୌତିକ ବାସ୍ତବବାଦର ଉପରେ ଯେ ବିଶ୍ୱନିୟନ୍ତା ଭଗବାନଙ୍କର ଏକ ମନୋଜ୍ଞ ଉଦ୍ଦେଶ୍ୟ ଓ ବିଧାନ ଅଛି ଏ କଥା ଅଧିକାଂଶ କବିତାର ପଂକ୍ତିସବୁରେ ସେ ବାରମ୍ବାର ପ୍ରକାଶ କରିଛନ୍ତି।

ଶ୍ରୀମତୀ ଦାଶଙ୍କର ଜୀବନାନୁଭୂତି ଓ ମାନସମନ୍ଥନରୁ ସମ୍ଭୂତ କବିତାମାନଙ୍କର ଏହା ଏକ ମନୋଜ୍ଞ ସଂକଳନ। ପ୍ରଥମ ଭାଗରେ ୧୨୦ରୁ ଊର୍ଦ୍ଧ୍ୱ କବିତା ଓ ଦ୍ୱିତୀୟ ଭାଗରେ ଅନେକ କ୍ଷୁଦ୍ର କବିତା ଓ ଖଣ୍ଡ କବିତାର କୁସୁମାଞ୍ଜଳି ବାଢ଼ି ଦେଇଛନ୍ତି ପାଠକମାନଙ୍କୁ। ଚିନ୍ତା ଚେତନା, ମନନ, ମନ୍ଥନ ତଥା ସ୍ୱପ୍ନ ଓ ବାସ୍ତବତାର ସନ୍ଧିକ୍ଷଣରେ ଠିଆ ହେଇ ଦୂର ଦିଗ୍‌ବଳୟ ପ୍ରତି ଦୃକପାତ କରିବାର ଏହା ଏକ ସଫଳ ପ୍ରଚେଷ୍ଟା। ମୁହୂର୍ତ୍ତକର, ଦିନକର, ମାସକର ବା ବର୍ଷକର ନୁହେଁ ସାରା ଜୀବନର ଅଭିଜ୍ଞତା ଓ ସାଉଁଟା ସ୍ମୃତି ମନ୍ଥନରୁ ବାହାରିଥିବା ଅମୃତ ତାଙ୍କ କଲମ ମୁନରେ ଝରି ପଡ଼ିଛି କବିତାର ଝର ନିର୍ଝର ହୋଇ। କାହା ପ୍ରତି ଆକ୍ଷେପ ବା କଟାକ୍ଷ ନାହିଁ, ସେଥିରେ ବରଂ ଅଛି; କିଛି ସ୍ନେହ ପ୍ରେମ ଭରା ଜୀବନଗାଥା ଓ କିଛି ବିଭୁପଦରେ ଢାଳି ଦେଇଥିବା ଅଶ୍ରୁଳ ନିବେଦନ ଓ ଶ୍ରଦ୍ଧାଞ୍ଜଳି। ଦୁଃଖଭରା ହାହୁତୋଷ୍ମୀ ନାହିଁ କି ସୁଖରେ ବିହ୍ୱଳିତ ହେବାର ଚିତ୍ର ନାହିଁ। ପାଇବା ହରାଇବାର ପ୍ରକାଶ ନାହିଁ, ଅଛି ଜୀବନକୁ ଗ୍ରହଣ କରିବାର ଦୃଢ଼ତା ଓ ସଂକଳ୍ପବଦ୍ଧତା। ମା'କୋଳରେ ଆଶ୍ଳେଷରେ ଥିବା ମଧୁରତା, ପିଲାମାନଙ୍କର ଅଳିଅର୍ଦ୍ଦଳୀ ଭରା ଆତ୍ମୀୟତା, ସ୍ୱାମୀର ସ୍ନେହ-ପ୍ରେମ ଭିତରେ ଚିଡ଼େଇ ଦେବାର ଦୁଷ୍ଟାମୀ। ସବୁକିଛି ସେ ସୁନ୍ଦର ଭାବରେ ଚିତ୍ରଣ କରିଛନ୍ତି ନିଜର ସୃଜନଶୀଳ ପ୍ରତିଭାରେ କବିତା ମାଧ୍ୟମରେ।

ପାରିବାରିକ ବାସ୍ତବତାର ନିଛକ ଉପସ୍ଥାପନା ଓ ଯୁଗ୍ମଜୀବନ ଯାତ୍ରାର ମଧୁର ଆଲେଖ୍ୟ ଆଙ୍କି ସେ କୁହନ୍ତି-

ନହୁଏ ପଛକେ ରାଜରାଣୀ ମୁହିଁ
ରାଣୀ ମୋର ରାଜାଙ୍କର
ସେ ମଧୁ ଚେତନା ସେ ପ୍ରିୟ ଭାବନା
ମୋ ଗୌରବ ମୋ ଉପହାର।

ଜୀବନର ଗର୍ବଗୌରବ ଯେ ସ୍ତ୍ରୀ ଓ ମା' ହବାରେ ନିହିତ- ଏ ମଧୁଚେତନାକୁ ସେ ଉଦ୍‌ଘୋଷଣା କରିଛନ୍ତି। ସୁମାତା ହବାର ଆନନ୍ଦ ସୁଖମୟ ସଂସାରର ଏକ ଅମୂଲ୍ୟ ସମ୍ପଦ। ଏ କଥାର ସୂଚନା ଦେଇ କବି କହିଛନ୍ତି-

"ରାଜମାତା ପଦ କିବା ବଡ଼କଥା- ସୁମାତା ମୋ ପିଲାଙ୍କର
ତାଙ୍କ ଶ୍ରଦ୍ଧାଭକ୍ତି ଶ୍ରେଷ୍ଠ ସମ୍ପଦ- ଚିର ସଖା ସହୋଦର
XXX ମନରେ ଢାଳିଛି ଆତ୍ମୀୟ ଭାବନା ସୁଖମୟ ଏ ସଂସାର।"

ଏ ସଂସାର ଯେ ସୁଖମୟ ଆନନ୍ଦର ଏହିପରି ସକରାତ୍ମକ ଭାବଧାରାରେ ସେ ଉତ୍‌ଫୁଲ୍ଲିତ। ଦୁଃଖ ଯେ ଜୀବନରେ ଆସିନି ତା' ନୁହେଁ, କିନ୍ତୁ ସେଥିରେ ମ୍ରିୟମାଣ ନ ହୋଇ ସେ ସ୍ଥିତପ୍ରଜ୍ଞ ପରି ବସି ରହି ନିଜ ମନକୁ ପ୍ରବୋଧ ଦେଇଛନ୍ତି। ଆତ୍ମୀୟସ୍ୱଜନଙ୍କର ଅବର୍ତ୍ତମାନରେ ନିଜର ମନୋଭାବନା ପ୍ରକାଶ କରିବାକୁ ଗଲାବେଳେ ମଣିଷ ମଣିଷ ଭିତରେ ଥିବା ଗଦାଗଦା ମତପାର୍ଥକ୍ୟର ବୋଝ ଓ ଅସହ୍ୟ ନିପୀଡ଼ନ କଥା ମଧ୍ୟ ଉଲ୍ଲେଖ କରିଛନ୍ତି।

ଶାନ୍ତସ୍ନିଗ୍ଧ ସମାହିତ ହୋଇ, ଅପୂର୍ବ ଆବେଗରେ ତ ଯାଇଅଛି ଶୋଇ
ଖୋଜିଲେ ଲୋଡ଼ିଲେ ମିଳିବନି ଆଉ, ସ୍ମୃତି ଖାଲି ରହିଯିବ ଭାର ହୋଇ
ମତପାର୍ଥକ୍ୟର ଗଦାଗଦା ବୋଝ- ଅସହ୍ୟ ତା ନିପୀଡ଼ନ ଭୁଲିବାନି
ଏ କାୟା ଥାଉ ଥାଉ, ଏ ସଂସାରର ରୀତି।

ସଂସାରର ବାସ୍ତବତା କଥା ଯେତେ ବଖାଣିଲେ ସରନି, ସୁଖ-ଦୁଃଖ, ଉଚ୍ଛ୍ୱାସ-ଯନ୍ତ୍ରଣା ସବୁ ଏହି ଦୁନିଆର ନିତ୍ୟ ନୈମିତ୍ତିକ ଘଟଣାଚକ୍ର। ଦୁଃଖରେ ଭାରାକ୍ରାନ୍ତ ହେଲେ ବି, ସଂସାର ଜଞ୍ଜାଳରେ ମ୍ରିୟମାଣ ହେଲେ ସୁଦ୍ଧା କବି ସ୍ଥିତପ୍ରଜ୍ଞ। ସେ ଚାହେଁନି ନିର୍ବାଣ। ଚାହେଁନି ସେ କପୋଳକଳ୍ପିତ ରାଜାର ସୁଖ-ଆନନ୍ଦ। ସେ ଚାହେଁ ଏଇ ମାଟି ମା' ଏଇ ଧରାଧାମ।

ଏଇ ଧରାସ୍ୱର୍ଗର ହାସ୍ୟ ଲାସ୍ୟ ସ୍ନେହର ସ୍ପର୍ଶତା ଅଫୁରନ୍ତ ଆନନ୍ଦର ଉତ୍ସ। ଭାରତୀୟ ପୁନର୍ଜନ୍ମବାଦର ଚେତନାରେ "ପୁନରପି ଜନନ୍ମ-ପୁନରନ୍ଧ ମରଣମ- ପୁନରପି ଜନନୀ ଜଠରେ ଶୟନମ୍" ସେ ବିଶ୍ୱାସ ରଖେ। ଏଣୁ କବୟିତ୍ରୀ ଶ୍ରୀମତୀ ଦାଶ ସେହି ହାସ୍ୟମୟୀ-ସ୍ନେହମୟୀ ଧରଣୀ ମା'ର ସାନ୍ନିଧ ଲାଭର କାମନା ବହୁ କବିତାରେ ପ୍ରକାଶ କରିଛନ୍ତି- ପ୍ରଭୁପଦରେ ମିନତୀ କରି ସେ କୁହନ୍ତି-

"ଲୋଡ଼ା ନାହିଁ ମୋର ନିର୍ବାଣ ପ୍ରଭୁ- ଲୋଡ଼ା ନାହିଁ ମୁକ୍ତିଧାମ
ତୁମ ହାତଗଢ଼ା ଏଇ ଧରାତଳ, ସର୍ବଦା ହୋଇଛି କାମ୍ୟ
ଚିର ହାସ୍ୟମୟୀ, ସ୍ନେହମୟୀ ଜନନୀ ଗୋ ଧରାଧାମ
ତୋ ସାନ୍ନଧ ଚିର କାମ୍ୟ।"

ସବୁ ବାସ୍ତବତା ଭିତରେ, ଜୀବନ ଜଞ୍ଜାଳ ମଧ୍ୟରେ ବି ଆଧ୍ୟାତ୍ମିକ ଚିନ୍ତାର ଆବେଶ କବିଙ୍କୁ ବେଶ ଜଡ଼ାଇ ରଖିଛି। ଜୀବନର ତିକ୍ତ କଷାୟ ଅନୁଭୂତି ଭିତରେ ବି ସେ ବିଭୁ ପଦ ଆଶ୍ରୟ ଲୋଡ଼ି ନିଜର ସମସ୍ତ କୃତି ଓ ସ୍ୱୀକୃତିକୁ ଶବ୍ଦ ଶକ୍ତିର ଅର୍ଘ୍ୟ ଦେଇ ପ୍ରଭୁ ପଦାରବିନ୍ଦରେ ଅର୍ପଣ କରିଛନ୍ତି।

"ଦୁରୁହ ପଥର ସହଯାତ୍ରୀ ତୁମ୍ଭେ
ସୁଗମ ପଥର ସାଥୀ
ପାପପୁଣ୍ୟ ଭରା ଅତଳ ପାପରୁ
ଉଦ୍ଧାରୁଛ ନୀତି ପ୍ରତି।"

ଚୀର ଅମଳିନ, ଚୀର ଶାଶ୍ୱତ ପ୍ରଭୁ ନିକଟରେ ଏ ସମର୍ପଣ ଭାବ ଅନନ୍ୟ। ନିଜକୁ ଠାକୁରଙ୍କ ଛଡ଼ାଫୁଲ, ବାସି ଚନ୍ଦନ ତୁଳସୀ ହେବାର ଅଦମ୍ୟ ଆକାଂକ୍ଷା ସେ ବହୁ କବିତାରେ ପ୍ରକାଶ କରିଛନ୍ତି।

ଏତେ ସବୁ ନିଗୂଢ଼ ଦାର୍ଶନିକ ମନସ୍ତତ୍ତ୍ୱ ଭିତରେ ବି ଶ୍ରୀମତୀ ଦାଶ ନିଜ ସ୍ୱାମୀଙ୍କ ପରି ହାସ୍ୟରସର ଅବତାରଣା କରିବାକୁ ଭୁଲି ନାହାନ୍ତି। ଓଡ଼ିଆ କବିତାମୟ ଢଗଢମାଳୀ ଉଦ୍ଧାର କରି କବିତାରେ ସଜାଇଛନ୍ତି ସେ-

"ଘରକୁ ଅଡୁଆ ବୁଢ଼ା, ପାଟିକୁ ଅଡୁଆ ଖଡ଼ା
ପାକୁଆ ପାଟିରେ ଚୁଷି ନଖାଇଲେ ହେବ ସିନା ଗଡ଼ା ପଡ଼ା।"

ନିଜକୁ ସହଜ ସରଳ କରି ଜୀବନକୁ ସକରାତ୍ମକ କରିବାର ନିର୍ଦ୍ଦେଶ ଦେଇଛନ୍ତି କବି। ଏହା ହିଁ ତାଙ୍କର ଜୀବନ ଆଦର୍ଶ। ଜୀବନର ଆତ୍ମଲିପି। ମନର କୋହ-ବେଦନା ଠାରୁ ଆରମ୍ଭ କରି ପରିବାର ପ୍ରିୟଜନଙ୍କ ପ୍ରତି ତାଙ୍କ ଆତ୍ମିୟତା ଓ ପ୍ରଭୁ ପଦାରବିନ୍ଦରେ ସମର୍ପିତ ଭାବର ଏକ ମନୋରମ ଅଭିଲେଖ।

ମୋର ସୌଭାଗ୍ୟ ଆଜି ୫୦ ବର୍ଷ ପରେ ମଧ୍ୟ ଶ୍ରୀମତୀ ନିରୁପମା ଦାଶ ମତେ ମନେ ରଖି ଏ କାର୍ଯ୍ୟ ସମ୍ପାଦନାର ଦାୟିତ୍ୱ ଦେଇଛନ୍ତି। ମୁଁ କୃତଜ୍ଞ। ତାଙ୍କର କନ୍ୟା-ଗୀତା, ମାମି ଓ ଜାମାତା ବାଉରୀବନ୍ଧୁ ଓ ନିରଞ୍ଜନବାବୁଙ୍କୁ ମଧ୍ୟ ଧନ୍ୟବାଦ ଜଣାଉଛି ଏ ମହନୀୟ କାର୍ଯ୍ୟ ସମ୍ପାଦନାର ଭାର ଦେଇଥିବାରୁ। ଏହାଠାରୁ ଅଧିକ ଶ୍ରଦ୍ଧାଞ୍ଜଳି ଆଉ କ'ଣ ହୋଇପାରେ? 'କଲ୍ଲୋଳିନୀ' କବି ଓ ସାହିତ୍ୟିକ ତଥା କଳାପ୍ରେମୀମାନଙ୍କ ଦ୍ୱାରା ସମାଦୃତ ହେବ।

ଡାକ୍ତର ଶୈଳେଶ୍ୱର ନନ୍ଦ

୧ ଜାନୁଆରୀ ୨୦୨୦

ସୂଚୀପତ୍ର

କବି	୨୩
ପକ୍ଷୀ	୨୪
ମନ ମହକ	୨୪
ଗୋପନ ବିଶ୍ୱାସ	୨୫
ନୈବେଦ୍ୟ	୨୬
ଅମୋଘ ସତ୍ୟ	୨୭
ଅନନ୍ତ ନିର୍ଭରତା	୨୮
କୃପା	୨୮
ଜନନୀ	୩୦
ପିତା	୩୧
ଅତୀତ	୩୩
ପରଶମଣି	୩୪
ନିୟତୀ	୩୫
ଗର୍ବଗଞ୍ଜନ	୩୬
ଗୋପନ ଆଶା	୩୭
ପରାଣ ସଖା	୩୮
ମନ	୩୯
ସାଗର	୪୦
ଧର୍ମ	୪୨
ଆବେଗ	୪୩
ସଖା	୪୪
ଆକର୍ଷଣ	୪୫
ଜୀବନ ପରେ	୪୭
ଆତ୍ମସନ୍ତୋଷ	୪୯
ନୀଳ ଆକାଶ	୫୦

ବନ୍ଧୁତ୍ୱ	୫୧
ସୁଖ ଦୁଃଖ	୫୨
ପ୍ରତୀକ୍ଷା	୫୩
ଅଜଣା ଅଚିହ୍ନା	୫୪
ବାନପ୍ରସ୍ଥ	୫୫
ରାଣୀ ମୁଁ	୫୬
ହତୋତ୍ସାହ	୫୭
ମାତୃ ଜଣାଣ	୫୮
ଅମୀମାଂସିତ ପ୍ରଶ୍ନ	୫୮
ନିରାଶିତ ଆଶା	୫୯
ସୁପ୍ତ ଆକାଙ୍କ୍ଷା	୬୦
ପ୍ରକୃତି	୬୧
ସଂସାର	୬୨
ଗୁପ୍ତାକାଂକ୍ଷା	୬୩
ପୂର୍ଣ୍ଣ ନିର୍ଭରତା	୬୪
ପ୍ରାର୍ଥନା	୬୫
୫ର ନିର୍ଝର	୬୬
ନିର୍ଜନତା	୬୭
ହେ ଅନନ୍ୟା	୬୮
ଦୁର୍ଲଭ୍ୟ	୬୮
ଏକାନ୍ତ କାମ୍ୟ	୬୯
ମହାବାହୁ	୭୦
କାରୁଣ୍ୟ	୭୧
ଅନ୍ତର ବାର୍ତ୍ତା	୭୩
ଚତୁର ନାବିକ ସିଏ	୭୩
ହୃଦୟର କୋଣ ଅନୁକୋଣ	୭୪
କଣ ବା କହିବି ତୁମକୁ	୭୫
ଆଉ ଥରେ ଦେବ ମୋତେ	୭୬
ଉଦିତ ସୂର୍ଯ୍ୟ	୭୭
ମନ	୭୮
ଆବଶ୍ୟକ ଅଷ୍ଟପଦୀ	୭୯
କୁଆଁରି ପୁନେଇ	୭୯
ଲାଳାୟିତ ହୃଦୟ	୮୦

ଆପଣା ହୃଦୟ ଅମୂଲ୍ୟ ସମ୍ପଦ	୮୦
କିପରି ତୁମକୁ ଭକତି କରିବି	୮୨
କହାଇଛ ତୁମ ମାତାଙ୍କୁ	୮୩
ଅଭିମାନ	୮୩
ପ୍ରାରବ୍ଧ	୮୫
ସବୁଜିମା	୮୭
ଅନ୍ଧାରୀ ଜୀବନ	୮୮
ସାନଭାଇ ପରି	୮୯
ସ୍ୱର୍ଗଦ୍ୱାର	୯୦
ଗୁପ୍ତ ଆକାଙ୍କ୍ଷା	୯୧
ଜୟ ଜଗନ୍ନାଥ	୯୨
ଜଞ୍ଜାଳ	୯୩
'ଗାନ୍ଧାରୀ ମୁଁ'	୯୪
ଓଡ଼ିଆଣୀ ନାରୀ	୯୬
ଚକାଆଖି	୯୭
ପ୍ରେମ	୯୮
ସ୍ନେହ	୯୯
ଦୂର	୧୦୦
ପୂର୍ବଜନ୍ମ	୧୦୧
ଧର୍ମଅଧର୍ମ	୧୦୨
କାହାର କରିବ ଭଲ	୧୦୩
ଆଶା	୧୦୪
ଖୋଜିବା	୧୦୫
ଦେବଦାସୀ	୧୦୭
ମା କଲ୍ୟାଣୀ	୧୦୮
ସବୁ ଛାଡ଼ିଲେ ସିନା	୧୦୯
ମୋ ହୃଦୟ ହୁଅନ୍ତା କି ସାଗର	୧୧୦
ଆପଣା ହୃଦୟ	୧୧୧
ହୃଦୟାଞ୍ଜଳି	୧୧୧
ତୁମରି ବାଣୀ	୧୧୧
ନିଗୂଢ଼ ସ୍ପର୍ଶ	୧୧୨
ଛଡ଼ା ଫୁଲ	୧୧୩
ପରାଣ ସଖା	୧୧୪

ସଖା	୧୧୫
ସୃଷ୍ଟି	୧୧୬
ଚିରସାଥୀ ହେବ ନାହିଁ କି ?	୧୧୭
ପ୍ରତ୍ୟାଶାରତ	୧୧୭
ଅବସାଦ	୧୧୮
ଅପୂରଣୀୟ ଆକାଂକ୍ଷା	୧୧୯
ତୁମ ଦରକାର	୧୨୧
ଅନୁଭୂତି	୧୨୨
ଅନ୍ତର୍ଦ୍ବନ୍ଦ୍ବ	୧୨୩
ନିର୍ବାଣ	୧୨୪
ମହାବାହୁ	୧୨୫
ତୁମେ ଅଛ ନିଭୃତରେ	୧୨୬
ଅପଥ ଅବାଟ୍ ବାଟ କଢ଼ାଇଛ	୧୨୭
ପଦ୍ମଲୋଚନ	୧୨୮
ପୁନର୍ଜନ୍ମ	୧୨୯
ବାଇମନ	୧୩୦
ଭକ୍ତି	୧୩୧
ମୁଁ	୧୩୨
ମୂଢ଼ ମୁଁ	୧୩୩
ମହାବାହୁ	୧୩୪
କରୁଣା	୧୩୫
କରୁଣା	୧୩୬
ଭଜରେ ମନ	୧୩୬
ଜୀବନ ଯୁଦ୍ଧେ	୧୩୭
ଜନ୍ମ ଦେଇ ଯଦି ଅକର୍ମା କରାଥ	୧୩୮
ଲୁହ	୧୩୯
ଆଶା ଆଶଙ୍କା	୧୩୯
କିପରି ଚିନ୍ତିବି	୧୪୧
ଭକ୍ତମନ ଜିଣିବାକୁ ଭିଆଣ ବାଟ	୧୪୨
କବିଙ୍କର ମନୋଭାବନାର ଉଦ୍‌ବେଳନର ଖଣ୍ଡ କବିତା 'କୁସୁମାଞ୍ଜଳି'	୧୪୫

କବି

କେବେ ହେବି ମୁଁ ବା କବି ?
ମନ ଗହୀରର ତୂଳୀ ରଙ୍ଗ ଦେଇ ପାରିବି ଆଙ୍କିଏ ଛବି ?
ଆକାଶ ଯେଉଁଠି ସବୁଜ କ୍ଷେତରେ
ଦୋହଲି ଦୋହଲି ଢଳି ପଡୁଥାଏ ନାଚି ଝରଝର ଧାରେ
ତା' ପିନ୍ଧାପଣତ କାନିରେ, ଢାଙ୍କିଦିଏ ପୁଣି ଅତି ନିବିଡ଼ତାରେ ।
ଦୂରୁଁ ପରବତ ଲୁଚି ଛପି ଚାହେଁ,
ନବ କିଶଳୟ ନାଲି ଓଠୁ ତାର ଫିକ୍‌ଫିକ୍ ହସୁଥାଏ ।
ଗୁରୁ ଗୁରୁ ଗୁରୁ ଗମ୍ଭୀର ନାଦ
ଏକି 'ଭୋଳାନାଥ' ଡମ୍ବରୁ ଶବଦ
'ଭବାନୀ'ଙ୍କ ସଙ୍ଗତେ, ପ୍ରେରନ୍ତି ସଙ୍କେତ
ଦୁହେଁ ହୋଇ ଭୋଳ ରଚିବେ ତାଣ୍ଡବ
ଦୂର ହେବେ ଯେତେ, ଦୁର୍ଦ୍ଦିନ ଦାନବ
ହସୁଥିବ ଆମ ପ୍ରକୃତି ରାଣୀ, ସବୁଜ ଓଢ଼ଣା ଟାଣି,
ଉତ୍‌ଫୁଲ୍ଲ ଆନନ୍ଦେ ସବୁରି ପରାଣେ ଶାନ୍ତ ଶୀତଳତା ଆଣି ।
କେତେ କେତେ ରଙ୍ଗ, କେତେ ଚିତ୍ରପଟ
ସୃଜନ ସମ୍ଭାରେ ବିଚିତ୍ର ବୈଭବ
କେତେ ଛନ୍ଦ ପୁଣି କେତେ ରାଗ ସ୍ୱର
ମନ ଭେଦି ଉଠି ଗୁଞ୍ଜନ କରେ କଣ୍ଠ ଗହ୍ୱର
କାହୁଁ ଆଣି ଭାଷା ଚିତ୍ରିତ କରିବି ?
ଈଶ୍ୱର (ଦତ୍ତ) ପ୍ରତିଭା କାହୁଁବା ପାଇବି ?
ବର୍ଷା ମୁଖର, ଏହି ସନ୍ଧ୍ୟାର ଲୋଭନୀୟ ଏହି ଛବି
ଆଙ୍କିବାକୁ ମୋର ରଙ୍ଗ ତୂଳୀ ଶୂନ୍ୟ, ହୋଇପାରିବିନି କବି
ମନ ଗହୀରରେ ଗୁମୁରି ଗୁମୁରି ନିର୍ବାକ ହୋଇଥିବି ।

ପକ୍ଷୀ

ହୋଇଥାଆନ୍ତି ମୁଁ ପକ୍ଷୀ
ସୁନୀଳ ଆକାଶେ ଟିକି ଚଢ଼େଇର ଡେଣା ମେଲାଇଣ,
ଆନନ୍ଦ ଲଭିଣ ହୁଅନ୍ତି ପରମ ସୁଖୀ ।
ହୁଅନ୍ତି ଝରଣା ପାଣି
ଗିରିବନ ଭେଦି ଛନ୍ଦଛନ୍ଦେ ନାଚି କଳକଳ ସ୍ୱନେ
କେତେ ଜନପଦ ଶୀତଳ କରନ୍ତି ପୁଣି ।
ହୁଅନ୍ତି ବୃକ୍ଷର ଛାଇ
ଅବଶ ପଥିକ, କ୍ଳାନ୍ତି ହରାନ୍ତେ, ଶୀତଳ ସମୀରେ
ମଧୁର ସ୍ୱପନେ, ମୋର କୋଳେ ନିଦ୍ରା ଯାଇ ।
ହୁଅନ୍ତି ମୁଁ ବଂଶୀସ୍ୱନ
ସୁମଧୁର ସ୍ୱନେ ମୂର୍ଚ୍ଛନା ଢ଼ାଳି, ଆନନ୍ଦ ଉଲ୍ଲାସେ
ଆଶ୍ୱାସେ ଭରନ୍ତି, କେତେ ବିଦଗ୍ଧ ତପ୍ତ ପରାଣ ।
ହୁଅନ୍ତି କୁସୁମ କଢ଼ି,
ମହକେ ଖେଳାଇ ସରସ ପୁଲକ, ତୃପ୍ତ ଆବେଶେ
ପରାଣ ମୋ ଧନ୍ୟ ଲଭନ୍ତା 'ବିଭୂ' ଅବୟବେ ଚଢ଼ି ।
ପାଇଛି ମାନବ ଜନମ
ସଂସାର ବନ୍ଧନେ ବନ୍ଦିନୀ ମୁହିଁ, ଦୁର୍ଲଭ ଜୀବନେ
ପୂର୍ଣ୍ଣତା ମିଳିବ କି କରି କିଛି ସାର୍ଥକ କରମ ?

ମନ ମହକ

ଝରି ଝରି ଯାଏ ବଉଳ ଫୁଲ
ବିଞ୍ଚି ଦେଉଥାଏ ମହକ
ହସି ଯାଉଥାଏ ମଳୟ ପବନ
ଭରି ଦେଉଥାଏ ପୁଲକ ।
ପୁଲାଙ୍ଗ ଫୁଲର କୋମଳ ସୁଗନ୍ଧ
ମଧୁର ମହକେ ଭରି

ସଉକା ପରାଣେ ସଉରଭ ଦିଏ
ସଜ୍ଜଲତା ଯାଏ ପୁରି ।
ଗଙ୍ଗଶିଉଳିର ମୃଦୁମଧୁ ବାସ୍ନା
ସ୍ନିଗ୍ଧ ଆବେଗ ଆଣି
ପବନ ସହିତେ ଲୁଚୁକାଳି ଖେଳେ
ଗାଏ ଗୀତ 'ଗୁଣ' ଗୁଣି ।
ଯୂଇ, ଜାଇ, ମଲ୍ଲୀ, ରଜନୀଗନ୍ଧା
କେହି ନୁହେଁ କାରେ ଊଣା
କାହୁଁ ବଖାଣିବି ଅପୂର୍ବ ସୁଗନ୍ଧ
ଯାହା ପ୍ରକୃତିରାଣୀଙ୍କୁ ଜଣା ।
ଯଦି ପାଇଥାନ୍ତି କିଛି ସଉରଭ ଜ୍ଞାନ
ହୋଇଥାନ୍ତି ଫୁଲ ରେଣୁ
ଭ୍ରମର ସଙ୍ଗତେ ଦୂରୁଁ, ଦୂରେଁ ଯାଇ
ଗାଉଥାନ୍ତି ଗୁଣୁଗୁଣୁ ।
ଅପୂର୍ଣ୍ଣ ରହିଲା ଗୁପତ କାମନା
ଛପିଣ ରହିଲା କୋହ
ଆର ଜନମକୁ ଫୁଲ ହୋଇ ଫୁଟି
ମହକିବି ମହମହ ।

ଗୋପନ ବିଶ୍ୱାସ

ହେ ଅବିନେଶ୍ୱର
ପ୍ରତି ମୁହୂର୍ତ୍ତରେ ଡରି ଡରି ବଞ୍ଚିବାର
ଅର୍ଥ କିଛି ଅଛି ?
ଯାହା ଦେଇଅଛ ଫେରାଇ ନେବ କି ?
ଭୟାର୍ତ୍ତ ଏ ଭାବନାର, ଶେଷ ନାହିଁ କି ?
କଳ୍ପନା ସୌଧର ଉଚ୍ଚାଶା
ନ ହେଲା ବା ନାହିଁ ।
କ୍ଷୁବ୍ଧ ମନେ ଅବସୋସର

କଳନା ବା କାହିଁ ?
କିନ୍ତୁ ଫେରାଇ ନିଅ ନାହିଁ
ସ୍ୱଚ୍ଛ ଜୀବଦ୍ଦଶାର, ସାଧନାର ଧନ,
ଅର୍ଜିତ ପୁଣ୍ୟଫଳ କିଛି !
କରୁଣ ପ୍ରାର୍ଥନାରେ କାରୁଣ୍ୟତା ନାହିଁ
ଶୋକର ଗଭୀରତା ମାପଜଣା ନାହିଁ
ଫାଟୁଥିବା ଛାତି ତ ଫାଟି ଯାଉନାହିଁ ।
ହା' ହୁତାଶ ଅଗ୍ନିର ଅଗ୍ନିଦ୍ୟୁମ କାହିଁ ?
(ତେବେ), କିପରି ଜାଣିବ ତୁମେ, କିପରି ବା ଜଣାଇବି ?
ଏତିକି କି ନ ଦେଇ ପାରିବ ?
ଯାହା ଦେଇଅଛ, ହେଉପଛେ ଅକିଞ୍ଚିତ
ଚିର ସୁଖୀ ଆଶୀର୍ବାଦ ଦେବ !
ସେହି ପରମ ବିଶ୍ୱାସକୁ ଚିର ସାଥି କରିଥିବି
ଗୋପନ ବକ୍ଷେ ତାକୁ ନିଭୃତରେ
ବାନ୍ଧି ରଖିଥିବି ।
ଅବିନେଶ୍ୱର ହେ
ପ୍ରତି ମୁହୂର୍ତ୍ତରେ, ଏ ବିଶ୍ୱାସ ମୋର
ପାଥେୟ ହୋଇଅଛି ।

ନୈବେଦ୍ୟ

ପ୍ରଭୁ ନିଅ ମୋର ନଇବୈଦ୍ୟ
ଅନ୍ତରେ ବାହାରେ ଯାହା କିଛି ଅଛି
ତୁମରି ହାତରେ ଗଢ଼ା ହୋଇଅଛି
ସେତକ ସମର୍ପି ଦେଉଅଛି 'ଦେବ'
ନାହିଁ ଅନ୍ୟ ବଇଭବ ।
ଧୂପ, ଦୀପ, ଫୁଲ, ଫଳ ଚାଙ୍ଗୁଡ଼ା
ସଜାଡ଼ିବା ଯାହା, ତୁମରି ସଜଡ଼ା
କିବା ହୋଇଅଛି, ନିଜସ୍ୱ ମୋର ?

ଅଥୟ ହୃଦୟ, ନିରତେ ଉତ୍ତାଳ,
ଏ ଉତ୍ତଳା ଭାବ, ସେହି କି ମୋ ବଇଭବ ?
ତେବେ ପ୍ରସାରି ହସ୍ତ, ନିଅ ଏହି ଭାବ
ସେହି ମୋର ନଇବେଦ୍ୟ ।

ଅମୋଘ ସତ୍ୟ

ମଣିଷ
ଯାହା ଚାହେଁ, ପାଏ ନାହିଁ,
ଅନ୍ୟ ଜୀବଜଗତ, କ'ଣ ଚାହେଁ ?
ତା' ଜାଣିବାର ପାରଦର୍ଶିତାରେ, ସେ ଅପାରଗ,
ତେଣୁ ତା' ପାଇଁ, ସେ ଭାବେ ନାହିଁ ।
ଛୋଟ, ଛୋଟ, ଆଶା, ଆକାଂକ୍ଷାର, ଧୂଳିସାତ୍ ହେଲେ
ହା, ହୁତାଶ ଭରେ ତା' ମନରେ ।
କାହିଁକି ଏପରି ହୁଏ ? ମିଶାଣ, ଫେଡ଼ାଣର
ଅଙ୍କ କଷା, ନିର୍ଭୁଲ୍ ଖେଳରେ ?
ତେବେ ସତ କ'ଣ ଭାଗ୍ୟ 'ରେଖା',
ଅସତ୍ୟ ସବୁ ଫଳ, କରିଲା କର୍ମରେ
ଏହା ଯଦି ଠିକ୍, କାହିଁକି ବିଶ୍ୱାସ ଦେଲ
ଆପଣା ବାହୁବଳର ସତ୍ୟତାରେ ?
ନ ତୁଟୁ ଏ ବିଶ୍ୱାସ, ନ ଘଟୁ ଅଘଟଣ
ରହିଛ ପରା ପ୍ରଚ୍ଛନ୍ନେ ? ରଜ୍ଜୁ ଧରିଥାଅ, କରି ଟାଣ !
କଣ୍ଟକିତ ହେଉ ପଛେ ପଥ
ଲକ୍ଷ୍ୟସ୍ଥଳେ ପହୁଞ୍ଚାଅ, କରିଣ ସୁଗମ
ରହୁ ଚିର ବିଶ୍ୱାସ, ଯାହା ଚାହେଁ, ତାହା ପାଏ
କରି କର୍ମ, ଏ ସତ୍ୟ, ଅନନ୍ୟ, ଅନିର୍ବାଣ,
ଅନ୍ୟ ଜୀବଜଗତ ଦୁଃଖ ଦୂର ହେଉ
ହେଲେ ହେଉ ନ ହେଲେ ନାହିଁ ମାନବୀୟ କର୍ମରେ
ବିତିଯାଉ ଏ ତୁଚ୍ଛ ଜୀବନ ।

ଅନନ୍ତ ନିର୍ଭରତା

ତୁମରି ବାଣୀ,
କର୍ମ କରିଯାଅ, ଆସକ୍ତ ନ ହୁଅ
କର୍ମରେ ମୋକ୍ଷ, କର୍ମ ହେଉ ଲକ୍ଷ୍ୟ
ପୁଣି ଭୋଗ କର, ପୂର୍ବଜନ୍ମ ପ୍ରାରବ୍ଧ କର୍ମଫଳ ।
ତେବେ ତୁମେ କେଉଁଠାରେ ଅଛ ? କେଉଁଠୁ କହୁଛ ?
ନିଜ କଲା କର୍ମ, ଫଳ ତ ଭୋଗିଲୁ
ନିଜ ହାତେ ଗଢ଼ି, ନିଜେ ତ ଭାଙ୍ଗିଲୁ,
ତୁମେ ଛପି ରହି, କରିଲ କିପରି
ଅଦୃଶ୍ୟରେ ରହି, ନିଅ ବାହାଦୂରୀ !
ସତ୍ୟ ଯଦି ଏହା, ମିଥ୍ୟା ତେବେ କ'ଣ !
ସର୍ବଦା ସୁକର୍ମ, ସୁପଥ, ସୁଗମ
ନ କରୁଛ କିଆଁ ? ଏତେ ପାପ ପୁଣ୍ୟ
ଛକା ପନ୍ଝା ଖେଳ, ଖେଳୁଅଛ, କି ଲାଭ ଲଭୁଁଛ ?
ପୁଣି ଚାହୁଁଅଛ, ସବୁ ସତ୍ତ୍ୱେ ପୁଣି
ଚରମ ନିର୍ଭୟ ଲଭୁ ତୁମ ଗୁଣ ଗୁଣି
ଅନାସକ୍ତ କର୍ମେ, ମୋକ୍ଷ ହେବ ପ୍ରାପ୍ତି,
ଭୋଗ ହେବ କୋଟି କୋଟି ପୁଣ୍ୟ ଫଳ !
ଜଟିଳ ତୁମ ଏ ବାଣୀ,
ନିଶ୍ଚିନ୍ତ, ନିର୍ଭୟେ ତାହାରି ଆଶ୍ରା
ହେଉ ମୋ ମରମ ମଣି ।

କୃପା

ତୁମରି କୃପାର, ଅନୁଭବି ଭାବେ
ଦୁଃଖର ବୋଝ ବୋହି
ସୁଖ ନିଦ୍ରା ତାର ଅପସାରି ତୁମେ
ପରଖୁଛ, ପାଶେ ରହି ।

ଅସରନ୍ତି ଶାନ୍ତି, ଅକଳନା ସୁଖ
ଥିଲା ଚିର ସାଥି ହୋଇ
ଜୀବନର ଝଡ଼ ଝଞ୍ଜା ଆଘାତ
ଧୀରେ ନେଉଥିଲା ସହି ।
ମନ ମୁକୁରର ନିର୍ମଳ ପ୍ରଶାନ୍ତି
ଅପରକୁ ବାଣ୍ଟି ଦେଇ
ଆତ୍ମଶାନ୍ତିର କୋମଳ ଲେପନ
ଅଙ୍ଗେ ଥିଲା ବୋଲି ହୋଇ ।
(ଆଜି) ଲହୁର ଲୁହରେ ଅନ୍ତର ବାହାର
ଯାଏ ଝର ଝର ବହି
ଅଜଣା ଭୟ ବିଭୀଷିକାରେ ସେ
ଥରେ ଥର ଥର ହୋଇ ।
ଗତ ଯୌବନର ଗତିଶୀଳ ମନ
ଯାଆନ୍ତି ଦୂରେ ଉଭେଇ
ଲୁପ୍ତ ଗୌରବର ସୁନ୍ଦର ସତ୍ତା
ଝରେ ଚୁନା ଚୁନା ହୋଇ ।
(ଦୀର୍ଘ) କାଳରାତ୍ରି ଶୁଣେ ଆର୍ତ୍ତ ବିଳାପ
ଶାନ୍ତି ପ୍ରଲେପ ମିଳଇ ନାହିଁ
ଆଗତ ଦିନ(ର) ଫଗୁଣର ସ୍ୱପ୍ନ
ମନ ଗହୀରରୁ ଯାଏ ଦୂରେଇ ।
ପ୍ରତୀକ୍ଷା ଦୁଆର ନିବୁଜ, ନିଃଶବ୍ଦ,
କାହା ସ୍ନିଗ୍ଧ କର ସ୍ପର୍ଶ ଛୁଆଁଏ ନାହିଁ
କ୍ଷୀଣ ଆଲୋକିତ ଆନନ୍ଦ, ସ୍ପନ୍ଦନ
କହି ନେଇ କେହି ଆସନ୍ତି ନାହିଁ ।
ବିଗତ ଦିନ ନିବିଡ଼ ଆଶ୍ୱାସ, ନିର୍ମଳ ପ୍ରଶାନ୍ତି
କେବେ ହେଁ ନ ଫେରୁ ମଳିନ ହୋଇ
ପ୍ରଭୁହେ, ସେହି ସୁନ୍ଦର ସ୍ମୃତି, ସୁଖ ଅନୁଭବ
(ଆଜି) ଅବିଶ୍ୱାସେ ପୂର୍ଣ୍ଣ ହୋଇଛି ରହି ।
ତୁମ ପାଇଁ ମୋର ହୃଦୟ ଗହ୍ୱରେ

ଆବେଗ ସ୍ପନ୍ଦନ ନିରତ ରହି
ଅପରୂପ ତା'ର କଳନା ଅସୀମ
ବିଳୟ ନ ଲଭି ବିଗତ ତୃପ୍ତି ଆଣୁ ଫେରାଇ ।

ଜନନୀ

ଜନନୀ ଜନ୍ମଭୂମିଶ୍ଚ, ସ୍ୱର୍ଗାଦପି ଗରିୟସୀ
ବୋଉଲୋ ସ୍ୱର୍ଗ କ'ଣ ଜାଣିନାହିଁ, ଜାଣିବାକୁ ଇଚ୍ଛା ନାହିଁ
ସ୍ୱର୍ଗଠାରୁ ବଡ଼ ତୁହି ।
କେବଳ ବାକ୍ୟରେ ନୁହେଁ, ଅନୁଭବରେ ଜାଣେ ମୁହିଁ ।
ତିଳେ ତିଳେ ଜୀବନକୁ କ୍ଷୀଣ କରୁ ମୋ ପାଇଁ
କେତେ ମାନ ଅପମାନ ସହି
ସ୍ୱର୍ଗଠାରୁ ବଡ଼ ତୁହି ।
ପବନ ସଞ୍ଚାରେ ପ୍ରାଣ, ପ୍ରାଣୀ ଜଗତରେ
ମୋ ପ୍ରାଣ ବଞ୍ଚାଇଛୁ, ପବନ ସଞ୍ଚାରି ତୋ ପଣତ କାନିରେ
ସୁଖ ନିଦ୍ରା ଜଳାଞ୍ଜଳି ଦେଇ
ସ୍ୱର୍ଗଠାରୁ ବଡ଼ ତୁହି ।
ବର୍ଷର ଆଗମନେ, ଶୀତଳତା ଆଣେ, ଜୀବଜଗତ ପ୍ରାଣେ
ତୋର କର ସ୍ପର୍ଶର ନିବିଡ଼ ସ୍ପନ୍ଦନେ
ତୃପ୍ତି ପାଏ, ତନୁମନ ଶୀତଳିତ ହୁଏ
ତାହାର ତୁଳନା ନାହିଁ
ସ୍ୱର୍ଗଠାରୁ ବଡ଼ ତୁହି ।
ପ୍ରଚଣ୍ଡ ରୌଦ୍ରତାପ, ଅସହ୍ୟ ଯନ୍ତ୍ରଣା
ତା' ପଛରେ ରହିଛି ଯେତେ, ଅଜଣା, ଅକୁହା, ଅଦେଖା ମନ୍ତ୍ରଣା
ଜୀବଜଗତର ସେ ପରମ ମିତ୍ର, ସମ୍ପଦ ସଙ୍ଖାଳି
ସେହିପରି ଦେଖାଇଛୁ ବାଟ, ଅବାଟରୁ ରଖିଛୁ ଦୂରେଇ
ତୁଳନା ତାହାର ନାହିଁ ।
ସ୍ୱର୍ଗଠାରୁ ବଡ଼ ତୁହି ।

ଆମକୁ ଗଢ଼ିଛୁ ଯାହା, କଞ୍ଚା ମାଟିର କଣ୍ଢେଇ
ଆଙ୍କିଛୁ ତା' ରୂପ ରେଖ ରଙ୍ଗ ତୂଳୀ ଦେଇ
ଆପଣା ଜୀବରୁ ଦେଇଛୁ, ଅପୂର୍ବ ଜୀବନ୍ୟାସ
ପ୍ରତି ରନ୍ଧ୍ରେ ରନ୍ଧ୍ରେ ତୋହରି ସେ ମଧୁର ସ୍ପର୍ଶ
ଅନୁଭବେ ମୁହିଁ, ମୋର ପାଶେ ଅଛୁ ରହି
ସେହି ଭାବନାରେ ସର୍ବଦା ନିଶଙ୍କିତ ମୁଇଁ
ମୋ ପାଇଁ ସ୍ୱର୍ଗଠାରୁ ବଡ଼ ତୁହି ।

ପିତା

ପ୍ରୀତରି ପ୍ରୀତିମାପନ୍ନେ ପ୍ରିୟନ୍ତେ ସର୍ବ ଦେବତା
ଦେବତାର ପୂଜା ଶିଖାଇଛ ତୁମେ
ଆତ୍ମଶୁଦ୍ଧି ଲଭିବା ପାଇଁ
ଫଳ ପୁଷ୍ପ, ଦୀପ ନୈବେଦ୍ୟ, ପୂଜା ଅର୍ଚ୍ଚନା
ବତାଇଛ ସଦା ସଙ୍ଗତେ ରହି
ଗଢ଼ିଛ ଏ ଅସ୍ଥିର ପ୍ରାଣେ
ସଦାଚାର ଶୀଳ ମନେ
ଦେବତାରୁ ବଡ଼ ତୁମେ ।
ମନବଳ ବୋଲି ଯାହା ଭାବୁଅଛି
ସେ ଚେତନା ଉତ୍ପତ୍ତି ତୁମଠୁ ପାଇଛି
ନିଜସ୍ୱ ସାନ୍ତ୍ୱନା, ଧୈର୍ଯ୍ୟ ସୁଷମା
ଅଭ୍ୟାସ ଶକ୍ତି ଆଣେ
କହିଅଛ ସଦା ତୁମେ
ଦେବତାରୁ ବଡ଼ ତୁମେ ।
ସଂସାର ଜଞ୍ଜାଳେ ବିବ୍ରତ ନ ହୋଇ
ପବିତ୍ର ଜୀବନ ରାହା ଦେଖାଇ
ଦୃଢ଼ ଚିନ୍ତନ, ଆତ୍ମ ପ୍ରକାଶ
ତୁମ ଶିକ୍ଷା ମନେ ପ୍ରାଣେ
ପାଥେୟ ଏହି ଜୀବନେ

ଦେବତାରୁ ବଡ଼ ତୁମେ ।
ବୃକ୍ଷ ଛାୟା ବିଶ୍ରାମେ, ପଥିକ ହରାଏ କ୍ଲାନ୍ତି
ଶୀତଳ ବାୟୁ ତୃପ୍ତି ଢ଼ାଳେ, ସଞ୍ଚାରେ ପ୍ରାଣେ ଶାନ୍ତି
ତୁମରି ଶୀତଳ ଛାଇ
ରଖିଛି ଘଣ୍ଟ ଘୋଡ଼ାଇ
ଉଦ୍‌ବେଳିତ ଏ ପ୍ରାଣେ
ଅନୁଭବେ କ୍ଷଣେ କ୍ଷଣେ
ଦେବତାରୁ ବଡ଼ ତୁମେ ।
ଉଦୟ ସୂର୍ଯ୍ୟର ଆଲୋକ କିରଣ
ସୁସୁପ୍ତ ଜଗତେ ସଞ୍ଚାରେ ପ୍ରାଣ
ତୁମ ପ୍ରଦର୍ଶିତ, ଶିଖା ଆଲୋକିତ
ସଞ୍ଚରିତ ସଂଗୋପନେ
ସର୍ବଦା ମୋହରି ପ୍ରାଣେ
ଦେବତାରୁ ବଡ଼ ତୁମେ ।
ତୁମେ ମୋର ବ୍ରତ, ତୁମେ ମୋ ସଂକଳ୍ପ
କାୟା ମନୋବାକ୍ୟ, ତୁମରି ବିକଳ୍ପ
ହୃଦୟ ମଝିରେ ତୁମରି ସତ୍ତା
ବିରାଜଇ ସର୍ବ କ୍ଷଣେ
ଶକ୍ତି ଦିଅଇ ପ୍ରାଣେ
ଦେବତାରୁ ବଡ଼ ତୁମେ ।
ତୁମଠାରୁ କିଛି ବଡ଼ ନାହିଁ ମୋର
ତୁମେ ହିଁ ଦେବତା, ତୁମେ ହିଁ ଈଶ୍ୱର
ତୁମରି ଆଦର୍ଶ, ତୁମରି ଶିକ୍ଷା
ଚିରନ୍ତନୀ ଏ ଜୀବନେ
ସେହି ଆଶିଷ ଅନୁଭବେ ଅନୁକ୍ଷଣେ
ଦେବତାରୁ ବଡ଼ ତୁମେ ।

ଅତୀତ

ଅତୀତ ଦିନ ଯେବେ ଆସିଲା ମନେ
ଅଛିଣ୍ଡା ଛିଣ୍ଡା ଖିଅ ଘାରିଲା ଆସି
ଅବୁଝା ଅକୁହାର ବିଗତ ଦିନ
ମନ ଗହୀରୁ ଉଠି ଘାରିଲା ବସି ।
ବାଲ୍ୟୁତ ଦିନ କଥା ଭାବିଲା ବେଳେ
ନନା, ବୋଉଙ୍କ କଥା ଶୁଭିଲା କାନେ
ଝିଅଟେ ବୋଲି ମନ ଶୁଖାଉଥିଲେ
ନ ଥିଲେ ଏବେ କଣ କରନ୍ତେ ଆମେ ।
ଅଗଣା ଶୂନ୍ୟ ଥାନ୍ତା ନିଶବଦ ଘର
ଶୂନ୍ୟ ପିଣ୍ଡାରେ ବସି କଡ଼ି ଗଣନ୍ତେ
ଘର କରିଛେ ଘର, ଖାଇ ଗୋଡ଼ାନ୍ତା
କଅଁଳ ନନା ବୋଉ ଡାକ କାହୁଁ ଶୁଣନ୍ତେ ?
ଅବୋଧ ମନ ଖାଲି ଶୁଣିତ ଥିଲା
ବୁଝି ନ ଥିଲା ମନ ଗହନ ଭାବ
ଦରୋଟି ହସ ହସି ଫୁଲେଇ ହୋଇ
ଲାଉ ହୋଇ ପିଠିରେ ଦିଏ ସେ ଜାବ ।
ବୁଝିଲି ଯେବେ ମନ ହେଲା ବ୍ୟାକୁଳ
ସତେ ହୋଇଥାଆନ୍ତି ମୁହିଁ ଆରେକ ପୁଅ
ଭାଇନାଙ୍କ ପଛେ ଠିଆ ହୋଇ ଥାଆନ୍ତି
ସଭିଙ୍କ ମନେ ଥାନ୍ତା ଦମ୍ଭର ସୁଅ ।
ଭାଇ ନୁହନ୍ତି ସିଏ ବାପ ସମାନ
ବାର ବରଷ ସେହୁ ବୟସେ ବଡ଼
ଅଳି ଅର୍ଦଳୀ ଯେତେ ମୁଣ୍ଡାଇଛନ୍ତି
ରାବଣେଶ୍ୱର ବଂଶ ଏ ପରିବାର
ଛଅଟି ପୁତ୍ରହରା ଦମ୍ପତି ସିଏ
ଆରେକ ପୁତ୍ର ଆଶା କରିଣ ଥିଲେ
ବଡ଼ ପୁଅର ପୁଅ ହୋଇଣ ଥିଲେ

ଏ ପୁଅ ସମାନ ସେ ହୁଅନ୍ତା ଭଲେ
ତେଣୁ ପୁଅ ନୁହନ୍ତି ସିଏ ନାତିର ସମ
କି ଦାବି ତାଙ୍କ ପାଶେ କରିବେ ଅବା ?
ମନ ଜାଣିଣ ସିଏ ସେବିଥାଆନ୍ତି
ବୋହୂ, ନାତି, ନାତୁଣୀ କଥା କିବା କହିବା ?
ଏକୁ ବଳି ଆରେକ ବଂଶର ଗୁଣ
ଈଶ୍ୱର ଆଶୀର୍ବାଦ ଦେଉଥାଆନ୍ତୁ
ଆପେ ହସି ଅପରେ ସଦା ହସାଇ
ଯେଝା ସଂସାରେ ଯିଏ ନିର୍ବିଘ୍ନେ ଥାନ୍ତୁ ।
ବାଲୁତ ଶୈଶବର ଚଗଲା ଭାବ
କିଶୋରୀ ଜୀବନର ଚପଳମତି
ସୁଖଦୁଃଖ ସଂସାର ହସ କାନ୍ଦଣା
ନିବିଡ଼ ଭାବନାର ଅଭୁଲା ସ୍ମୃତି
ଭାଷା ନାହିଁ ତାହାର ନିବୁଜେ ଥାଉ
ମନ ଗହୀରେ ପୁଷ୍ପ ସୁଗନ୍ଧି ଦେଇ
ଅମୃତ ସେହି ଭାବ ପରଶୁ ଥାଉ
ମୋ ଅନୁଭବ ମୋର ନ ଜାଣୁ କେହି ।

ପରଶମଣି

ଯେ ପାଇଛି ତୁମ 'ପରଶମଣି'ର ସ୍ପର୍ଶ
ସେ ନିଗୁଢ଼ ନିବିଡ଼ତାର ଅଖଣ୍ଡ ଆବେଶ
ଅଜଣାକୁ, ଜାଣିବା ସାମର୍ଥ୍ୟ
ଅଯାଚିତ ଦାନର ସଫଳ ପ୍ରୟାସ !
ଦିନ ପରେ ଦିନ, ବର୍ଷ ପରେ ବର୍ଷ ବିତେ
ମନେହୁଏ କାଲିପରି, ତୁମରି ସଙ୍କେତେ
ପରିପୂର୍ଣ୍ଣ ହୃଦୟର ଉତ୍‌ଥାଳ ଆବେଗ
ସର୍ବଦା ନିବିଡ଼ୁ ନିବିଡ଼ତର ସେ ଅନୁଭବ ।
ପକ୍ଷ ପରେ ପକ୍ଷ ଗଡ଼ି ଗଡ଼ି ଯାଏ
ବନ୍ଧନ ହୁଏ ଦୃଢ଼ୁ ଦୃଢ଼ତର

ଗଭୀର ସ୍ମୃତିର ଅନ୍ତରାଳେ
ସମ୍ମୋହିତ ପ୍ରୀତି ପାରାବାର ।
ଅନ୍ତରାଳେ ରହି ପ୍ରଭୁ ଦେଖାଉଛ ମାର୍ଗ
ବିଶ୍ୱାସର ଏ ଅତୁଟ ସୁଗନ୍ଧ ସୌରଭ
ଏକାନ୍ତ ଗୋପନତା ଗଭୀରୁ ଗଭୀରତର
ଅଚ୍ଛେଦ୍ୟ, ଅତୁଟ, ନିବିଡ଼, ବନ୍ଧନ
ଗୁଢ଼ରୁ ଗୁଢ଼ତର, ମନ ମୁଗ୍ଧକର ।

ନିୟତୀ

ଅଦୃଶ୍ୟ ନିୟତାଙ୍କ ବିଚିତ୍ର ବୈଚିତ୍ର୍ୟ ସୃଜନା
କେବେ ଆଣେ ଉଦ୍‌ବେଗ, ଅଥବା ଉନ୍ମାଦନା
ଦୁଃଖ, ଦୈନ୍ୟ, ପରିତାପ, ଅସତ୍ୟ ଅନ୍ୟାୟରେ
ଆତ୍ମ ସନ୍ତୋଷ, ପୂର୍ଣ୍ଣତାର, ପୂର୍ଣ୍ଣ କୁମ୍ଭରେ
ପରିପୃଷ୍ଟ, ପରିଦୃଷ୍ଟ କ୍ଷଣ ଭଙ୍ଗୁର ଏ ପ୍ରାଣ !
ଧ୍ୱଂସର ଅନ୍ତରାଳେ ଥାଏ, ନୂତନ ସୃଜନର ମୋହ
ଶୁଷ୍କ ରୁକ୍ଷ ପ୍ରସ୍ତର ଅନ୍ତରୁ ଝରଇ, ଶୀତଳ ନିର୍ଝର ସୁଅ
ଶୋକ ସନ୍ତାପର ଆବରଣେ,ଆଚ୍ଛାଦିତ ସୁସୁପ୍ତ ପ୍ରଶାନ୍ତି
ନିରାଶା, କ୍ଷୋଭରୁ ଉତ୍ପନ୍ନ, ପୁଣ୍ୟଶ୍ଳୋକ, ଅମୃତସ୍ୟ ତୃପ୍ତି,
ଶାନ୍ତ, ସମାହିତ, ସମ୍ମୋହିତ ଅନିତ୍ୟ ଜୀବନ !
ଆବର୍ତ୍ତନେ, ଆବର୍ତ୍ତିତ, ଅନିତ୍ୟ, ଅନିନ୍ଦ୍ୟ ସଂସାର
ଭ୍ରାନ୍ତି, ବିଭ୍ରାନ୍ତିର ଅବୟବେ ଗଢ଼ା ଏ ଘୂର୍ଣ୍ଣନ ଚକ୍ର
ଆସ୍ତିକ, ନାସ୍ତିକର ମନୋବେଦନା ଅନୁଭବୀ, ସମବେଦନାଶୀଳ
ଶ୍ରେଷ୍ଠତ୍ୱ, ଶୀର୍ଷତ୍ୱ, ସେହି ଚିର ସତ୍ୟ, ଶିବ, ସୁନ୍ଦର
ଆତ୍ମା, ପରମାତ୍ମା ସୂକ୍ଷ୍ମ ବନ୍ଧନେ ବନ୍ଦିତ ଶୁଭ ଲଗ୍ନ ।

ଗର୍ବଗଞ୍ଜନ

ତୁମ ଗରବରେ ଗରବିଣୀ ମୁହିଁ
ମାନ ମୋ ରଖିଲ ନାହିଁ ।
ଗରବିଣୀ କରି, ଗର୍ବ ଖର୍ବ କଲ
ପଦ ତଳୁ ଠେଲି ଦେଇ ।
ଗରବ ଗଞ୍ଜନ ନାମ ବହିଅଛ
ଉଦ୍ଧତ ଜନେ ଚେତାଇ
ତୁମ ନାମକୁ ଯେ ଜପ କରିଅଛି
କି ଉଦ୍ଧତ ହେଲା ସେହି ।
ମିଛ ଆଜି ହୁଏ ତୁମରି ମହିମା
ଟାଣପଣ ଗଲା କାହିଁ ?
ତୁମ ଟାଣପଣ ବଳେ ସିନା ଆଜି
ଚଳେ ଶଶାଗରା ମହୀ ।
ବଳିଆର ଭୁଜ ବଢ଼ାଇ ଦେଇଛ
ଅରକ୍ଷଜନଙ୍କ ପାଇଁ ।
ସେ ଅରକ୍ଷ ଗଣେ, ମୁହିଁଟି ଯେ ଜଣେ
ସେ କଥା କି ଜାଣ ନାହିଁ ?
ସବୁ ଜାଣି ଯେବେ, ଅଜଣା ହୋଇବ
ଦୋଷ କି ଲାଗିବ ନାହିଁ ।
ତୁମେ ଦୋଷ କଲେ, ନିର୍ଦ୍ଦୋଷତା ହେବ
ଆମ ଦୋଷ ଧର କାହିଁ ?
ଦାରୁଭୂତ ହୋଇ ରହିଲେ ବି ତୁମେ
ଦୁଃଖୀ ଜନେ, ସୁଖ ଦେଇ
ଅପାର ବିଶ୍ୱାସେ, ଅଖଣ୍ଡ ଆଶ୍ୱାସେ
ହୃଦୟରେ ଅଛ ରହି ।
ସେହି ମୋ ସମ୍ପଦ, ସେହି ମୋ ସମ୍ପତ୍ତି
ରହିଛି ଭରସା ହୋଇ ।
ସେ ଭରସା କେବେ, ନ ତୁଟୁ ବି ଲବେ

ନ ନିଅ କେବେ ଛଡ଼ାଇ ।
ଅଧଇର୍ଯ୍ୟ ମନ, ସଶଙ୍କିତ ପ୍ରାଣ
ଉବୁଟୁବୁ ହୁଏ ମୁହିଁ ।
ପ୍ରସାରିତ ତୁମ ହସ୍ତ, ମୋ ମସ୍ତକେ
ଅନୁଭବ କରୁନାହିଁ ।
କେଉଁ ଦୋଷେ ମୋତେ ଦୂର କରୁଅଛ
ସେ କଥା ତ ଜାଣୁ ନାହିଁ ।
କେଉଁ ଦୋଷେ ମୋତେ ଦୂର କରୁଅଛ
ସେ କଥା ତ ଜାଣେ ନାହିଁ,
ନ ଜଣାଇ ଦଣ୍ଡ, ଦେଲେ କିବା ଲାଭ
ହେବ ହେ ଜଗତ ସାଇଁ ।
ଯେଉଁ ଦଣ୍ଡ ଦେବ, ଦିଅ ପଛେ ପ୍ରଭୁ
ନ ଯାଅ ମୋଠୁ ଦୂରେଇ ।
ସେହି ଗରବରେ, ଗରବିଣୀ ମୁହିଁ
ଗର୍ବ, ଖର୍ବ; କର ନାହିଁ ।

ଗୋପନ ଆଶା

ମନ ଗହନର ଯେତେ ଛୋଟ ଆଶା
ଅକଳନ୍ତି ଅସୁମାରି ଅକୁହା ତା' ଭାଷା ।
ହୋଇଥାନ୍ତି ସତେ ଯଦି ତୁମ ଛଡ଼ାଫୁଲ
ପାଇବାକୁ ମୋତେ ଭକ୍ତଗଣ ତୁମ
ହୁଅନ୍ତେ କେତେ ବ୍ୟାକୁଳ ?
ଅବୟବୁ ତବ ଓହ୍ଲାଇବା ଦୁଃଖ ଭାବ
ଦେଇଣ ଦୂରେଇ ତାଙ୍କରି ଖୁସିରେ
ହେଉଥାନ୍ତି ଉତ୍‌ଫୁଲ୍ଲ ।
ହୋଇଥାନ୍ତି କି ଉଲ୍ଲରା ବାସି ଚନ୍ଦନ
ଟୋପେ ଟୋପେ କରି ବାଣ୍ଟି ଦିଅନ୍ତେ
ବ୍ୟାକୁଳ ଆତର ପ୍ରାଣ

ଆଶା ଭରସାର ଆକଣ୍ଠ ପିପାସା ହୁଅନ୍ତା ପୂର୍ଣ୍ଣ
ପୂର୍ଣ୍ଣତାର ଆନନ୍ଦାଶ୍ରୁରେ
ମଜ୍ଜୁଥାନ୍ତା ମୋ ମନ ।
ଅବା ହୁଅନ୍ତି ବାସି ତୁଳସୀ
ଛୋଟ କଳିଟିଏ ପାଇବା ଆଶାରେ, ଦୂର ଦୂରାନ୍ତରୁ
ଭକ୍ତି ରସେ ଭାବେ ଧାଇଁ, କେତେ ଆଶାୟୀ ବିଶ୍ୱାସୀ
ଅକିଞ୍ଚନ, ମୁଁ ସେ ଭକ୍ତି ଭାବେ ବୁଡ଼ି
ହୁଅନ୍ତି ଅଣ ନିଶ୍ୱାସୀ ।
ତୁମ ପାଶେ ରହିବାର ଉଦଗ୍ରୀବ ମନ
କଳ୍ପନା ଜାଲ ବୁଣେ, ମନ (ସଦା) ଛନ୍ନ ଛନ୍ନ
କେବେ ପୂରିବନି ଆଶା
ପୂରିବନି ଜାଣି (ସେ) ରଖିଛି ଭରସା
ମିଳିଯିବ ଦିନେ, ଅସୁମାରି, ଅକଳନ୍ତି, ଅକୁହା, ଅଲେଖା ଭାଷା ।

ପରାଣ ସଖା

ପରାଣ ସଖା
ମନ ମନ୍ଦିରରେ ତୁମକୁ ପାଇ
ସଂସାରୀ ଜୀବନେ ହରଷ ହୋଇ
ଗୁପତେ ଭାବେ
ନିୟତ ଝୁରେ
ସେହି ସିନା ମୋର ସମ୍ବଳ ଏକା ।
ପ୍ରାଣ ଦେବତା
ମଧୁ ଝରାଉଛୁ ଗୁପତେ ରହି
ଫୁଲ ସଉରଭେ ସୁଗନ୍ଧି ଦେଇ
କୋମଳ ପ୍ରାଣ
ହେଉ କଠିଣ
ସହି ନେଉ ସବୁ ଜଞ୍ଜାଳ ଗଦା ।
ହେ ବିଶ୍ୱମୟ

ତୁମରି ପ୍ରସାଦେ ଜଗତ ହସେ
ଦୁଃଖ ଦୂରକରି ନବ ଉଲ୍ଲାସେ
ଗାଏ ଆନନ୍ଦେ
ମଧୁର ଛନ୍ଦେ
ତୃପ୍ତିରେ ପୁରେ ରିକ୍ତ ହୃଦୟ ।
ହେ ପ୍ରିୟତମ
ଚିର ପରିଚିତ ତୁମରି ସଙ୍ଗ
ଅଙ୍ଗେ ରଚାଏ ବେପଥୁ ରଙ୍ଗ
ଭୂଲା ସଂସାର
ଭୁଲେ ଅପାର
ନବୁଝି ବିନ୍ଧାଏ ବିଷାଦ ମର୍ମ ।
ହେ ବନ୍ଧୁ କୁହ
ନିତ୍ୟ ନିୟତ ଯେ କରଇ କର୍ମ
ଅପାର ଆନନ୍ଦେ ଝରାଏ ଘର୍ମ
ତୁମରି ସେବା
ଆନନ୍ଦ ଦେବା
ବଦଳରେ ମିଳେ ଅୟୁତ କୋହ ।
ସଖା ମୋହରି
ନିକଟେ ରହିଣ ହୁଅ ସହାୟ
କଠିଣ ସଂସାର କରିବି ଜୟ
ବିଘ୍ନ ନ ଆସି
ସଂକଳ୍ପ ବସି
ଦୀର୍ଘ ଯାତ୍ରା କରୁ ନିର୍ବିଘ୍ନେ ପାରି ।

ମନ

ରେ ମନ
ନ ହୁଅ ଏତେ ତୁ ଟାଣ
ଟାଣ ପଣ ତୋର ଟିକି ଟିକି ହୋଇ

ଛିଡ଼ି ପଡୁଛିଟି ଜାଣ ।
ନ ରଖ ମନରେ କୋହ
କୋହ ବୋଲି ଯାହା ଚାପି ରଖୁଛୁ ତୁ
ସେ ସବୁ କେବଳ ମୋହ ।
ଲୁହ ହୋଇ ଯାଉ ବୋହି
ବୋହି ଗଲେ ବୋହୁ ଅଟକାନା ଆଉ
(ସେତ) ଦୁଃଖୀଜନ ସୁଖ ନଈ ।
ସୁଖ କୁଟା ଖିଅ ସମ
ନ ଥାଏ ତା' ଟାଣ ବୁଡ଼ିଗଲା ଜନ
ତାକୁ ଆଶ୍ରା କରେ ଜାଣ ।
ତୋ ବିବେକ ତୁହି ମାନ
ତନ୍ନ ତନ୍ନ କରି ଛିନ୍ନ ଭିନ୍ନ କରି
ପରଖି ତାହାକୁ ଜାଣ
ସେହି ତୋର ଧୈର୍ଯ୍ୟ ସେହି ତୋର ଦମ୍ଭ
ସେହି ତୋର ଟାଣପଣ ।

ସାଗର

ବିଶାଳ ସାଗରର ସୁନୀଳ ଜଳରାଶି
ଭରିଛି ବୁକେ ତାର ଅକୁଣ୍ଠ ପ୍ରେମରାଶି ।
ସୁଗଭୀର ସେ ପ୍ରେମ କ୍ଷୟ ଯାହାର ନାହିଁ
ଯେତେ ବି ବିତରିଲେ ଅକ୍ଷୟ ଥାଏ ରହି ।
ଉର୍ମିମାଳା ଯେବେ ନାଚି ନାଚି ଯାଏ
ସେ ଦୃଶ୍ୟେ ଦୁଃଖୀଜନ ଦୁଃଖ ଭୁଲିଯାଏ ।
ସିକ୍ତ କରି ପଦ କରେ କି ଚୁମ୍ବନ
ମାତା ଯେହ୍ନେ ଚୁମ୍ବେ ହୃଦୟର ଧନ ।
କୋହ ଦୂରେ ଯାଇ ମନେ ଆସେ ମୋହ
ମୋହରୁ ଉପୁଜେ ସୁନିର୍ମଳ ସ୍ନେହ ।
ବଖାଣିବି କିବା ଅପୂର୍ବ ବୈଭବ

ବିଚିତ୍ର ସୃଷ୍ଟିର ସର୍ଜନା ଅପୂର୍ବ ।
ବୃଦ୍ଧ ବୃଦ୍ଧାଙ୍କର ସୈକତ ସମ୍ପଦ
ମନେ ଦେଇ ବଳ ଆଣଇ ଆନନ୍ଦ ।
ସାଗର ବାଲିରେ କିଶୋର କିଶୋରୀ
ଢଳି ଢ଼ଳି ନାଚି ଭାଙ୍ଗନ୍ତି ଲହଡ଼ି ।
ପ୍ରେମୀ ଜନେ ଆସି ତାର କୂଳେ ବସି
ପ୍ରଣୟ ଦୃଢ଼ତା ପରଶନ୍ତି ହସି ।
କୋମଳ କଳିକା ବାଳକ ବାଳିକା
ଧାଇଁ ଧାଇଁ ନାଚି ଖେଳନ୍ତି ବାଲୁକା ।
ବାଲୁକାରୁ ଗଢ଼ା ସ୍ୱପନର ଘର
ଲହଡ଼ି ପ୍ରକୋପେ ହୁଏ ପୁଣି ଦୂର ।
ହସି ହସି ନାଚି, ଗଢ଼ି ପୁନର୍ବାର
ଶିଖାନ୍ତି, ଶିଖନ୍ତି ଲଢ଼ି ବାରମ୍ବାର ।
ସେହିଦିନୁ ଜାଣ ମୂଳଦୁଆ ପଡ଼େ
ଭଙ୍ଗାଗଢ଼ା ଏହି ସଂସାର ଜଞ୍ଜାଳେ ।
ଯେତେ ପଡ଼, ଉଠ, ନ ହୁଅ ବ୍ୟଥିତ
ସାଗରର ସମ ହେଉ ତୁମ ଚିତ୍ତ ।
ଶିଖ ତାହାଠାରୁ, ନ ଚାହିଁଣ କିଛି
ଅନାୟାସେ ସଦା ହର୍ଷ ବିତରୁଛି ।
ଶିଶୁର କୋମଳ ମନ ଅଛି ସେଠି
ନିର୍ମଳ ଅମୃତ ସଦା ପରଶୁଛି ।
ସେପରି ବିଶାଳ ସବୁରି ହୃଦୟ
ସୁରଭିତ ହୋଇ ରହୁ ଯେ ଅକ୍ଷୟ ।
ଦୂର ହେଉ ଯେତେ ଦୁଃଖ ଶୋକ ମୋହ
ସୃଷ୍ଟିକର୍ତ୍ତା ହୁଅ ଜଗତେ ସଦୟ ।

ଧର୍ମ

ରେ ମନ ବାନ୍ଧିଥିଲୁ ମନେ ଆଶ
ସରଗଠୁ ବଳି ସରସ ସୁନ୍ଦର
ହୋଇବ ତୋହରି ବାସ ।
ଧରମକୁ ଧରି ଅଧରମେ ଡରି
ବିତିଗଲା ତୋର ଦିନ
ଗୁରୁଜନେ ମାନ୍ୟ ପରିବାରେ ଧନ୍ୟ
କରି ଭରାଇଛୁ ମନ ।
ପର ସୁଖ ଆଗ ନିଜ ସୁଖ ପଛ
ପଣକୁ କରିଣ ଟାଣ
ସେହି ଶିକ୍ଷା ଗୁଣ କରି ତନ୍ନ ତନ୍ନ
ଶିଖାଇଛୁ ତୋ ସନ୍ତାନ ।
ଏକୁ ଆର ବଳିଆର ତାଙ୍କ ଭିତର ବାହାର
କେଉଁଠାରେ ନାହିଁ ଖୁଣ
ତେବେ ବି ସଂସାର ଜଞ୍ଜାଳ ଅପାର
(ସଦା ଥର ହର ସନମାନ ।
ସଂସାର ଆବର୍ତ୍ତନ ବିବର୍ତ୍ତନ ବାଦେ
ହେଉଛନ୍ତି ଉବୁଟୁବୁ
ଦୃଢ଼ତା ସଂକଳ୍ପ ଧୀର ସ୍ଥିର ଭାବ
ବିଜୟୀ ହୁଏ ସ୍ୱ ସ୍ୱଭାବୁ ।
ଯୁଗ ରୀତି ନୀତି ଚଳିଣ ମାନନ୍ତି
ନ ମାନିବା ବଡ଼ ଦୁଃଖ
ପୁଣି ସେହି ରୀତି ଦୁଃଖ ଆଣେ ଅତି
ପାଖେ ନ ଆସଇ ସୁଖ ।
ପୁରୁଣା କାଳିଆ ଶିକ୍ଷା ଆଜି ଆଉ
ନ ଚଳଇ ଏ ଯୁଗରେ
ସେହି ଶିକ୍ଷା ଦେଇ ନିନ୍ଦିତ ହେଉଛୁ
ନିତି ପ୍ରତି ମୁହୂର୍ତ୍ତରେ ।

ଯାହା ଭାବିଥିଲୁ ସବୁ ଆଜି ଭୁଲ୍
ଠିକ୍ ହେବା ନାହିଁ ଆଶା
କାହିଁକି କେବେ ତୁ ଘାଣ୍ଟି ହେଉଅଛୁ
ମନରେ ରଖି ଭରସା ?
ଖଣ୍ଡି ଖଣ୍ଡି ହୋଇ ଭାଙ୍ଗି ହୁଏ ଘାଇ
ତୋ ମନ ଟାଣୁଆ ବନ୍ଧ
ବନ୍ଧ ଭାଙ୍ଗିଗଲେ ସମ୍ଭଳା ପଡ଼େକି
ଘାଇ ମୁହେଁ ବାଲି ବନ୍ଧ ।
ସରଗଠୁ ବଳି ସରସ ସୁନ୍ଦର
ହେବନି ଆଉ ତୋ ବାସ
(କେବେ) ନ ହେବ ପୂର୍ଣ୍ଣ ତୋ ଶୋଷ
ଆଉ ନ ରଖ ମନରେ ଆଶ ।

ଆବେଗ

ଥିର ରହିଗଲା ଯେବେ
ନିସ୍ତେଜ ଶରୀର
ଆକୁଳିତ ଆବେଗ ହୃଦୟ କୋହ
ଢ଼ାଳି ହୋଇ
ଗଲା ବହି
ଉଦ୍‌ବେଗ ଅଧିର ବ୍ୟାକୁଳ
ଭାରାକ୍ରାନ୍ତ ମନ
ଅନିଦ୍ରିତ ଚକ୍ଷୁ, ଶ୍ରାନ୍ତ କ୍ଳାନ୍ତ
ବିକ୍ଷୁବ୍ଧ ପରାଣ
ଲଢ଼ିତେ ଗଲେ ଶୋଇ
ପ୍ରିୟ ଜନେ, ଅତି ଆପଣାର ମନ
ଭାବୁଥିଲା ଏ ଶରୀର ମୁକ୍ତି ପାଉ
ଅସହ୍ୟ କଷ୍ଟ ଯନ୍ତ୍ରଣା ବୋଝ
ଦେଖିହୁଏ ନାହିଁ ଆଉ

ସେ ଆକାଙ୍କ୍ଷା ହୋଇଅଛି ପୂର୍ଣ୍ଣ ।
ଶାନ୍ତ ସ୍ନିଗ୍ଧ ସମାହିତ ହୋଇ
ଅପୂର୍ବ ଆବେଶେ ସତେ
ଯାଇଅଛି ଶୋଇ
ଖୋଜିଲେ ଲୋଡ଼ିଲେ ମିଳିବନି ଆଉ
ସ୍ମୃତି ଖାଲି ରହିଯିବ ଭାର ହୋଇ
ମତ ପାର୍ଥକ୍ୟର ଗଦା ଗଦା ବୋଝ
ଅସହ୍ୟ ତା' ନିପୀଡ଼ନ ଭୁଲିବନି
ଏ କାୟା ଥାଉ ଥାଉ
ସଂସାରର ରୀତି
ମନେ ଭାବେ ଏକ
ମୁଖେ ଆଣ ଆନ
ଚଳିବାକୁ ଜଗତରେ ବିପରୀତ ରୀତି କରେ
ମୁଖ ଲଜ୍ଜା ହୃଦୟଠୁ ହୁଏ ଟାଣ ।
ଲଜ୍ଜା କେହି କରନାହିଁ
ଯାଇଛି ଯେ ଫେରିବନି ଆଉ ।
ଥିବାବେଳେ ଯଦି ଭାବିଥାନ୍ତ
ଯା ପାଇଁ ଉତ୍କଣ୍ଠିତ ଏ ମନ ।
ସମୟ ଥାଉ କରିଥାନ୍ତ ଶାନ୍ତ ତା ପରାଣ
ଅବଶୋଷ ରହିଯାଉ ଚିର ସାଥି ହୋଇ ।
ଉତ୍ତର ପୁରୁଷଙ୍କୁ ପାରିବକି ଶିକ୍ଷା ଦେଇ ?
ଏ ଅବସୋସ ଲଜ୍ଜାରୁ ମୁକ୍ତି ଦେବା ପାଇଁ ।

ସଖା

ତୁମେ ନୁହଁ ତ କାହାରି ସଖା
ଜାଣିଲି ସତଟି ଏକା ।
ଆତୁରେ ଡାକିଲେ ଧାଇଁ ଆସ ବୋଲି
ଜଗତେ ପଡ଼ିଛି ଡକା

ମିଛ କଥା ସବୁ ଏକା
ତୁମେ ନୁହଁ ତ କାହାରି ସଖା ।
ସମୟ ଯାଏଟି ଚାଲି
ଆପଣା ଛାଏଁଟି ଦୁଃଖ ଦୂର କରେ
ନାମ ନିଅ ତୁମେ ଖାଲି
ବଡ଼ପଣ ତୁମ ଜାହିର କରୁଛୁ
ବଳିଆର ଭୁଜ ବୋଲି ?
ପଛେ ନ ହୁଅ କାହାରି ସଖା
ସବୁରି ପରାଣେ ଗୁପତରେ ରହି
ବାଟ, ଅବାଟୁ କରାଅ ରକ୍ଷା ।
ଆକୁଳେ ଡାକିଲେ ସାହା ହେଉଥାଅ
ବିପଦୁ ଉଦ୍ଧାର ସଦା କରୁଥାଅ ।
ତୁମେ ହିଁ ଜନ ମୋହର ସଖା ।
ଜଗତେ କହିବାଟା ସତ ଏକା ।

ଆକର୍ଷଣ

ନିଘଞ୍ଚ ଅରଣ୍ୟର ସବୁଜ ବନାନୀ
ଆକର୍ଷିତ କରି ମୋତେ
ଟାଣି ନିଏ ତା ବୁକୁରେ
ଆଚ୍ଛନ୍ନ ମୋହାବିଷ୍ଟ ମୁଁ
ଅପରୂପ ସୁନ୍ଦର ତା' ରୂପରାଜିରେ ।
ଘୂରି ବୁଲେ ଜିଦ୍‌ରେ । ଭୋରର କୁହୁଡ଼ିରେ ପହଁରି ପହଁରି
ଶତ ଚିନ୍ତାଧାରାର ହଜାଇ ହଜାଇ
କଣ ମୁଁ ଖୋଜେ ? ପାରେନା ବୁଝି !
ମଧ୍ୟାହ୍ନର ଗ୍ରୀଷ୍ମତପଣକୁ ପଚାରେ କେଉଁଠି ସେ
କିପରି ପାଇବି ତାକୁ ?
ଥିରି ଥିରି ପବନର ଗୁଞ୍ଜନ କାନରେ ମୋ କହିଦିଏ
ଆକୁଳ ହୁଅନା ବନ୍ଧୁ !

ପଥହରା ପଥିକ ଗୋ ଥୟ ଧର ।
ହଠାତ୍ ଦେଖେ ଦଳଦଳ କୁନି କୁନି
ପକ୍ଷୀ ଆନନ୍ଦରେ ଡେଣା ମେଲି
ଯାଉଛନ୍ତି ମୋ ମୁଣ୍ଡ ଉପରେ
ଫଡ଼ ଫଡ଼ କଳା ଚିକ୍କଣିଆ ପକ୍ଷ ଖୋଲି, ଆତୁରେ
ପଚାରେ ତାହାଙ୍କୁ ଦେଖିଛ କି ?
ଧୀରେ ଚଞ୍ଚୁକୁ ବୁଲାଇ ଅବୁଝା କାକଳୀରେ କି ଉତ୍ତର ଦିଅନ୍ତି ?
ସତେ ଅବା ପରିହାସ କରି ଦୂରେଇ ଯାଆନ୍ତି ।
ଅଦଭୁତ, ଘଟଣା କିଛି ଘଟିଛି ଯେପରି !
'ନା' ସମସ୍ତେ ନିଅନ୍ତି ଶପଥ
ନିରବତା ରହି ନିରବଛିନ୍ନ
କ୍ଳାନ୍ତ ଶ୍ରାନ୍ତ ପଥିକ ମୁଁ ଢାଳିଦିଏ ତନୁ ମୋର
ଏକ ବିଶାଳ ପ୍ରସ୍ତର ଖଣ୍ଡରେ ।
ଆଖି ମୋର ଲାଖିଯାଏ ବଣଫୁଲ ସୌନ୍ଦର୍ଯ୍ୟ ଭଣ୍ଡାରେ
ମହକରେ ତୃପ୍ତ ହୁଏ ଉଦ୍‌ବେଗ ହୃଦୟ
ବିଲୁପ୍ତ ପାଏ ଉଦ୍‌ବିଗ୍ନ ।
ସନ୍ଧ୍ୟାର ଶୀତଳ ସମୀରଣ ଥରାଇ ମୋ ତନୁ
ଚେଙ୍ଗା କରେ ମୋତେ
ପୁଣି ଖୋଜି ବୁଲେ / କାହିଁ ସେ ଝରଣା
ଯାହାର ସ୍ୱଚ୍ଛ ପ୍ରବାହ, ଦୂରେଇ ଦେଉଛ ଆମକୁ ।
ମୋତେ ଭୂଲି ଯାଇଛନ୍ତି ମୋ ପ୍ରିୟତମ
ହେଉ ପଛେ ନିଥର ଅନ୍ଧକାର ରାତ୍ରି ଚାଲୁଥିବ ଖୋଜୁଥିବି
ଗଭୀରୁ, ଗଭୀରତମ ଏ ଅରଣ୍ୟାନୀ ଗର୍ଭରେ
ନ ବାହୁଡ଼ିବାର ସଂକଳ୍ପ ନେଇ ଦୂର ଦୂରାନ୍ତରେ ।
ରେଖାଙ୍କିତ ମୁଖ ମୋର ସ୍ଥବିରତା ଧରିଲାଣି
ଶିରା ପ୍ରଶିରା, ନାଡ଼ପରି ଫୁଟି ଦିଶିଲାଣି
ଲଡ଼ବଡ଼ ହାଡ଼ ସବୁ ଖଣ୍ଡି ଖଣ୍ଡି ହୁଗୁଳିଗଲାଣି
କ୍ଳାନ୍ତ ଶରୀର ଭାର ବହନରେ ଅକ୍ଷମ ହେଲାଣି
ଦୃଷ୍ଟି ଶକ୍ତି କ୍ଷୀଣ ହୋଇ

ସୂର୍ଯ୍ୟାଲୋକ ବି ଦେଖୁନାହିଁ ।
ଅନ୍ଧାରିଆ ମନର ଗାଢ଼ କଳା ଆବରଣ
ଛୁଇଁଗଲାଣି ମସ୍ତିଷ୍କକୁ
ନିଶ୍ଚଳ ହୋଇଯାଉଥିବା ଏ ତନୁ ମନକୁ ।
ହଠାତ୍ ଯେପରି ଗହନ ଅରଣ୍ୟର
ମଝିଧାରରୁ କେଉଁ ବଂଶୀ ସ୍ୱନ ଶୁଭିଲା, ଗୋପୀଗଣକୁ ଶୁଭିଲା ପରି
ଝରଣାର ନିର୍ଝର କ୍ଷୀଣ ଜଳଧାରା, କଳକଳ ଛଳଛଳ ହୋଇ
ତରତର ସର୍ପିଳ ଗତିରେ ।
ଧାଉଁଛି ଅଜଣା ସାଗରର ମିଳନ ପାଇଁ
ବିହ୍ୱଳ ମୁଗ୍ଧ ଅନ୍ତରୁ ସବୁଜ ପତ୍ରଫାଙ୍କରୁ ନିରେଖୁଛ
ଆଚମ୍ବିତେ ଆଶ୍ଚର୍ଯ୍ୟ ଚକିତ ହୋଇ ।
ଅପୂର୍ବ ଅବର୍ଣ୍ଣନୀୟ ଏ ଦୃଶ୍ୟ
କେଉଁ ଅଦୃଶ୍ୟ ଶିଳ୍ପୀର ନିହାଣ ମୂନରୁ ଗଢ଼ି ଉଠିଛି ?
ଚତୁର୍ଦ୍ଦିଗରୁ ଘେରି ଆସିଲା ଅନିର୍ବଚନୀୟ ପ୍ରଶାନ୍ତିର ଉପଲବ୍ଧି
ଆକଣ୍ଠ ତୃଷ୍ଣାର କ୍ଷିପ୍ରତାରେ, ସେ ଝରଣା କୂଳରେ ଗଡ଼ିଯାଇ
ଅବଗାହନ କରି,
ପିପାସିତ ତନୁ ମନ ତୃପ୍ତ ହେଲା, ସ୍ୱଚ୍ଛ, ପବିତ୍ର ସେ
ଅମୃତ ଜଳପାନ କରି
ଖୋଜିବା ପାଇବାର ହେଲା ଅବସାନ
ଭୁଲି ନାହିଁ ମୁଁ, ଭୁଲନ୍ତିନି ମୋର ପ୍ରିୟତମ ।

ଜୀବନ ପରେ

ଅସ୍ତିତ୍ୱ କି ଲୋପ ପାଏ ଶରୀର ହଜିଲେ ?
ଶରୀର କରିଚି କାର୍ଯ୍ୟ ତା' ଜୀବଦଶାରେ
ସେ କାର୍ଯ୍ୟର ଚିହ୍ନ ଏଠି ସେଠି, ରହିଛି ସବୁଠି
ମନର ତୂଳୀ ରଙ୍ଗରେ ସେ ଚିତ୍ର । ସବୁଠି ଆଙ୍କିଛି ସଜାଇଛି
ଅଙ୍କା ପ୍ରତିବିମ୍ବ ଛାଡ଼ି ଦେଇ ଯାଇଛି ଶରୀର
ଘୂରି ଘୂରି ଚକା ଭଉଁରୀ ଖେଳୁଛି ପ୍ରତିବିମ୍ବତାର

କ୍ଷୀଣ ଅଣୁକୋଣୁ ଫୁଟେ ତା'ର ସୁଗନ୍ଧି ସୌରଭ
ଅନିତ୍ୟର, ନୀତି ଗତିଶୀଳ ଛନ୍ଦ ମହକ ବୈଭବ
ଚିରାଚରିତ ଏ ରୀତି ଧରାର ଅବସାନ କାହିଁ ?
ଶରୀର ବିନାଶରେ, ଅସ୍ତିତ୍ୱର ଲୋପ ପାଏ ବା କାହିଁ ?
ସୁଖ ଦୁଃଖ ଦୁଇ ସର୍ଜନା କରିଛ
ସମ ଭାଗ କିମ୍ବା ତାହା ନ କରିଛ ?
ନିରାଶ ମନକୁ ସରସ ରଖିଲେ
ମନ ତୁମ କଷ୍ଟ ହୁଏ କି ?
ମାନବ ଜୀବନ କ୍ଷଣ ଭଙ୍ଗୁର
ଦୁଃଖ ପାଇ, ସୁଖ ପାଇଁ ଲୋଭାତୁର
ନିର୍ଲୋଭ ଗୁଣକୁ ଢାଳି ଦେଇଥିଲେ
ଦୁଃଖୀ ତୁମ୍ଭେ ହୋଇଥାନ୍ତ କି ?
ସବୁ ସଜଡ଼ାକୁ ଅସଜଡ଼ା କରି
ସୁନ୍ଦର ରୂପରେ କୁରୂପତା ଭରି
ଆକୁଳ ପ୍ରାର୍ଥନା ଅହରହ ଶୁଣି
ଲାଭ ଅନଭୁବ କରକି ?
ଜଗତ ଚାହୁଁଛି
ଏହାର ଉତ୍ତର
ମୂକ କିମ୍ବା ରୁହ ଦାରୁ ଠାକୁର
ଅପଲକେ ଚାହିଁ, ମୃଦୁ ମନ୍ଦ ହସି
ଫାଙ୍କି ସଦା ଦେଉଥିବ କି ?
ଆତ୍ମ ନିବେଦନେ ଅଖଣ୍ଡ ବିଶ୍ୱାସ
ହୃଦ ମନ୍ଦିରରେ ଥାପିବା ପ୍ରୟାସ
ନିରନ୍ତର ଏଇ ମଧୁର ଚେତନା
ଚିରନ୍ତନୀ କରିବନି କି ?

ଆତ୍ମସନ୍ତୋଷ

ଆତ୍ମସନ୍ତୋଷର ଦାମ୍ଭିକତାରେ
ଆତ୍ମା ମୋର ପୂର୍ଣ୍ଣ ! ଛଳେ ବଳେ
କୌଶଳେ କାର୍ଯ୍ୟ ମୁଁ କରିଛି ସମାଧାନ
ପିରାମିଡ ସଦୃଶ୍ୟ, ସୁଉଚ୍ଚ ମୋ ଗାରିମା ।
ପ୍ରତିବିମ୍ବ ମୋ ଦର୍ପଣର ମନ ମୁକୁରରେ ।
ଝଟକି ଉଠୁଛି
ତିଳେହେଲେ ଗ୍ଲାନି ନା ଅବସୋସର
ଚିହ୍ନ ନାହିଁ ସେଠି ।
ବାଉଁଶ କଣିକାର ଏ ପିରାମିଡ଼ ଅପଟୁ ହାତରେ ଗଢ଼ା
ବଡ଼ ଆଚମ୍ବିତ. ପୋଡ଼ା କାଠ ବାଉଁଶର ସାହାରା
ନେଇ ସେ ଦିଶୁଛି, ବତୁରା ସିଝା
ଅଧା ଫଟା ଉସୁନା ଧାନ ପରି
ସେଦିନର ସୁନ୍ଦର ତରୁଣୀର ଲାବଣ୍ୟଭରା ମୁହଁ
ହୋଇଛି ବୀଭତ୍ସ ମୁଖ
ଧର୍ମ ଧ୍ୱଜା ଉଡ଼ାଉଥିବା ମଠାଧିଶ ମହନ୍ତଙ୍କ ଅଭିଳାଷର
ଦୁର୍ନିର୍ବାର ଶୋଷ ମୋହ ।
ଏସବୁ ଏକାଠି ସୁଉଚ୍ଚ କରି ଦ୍ରୁମ ହୋଇ ରହୁଛି
ଅଥଚ ନ ଥିଲେ କଣ ବା କ୍ଷତି ହୋଇଥାନ୍ତା ?
କେବେ ତା' ଅଭାବ କି ଅନୁଭବୀ ହୁଅନ୍ତା
ସତେ ଅବା ମୁଁ ଆଜି ଦେଉଛି ଦୋଷ !
କାଲି ଯାହା ଥିଲାଟି ଗୌରବ !
ସେ ଗୌରବର ଦବାଗ୍ନିରେ ଜଳେ
ଆଜିର ସ୍ତୁପୀକୃତ ରୋଷ ।
ମୋର ଲୋଡ଼ା ସବୁ କିଛି ଅମୂଲ୍ୟ ରତ୍ନ !
ଆଣୁ ପଛେ ତା' ସହିତ ଗଦା ଗଦା ଘୃଣା ଆଉ କ୍ରୋଧ
ସେ କ୍ରୋଧାଗ୍ନିରେ ମୁଁ ମିଶିବି ସତତ
ଆଇନର ଦ୍ୱାହି ଦେଇ, ଯେତେ ବେଆଇନ ବାଟ କରେ ମୁହିଁ ।

ତୁମଠୁ ଛଡ଼ାଇ, ଠକାଇ, ହରାଇ
ଗ୍ଳାନିର ଗରିମାରେ ଗରୀୟାନ ହୋଇ ।
ଲାଞ୍ଚ ମିଛ ଅସତ୍ୟରେ ସତ୍ୟର ମୋହର
ସେହିପରି ଆକର୍ଷଣ ମୋର ନିତ୍ୟ ସହଚର
ତା' ବନ୍ଧୁତ୍ୱ ବନ୍ଧନ ଦୁର୍ନିର୍ବାର
ଅନ୍ତରାତ୍ମା ଆଜୀବନ ଋଣି ହେଉ ରହିବ !
କି ଲାଭ ଚିନ୍ତା କରି ଋଣ ଶୁଝିବାର ?

ନୀଳ ଆକାଶ

ନୀଳ ଆକାଶରେ ଚକ୍ ଚକ୍ କରୁଥିବା
ସେଇ ଛୋଟ ତାରାଟିର ସାନ୍ନିଧ୍ୟ ପାଇଁ
ମନ ମୋର ଉଚ୍ଚାଟ ହେଉଛି ।
ଆକୁଳତା, ବିବଶତା, ବିଚିତ୍ର ଉଦ୍ଭଟ ଭାବନା
ଅଛିଣ୍ଡା ଜାଲରେ ଛନ୍ଦି ହେଉଚି ।
ଚତୁର୍ଦ୍ଦିଗେ ଘେରିଥିବା ନୀଳ ଦରିଆରେ ପହଁରି ପହଁରି
ଦିଗବଳୟରେ ମିଶି ପହଞ୍ଚିବି ତା' ପାଶେ !
ଜାଣେ ଦୂରାଶା ମୋ ସଫଳ ହେବନି
କ୍ଳାନ୍ତ ହୃଦୟ ବାହୁଡ଼ିବି ନିରବରେ ।
ଦୂରରୁ ଖାଲି ଦେଖିବି ଯେଉଁଠାରେ ଥିବି
ସେଠି ରହି ମୋ ଉଜ୍ଜ୍ୱଳ ତାରକାରେ ।
ଦୁଇଟୋପା ଲୁହଧାର ଗଡ଼ିବ ମୋ ଚିବୁକରେ
ଆକାଙ୍କ୍ଷା ମୋ ରହିବ ଚିର ଅଭୀପ୍ସାରେ ।

ନୀଳ ଦରିଆର ଧୀର ଗମ୍ଭୀର ଗର୍ଜନ
ଏକ ପରେ ଏକ, ପୁଣି ଏକ ଲହରୀର ନର୍ତ୍ତନ
ତାଳ ପରେ ତାଳ ଦେଇ ନାଚିଯାଏ
ସମ୍ମୁଖରୁ ସିଧା ଆସି, ଚାହୁଁ ଚାହୁଁ ହଜିଯାଏ ।
ଭିଡ଼ିମୋଡ଼ି ଗଡ଼ି ଟାଣ ହେଉ ହେଉ

ଭାଙ୍ଗିଯାଏ, ପଡ଼ିଯାଏ ବୋହିଯାଏ ।
ମୁହୂର୍ତ୍ତକରେ ଏକ ଅମୂଲ୍ୟ ସମ୍ପଦ ମିଳାଇଯାଏ ।
ଜୀବନଟା ଏହିପରି ।
ପରିତ୍ୟକ୍ତ କ୍ଷଣ ଭଙ୍ଗୁରା ହେଉ ପଛେ
ନାଚି ନାଚି ଢ଼ଳି ଢଳି
ପଡୁଥାଉ, ଉଠୁଥାଉ, ଚଢୁଥାଉ, ଯାଉଥାଉ
ସବୁ ବାଧା ବିଘ୍ନ ଏକ ଏକ କରି ଅପସରି ।

ବନ୍ଧୁତ୍ୱ

ମନ ଗହୀରର ସୁନ୍ଦର ଚୁପି ଚୁପି କଥାରୁ
ସ୍ୱର ନ ଦେଇ
ରଖୁ ଗୋପନରେ
ଉଜ୍ଜ୍ୱଳ ତାରକା ସମ ଅଛି
ବାଦଲଭରା ହୃଦୟରେ ।
ଆମ ବନ୍ଧୁତ୍ୱ ଓ ନିବିଡ଼ ବନ୍ଧନ
ବାନ୍ଧି ରହୁ,
ଚିର ବନ୍ଧନର ମଧୁର ସତ୍ୟରେ ।
ଯାହା କିଛି ଭିଆଇଛୁ, କରିଛୁ, ବାଣ୍ଟିଛୁ
ସୃଜନର ଆନନ୍ଦରେ, ତିଳ ତିଳ, ନିଶ୍ଚିହ୍ନ ହୋଇଛି
ନିଜ ପ୍ରତି ଆମେ ଚିର ବିଶ୍ୱସ୍ତ
ବିଶ୍ୱାସ ଆମର ସଦା ମଧୁଲଗ୍ନ, ନିବିଡ଼ ବନ୍ଧୁତ୍ୱ ।
ବେଳାଭୂମି ଡେଇଁ କୂଳ ଲଙ୍ଘି, ଜୁଆର
ମାଡ଼ି ଚାଲିଛି ଆଗକୁ ଆଗକୁ ।
ପ୍ରଭୁ ହେ ସାହା ହୁଅ, ରାହା ଦିଅ
ଉତ୍ତାଳ 'ଜଳଧି'ର କୋପକୁ ଅନିର୍ବାପିତ
କ'ଣ ବା ସାହା ହେବ ? ରାହାଦେବ କାହାକୁ ?
ଜୀର୍ଣ୍ଣ ଶୀର୍ଣ୍ଣ ପ୍ରାଣ, କ୍ଷୀଣତର ସ୍ପନ୍ଦନ
ନିଶ୍ଚୟ ତ ହେବ ଶୂନ୍ୟ !

ତେବେ ତା ଅନ୍ଧକାରେ ଫୁଲୁଥାଉ, ନାଚୁଥାଉ
ପୂର୍ଣ୍ଣତାର ଆନନ୍ଦରେ, ଜୁଆରିଆ ଦରିଆ ପରି
ଫୁଲି ଫୁଲି, ନାଚିଯାଉ ମାଡ଼ିଯାଉ, ଆଗକୁ ଆଗକୁ ।
ଜୀବନଟା ଏକ ଘୁମେଇ ଘୁମେଇ
ଗଳ୍ପ କହୁଥିବା ସ୍ଥବିରା ବୃଦ୍ଧାପରି ।
ସାହାରା ଦେଉଛି ସେ ପୁଣି ଆଉ ଏକ
ଶ୍ଳଥ କମ୍ପିତ, ଶିଥିଳ ବୃଦ୍ଧକୁ !
ଆଶ୍ଚର୍ଯ୍ୟ ନୁହେଁ କି ?
ତେବେ ବି ଏହା ପରମ, ଅନିର୍ବଚନୀୟ
ମଧୁର ଏକକ ସତ୍ୟ ।
ଅନନ୍ୟ ସଂସାରର ନିତି ପ୍ରତି ଘଟଣାର
ନିଶୁଦ୍ଧ ନିବିଡ଼ ଅମୃତ ।

ସୁଖ ଦୁଃଖ

ପ୍ରଭୁ ସଭିଏଁ ତୁମକୁ ଦୁଃଖ ଜଣାଇଲେ
ସୁଖ ସାଥି ତୁମେ ନୁହଁ କି ?
ସୁଖର ପସରା ମେଲାଇ ଡାକିଲେ
ଆନନ୍ଦିତ ହୁଅ ନାହିଁକି ?
ଜଗତରେ କେତେ ସୁଖ ବାଣ୍ଟିଅଛ
କେତେ ରଙ୍ଗ ଦେଇ ରଙ୍ଗୀନ କରିଛ
ସେ ସୁଖ ବୋଲିଣ ଦେହରେ ମନରେ
ଦୁଃଖ ଭୂଲି ହୁଏ ନାହିଁକି ?
ଏତେ ସୁଖ ଥାଉଁ ଦୁଃଖ କିଆଁ ବଡ଼
ସେ ଦୁଃଖ ଜଣାନ୍ତି ହୋଇ ଜଡ଼ସଡ଼ ?
କେହି କହୁନାହିଁ, ଏତେ ସୁଖ ଦେଲ
ଅସମ୍ଭାଳ ସୁଖ, ତୁମେ ହିଁ ସମ୍ଭାଳ
ବୋହିବାର ଶକ୍ତି ଆଉ ନାହିଁ ମୋର
ଦୁଃଖ ସାଥି ହେବ କାହିଁକି ?

ପ୍ରତୀକ୍ଷା

ମୁଖରେ ଯେତେ ମୁଁ କରଇ ପ୍ରଚାର
କରୁଣା ଭିକ୍ଷାରେ ତୁମ ଦୁଆରେ
ମୁଁ ପ୍ରତୀକ୍ଷାରତ !
ମନ ଜାଣେ ତାହା ନୁହଁଇ ସତ୍ୟ
ସତ୍ୟ ହୋଇଥିଲେ ମଗ୍ନ ହୋଇଥାନ୍ତି
ସାନ୍ନିଧ୍ୟ ତୁମର ଅନୁଭବୀ ଚିତ୍ତେ
ମୁଁ କରନ୍ତି ନୃତ୍ୟ
ପୁଲକ ଆନନ୍ଦେ ଗାଆନ୍ତି ଗୀତ ।
ଦ୍ୱିଧା ଭରା ହୃଦ ଗୁମୁରୁଥାଏ
ସତରେ ତୁମକୁ ଏତେ ମୁଁ ଚାହେଁ ?
ମୋ ପରତେ ନୁହେଁ
ଅବିଶ୍ୱାସୀ ପ୍ରାଣ କରଡ଼ି ହୁଏ ।
କାହାକୁ କହିବି, କେ ବୁଝିପାରିବ କେ ଅବା ବୁଝିବ ?
ଉଦ୍‌ବିଗ୍ନ ପ୍ରାଣର ଉଚ୍ଛ୍ୱାସ କଥା ?
ମୋର ତିଳେ ନାହିଁ ଭରସା,
ଆପଣାରେ କିବା ଅପରେ ଆଶା ?
ଦ୍ୱନ୍ଦ୍ୱ ପୀଡ଼ନର କୁହୁଳା ଦୁଃଖ
ଅକୁହା ଅଶାନ୍ତ ଦହନ ଦେଇ ସେ
କୋହରାଇ ସେ ଥରାନ୍ତି ଚିତ୍ତ
ଗହନ ମନ ତ ସଦା ପୀଡ଼ିତ ।
କେବେ କି ଏହାର ହେବ ମୀମାଂସା ?
ତୁମ ବିନା ଆଉ, କେ ଅବା ବୁଝିବ ଅଶାନ୍ତ ଆତ୍ମାର
ମୋ ଅଖଣ୍ଡ ଆଶା
କରୁଣା ଲାଭର ଚିର ପୀପାସା ।

ଅଜଣା ଅଚିହ୍ନା

ଅଜଣା, ଅଶୁଣା, ଅଚିହ୍ନା
ଝିଅଟିଏ, ପୁଅଟିଏ, ନିଅନ୍ତି ଶପଥ,
ଜନ୍ମ ପୁଣି ଜନ୍ମାନ୍ତର ଦ୍ୱାହି ଦେଇ ଗଢ଼ିବେ ଜୀବନ
ପରିପୂର୍ଣ୍ଣ ପୂର୍ଣ୍ଣତାର ଛନ୍ଦ ବନ୍ଧନରେ !
ପରସ୍ପରେ ସଦା ସାଥୀ
ନିଗୁଢ଼ ବନ୍ଧନେ
ହେବେ ବନ୍ଦୀ ଆପଣା ଭିତରେ ।
କେତେ ଭୁଲ୍, ଅବା ଠିକ୍‌ର
ହିସାବ ନିକାଶ ନ କରି
ତ୍ରୁଟି ବିଚ୍ୟୁତିର ଅସଜଡ଼ା ସ୍ତୂପ
ସଜଡ଼ା ସଜଡ଼ି କରି
ନୂତନତ୍ୱ କରିବେ ସୃଷ୍ଟି
ଅମୃତ ବେଳାରେ ।
ସେହି ସର୍ଜନାର ଅନବଦ୍ୟ ଆନନ୍ଦ
ବିସ୍ତାରିତ ହେବ ସୁଦୂର ସୁଗନ୍ଧିର
ପ୍ରଲେପ ଦେଇ
ଅଛ ଦେଖା, ଅଦେଖା,
ଚିହ୍ନା, ଅଚିହ୍ନାର
ପ୍ରତିଶ୍ରୁତି ନେଇ ।
ମନ ଜିଣା ମନବୀଣା ଝଙ୍କୃତ ହୋଇ
ସୁରର ଝଙ୍କାର, ପୁଣି ସୁରଭିର
ସଙ୍ଗେ ତାଳ ଦେଇ
ଲେଉଟିବେ ପରିଚିତ, ଅତି ପରିଚିତ
ସେହି ଦୁଇ ଅପରିଚିତ ଆତ୍ମା
ମିଳନର ଦ୍ୱାରେ, ଚିର ସ୍ୱାଗତର
ପ୍ରତିଶ୍ରୁତି ହୋଇ ।
କିଏ ଜାଣେ, ପୁଣି କେବେ ଦୁହେଁ ହେବେ

ଅଜଣା, ଅଚିହ୍ନା -
ଜନ୍ମ ଜନ୍ମାନ୍ତର, ସତ୍ୟ, ଅସତ୍ୟ ମିଳନ ଅଜଣା ।
ସବୁ ଜାଣି ପୂର୍ଣ୍ଣତାର ପୂର୍ଣ୍ଣ କୁମ୍ଭ ହୋଇ
ଏହି ଜନ୍ମ ଶ୍ରେଷ୍ଠତାକୁ ଶୀର୍ଷପଣ ଦେଇ
ଅପେକ୍ଷାରତ ଦୁହେଁ
କେବେ ବଦଳିବ ଋତୁଚକ୍ର ?
ପୁଣି ଚିହ୍ନା, ଅଚିହ୍ନା
ଜନ୍ମ ଜନ୍ମାନ୍ତର, ଭାସିଯିବ
ନିବିଡ଼ ଗୁହ୍ୟ ବନ୍ଧନର ସୁଏ ।

ବାନପ୍ରସ୍ଥ

ଭଲ ଲାଗୁନାହିଁ ଆଉ ତୁମ ଗଢ଼ା
ଏ ସୁନ୍ଦର ସଂସାର
ଅନବଦ୍ୟ ସୌନ୍ଦର୍ଯ୍ୟର ଅକଳନ୍ତ ଶୋଭା
ଆହରଣ କରିବାର
ଶକ୍ତି ନାହିଁ ମୋର ।
ଅଙ୍ଗେ ଅଙ୍ଗେ ସ୍ଥବିରତା ବସା ବାନ୍ଧିଲାଣି,
କୁହୁଡ଼ି ପୂର୍ଣ୍ଣ ବସୁନ୍ଧରା ପରି
ମନ ଭିତରଟା ଜାଲୁ ଜାଲୁଆ ହେଲାଣି,
ଅକାରଣ ଅବସୋସ ଘାରେ ଅହରହ
କଣ ଦେଲି, କ'ଣ ପାଇଲି ହିସାବର
ଅନ୍ଧାରୁଆ କଳା ପ୍ରତିବିମ୍ବ, ମାଡ଼ିବସେ
ତା' ସହିତ ଲଢ଼ି ଲଢ଼ି
ଅବଶ ଶରୀର ।
ଫୁଲର ସୁଗନ୍ଧିର ମୋହ ଦେଉନାହିଁ
ପକ୍ଷୀର କାକଳି ମୁଗ୍ଧ କରୁନାହିଁ
ନାଚି ନାଚି, ହସି ହସି ଘୂରି ବୁଲିବାର
ଅଦ୍ୟମ ଆସକ୍ତି

ଯାଇଅଛି ଶୋଇ ।
ତେବେ ବି ଲୁଚି ଛପି ଲୁବ୍ଧ ମନ ମୋର
ଶେଷ ଦେଖା ଦେଖୁଥିବା
ଲଢୁଥିବ, ହାରୁଥିବ, ଜୀବନ ସଂଗ୍ରାମେ
ପଡ଼ି ଉଠି ଧାଉଁଥିବ ।
ଥିବା ଯାକେ ଆତ୍ମ ଶକ୍ତି
ସେ ଶକ୍ତି ଦୂର ନ କରାଅ
ପାଖେ ରହି ସାହା ହୁଅ
ଅନ୍ତଃ ସଲୀଳା ଫଲଗୁ ଧାରା
ଅକୁଣ୍ଠିତେ ସଦା ଢ଼ାଳୁଥାଅ ।

ରାଣୀ ମୁଁ

ନ ହୁଏ ପଛକେ ରାଜରାଣୀ ମୁହିଁ,
ରାଣୀ ମୋର ରାଜାଙ୍କର
ସେ ମଧୁ ଚେତନା, ସେ ପ୍ରିୟ ଭାବନା
ମୋ ଗୌରବ ଉପହାର ।
ରାଜମାତା ପଦ, କିବା ବଡ଼କଥା
ସୁମାତା ମୋ ପିଲାଙ୍କର
ତାଙ୍କ ଶ୍ରଦ୍ଧା ଭକ୍ତି ଶ୍ରେଷ୍ଠ ସମ୍ପଦ
ଚିର ସଖା ସହଚର ।
ବନ୍ଧୁ ପରିବାର ଅକୁଣ୍ଠିତ ପ୍ରେମ
ଢାଳିଛନ୍ତି ଅକାତର
ସେ ସୁଖ ଭାବନା କଳନା ନାହିଁଯା
କି ରୂପ ଦେବି ବା ତାର
ପାଖ ପଡ଼ିଶାଙ୍କ ସଶ୍ରଦ୍ଧ ସହାସ୍ୟ
ଆନ୍ତରିକ ଉପଚାର
ମନରେ ଢ଼ାଳିଛି ଅମୀୟ ଭାବନା
ସୁଖମୟ ଏ ସଂସାର ।

ଦୁହିତା ଜନ୍ମ ମୋ ସାର୍ଥକ ଲଭିଛି
ଦୁଇ କୂଳେ ହିତକର
ପିତାମାତାଙ୍କର ସୁଶିକ୍ଷା ସନ୍ଦେଶ
ପାଥେୟ ମୋ ଜୀବନର ।
ପ୍ରଭୁ ଜଗନ୍ନାଥ ସଦା ପାଖେ ରହି
ଦୁର୍ଗତି କରନ୍ତି ଦୂର
ବାକି ଯା' ରହିଛି ଆଉ କେତେଦିନ ସଦିଚ୍ଛା ସସ୍ନେହେ
(ତୁମ) ଇଚ୍ଛାରେ ପାରି କର ।
ଅହଂ ଭାବ ଅବା ବଡ଼ ପଣ ନୁହଁ
ସତ୍ୟ ବଚନିକା ସାର
ତ୍ୟାଗରେ ଆନନ୍ଦ, ଅନ୍ୟ ସୁଖେ ସୁଖ
ଜୀବନର ବ୍ରତ ମୋର ।

ହତୋତ୍ସାହ

ସରିଲାଣି ତିନି ଭାଗ ରହିଅଛି ଏକ ଭାଗ
ଏକଭାଗ ଓଜନ ବଢ଼ିଚାଲେ ଦିନୁଦିନ
ସେ ଓଜନ ବୋଝ ଭାରୀ ନ ପାରେ ସହି ବେପାରୀ
ଖସିବାକୁ ଯେତେ ଚାହେଁ ବାନ୍ଧିବାକୁ କରେ କିଏ ?
ଊର୍ଦ୍ଧ୍ୱେ ନ ପାରଇ ଉଠି ରସାତଳେ କରେ ଗତି
ଜାଣେ ସେ ନିଶ୍ଚିହ୍ନ ହେବ ତିଳେ ବ୍ୟଥା କାରେ ନ ଦେବ
ଅପାଶୋରା ଗୁଣ ଗୁଣି ଶୋକ ନ କରିବେ ପୁଣି
ଅଦମ୍ଯ ହୃଦୟ ଭାବ କିପରି ସଦୟ ହେବ
ଅଦୃଶ୍ୟ ନିୟତି କହ ? ଏ ପରିଣାମ ଶେଷ ନୁହଁ ?
ହୃଦୟ ନିର୍ମଳ କରି ଉତ୍‌ଫୁଲ୍ଲ ଉଲ୍ଲାସେ ଭରି
ସଭିଙ୍କୁ ଆନନ୍ଦ ଦେଉ ଆନନ୍ଦିତେ ମଗ୍ନ ହେଉ
ପ୍ରସନ୍ନ ପ୍ରଶାନ୍ତ ପ୍ରାଣ ଊର୍ଦ୍ଧ୍ୱେ ଉଠି ହେଉ ଲୀନ
ମିନତି ପୂରଣ କର ଦୂର ହେଉ ବ୍ୟଥା ଭାର ।

ମାତୃ ଜଣାଣ

ମାଲୋ ମା, ମୋ ମା
ଡାକ ନ ଶୁଣୁଛ କିମ୍ପା ?
ମା' ହୋଇ ଯେବେ ଓ ନ କରିବୁ
ରହିବି କିପରି ଏକା ?
ତୁହି ମୋ ଭରସା, ତୁହି ମୋର ଆଶା
ଦୀପ ଅଫୁରନ୍ତ ଜାଳୁ
ତୁ ରହିଲେ ମୂକ ଜଳିବକି ଦୀପ
ସତତ ହୃଦୟ ତଳୁ ?
ଦେଖାଅ ମା ବାଟ ନ କର କପଟ
ଚରଣେ ଶରଣ ଦିଅ
ବିପଦ ତାରିଣୀ ସଂକଟ ହାରିଣୀ
ପରଶେ ଦିଅ ଅଭୟ
ତୋର ପଦେ ଲୟ ନ ହେଉ ମୋ କ୍ଷୟ
ଏ ସଂସାର ଦୁଃଖ ନଇ
ଯଦି ମଙ୍ଗ ସାଜି ହୃଦ ମଧ୍ୟେ ରାଜି
ପାରି କର ମାଗୋ ତୁହି
ସରିଯାଏ ବେଳ ହୃଦୟ ବ୍ୟାକୁଳ
ଧୈର୍ଯ୍ୟ ଦମ୍ଭ ନାହିଁ ଆଉ
ତୋ ଅଭୟ ହସ୍ତ ଶିରେ ମାଗୋ ଥାପ
ଏ ଦୁର୍ଦ୍ଦଶା ଦୂର ହେଉ ।

ଅମୀମାଂସିତ ପ୍ରଶ୍ନ

ବିଗତ ଜୀବନେ ଝୁଣ୍ଟି ଝୁଣ୍ଟି ଯେତେ ଅଘଟଣ ଘଟିଗଲା
ଜୀବନ ସଂଗ୍ରାମ ବିତାଇବା ପାଇଁ ଜରୁରୀ କ'ଣ ତା ଥିଲା ?
ହତାଶା ଆଘାତ ଭଗ୍ନୋତ୍ସାହ ସବୁ ଏକଜୁଟ ହୋଇ ମେଳି
କାହିଁକି ଆସିଲେ କେଉଁ କାରଣରୁ ନ ପାରିଲି ତାହା କଳି ।
ତନ୍ନ ତନ୍ନ ଖିନ୍‌ଭିନ୍ ନିରକ୍ଷଣୀ ଖୋଜିଗଲି କର୍ମମାନ

ମନ ଜାଣନ୍ତରେ କିଛି କରିନାହିଁ ଯାହା ପାଇଁ ହିନିମାନ ।
ଈର୍ଷା, ଲୋଭ ଯେତେ, ଅସୁୟା ଭାବନା ହୃଦେ ନ କରନ୍ତି ଘର
ଶ୍ରଦ୍ଧା ଭକ୍ତି ପ୍ରେମ, ସ୍ନେହ ଧର୍ମ ଭାବ ଆଜନ୍ମରୁ ଆପଣାର
ପ୍ରତି କ୍ରିୟା କର୍ମେ ଅନ୍ତଃଦୃଷ୍ଟି ମେଲି କରଇ ତାର ସମାଧା
ବୁଝି ନ ପାରଇ ତେବେ କାହିଁ ପାଇଁ ଘଟେ ଯେତେ ଅସୁବିଧା
ପୂର୍ବ କର୍ମଫଳ ଭୋଗିବାକୁ ହେବ, ଯଦିବା ଆସର ମନେ
କିପରି ଜାଣିବି କି ଦୁଷ୍କର୍ମ ଫଳ ଭୋଗୁଛି ଏହି ଜୀବନେ ?
କେଉଁ କାରଣରୁ କର ହନ୍ତସନ୍ତ ନ ଜାଣିବି ଯଦି ତିଳେ
ଲାଭ କି ପାଉଛ ବୃଥା ଦଣ୍ଡ ଦେଇ କି ମିଳୁଛି ଏହି ଖେଳେ ?
ସରିତ ଅସିଲା ଜୀବନ ପ୍ରଦୀପ ଦିକ୍ ଦିକ୍ ଦୀପ ଶିଖା
ଦପ୍ କରି ଜଳି ଲିଭିବ ସଳିତା ମିଳାଇବ ଧୂମଶିଖା
ନ ଜାଣିବା ଏହି ଖେଳ ଖେଳି, ଆଉ ନିଅ ନାହିଁ ବଡ଼ପଣ
ହୃଦୟାସନେ ବସି ଜାତି ସ୍ମର କର, ଜାଣୁ ପୂର୍ବ ପରଜନ୍ମ ।

ନିରାଶିତ ଆଶା

ଆକାଙ୍କ୍ଷା ଆଶା ସବୁ ଅପୂରଣ ରହିଲା
ତୁମ ନାମଧାୟୀ ଜନମନ ମୋହି
ଆତ୍ମ ସନ୍ତୋଷ ଲଭିବି
ଚିରଦିନ ପାଇଁ ଅକାରଣେ ମଉଳିଲା ।
ଦେଇଥିଲ କଣ୍ଠେ ସ୍ୱର ଅନୁରାଗ ଭାର ଭାର
ସେ ଅନୁରାଗ, ଭକ୍ତି ଭାବେ ବୋଲି
ସଶ୍ରଦ୍ଧ ସୁମନେ, ପ୍ଲାବିତ କରି
ଜଗତଜନଙ୍କ ମନମୋହିବା
ଏ ଜନମେ ନ ହୋଇଲା
କେତେ ଯେ ବିଶ୍ୱାସ ପୂର୍ଣ୍ଣ ପ୍ରାଣେ ଥିଲା
ତାହା କିଗୋ ଅହଂ ଭାବ ?
ଅହଂ ଭାବ ଯୋଗୁଁ ସିଦ୍ଧିକି ନ ଦେଲା ?
ସାର ହେଲା ଦୁଃଖ ଦୁର୍ଯୋଗ

କିମ୍ବା ନ ଓଗାଳିଥିଲ ବାଟ ?
ଦେଖାଇ ନାହିଁ ସୁପଥ
ଆଜି ତେବେ ପ୍ରଭୁ ମନଟା ଏପରି କର କିଆଁ ଛଟପଟ ?
ସ୍ୱର ନେଇଗଲ 'କଣ୍ଠ' ନଷ୍ଟ କଲ
ମନରେ ଦେଲ ସ୍ଥାଣୁତା
ଭାଷା ଆସୁନାହିଁ ଭାବ ଗଲେ କାହିଁ
କାହିଁ ଗଲା ନିବିଡ଼ତା ?
ଦୂରେଇ ଯାଉଛ ତୁମ୍ଭେ
ତେବେ ବି ରହିବି ଦମ୍ଭେ
ଚେଷ୍ଟା ନ କରିବା ସାହା ନ ଲୋଡ଼ିବା
ଜାଣୁଥିବ ସବୁ ତୁମ୍ଭେ ।
ଯାହା ତ ହେବାର ହେଲାଣି ମାଗୁଛି ଏହି ମାଗୁଣି
ଶେଷ ସମୟରେ ଦୂରେଇ ନ ଯିବ
ଆଶ୍ୱାସର ହସ୍ତ ମସ୍ତକେ ଥାପିବ ।
ଯଦି ଦିଅ ପୁନଃର୍ଜନ୍ମ କରାଅ ଆଶା ପୂରଣ
ତୁମରି ଭଜନ କୀର୍ତ୍ତି ନ କରିବି
ସନ୍ତୁଳିତ ଆତ୍ମା ଶାନ୍ତିରେ ଭରିବି
ଜନମନ ମୋହି ସଭିଙ୍କୁ ହସାଇ
(ପୁଣି) ତୁମ ପାଶେ ଫେରିଯିବି ।

ସୁପ୍ତ ଆକାଙ୍କ୍ଷା

ଜୀବନର ଶେଷ ପ୍ରାନ୍ତେ ଭାଳେ ଆଜି ବସି
ପୁଣିଥରେ ଫେରନ୍ତାକି ବାଳ କାଳ ଆସି
'ନନାବୋଉ' ଦେଉଥାନ୍ତେ ଅଭୟ ଆଶିଷ
ଆହରଣ କରୁଥାନ୍ତି ମଧୁର ଉଲ୍ଲାସ
ବୋଉର ନରମ କୋଳ, ନନାଙ୍କ ସହାସ୍ୟ
ଅଳପ ଚଗଲି ଭାବେ, ବୁଝିବା ପ୍ରୟାସ ।
ଗୁରୁତ୍ୱ ଦେଉଛନ୍ତି କି, ମୋର ଭାଷଣରେ

ଅବା ଛୋଟପିଲା ଭାବି, ଉଡ଼ାନ୍ତି ଥଟ୍ଟାରେ
ମାନ ଅଭିମାନ ପୁଣି, ରୁଷା କାନ୍ଦ ହସ
ଶୀଘ୍ର ବଡ଼ ହୋଇ ମାନ, ପାଇବାକୁ ଆଶ ।
ଅଜାଣତେ ବଡ଼ ହେଲି, ଜାଣି ନ ପାରିଲି
ଉପଦେଶେ ଆଚ୍ଛନ୍ନ ମନ, କେବେ ଦୃଢ଼ କଲି ।
ପିତ୍ରାଳୟର ସମ୍ମାନ, ଶୀର୍ଷରେ ରଖିବି
ଶ୍ୱଶୁରାଳୟ ମର୍ଯ୍ୟଦା ଦୃଢ଼େ ଜଗିଥିବି ।
ସଭିଙ୍କ ମନ ନେଇ ହସାଇ ହସିବି
ଦୁହିତା ନାମକୁ ମୋର ସାର୍ଥକ କରିବି
ଯେତେ ଝଡ଼ ଝଞ୍ଜା ଗଲା ସଂସାର ଯାତ୍ରାରେ
ଜଣାଇନି ଦିନେ ଦୁଃଖ ପାଇବ ଅନ୍ତରେ
ତେବେ ହେଁ ଜାଣେ ତୁମେ ଦୁହେଁ ଅନୁଭବୀ ମନେ
ହାତ ବୁଲାଇଣ ପିଠେ ଆଶ୍ୱାସିଛ ପ୍ରାଣେ
ସେ ଭରସା ଆଶ୍ୱାସ ଦୀପ୍ତିମନ୍ତ ହୋଇ
ଜୀବନ ଯାତ୍ରା ପଥକୁ ସୁଗମେ ବିତାଇ
ଶେଷ ପ୍ରାନ୍ତେ ପହଞ୍ଚିଛି ସଫଳ ସରସେ
ଆତ୍ମ ଗର୍ବେ ଗର୍ବୀ ନୋହି ଆତ୍ମ ସନ୍ତୋଷେ
ଏହିପରି ସୁଦୃଢ଼ ଆଶା ନିଷ୍ଠା ବିଶ୍ୱାସ ଦିଅ ପରିବାରେ
(ଅଖଣ୍ଡ) ଦୃଢ଼ ତୋଷେ ଆତ୍ମଚକ୍ର ସଦ୍‌ପଥେ ପରଃ ପୁରୁଷରେ ।

ପ୍ରକୃତି

ଫଗୁଣ ଆସିଲା ମଳୟ ବହିଲା
କୋଇଲି କୁହୁ କୁହୁ ଗାଇଲା
ଆମ୍ବ ବଉଳିଲା ସଉରଭ ଦେଲା
ଜନ ମନ ପୁଲକିଲା ।
କ୍ଷେତେ ହଳଦୀ ଧାନ ଶିଂସା ହଲିଲା
କୃତଜ୍ଞେ ସଲଜ ଚାହାଣୀ ଢାଳିଲା
ଖିଲି ଖିଲି ହସି ଶିରି ଶିରି ସୁରେ

ମନ ଚହଲିଆ ଗୀତ ଗାଇଲା ।
କୁଳୁକୁଳୁ ତାନେ ଢଳି ଢଳି ନାଚି
ନଈପାଣି ଥିରି ବୋହିଲା
ଦୁଇ ତଟ ପରେ ସହି ସଙ୍ଗତୁଣୀ ଥଟ୍ଟା ପରିହାସ
ଆମୋଦିତ ହୋଇ ଶୁଣିଲା ।
ବିଭୁ ପୟରେ ବିନତି କରିଲା
ରଖ ମୋ ଆଶା - ଭରସା ରହିଲା
ଏହିପରି ବହି ଜନମନ ମୋହି
ବିତୁ ଏ ଜୀବନ କହିଲା
ଏହି ବୈଭବ ଈଶ୍ୱରଙ୍କ ଦାନ
ଆମ ଜୀବନକୁ ଗୁନ୍ଥି ରଖିଲା ।
ଦେଖି ଶୁଣି ଶିଖି ସରସ ସ୍ୱଭାବେ ବନ୍ଧୁତ୍ୱ ବନ୍ଧନେ ବାନ୍ଧିଲା
ଯେଣେ ଚାହଁ ତେଣେ ଉଲ୍ଲାସ ଆନନ୍ଦ
ଆହରଣ କରି ମିଟାଅ ବିଷାଦ
ନିଜେ ହସି ହସି ଅପରେ ହସାଇ
(ଆମ) ଉଲ୍ଲସିତ ପ୍ରାଣ ଗୀତ ଗାଇଲା ।
ଏସବୁର ଉତ୍ସ ଅରଣ୍ୟ ନିର୍ଗତ
ଅରଣ୍ୟରୁ 'ଅରଣ୍ୟାନୀ'
ଅଦ୍ୟମ ଉତ୍ସାହେ ସଶ୍ରଦ୍ଧ ସସ୍ନେହେ,
ଅଗ୍ରସରେ ଅଗ୍ରଣୀ ।

ସଂସାର

ଆଶ୍ଚର୍ଯ୍ୟ ନତମସ୍ତକା
ସ୍ତ୍ରୀ, ପୁରୁଷର ସଂସାର,
ଏକ ବିନା, ଅନ୍ୟର ସଂଜ୍ଞା ଅପୁରଣ,
ତେବେ ପୂର୍ଣ୍ଣତାରେ, ଔଜଲ୍ୟର ଦୀପ୍ତ ରେଖା କାହିଁ ?
କାହିଁକି ଏ ଅସମାଞ୍ଜସ୍ୟ,ଏ ପକ୍ଷପାତ ଏ ହୀନମନ୍ୟତା ?
ସାଂସାରିକ ଜଞ୍ଜାଳ ଆବର୍ଜନା କରି ନିର୍ମଳତା

ମାତୃତ୍ୱର ପରାକାଷ୍ଠା, ମୋହେ ଚିରନ୍ତନୀ ଆବିଷ୍ଟା
ପ୍ରତି ମୁହୂର୍ତ୍ତକୁ ଅପରର ସୁଖ ପାଇଁ ବାଣ୍ଟିଦେଇ
ଜନ୍ମଠାରୁ, ମୃତ୍ୟୁପାଦେ ତିଳେ ତିଳେ ଥାପେ ନିଧନ ହୋଇ
ଲଭେ ସଫଳତା, ହେଲେ ବିଜୟ ଆଣେନା ଆସେ କେବେଳ ନ୍ୟୁନତା
ନ୍ୟୁନରୁ ନ୍ୟୁନତର ହେଲେ ଶ୍ରେଷ୍ଠତାର ଗୌରବ ବା ରହିଛି ?
ସାମାନ୍ୟ ମୁଣ୍ଡ ଉଠାଇଲେ ଉହୁଙ୍ଖାଇବା ଖଡ୍ଗ ଉହୁଙ୍କି ଉଠୁଛି !
ଏ ଦ୍ୱନ୍ଦ୍ୱ ବା ମିଳନ, ଭାବୁଭାବୁ, ବୁଝୁବୁଝୁ ସମୟ ତାବାଟେ ଆଗେଇ ଚାଲିଛି
ଚିରଦିନ ଅମୀମାଂସିତ ଏ ସଂଜ୍ଞା, ପଡ଼ି, ଉଠି, ଝୁଣ୍ଟିସଳଖି
ଅଣ୍ଟା ଭିଡ଼ି ପୁଣି ଠିଆ ହେଉଥିବ ।
ବିଚିତ୍ର ସଂସାରର, ବିଚିତ୍ର ଏ ବୁଝାମଣାର
ଅନ୍ତ ନ ଘଟିବ ।

ଗୁପ୍ତାକାଂକ୍ଷା

ବିଚିତ୍ର ସଂସାର, ଅନୁଭୂତି ଆହୁରି ବିଚିତ୍ର
ମାୟା ମୋହ ବନ୍ଧନରୁ ନିର୍ଲିପ୍ତତାରେ
ନିରନ୍ତର ଚେଷ୍ଟିତ ।
ପୁଣି ଗୋପନେଖୋଜେ ସଂପ୍ରଶଂସ ଦୃଷ୍ଟି
ଉତ୍ସୁକ ମନ, ପ୍ରଶଂସା ଶୁଣିବାକୁ ସର୍ବଦା ତତ୍ପର
ନିରାଟ ନିଷ୍ଠୁର ସତ୍ୟ, ମୋହ ଭରା ଏ ସଂସାର
କେହି ନୁହେଁ କାହାର
ପୁତ୍ର, କନ୍ୟା, ସ୍ୱାମୀ, ଅପତ୍ୟ ଗଣେ ପୂର୍ଣ୍ଣ ସୁଖୀ
ପରିପୂର୍ଣ୍ଣ ପରିବାର ।
ସଭିଏଁ ଆପଣାର ଅଭିନୟେ ତ
ନ ହେଲେ ବି ଧୁରନ୍ଧର
ନିକଟରୁ ନିକଟତର, ଅତି ଆପଣାର ।
ସେଥିପାଇଁ କାହିଁକି ପ୍ରୟାସ ?
ଅଛି ଅନ୍ୟ ଏକ ଉର୍ଦ୍ଧ୍ୱରୁ, ଉର୍ଦ୍ଧ୍ୱତର ଜଗତ
ସେଠି ପହଞ୍ଚିଲେ ହେବି ସମାହିତ

ମିଳିଯିବ ଅପୂର୍ବ ସୁଖ, ଶାନ୍ତି
ଅନିର୍ବଚନୀୟ ଆନନ୍ଦ
କିନ୍ତୁ, ସେ ଚେଷ୍ଟା ସର୍ବଦା, ପରାଜିତ ପରାହତ
ତଥାପି ପ୍ରତୀକ୍ଷାର ଅନ୍ତ ନାହିଁ ।
ଆକାଂକ୍ଷା ଆଶା ପୁରଣରେ
ତୁମରି ବିଚାରକୁ ମାନିନେଇ ଅନ୍ତରରେ
ଉଦ୍‌ବିଗ୍ନ, ଉଦ୍‌ବେଳିତ ହୃଦୟକୁ ଶାନ୍ତିର
ମିଥ୍ୟା ଆବରଣେ ଢାଙ୍କିଦେଇ
ସଂଗୋପନେ ଚାହିଁଥାଏ ଆତ୍ମା ସହିତ
ପରମାତ୍ମାର ମିଳନ ପାଇଁ ।

ପୂର୍ଣ୍ଣ ନିର୍ଭରତା

ମନ ଭରି ଅଭିମାନେ
ଯାଇଥିଲି ତୁମ ଦରବାରେ
ସନ୍ତାପିତ ବୁକୁତଳେ
କୋହ .....
ଅଗଣିତ ପ୍ରଜାକୂଳେ ଦେଇ ଦରଶନ ଦିଅ ସ୍ନେହଭାର
ଉଲ୍ଲସିତ ଉଚ୍ଛଳିତ ପ୍ରାଣେ ଢାଳି ଦିଅ ହର୍ଷ ପାରାବାର
ହେଇଥିବେ ଭକ୍ତଗଣ ଅନ୍ତରାତ୍ମା ଥିବ ଶୁଦ୍ଧପୁତଃ
ସଦ୍‌ଗୁଣେ ଅଧିକାରୀ କାୟ ମନେ ପୁତଃ ପବିତ୍ର
ମନେ ପ୍ରାଣେ ଜାଣୁଥିବେ, ଅହରହ ତୁମ ନାମଗାନ
ତୁମେ ଗଢ଼ା ଆଦର୍ଶରେ, ରଚୁଥିବେ ନିତ୍ୟ କର୍ମମାନ
ଏ ସବୁରୁ ମୁଁ (ଅବା) ବଞ୍ଚିତ, ସେଥିପାଇଁ ପାଶେ ଡାକୁ ନାହିଁ ?
କିମ୍ପାଇ ହେଲି ବଞ୍ଚିତ, ତୁମକୁ ଅଜଣା କି ସେ କୁହ ?
ମାୟା ମୋହ ବନ୍ଧନର ଜାଲେ ଛନ୍ଦିଅଛ
ନିଗୁଢ଼, ନିଗୁଢ଼ତର ସେ ବନ୍ଧନ ଦୃଢ଼ କରୁଛ ।
ଶିଶୁର ଦରୋଟି ହସ ବାଲ୍ୟକାଳ ବାଳ ଚପଳତା
ସଂସାର ବନ୍ଧନର ପ୍ରୀତି ଚତୁର୍ଦ୍ଦିଗେ ପ୍ରାକୃତିକ ସବୁଜତା

ପୃଥିବୀର କୋଣେ ଅନୁକୋଣେ ଢାଳିଦେଇ ବିଚିତ୍ରରଙ୍ଗ
ମୋହିତ ମୋହଜାଲୁ ମୁକୁଳିବା କିପରି ସମ୍ଭବ ?
ଅଭିମାନେ, ଅପମାନେ, ଜର୍ଜରିତ ମନ ଦୂରେ ଠେଲିଦେଇ
ସ୍ଥବିରଏ ଅଙ୍ଗ ପ୍ରାଣ, ଦରଶନ ଆଶେ ପଶିଲା ଧସେଇ
ଚତୁର୍ଦିଗେ ସ୍ଥବିରଏ ଭକ୍ତଗଣ ନିବିଡ଼ ପ୍ରେମ ଶ୍ରଦ୍ଧାରେ
ଦୂରେ ଥାଇ ଡାକଦିଏ, ମହାପ୍ରଭୁ ଦରଶନ ଦିଅ ନିର୍ମାଖିରେ
କିମ୍ବା ଦେଲ ଆକାଙ୍‌କ୍ଷା, ଅପୁରଣ ହେବ ଯଦି ଆଶ
ନ ଦେଖିବି ଚକାଆଖି ଶ୍ରୀରଙ୍ଗ ବଦନ ମୃଦୁ ମନ୍ଦ ହସ
ଜାଣି ଲକି ଆକୁଳତା ମୋର ନିମିଷକେ ଆଡ ହେଲେ ସର୍ବେ
'ନନ୍ଦିଘୋଷୁ' ସେ ଅନିନ୍ଦ୍ୟ ଦର୍ଶନ ପାଇଲି ମୁଁ ହର୍ଷେ ଅନୁଭବେ ।
ଅଭିମାନ ମୂଲ୍ୟ ମିଳିଅଛି, କରୁଣା ଆଶିଷ ଭରସା ପାଇଛି
ଅପରୂପ, ସେ ଶୋଭା ଦର୍ଶନେ ନିବିଡ଼ ଅଲଭ୍ୟ ଐଶ୍ୱର୍ଯ୍ୟ ଲଭିଛି
ଏ ବନ୍ଧନ କର ଦୃଢ଼ତର ଏହି ମନ ସଦା ରଖିଥିବ ।
ଦୂରେ ରଖ, ପାଶେ ରଖ, କେବେହେଲେ ଦୂରେଇ ନ ଦେବ ।

ପ୍ରାର୍ଥନା

କଣ ବା କହିବି ତୁମକୁ
ଅନ୍ତର୍ଯ୍ୟାମୀ, ସବୁ ଜାଣିପାରେ ?
କିପରି ବୁଝାଇବି କହ
ଅବୁଝା କି ଅଛି ତୁମର ।
କିମିତି ଗଢ଼ିଛୁ କେଜାଣି
ମନ ଦେହ ଓଲଟା ଚାଲଇ
ଏକୁଆର ବଳିଆର, କେ କାହାକୁ ନ ପାରେ ହରାଇ
ଅନ୍ତଃ ଦ୍ୱନ୍ଦ୍ୱ ଅନ୍ତଃ ଯୁଦ୍ଧ
କରୁଛନ୍ତି ସଦା ହଟଗୋଳ
ଆଶା ଆକାଙ୍‌କ୍ଷା ତେଜାଇ
(ପୁଣି) ନିର୍ବାଣର କରନ୍ତି କଟାଳ
ଦୂରେ ରହି କରଇ ଗୁହାରୀ

ନିର୍ବିଘ୍ନରେ କର ସମାଧାନ
ଅସହ୍ୟ ଏ ନିରବ ଯନ୍ତ୍ରଣା
ନ ଆସୁ ଏ ଆଉ ପୁନଃ ପୁନଃ
ଭାବେ ମନେ, ଗୁପ୍ତ ଅଭିମାନେ
ପାଶେ ଯାଇ ସବୁ ଜଣାଇବି
ପାଶେ ଯାଇଁ ଚାହିଦେବା ମାତ୍ରେ
ଜାଣେ ନାହିଁ କ'ଣ ବା କହିବି !
ସର୍ଜିଛ ଏ ଅନନ୍ତ ସୃଷ୍ଟି
ବ୍ୟାପିଅଛ ସବୁରି ରନ୍ଧ୍ରରେ
କ୍ଷୁଦ୍ରରୁ କ୍ଷୁଦ୍ରତର ମୁହିଁ
କଣିକାଏ ତୁମ ସର୍ଜନାରେ
ଦେବତା ମନ୍ଦିର ଏ ଅଙ୍ଗ
ମର୍କଟଟା ଏହୁଁ ନ ହେଉ ଭିଆଣ
ଦେବସ୍ଥାନେ 'ଦେବତା' ସ୍ଥାପିତ
ଶ୍ରଦ୍ଧାପୁତେଃ ହୁଅନ୍ତୁ ଅର୍ଚ୍ଚନ
ଚିରନ୍ତନ ଏ ସମସ୍ୟାର
ଆକୁଳତା ହେଉ ନିର୍ବାପିତ
ଆସୁଯାଉ ବା ରହିଥାଉ ଦ୍ୱନ୍ଦ କେବେ ନ ହେଉ ଉଜ୍ଜୀବିତ ।

ଝର ନିର୍ଝର

ଝର ଝର ନିର୍ଝର ଝରିଯାଏ ବହୁଦୂର
ଝରିବାରେ ସୂକ୍ଷ୍ମତାରେ ବହିବାରେ ଆନନ୍ଦିତା
ଝରୁ ଝରୁ ଥମିଯାଏ ବହୁ ବହୁ ଝୁଣ୍ଟିଯାଏ
ଅଙ୍କାବଙ୍କା ବାଟେ ଭୁଲି ଯାଏ ନାସେ ପଥହୁଡ଼ି
ସୁପ୍ତଆଶା ଗୁପ୍ତ ରଖି ଛଳ ଛଳେ ପରିହାସି
ବାଣ୍ଟି ଚାଲେ ଦୁଇପାଖେ ଜୀବାନନ୍ଦ, ଜନପଦେ
ଜୀବନ ସଂଗୀତ ତାର, ମନମୁଗ୍ଧେ ଭରପୁର

ଧୀରେ ଧୀରେ ଅଗ୍ରସର ସରସ ମନ ସୁନ୍ଦର
ଯା' ପାଇଁ ଅପେକ୍ଷାରତ ଯେଉଁଠି ହେବ ମିଳିତ
(ସେତ) ବିରାଟ ବିଶାଳ ପରିଧି ପୁତଃ ପବିତ୍ର ମହୋଦଧି
ଅନନ୍ତରେ ଅସୀମତା ଦିଗ୍‌ବଳୟେ ନିଃଶେଷତା
ମିଳନର ମହାସ୍ଥଳ ଚିର ଚରାଚର
ଆକାଂକ୍ଷାର ପୂର୍ଣ୍ଣତା ମିଶିବାର ଗଭୀରତା
ସବୁ ଶୂନ୍ୟ ପୂର୍ଣ୍ଣ କରି ପୁନଃ ପୁନଃ ଶୂନ୍ୟ କରି
ଝର ଝର ନିର୍ଝରେ ଢ଼ାଳି ଦେଇ ଅଣାକାରେ
ମିଳନରେ ମଜ୍ଜିଯିବ ପଦ ଚିହ୍ନ ଥାପିଦେବ
ଅକ୍ଷୟରେ କ୍ଷୟ ନାହି, ଅଗ୍ରସରେ ରୋଧ କାହିଁ ?
ସଫଳ ପ୍ରୟାସ ସତ୍ୟ, ପରିପୂର୍ଣ୍ଣେ ପରିଦୀପ୍ତ ।

ନିର୍ଜନତା

କ୍ଷଣିକ ନିର୍ଜନତା ଖୋଜେ ଅନ୍ତରେ ବାହାରେ
ବିଶାଳ 'ମହୋଦଧି' ବେଳାଭୂମି ପରେ
ଶାନ୍ତିର ପ୍ରଲେପ ଅବା ମିଳିଯିବ ତହିଁ
ଜୀବନର ଶେଷ ଭାଗରେ ।
ଆଶା ଥିଲା ବାନ୍ଧିବି ଜୀବନକୁ ଛୋଟ ଗୃହଟିରେ
ପରିଷ୍କୃତ, ପରିଚ୍ଛନ୍ନ, ପରିମଳ ପରିବେଶରେ
ତୃପ୍ତିର ଆଶ୍ଳେଷରେ ପରିତୃପ୍ତି ଲେପି
'ବଧୂ' ଜୀବନର ପ୍ରାରମ୍ଭରେ ।
ଶିକ୍ଷା ଥିଲା ସାଂସାରିକ ସାଧନା, ଯୋଗାଭ୍ୟାସରେ
ଚକ୍ଷୁ କର୍ଣ୍ଣର ସତ୍ୟତାକୁ, ଅହଂ ବୋଧରେ
ଭାବିଥିଲି କ୍ଷୁଦ୍ର ମିଥ୍ୟା ତୁଚ୍ଛତା, ଉର୍ଦ୍ଧ୍ୱରେ ରହି ବିକଳ୍ପତା
ସ୍ୱପ୍ନକୁ ରୂପ ଦେବି ସାକାରରେ ।
ଚକ ଗଡ଼ି ଗଡ଼ି ଯାଏ, ଆଜି ଯାହା କାଲି ତାହା
ପୂର୍ବେ ଥିଲା ସେୟା, ନୂତନ, ପୁରାତନ ଏକ ରାହା
ଅନ୍ତର ସମୁଦ୍ର ଢ଼େଉ, ଉଝାଳି କୁଦାଳି ହୋଇ

ଫେରିଯାନ୍ତି ପୁଣି ସେହି ଅସୀମ ଗର୍ଭରେ
ସେହି ତାଳେତାଳେ ଶାନ୍ତିର ପ୍ରଲେପ
ସୀମିତ କାଳର ଶେଷ ଭାଗରେ ।

ହେ ଅନନ୍ୟା

ବଧୂ ଜୀବନର ପ୍ରାରମ୍ଭରେ, ବାହୁ ବନ୍ଧନର ବନ୍ଧନୀରେ
ବାନ୍ଧିହୋଇ କରିଲ ପ୍ରତିଜ୍ଞା, ହେବ ପ୍ରିୟା, ହୋଇବ ମାନସୀ
ସୁବଧୂ, ସୁମାତା, ସୁକନ୍ୟା
ହୋଇଣ ଅନନ୍ୟା ।
ସଂସାରର ଘୂର୍ଣ୍ଣନ ଚକ୍ରକୁ ଧୀରେ ଧୀରେ ଦୃଢ଼ ହସ୍ତେ ଧରି
ଅପଥ, ପଥ ରାସ୍ତା, ସାଂସାରିକ ଉତ୍ତପ୍ତ ଲାଭାରୁ ଅପସରି
ତିଳେ ତିଳେ ଆପେ ହୋଇ କ୍ଷୀର୍ଣ୍ଣା ହୋଇଛ ଅନନ୍ୟା ।
ତ୍ୟାଗର ପ୍ରତିମୂର୍ତ୍ତି ମୋ, ନାହିଁ ଦୁଃଖ ଅଭିମାନ, ଆକାଙ୍କ୍ଷା ନ ହେଲା ବା ପୂର୍ଣ୍ଣ
ସେହି ଗର୍ବେ ଗରବିଣୀ ତୁମେ, ହସି ହସି ହସାଇଛ
ଅଶ୍ରୁ ସବୁ ଲୁଚି ଛପି ଯାଇଛନ୍ତି, କରି ତୁମେ ଧନ୍ୟା
ତୁମେ ହିଁ ଅନନ୍ୟା ।
ସଂକଳ୍ପ ତୁମର ହୋଇଅଛି ସିଦ୍ଧି,
ଫେରି ଚାହିଁ ନାହିଁ ଲାଭ କ୍ଷତି ଅଙ୍କରସଂଖ୍ୟାକୁ
ପ୍ରିୟଜନ ହୃଦୟେ ଓ ତୃପ୍ତ ପରିବେଶେ ସୁନ୍ଦର ବେଷ୍ଟନୀ ପରିସରେ
ଭବିଷ୍ୟତ କଳ୍ପଲୋକର ଉଜ୍ଜ୍ୱଳ ରଙ୍ଗୀନ ଆଲୋକରେ
ସୁଦୀପ୍ତା ଅମଳିନ
ଆଗୋ କଲ୍ୟାଣୀ ତୁମେ ହିଁ ଚିର ଅନନ୍ୟା ।

ଦୁର୍ଲଭ୍ୟ

ଗୋଟିଏ ଦରଦୀ ମନ
ଗୋଟିଏ ସୁହୃଦ ବନ୍ଧୁ
କୋଟିଏ ମାନବେ, ଦୁର୍ଲଭ ପ୍ରାପ୍ତି

ଜଗତ ପୂର୍ଣ୍ଣ ଭରାଏ, ସୀମାହୀନ ଜନସିନ୍ଧୁ ।
ଟିକିଏ ମଧୁର ହସ
ମନରେ ଭରେ ସରସ
ଅଜାଣତେ କେତେ ବିଞ୍ଚି ଦେଉଥାଏ
ପାଖ ପଡ଼ୋଶୀ ବିଷାଦ ପ୍ରାଣେ ହରଷ
ଅଳ୍ପ କୋମଳ ବାଣୀ
ମଧୁରତା ଦିଏ ଆଣି
ବନ୍ଧୁ ପରିଜନେ ଆଶ୍ୱାସନା ଦିଏ
ସୁପଥ ଦେଖାଏ, ସଭିଏଁ ରୁହନ୍ତି ଋଣୀ
ସୁନ୍ଦର ସ୍ୱଭାବ କେବେ ହୁଏ ନାହିଁ ଶେଷ
ଯହିଁ ଥାଏ, ଢାଳୁଥାଏ, ସ୍ନିଗ୍ଧ ଆବେଶ
ଜନମ ତାହାର ସାର୍ଥକ ହୋଇଛି
ଲଭି ପ୍ରଭୁ କୃପା ଆଶିଷ ।
ଦୁର୍ଲଭ୍ୟ ଅମୂଲ୍ୟ ଏ ଗୁଣ
ନୁହଁଇ ସହଜ ଲଭ୍ୟ
ଅବିରାମ ଚିତ୍ତେ ଏକାଗ୍ରସାଧନା
ଆତ୍ମାକୁ କରି ଶରବ୍ୟ
ମିଳିବ ପରମ ପଦ ।

ଏକାନ୍ତ କାମ୍ୟ

ଲୋଡ଼ା ନାହିଁ ମୋର ନିର୍ବାଣ ପ୍ରଭୁ
ଲୋଡ଼ା ନାହିଁ ମୁକ୍ତିଧାମ
ତୁମ ହାତେ ଗଢ଼ା, ଏଇ ଧରାତଳ
ସର୍ବଦା ମୋହରି କାମ୍ୟ
ଅପୂର୍ବ ସୁଷମା ମଣ୍ଡନେ ମଣ୍ଡିତ
ଚାରୁ ଚିତ୍ରକଳା ଚରିତ୍ରେ ଚର୍ଚ୍ଚିତ
ସବୁ ଜଞ୍ଜାଳ ସୁଖ ଦୁଃଖ ସହି
ଚିର ହାସ୍ୟମୟୀ, ସ୍ନେହମୟୀ ଜନନୀ ମୋ ଧରାଧାମ

ତା' ସାନ୍ନିଧ ଚିର କାମ୍ୟ ।
ଚତୁର୍ଦିଗେ ଦେଖେ ତୁମରି ସ୍ୱରୂପ
ପ୍ରକୃତି ରାଣୀଙ୍କୁ ଦେଇଛୁ ଗୌରବ ।
ମାନବ ଜନମ ସାର୍ଥକ କରିଛ
ଦେଇ ଦିବ୍ୟ ଜ୍ଞାନ ଧାମ
ସେ ହିତ ଶ୍ରେଷ୍ଠ କାମ୍ୟ ।
ନିର୍ବାଣେ କି ଅଛି କାହୁଁ ବା ଜାଣିବା ?
ଅଜଣା ପାଇଁକି କାହିଁକି ଲଢ଼ିବି ?
ଲଢ଼ି ଲଢ଼ି ଗଢ଼ି ଝୁଣ୍ଟି ପଡ଼ି ଉଠି
ଠିଆ ହେବା ମୋର ଧର୍ମ
ସେ ଏକା ପରମ କାମ୍ୟ ।
ଆନନ୍ଦ ସାଗରେ ହୋଇ ଉବୁଟୁବୁ
ନିରାନନ୍ଦେ ଆନନ୍ଦ ବାଣ୍ଟି ସର୍ବଦିଗୁ
ତୁମରି ବାଣୀ ସ୍ଥାପିତ କରି ସଦା ସତ୍ କର୍ମ, ଲଭୁ ଆନନ୍ଦ
ସେହି ଆନନ୍ଦ ସଦା କାମ୍ୟ ।
ଏତିକି ଲୋଡ଼ା ମୋ ତୁମେ ପାଖେ ଥିବ
ତୁମରି ସାନ୍ନିଧ୍ୟ କରି ଅନୁଭବ
ପୂର୍ଣ୍ଣ ପ୍ରଶାନ୍ତ ହୃଦୟ, ସେହି ମୋର ସ୍ୱର୍ଗଧାମ
ତାହା ହିଁ ମୋର ଚିର କାମ୍ୟ ।

ମହାବାହୁ

ଅନ୍ତରେ ବାହାରେ ଯେଉଁଆଡ଼େ ଚାହେଁ
ତୁମେ ଅଛ ସବୁ ଠାଇଁ 'ମହାବାହୁ'
ତୁମେ ଅଛ ସବୁ ଠାଇଁ
ତୁମଠୁ ପୃଥକ ନ ହୋଇବା ଶକ୍ତି
ଢାଳି ଦେଇଛ ତୁମେ ହିଁ
ତୁମେ ଅଛ ସବୁଠାଇଁ ।
ମନେ ଭାବିଅଛି ମାଗିବି ତୁମକୁ

ଯାହା ଦେଇପାର ନାହିଁ ।
ଧନ, ଦଉଲତ ସହଜରେ ଦେବ
ତାହା ମୋର ଲୋଡ଼ା ନାହିଁ ।
ଯେତେ ଦୁଃଖ, ଶୋକ, ତୁମକୁ ଜଣାଇ
ବୋଝ ବଢ଼ାଇବି ନାହିଁ ।
ଦୁଃଖ ନ ଜଣାଇ, ସୁଖୀ କରାଇ ବି
ଆଶା ରଖିଅଛି ମୁହିଁ ।
'ମହାବାହୁ' ତୁମେ ଅଛ ସବୁ ଠାଇଁ
ହସୁଥିବ ତୁମେ, ହସୁଥିବି ମୁହିଁ
ଏକାନ୍ତରେ ବସିରହି
ପରିତୃପ୍ତ ମନେ ସୁଖୀ ଅଛ ଜାଣି
ଆନନ୍ଦେ ମଜ୍ଜିବି ମୁହିଁ ।
ଅନ୍ତରେ ବାହାରେ, ଯେତେ ଦେଖିଲେ ବି
ତୃପତି ଲଭିବ ନାହିଁ ।
ଅଭିନ୍ନ ଆମର ଅନୁରକ୍ତ ପ୍ରୀତି
ଜଗତ ଜାଣିବ ନାହିଁ । ମହାବାହୁ, ତୁମେ ଅଛ ସବୁଠାଇଁ
ଏତିକି ମାଗୁଣି ମାଗୁଅଛି ମୁହିଁ
ପାରିବକି ତୁମେ ଦେଇ ?
ଜାଣେ, ମାଗୁଅଛି କଷ୍ଟକର ଦାନ
କିନ୍ତୁ ତୁମକୁ ବଡ଼ କିବା ସେହି ?
ମହାବାହୁ, ତୁମେ ଅଛୁ ସବୁ ଠାଇଁ ।

କାରୁଣ୍ୟ

ହେ ମୋର ଦୟାମୟ ଭଗବାନ
ଖୋଜୁଛି ତୁମକୁ ମୁହିଁ ।
ଖୋଜି ଖୋଜି ପାଉନାହିଁ ।
ତୁମେ ପରା ଅଛୁ ମୋ ଅନ୍ତରେ
ନିଭୃତରେ

ଆତ୍ମା ସହିତ ପରମାତ୍ମାର
ମିଳନ ଘଟାଇ ହୃଦୟରେ ।
ଅତି ସଂଗୋପନେ
ନିବିଡ଼ତାର ଆଶ୍ଲେଷ ବନ୍ଧନେ
ପରମ କରୁଣାର ନିଗୁଢ଼ ସ୍ପନ୍ଦନେ ?
କାହିଁ ନାହିଁ ତ ?
କେଉଁଠାରେ ଅଛ ତୁମେ ?
ମରେ ମୁହିଁ ସରମେ ମରମେ ।
ଛଳନାର ଆବରଣେ
ଢାଙ୍କି ରହିଛି ଏ ମନ ମୋର
ଉତ୍ସୁକ ଶୁଣିବାକୁ ଶସ୍ତା ପ୍ରଶଂସାର ।
ମିଥ୍ୟାର ମୋହ
ଧସେଇ ପଶୁଛି ସେଠି ଅହରହ
କଳଙ୍କ କାଳିମା ବୋଲି ହସେ ଟହ ଟହ ।
ଅତି ସରାଗରେ
ଈର୍ଷା, ହିଂସା, ପ୍ରତାରଣା ତା' କାୟା ବିସ୍ତାରେ
ଏକୁ ଆର ବଳିୟାର ରଣର ହୁଙ୍କାରେ ।
ଗହନ ମନ
ପରମ ବିଶ୍ୱାସେ, ଖୋଜେ ତୁମେ ଅନୁକ୍ଷଣ
ଏ ରିପୁ ସଂଗ୍ରାମ, ଯୁଦ୍ଧେ ନୁହଁଇ ସକ୍ଷମ ।
ତୁମରି କରୁଣା
ଲୋଡ଼ା ମୋର ହେ ପରମ କାରୁଣ୍ୟ
ମୋ ହୃଦୟର କୋଣ ଅଣୁ କୋଣ ।
ଶାନ୍ତିର ପ୍ରଲୋପ
ବୋଳିଦିଅ ନିଜ ହସ୍ତେ ହେ ପରମ ତପ
ସର୍ବଶ୍ରେଷ୍ଠ କାମ୍ୟ ମୋ ନଲଭୁ ବିଲୋପ ।

ଅନ୍ତର ବାର୍ତ୍ତା

କିପରି ତୁମକୁ କ'ଣ କହିବି, ଭାଷା ମୋର ଆସୁ ନାହିଁ ।
ଅନ୍ତର ବାର୍ତ୍ତା ଅଜଣା କି ତୁମେ, ଅନ୍ତରେ ସର୍ବଦା ରହି ?
ତୁମ ପାଇଁ ସିନା ସବୁ ସନମାନ, ପରିଚୟ ମିଳିଥାଏ
ଏହି କଥାଟିକ ଭୁଲିଯାଇ ମୁହିଁ, ସତତ ବ୍ୟଥିତ ହୁଏ ।
ଅଗଣିତ କେତେ ବିପଦ ଆପଦୁ, ବର୍ତ୍ତି ଯାଇଛି ଭଲେ,
ପରିବାର ପୁଣି ସ୍ନେହାସ୍ପଦ ଗଣେ, ଆବୋରିଛ ନିରନ୍ତରେ -
ଅପଥ, ଅବାଟୁ, ବାଟ କଢ଼ାଇଛ, ରକ୍ଷା କବଚେ ଢାଙ୍କି
ସେ ଅଭୟ ସ୍ପର୍ଶ ଭୁଲି ଯାଇ ପୁଣି ଆଚରଣେ ଆଣୁ ଫାଙ୍କି ।
ଏହି ମନ ଚିର ବୃନ୍ଦାବନ, ପୁଣି ପୁଣ୍ୟତୋୟା ଗଙ୍ଗା
ଏଇ ମନ ପୁଣି ପଙ୍କିଳ ଖାତ, ପଚା ସଢ଼ା ଅସୂଚି ନଳା ନର୍ଦ୍ଦମା ।
ପଙ୍କିଳ ପଙ୍କୁ, ପଙ୍କଜ ଫୁଟେ, ମା ଲକ୍ଷ୍ମୀ ହୁଅନ୍ତି ଉଭା
ସଶ୍ରଦ୍ଧାରେ 'ପ୍ରଭୁ' ପଦ୍ମବେଶ ହୋନ୍ତି, ଭୁଲି ଜାତଗୁଣ ସତ୍ତା
ଅକିଞ୍ଚନା ସଦା କିଞ୍ଚିତ ହେଲେ, ଅସତ୍ ପଥରେ ଧାଏଁ
ତହିଁରୁ ନିୟତ, ବିରତ ଅଭ୍ୟାସ, ତୁମ ସଙ୍ଗ ଧ୍ୟାନେ ରହେ ।
ଏହି ଅଭିଳାଷ ପୂରଣ କରିବ, ମୁହୂର୍ତ୍ତେ ବି ସଙ୍ଗୁ ଏକା ନ କରିବ
ସେହି ଭରସାରେ ଭୟ ଭ୍ରାନ୍ତି ଭୁଲି, ସଫଳ କର୍ମ କରିବି
ଜନମନ ତୋଷି, ତୁମରି ସନ୍ତୋଷେ (ତୁମ) ଅନୁରାଗୀ ହୋଇଥିବି

ଚତୁର ନାବିକ ସିଏ

ଭାବେ ଧୋଇଥିଲା ଯିଏ
ଶ୍ରୀରାମ ପଦ୍ମପାଦ
ଗୁଢ଼ ଅଭିଳାଷ ରଖି, ଜନମ ସାର୍ଥକ କରି
ହୋଇବାକୁ ପାରି ଏ ଭବସାଗରୁ
'ବଢ଼ାଇଦେଲେ ପୟର, ଭାବଗ୍ରାହୀ ରଘୁବୀର'
ଯୁଗେ ଯୁଗେ ରଖିବାକୁ, ଭକ୍ତର ଆକାଂକ୍ଷା

ଆଉ ଅଖଣ୍ଡ କିରତି ।
ଯାଇଛି ସେଦିନ ଚାଲି
ସେ ଆକାଂକ୍ଷା, ସେ ଅଭିଳାଷ ଭୁଲି,
ଆଜିର ଚତୁର ନାବିକଗଣ !
ଚତୁର୍ଦ୍ଦିଗେ ହୋଇ ରଣଭଣ
କେତେବେଳେ କେଉଁ ପଦ୍ମପାଦ ଥୋଇ
ନଭସ୍ପର୍ଶୀ ଅପକୀର୍ତ୍ତି କରିବେ ନିର୍ବାଣ !
ସେଥିଯୋଗୁଁ 'ଆଜି ସେ' ହସ୍ତପଦ ହୀନ
କାହୁଁ ବଢ଼ାଇବେ ପାଦ, ଅନୁଭବ କରିବି ମସ୍ତକେ ସେ ଆଶ୍ୱାସ ହସ୍ତ ?
ଚତୁର୍ଦ୍ଦିଗୁ ଆସୁଛି ମାଡ଼ି, ଲେଲିହାନ ଶିଖା
ଦେଖି, ନ ଦେଖିଲାପରି, ହୋଇ ଚତୁର ନାବିକ
ଖେଳି ଛକାପଞ୍ଝା ଖୋଜି ପଙ୍କିଳ ପୟର ?
ହୋଇ ଲାଭବନ୍ତ ହେବ କିଏ କେତେ
ଏକୁ ଅନ୍ୟେ ଟପି ବଳିଆର
ତୁମ ଗୁଣ ଲାଗି ଦାରୁବ୍ରହ୍ମ ଆଦି ଦାରୁଭୂତ
ନିଶ୍ଚଳ ସେ 'ଚକାଆଖି' ମେଲି, ମୃଦୁମନ୍ଦ ହସି ଦେଖେ
ହାତ ଗଢ଼ା ତାର 'ଶ୍ରେଷ୍ଠ ମାନବ'
ସୁଗୁଣକୁ ଦୂରେ ଠେଲି
ଦୁର୍ଗୁଣକୁ ଶ୍ରେଷ୍ଠ ମାନ୍ୟ ଦେଇ
ହେଉଛନ୍ତି କ୍ଷୟ ଅଜାଣତେ ହୋଇ ପରାହତ, ପରାଭୂତ ।

ହୃଦୟର କୋଣ ଅନୁକୋଣ

ଖୋଜେ ସଜା ସେ ପଦ୍ମଲୋଚନ
ଶୁଭ୍ର ଚଳନେ ସୁରଚିତ, ସୁବାସିତ
ସୁକୋମଳ ପୁଷ୍ପେ ସୁଶୋଭିତ
କମଳା ନିମଳ ଆନନ
ମୃଦୁ ମୃଦୁ ମଧୁ ଝରା ହସ
ଶ୍ରୀରଙ୍ଗା ଅଧର ଢ଼ାଳେ ଅଭୟ ଆଶିଷ

ଶ୍ରୀଅଙ୍ଗେ ଅଧର ଢ଼ାଳେ ଅଭୟ ଆଚିମକା
ବିରାଜୁଥିବ ପୀତବସନ
ସୁଗନ୍ଧିତ ବନଫୁଲମାଳା ଥିବ କଣ୍ଠଲଗ୍ନ
ସୁଲଳିତ କୁହୁକିତ ବଂଶୀଧ୍ୱନୀ
କର୍ଣ୍ଣ ଗହ୍ୱରେ ଗୁଞ୍ଜାରି
ମନ ଦେବ ଜିଣି ।
ଜୀବନ ଜଞ୍ଜାଳର ଯେତିକି ପରାସ
ନ ହେଉ ପ୍ରତିବନ୍ଧକ ନ ଆସୁ ନିରାଶ
ହୃଦୟର କୋଣ ଅନୁକୋଣ
ସଦା ହେଉ ତୁମ ବାସ
ଆହେ କମଳେଶ
ମିଳୁ ତୁମ ପରମ ଆଶ୍ଲେଷ
ଅକିଞ୍ଚତା ଜୀବନର ପୁରୁ ଏହି ଆଶ ।

କଣ ବା କହିବି ତୁମକୁ

ତୁମେ ପରା ସବୁ ଜାଣିପାର
କିମିତି ବୁଝାଇବି କହ
କି ଅବୁଝା ଅଛିଟି ତୁମର ?
କିମିତି ଗଢ଼ିଛ କେଜାଣି
ମନ, ଦେହ ଓଲଟା ଚାଲଇ
ଏକୁ ଆର ବଳିଆର
କେ କାହାକୁ ନ ପାରେ କରାଇ
ଅନ୍ତର୍ଦ୍ୱନ୍ଦ୍ୱ, ଅନ୍ତଃ ଯୁଦ୍ଧ
କରୁଛନ୍ତି ସଦା ହଟ୍ଟଗୋଳ
ଆଶା, ଆକାଙ୍କ୍ଷା ତେଜାଇ
(ପୁଣି) ନିର୍ବାଣର କରନ୍ତି କଟାଳ
ଦୂରେ ରହି କରଇ ଗୁହାରୀ
ନିର୍ବିଘ୍ନରେ କର ସମାଧାନ

ଅସହ୍ୟ ଏ ନିରବ ଯନ୍ତ୍ରଣା
ନ ଆସୁ ଆଉ ପୁନଃ ପୁନଃ
ମନର ଏ ଗୁପ୍ତ ଅଭିଯାନ
ପାଖେ ଯାଇ ସବୁ ଜଣାଇବି ।
ପାଶେ ଯାଇ ଚାହିଁଲେ ତୁମକୁ
ଜାଣେ ନାହିଁ କ'ଣ ବା କହିବି ?

ଆଉ ଥରେ ଦେବ ମୋତେ

ପୁନର୍ଜନ୍ମ ଏ ଧରାସ୍ୱର୍ଗ ପରେ
ଲୋଭାତୁର ହୃଦୟ ତୃପ୍ତି ଲଭି ନାହିଁ
ପ୍ରୟୋଜନ ନାହିଁ ମୁକ୍ତି ପାଇବାରେ
ସ୍ଥବିର ଶରୀର ଯିବ ଯଦି ଯାଉ
କଷ୍ଟ ନ ପାଉ ସେ ଆଉ
ଫେରି ପୁନର୍ବାର ତୁମ ସୃଷ୍ଟିର ସମ୍ଭାର
ବନ୍ଧନରେ ବାନ୍ଧିହୋଇ
ସୁଖାମୃତେ ବୁଡ଼ିଯାଉ ।
କୋଣୁ ଅନୁକୋଣୁ ପୁରୁ ସରସ ସୌରଭ
ଅନିତ୍ୟରେ ନିତ୍ୟ ଚିରନ୍ତନୀ ମହକ ବୈଭବ
ସେହି ମହକେ ମହକି, ସୌରଭେ ସୁରଭି
ଅନୁଭବୀ ତୁମ ସ୍ପର୍ଶ ତୃପ୍ତି ପାଉ ।
ସଂସାରର ଏହି ଆବର୍ତ୍ତନ ଚକ୍ରେ
ଗତିର ସାରଥି ତୁମେ
ତହିଁରେ ନିମଗ୍ନ ମାନବ ଜନ୍ମ
ପିପାସା ଅମୃତ ପାନେ
ବହୁଥାଉ ନିତ୍ୟ ମଳୟ, ପବନ ସରି
ଆସି ଯାଇ, ସେ ଅମୃତ ବାଣ୍ଟୁ ଥାଉ ।

ଉଦିତ ସୂର୍ଯ୍ୟ

ଉଦିତ ସୂର୍ଯ୍ୟର ଅରୁଣିମା ଆଭା
ବିକିରଣ ହୋଇବାର ବହୁତ ପୂର୍ବରୁ
ଅବିନ୍ୟସ୍ତ ଶଯ୍ୟାତ୍ୟାଗ ନ ହେଉଣୁ, ଅଭ୍ୟାସ ବଶତଃ
ହାତ ଦୁଇଟି ଯୋଡ଼ି ହୁଏ ପରମ କାରୁଣିକଙ୍କ ଉଦ୍ଦେଶ୍ୟରେ
ତା' ସହିତ ଭାସି ଉଠେ ଅନ୍ୟ ଏକ ମୁଖ
ଯେ ଦେଇଛି ନିଷ୍ଠା ଶିକ୍ଷା ଏହି ଅଭ୍ୟାସରେ ।
ଦୈନନ୍ଦିନ ଜୀବନର କର୍ତ୍ତବ୍ୟଭୂମି
କୁରୁକ୍ଷେତ୍ର ରଣାଙ୍ଗନ ସମତୁଲ୍ୟ ହେଉ ବା ନ ହେଉ
ତିଳେ ତିଳେ ଯୁଝି ହୋଇ, କ୍ଷତ ବିକ୍ଷତ ରକ୍ତାକ୍ତ ହୃଦୟ
କେହି ନ ଦେଖୁଣୁ, ଯିଏ ଅନୁଭବୀ ମାର୍ଗ ଦର୍ଶାଇଛି
ଉହାଡ଼ରେ ରହି କହେ
କେଭେ ହାର ମାନନା 'ତୁ'
ପ୍ରତିଟି ମୁହୂର୍ତ୍ତର ଅନୁଭବ
ପ୍ରତିଟି କାର୍ଯ୍ୟର ଚୈତନ୍ୟ
ଅବଚେତନ ମନର ଅନୁସନ୍ଧାନ
ସର୍ବକ୍ଷଣ, ସର୍ବ କାର୍ଯ୍ୟସଂପନ୍ନ
ମୂଳରେ ରହିଛି ଯେଉଁ ଶକ୍ତି
ଅହରହ ଦେଉଛି ପ୍ରେରଣା,
ଛପି ରହି ଚଳାଉଛି ଏ ସଂସାର ରଥ
ସେ ଶକ୍ତି ଉତ୍ସର ପ୍ରେରଣାଦାୟିନୀ
ଚିର ମହିମାମୟୀ, ମୋ ଅନ୍ତରବାସିନୀ
ମୋ ଜନ୍ମଦାତ୍ରୀ, ମୋ ବୋଉ
ସେହି ମୋ ସାରଥି ।

ମନ

ରେ ମନ, ନ ହୁଅ ବୃଥାରେ ବାଇ
ସେ କାଳିଆ ସୁନା ଆଡ଼ ଆଖିରେ
ତୋ ଆଡେ ତ ଚାହୁଁନାହିଁ
କାହିଁକି ହେଉଛୁ ବାଇ ।
ସଂସାରୀ ଜୀବନ ଉତ୍ତାଳ ସାଗରେ
ଉବୁଟୁବୁ ସଦା ହେଉ
ତେବେ ବି ତାଙ୍କର ଦରଦ କଣିକା
ତଳେ କିରେ ତୁହି ପାଉ ?
ମିଛରେ ନ ହୁଅ ବାଇ
ସେ ନୁହେଁ ତୋ ପାଇଁ ।
ଯେତେ ଡାକୁ ଡାକୁ, ସେତେ ସେ ଘଣ୍ଟାଏ
ତୋ ମନ ବିଡ଼ିବା ପାଇଁ
ତାକୁ କି ଅଜଣା, ତୋ ମନ ଭାବନା
ମିଛେ, ଅଜଣା ଖେଳ ଖେଳଇ
ତୋ ପାଇଁ ଭାବନା ନାହିଁ
ଆଉ ତୁ ନ ହୁଅ ବାଇ ।
କେତେଦିନ ଆଉ ଭାବିବୁ ତା' ପାଇଁ
ତିଳେ ତିଳେ ସରି ତୁହି
ସେ ଅଚଳ ମହାମେରୁ, ସଚଳ ହେବାର
ଆଶା ନରଖରେ ତୁହି
ରେ ମନ, ଆଉ ନ ହୁଅ ତା' ପାଇଁ ବାଇ ।
ସରିଲାଣି ଦିନ, ସରିଲାଣି ଆଶା
ଭରସା ଆଉ ତ ନାହିଁ
କିଏ ଜାଣେ ଅବା ସେ କାଳିଆ ସୁନା
ଆସୁଥିବ ଧାଇଁ ଧାଇଁ
ରେ ମନ, ରଖିଛୁ, ଆଶା କି ତୁହି ?
ତେବେ ବୃଥାରେ ଭାଳୁ କିମ୍ପାଇ ?
ତୁ କି ହେଉଥିବୁ ସଦା ବାଇ ?

ଆବଶ୍ୟକ ଅଷ୍ଟପଦୀ

ଘରକୁ ଅଡୁଆ ବୁଢ଼ା
ପାଟିକୁ ଅଡୁଆ ଖଡ଼ା
ପାକୁଆ ପାଟିରେ ଚୁଷି ନ ଖାଇଲେ
ହେବ ସିନା ଗଡ଼ାପଡ଼ା ।

କୁଆଁର ପୁନେଇ

କୁଆଁର ପୁନେଇ ଜହ୍ନଗୋ ଫୁଲ ବଉଳବେଣୀ
ଆମେ ଯେତେ ଏଠି କୁନି କୁନି ପିଲା ସାଙ୍ଗ ସାଥିମେଳେ
ମାନୁଛୁ ପରବ ଦିନ ଗୋ
ଫୁଲ ବଉଳ ବେଣୀ ।
ଜହ୍ନି ଫୁଲ ଠୋ, ଠା
କାକୁଡ଼ି ଫୁଲ ଠୋ, ଠା
ବାପା, ମା' ମାନେ, ଉତ୍‌ଫୁଲ୍ଲ ମନେ, ବସି ଆମ ଖେଳ ଦେଖୁଥା
ଚାନ୍ଦ ପୂଜା ସାରି, ଭଳି, ଭଳି, ଦେଖେ
ପୁଚି, ଖେଳୁ ହସି ହସିଗୋ - ଫୁଲ ବଉଳ ବେଣୀ ।
ଚାନ୍ଦ ଆମ ମାମୁ, ଲକ୍ଷ୍ମୀ ଆମ ମା
ଆଶିଷ ଦ୍ୟନ୍ତି ବରଷି ଗୋ - ଫୁଲ ବଉଳ ବେଣୀ ।
ପାଉଁଜି ବାଜଇ ଝମର ଝାଇଁ
ଚାନ୍ଦମାମୁଁ ଆମ ଅଛନ୍ତି ଚାହିଁ
ଘୂରି ଘୂରି ନାଚି, ତା' ଥେଇ, ତା ଥେଇ
ସରାଗ ଦେଉଛୁ ବୁଣି ଗୋ - ଫୁଲ ବଉଳ ବେଣୀ ।
ମା'ଙ୍କ ଆଶିଷ ମୁଣ୍ଡେ ବୋଳି ହୋଇ
ପଦେ ପ୍ରଣତି ଜଣାଇ ଗୋ - ଫୁଲ ବଉଳ ବେଣୀ ।
ଚାନ୍ଦ ପଡ଼େ ଢ଼ଳି ଢ଼ଳି ଗୋ - ଫୁଲ ବଉଳ ବେଣୀ
ସଭିଏଁ ମିଶିଣ, ଏକଜୁଟି ହୋଇ
ପ୍ରସାଦ ପାଇଣ, ଯେ ଘରେ ଯିବା
ଆର ବରଷକୁ ଚାହିଁ ଗୋ - ଫୁଲ ବଉଳ ବେଣୀ ।

ଓଡ଼ିଆରେ ପରବ ଗୋ - ଫୁଲ ବଉଳ ବେଣୀ ।
ଲକ୍ଷ୍ମୀ ମା' ଆସି ବରଷକୁ ଥରେ
ଭାଇ ସଙ୍ଗତରେ
ଆମ ସହିତ ଖେଳନ୍ତି, ଖେଳ ଗୋ - ଫୁଲ ବଉଳ ବେଣୀ ।

ଲାଳାୟିତ ହୃଦୟ

ମନ ହୁଏ ହୃଦୟ ମୋ ହୁଅନ୍ତାକି ସାଗରସମ ବିଶାଳ
ନଦୀଝର ପରି ଜନତା ସମୁଦ୍ରେ ମିଶି ପ୍ରାଣ ହୁଅନ୍ତା ଶୀତଳ
ନାଚି ନାଚି ଡେଇଁ ଢେଉ ପରେ ଢେଉ ଦେଇଥାନ୍ତା ମୋ ଲହରୀ
ଦୁନିଆ ବୁକୁର ଦୁଃଖ ଶୋକ ସବୁ ଭସାଇ ଦିଅନ୍ତେ ଲହଡ଼ି ପରି ।
ପାଖେ ବସି ମୋର, ନୀରବ ପ୍ରଶାନ୍ତି ଅନୁଭବୀ ଶାନ୍ତ ମନେ ଥିବା
ଅଜାଣତେ ଯାଇ, ତାଙ୍କ ପାଦ ଛୁଇଁ ଚୁମ୍ବୁଥାନ୍ତି କ୍ଷଣେ କ୍ଷଣେ ।
ରତ୍ନଗର୍ଭା ସମ, ସବୁ ରତ୍ନ ଆଣି ପୃଥିବୀ ପୃଷ୍ଠେ ବିଞ୍ଚନ୍ତି
ସେ ବୀଜୁ ଜନ୍ମନ୍ତେ କୋଟି କୋଟି ରତ୍ନ, ଆନନ୍ଦ ନେତ୍ରେ ଦେଖନ୍ତି ।
ମହୋଦଧି ସମୀପେ କ୍ଷଣେ ଯାଇ ଜନ, ଲଭନ୍ତି ଶାନ୍ତି ଆନନ୍ଦମୟ
ମୋ ପାଶେ ରହି ସମ ଶାନ୍ତି, ସୁଖ କରୁଥାନ୍ତେ ଅନୁଭବ
ଗୁଣୁ ଗୁଣୁ ସ୍ୱରେ ଗାଉଥାନ୍ତେ ଗୀତ, ହସନ୍ତେ ପ୍ରାଣ ଖୋଲା ହସି
ଢେଉ ସମ ଆସି ଦୁଃଖ, କଷ୍ଟ, ଯାଆନ୍ତେ ମିଶାଇ, କାହିଁ ତ ଯାହାର ଶେଷ
ମନ ଆଶା ଖାଲି ମନରେ ରହୁଛି, ହୁଏନା ସେ ଭାଷା ପ୍ରକାଶ
ସବୁ ଆଶା ତରି ଏ କି ଗୁପ୍ତ ରହେ, ଖାଲି ଯାହା ଅବଶୋଷ ।

ଆପଣା ହୃଦୟ ଅମୂଲ୍ୟ ସମ୍ପଦ

ଆଲୋକିତ କରେ ଅପରର ପଥ
ଆଲୋକିତ ପଥେ, କେତେ ଆସିଯାନ୍ତି । ଆତଯାତ ହୋନ୍ତି
ନିର୍ଭୟ ନିଶ୍ଚିନ୍ତେ ନିରାପଦ ଶାନ୍ତି
ଆଶ୍ୱାସ, ବିଶ୍ୱାସ, ପବିତ୍ରତା ଧର୍ମ
ଅଜାଣତେ ବାଣ୍ଟେ ସ୍ୱଅର୍ଜିତ ପୁଣ୍ୟ

ସେ ପୁଣ୍ୟ ପସରା, ଅମୃତର ଧାରା
ସାନନ୍ଦେ, ଆନନ୍ଦେ, ନିତ୍ୟ ସୁଧା ଝରା
ତୃପ୍ତ ମାନବ ନିମଗ୍ନ ହିଲ୍ୱଲେ
ପରମ ପଦେ ପ୍ରଣମେ ବିହ୍ୱଳେ ।
ଅଜଣା ଅଶୁଣା ଅଚିହ୍ନା
ଝିଅଟିଏ ପୁଅଟିଏ ନିଅନ୍ତି ଶପଥ, ଅଗ୍ନି ସାକ୍ଷୀକରି
ଜନ୍ମ ପୁଣି ଜନ୍ମାନ୍ତର ଦ୍ୱାହି ଦେଇ, ଗଢ଼ିବେ
ପରିପୂର୍ଣ୍ଣ ପୂର୍ଣ୍ଣତାର ଛନ୍ଦ ବନ୍ଧନରେ,
ପରସ୍ପରେ ସବା ସାଥୀ, ଚିର ବନ୍ଧୁତ୍ୱର ନିଗୂଢ଼ ବନ୍ଧନେ
ହେବେ ବନ୍ଦୀ ଆପଣା ଭିତରେ ।
କେତେ ଭୁଲ୍ କେତେ ଠିକ୍ ହିସାବ ବିକାଶ ନ କରି
ତ୍ରୁଟି ବିଚ୍ୟୁତର, ଅସଜଡ଼ା ସ୍ତୁପ, ସଜଡ଼ା, ସଜଡ଼ି କରି
ନୂତନତ୍ୱ କରିବେ ସୃଷ୍ଟି ଅମୃତ ବେଳାରେ ।
ସେ ସର୍ଜନାର ଅନବଦ୍ୟ ଆନନ୍ଦ, ବିସ୍ତାରିତ
ହେବ ସୁଦୂର ସୁଗନ୍ଧିର ପ୍ରଲେପ ଦେଇ । ଅଛ ଦେଖା- ଅଦେଖା
ଚିହ୍ନା - ଅଚିହ୍ନାର ପ୍ରତିଶ୍ରୁତି ନେଇ ମନଜୀଣା, ମନବୀଣା
ଝଙ୍କୃତ ହୋଇ, ସୁରର ଝଙ୍କାର ପୁଣି ସୁରଭିର ସଙ୍ଗେ ତାଳ ଦେଇ ।
ଲେଉଟିବ ପରିଚିତ, ଅତି ପରିଚିତ, ସେହି ଦୁଇ ଅପରିଚିତ ଆତ୍ମାର
ମିଳନର ଦ୍ୱାରେ, ଚିର ସ୍ୱାଗତର, ପ୍ରତିଶ୍ରୁତି ହୋଇ ।
କିଏ ଜାଣେ ପୁଣି କେବେ ଦୁହେଁ ହେବେ ଅଜଣା ଅଚିହ୍ନା
ଜନ୍ମ, ଜନ୍ମାନ୍ତର ସତ୍ୟ ଅସତ୍ୟର ମିଳନ ଅଜଣା !
ସବୁ ଜାଣି ପୂର୍ଣ୍ଣତାର ପୂର୍ଣ୍ଣକୁମ୍ଭ ହୋଇ
ଏହି ଜନ୍ମ ଶ୍ରେଷ୍ଠତାକୁ ଶୀର୍ଷପଣ ଦେଇ
ଅପେକ୍ଷାରତ ଦୁହେଁ ।
କେତେ ପୁଣି ବଦଳିବ ଋତୁଚକ୍ର, ପୁନଃ ପୁନଃ
ଚିହ୍ନା ଅଚିହ୍ନା ଜନ୍ମ ଜନ୍ମାନ୍ତର ବାଦେ
ଭାସିଯିବେ ନିବିଡ଼ ଗୁହ୍ୟ ବନ୍ଧନର ସୁଏ ।

କିପରି ତୁମକୁ ଭକତି କରିବି

ଭକତରେ ହେବି ଗଣା ?
ଅନୁଭବେ ତାହା ଉପଲବ୍ଧି କରି
ନ ହେବି ମନରେ ଊଣା
'ଶ୍ରୀଜଗନ୍ନାଥ' ନାମେ ଡାକିଲେ ଜଗତେ
ହେଲ ଜଗତର ନାଥ
ସେ ଜଗତର କ୍ଷୁଦ୍ର ଧୂଳିକଣା ମୁହିଁ
କିପରି ହେଲି ଭକତ ?
ଆର୍ତ୍ତତ୍ରାଣ ନାମେ ଆର୍ତ୍ତରେ ଡାକିଲେ
'ଆରତ' ହର ସବୁରି
ଆତୁରେ ଆରତେ ଥରେ ଡାକି ଦେଇ
ଭକତ ହେଲି କିପରି ?
ଶତ ସହସ୍ର ନାମ ରହିଛି ତୁମରି
ଘୋଷି ଘୋଷି ଲବେ ନ ପାଇ ପାଶୋରି
କଣିକାଏ ଭକ୍ତି ପାରେ କି ଯୋଗାଡ଼ି ?
ଭକତି ଭାବନା ଆଣିବି କିପରି ?
ଅସହାୟ ହୋଇ କରଇ ବିନତି
ଦୟାମୟ ଦିଅ ହୃଦୟେ ଶକତି
ନ ହୁଏ ପଛକେ ଭକତରେ ଗଣା
ଅନ୍ତର ଆକାଙ୍‌କ୍ଷା ନ ହେଉ ଊଣା
ସ୍ଥିର ମନେ ସହି ସଂସାର ଯାତନା
ଆନନ୍ଦ ପରଶି ହରିବି ବେଦନା
ଅଚଞ୍ଚଳ ମନେ
ତୁମ ପଦ ଲକ୍ଷ୍ୟ ଥାଉ
ଅକିଞ୍ଚନା ରହି ତୁମରି ନିର୍ଦ୍ଦେଶେ
କର୍ମ କରି ଜୀବ ଯାଉ ।

କନ୍ଦାଇଛ ତୁମ ମାତାଙ୍କୁ

ସୃଷ୍ଟି କରିଗଲ ଏ ଜୀବଜଗତେ
ଅଗଣିତ ମାତା
ଝୁରିବେ ସନ୍ତାନଗଣଙ୍କୁ ।
ମାୟା ଭିଆଇଛ ତୁମେ
ଭିଡାଭିଡ଼ୁ ଟଣାଟଣି ସେହି 'ମାୟାମୋହେ'
ସଭିଏଁ ହୁଅନ୍ତି
ନିନ୍ଦନ୍ତି ଆପଣା କର୍ମେ ।
ଅଜାଣତ ନୁହଁ କାରେ
ତେବେ ବି କଳାଳ କଟାଳେ
ନିନ୍ଦନ୍ତି କପାଳେ
ସନ୍ତାପିତେ ମର୍ମ ମରେ ।
ଚିରନ୍ତନୀ ଏହି ଧାରା
ଯୁଗ ଯୁଗ ଧରି ପିପାସିତ ମାତୃହୃଦ
ଗରଳ ପିଅନ୍ତି
ନୀଳକଣ୍ଠ ପରମ୍ପରା ।

ଅଭିମାନ

କାହିଁକିରେ ମନ ମିଛେ ହେଉ ବାଇ
ଅଭିମାନ ମନେ ଭାଳୁଛୁ କିମ୍ପାଇ ?
ସଂସାର ଭିତର ମିଛ ମାୟା ଏହି
ଆପଣା ଜନ ତ କେହି ଏଠି ନାହିଁ
କର୍ତ୍ତବ୍ୟ ପଥରୁ ବିଚ୍ୟୁତ ନ ହୋଇ
ଭଲମନ୍ଦ ଚିନ୍ତି କର୍ମ କର ତୁହି ।
ସଭିଏଁ ଏଠାରେ ନିଜ ସ୍ୱାର୍ଥ ପାଇଁ
ବଡ଼ ସହଜରେ ଅନ୍ୟେ ଦୋଷ ଦେଇ ।
ଆପଣା ଗାରିମା କରନ୍ତି ବିଡ଼ାଇ

ସମ ବେଦନାର ମର୍ମ ଭୁଲିଯାଇ ।
ଅଛ ଶ୍ରଦ୍ଧା ସ୍ନେହ ମର୍ଯ୍ୟାଦା ଦିଆଇ
ସୁଖୀ ହେବା ଆଉ ସଂସାରରେ ନାହିଁ
ଅନ୍ୟ ସମ୍ମାନରେ ସମ୍ମାନିତ ହୋଇ
ଛଳେ, ବଳେ, କଳେ ଗୌରବ ମୁଣ୍ଡାଇ
ଅଧର୍ମ ଅସତ୍ୟେ ଶୀର୍ଷ ସ୍ଥାନ ଦେଇ
ମିଛେ ବଡ଼ପଣ ହୁଅନ୍ତି ଦେଖାଇ ।
ଆଚାର, ବିଚାର ନିଷ୍ଠା ଆଉ ନାହିଁ
ସାରା ଦୁନିଆଟା ଭରପୁର ଏହି ।
ତୋର ଗୃହ ଏହି ଦୁନିଆରେ ରହି
ଏଥିରୁ ଅଲଗା ହୋଇବ ବା କାହିଁ ?
ତେଣୁ ସତ୍ୟ ଧର୍ମେ ବଢ଼ିଯିବା ପାଇଁ
ନିଜ ଭଲ ବାଟେ ନିଜେ ଚଳ ତୁହି
କାଲି ତୋର ଖେଳ ଯେବେ ସରିବଇଁ
ଆନ୍ତରିକ ଦୁଃଖେ ଭାବିବେନି କେହି
ଯଦିକା ମନରେ କ୍ଷୋଭ ଆସିବଇଁ
ଦୁର୍ବଳତା ଭାବି ରଖିବେ ଚପାଇ ।
ସତ୍ୟ ଯଦି ଏହି, ମିଛେ କାହା ପାଇଁ ?
ନିଜ ଲୋକ ଭାବି ଘାଣ୍ଟି ହେଉ ତୁହି
ତୁଚ୍ଛ ଭାବି ସବୁ, ଆନନ୍ଦିତ ହୋଇ
'ଚକାଡୋଳା' ପଦେ ଲୟ ରଖ ତୁହି ।
ସବୁ ବିବାଦରୁ ରଖିବେଟି ସେହି
ଏ ବିଶ୍ୱାସୁ କେଉଁ ବାଟ ହୁଡ଼ ନାହିଁ ।
ସ୍ୱଜନେ 'ସତପଥେ' ଚିର ରକ୍ଷା ପାଇଁ
ଆଶ୍ରା କର ସଦା ନୀଳାଚଳ ସାଇଁ ।
କେହି ନୁହଁ କାର ସତ୍ୟ ବାକ୍ୟ ଏହି
କର୍ମକର ମନୁ ମାନ ତେଜି ଦେଇ ।
ଜୀବନ ସଂଗ୍ରାମେ ଲକ୍ଷ୍ୟଭ୍ରଷ୍ଟ ନୋହି ।
ହସି ହସାଇଣ ଯାଅ ଶେଷ ହୋଇ ।

ପ୍ରାରବ୍ଧ

ପ୍ରାରବ୍ଧର କର୍ମଫଳ କିଏ ନ ଭୋଗୁଛି
ତାହା କ'ଣ ସ୍ୱଇଚ୍ଛାରେ ଜାଣନ୍ତେ କରୁଛି ?
କେଉଁ କର୍ମ କାରଣରେ 'କଷଣ' ସହୁଛି
କେଉଁ ପୂର୍ବାପର ଫଳ 'ସୁଖରେ' ରଖୁଛି ?
ଅଜାଣତେ କଲା କର୍ମ ଫଳ ବି ଭୋଗୁଛି
ଯାହା ପାଇଁ ଅଙ୍ଗୀକାର ବନ୍ଧ ନ ହୋଇଛି
ଯେଉଁ କଲାକର୍ମରେ ତା' ହାତ କାହିଁ କିଛି
ଭାଗୀଦାର କିମ୍ବା ହେଲା ପ୍ରଶ୍ନ ଅଙ୍କୁରୁଛି ।
ସତ୍‌କର୍ମେ, ବାଧାବିଘ୍ନ ଯେତେ ଉପୁଜିଛି ।
ଏଡ଼ିବାକୁ ତାହା ଯେତେ ପ୍ରୟାସ କରିଛି ।
'ପ୍ରଭୁ' ତୁମ ପାଶେ କି, ତା ଅଜଣା ରହିଛି ?
ତେବେ ହେଲେ ତାକୁ ସାହା ହୋଇ ନାହିଁ କିଛି
ବିଧିର ବିଧାନ ଯଦି ଲେଖା ରହିଅଛି ?
'ବିଧାତା'ର ହସ୍ତ କିମ୍ବା ରକ୍ଷା ନ କରୁଛି ?
ଏହି ଜନ୍ମ କଲା କର୍ମ ଫଳ ବି ଭୋଗୁଛି
ଏହି ଜନ୍ମେ କିମ୍ବା ତାହା ଶେଷ ନ ହେଉଛି ?
କେଉଁ କାରଣରୁ ତାହା ସଞ୍ଚିତ ରହୁଛି ?
ମନ ମୁକୁରରେ ଶତ ପ୍ରଶ୍ନ ଅଙ୍କୁରୁଛି
ପ୍ରଶ୍ନ ସମାଧାନ ତୁମ ପାଖରେ ରହିଛି
ଅବା ତୁମେ ଅଣାୟତ ଜଣା ନ ପଡୁଛି !
ହନ୍ତସନ୍ତ ଏ ଜଗତେ କିଏ ନ ହେଉଚି
ବିକଳ ପରାଣେ କେତେ ଗୁହାରୀ କରୁଛି
ଅସହାୟ 'ଚକାଆଖି' ନିରବେ ଚାହିଁଛି !
ଅବା ଆଶ୍ୱାସନା ଢାଳି, ଶାନ୍ତ କରୁଅଛି
'ଆର୍ତ୍ତତ୍ରାଣ' ଧ୍ୱଜା ଫରଫର ଉଡୁଅଛି
ତାକୁ ଚାହିଁ ପ୍ରାରବ୍ଧି ତା ସାନ୍ତ୍ୱନା ଖୋଜୁଛି ।

ସବୁଜିମା

ନାରୀ ସେତ ଦୁବଘାସ ସମସରି
ଉତ୍ତାପେ ଶୁଷ୍କ, ସିକ୍ତତେ କଅଁଳି
ବଢ଼ାଏ ଧରଣୀ ଶୀରି - ସେତ
ନିଦାଘ ତାପରେ ଦୂବଘାସ ସମ ସରି ବିଲୟ ଲଭଇ
ଶ୍ୟାମ ଦୁର୍ବାଦଳ ରୂପ
ପ୍ରଥମ ବର୍ଷାରେ, ସବୁଜତା ଆଣେ
ସେ ସୁଷମା ଅପରୂପ ।
ନାରୀ ସେହିପରି, ବିଷାଦ ଶୋକରେ
ବଞ୍ଚି, ଯାଇଥାଏ ମରି
ଅନୁଭବୀ ମସ୍ତକେ ଆଶ୍ୱାସ ହସ୍ତ
ବେଦନା ଯାଅଇ ଭୂଲି ।
ଦେବତା ମସ୍ତକେ ଦୁବ ଶୋଭା ପାଏ
ଘରର ଶୋଭା ଘରଣୀ ।
ସରଳା, ସୁଶୀଳା, ସରସ୍ୱତୀ ସିଏ
ପରିବାର ମନ ଜିଣି ।
ଛୋଟ ଦୁବଘାସ, ପଥର ସଦୃଶ
ଧରଣୀ କରେ ଉର୍ବର ।
ନାରୀ ଅଜାଣତେ କୋମଳ ପରଶେ
ସୁଧାମୟ ତା' ସଂସାର ।
ଦୁବଘାସ ସ୍ଥିତୁ ଜଣା ପଡ଼ିଯାଏ
ମାଟି ମଟାଳର ରୂପ
ଶୋଭାମୟୀ ନାରୀ ସରସ ମୁଖରୁ
ଜଣା ସଂସାରର ସୁଖ ।
କୋଡ଼ା ଚଞ୍ଚା, କଟା ଯେତେ ଯାହା କଲେ
ଦୁବ ଯାଏ ନାହିଁ ମରି
ଘାତ, ପ୍ରତିଘାତ, ଅସହ୍ୟ ହେଲେ ବି
ନାରୀ ଯାଏ ନାହିଁ ଟିକି ।

ଧରଣୀ ବକ୍ଷଃ ସବୁଜ ସୁନ୍ଦର
ଶ୍ୟାମ ଦୁର୍ବାଦଳ ରୂପେ
ସଂସାର କକ୍ଷ ଶୋଭାମୟ କରେ
ନାରୀ ଅମୃତବକ୍ଷେ
ଦୁର୍ବାଦଳ ଆମ ନିତି ପ୍ରତି ଲୋଡ଼ା
ସର୍ବ ପର୍ବପର୍ବାଣୀରେ
ନାରୀ ବିନା ଆମ ସଂସାର ଅଚଳ
ଦୃଢ଼ ହସେ ରଜ୍ଜୁ ଧରେ ।
ଶତ ପଦାଘାତ ସହିଲେ ବି ଦୁବ
ଉଠଇ ପୁଣି ଗଜୁରି
ଶତ ଅନ୍ୟାୟକୁ ମୁଣ୍ଡପାତି ସହେ
ଘର ସୁନ୍ଦର ସେ ନାରୀ
ଦୁର୍ବାଦଳ ବିନା ରହିବାନି କ୍ଷଣେ
ଆମେ ଏ ଧରଣୀ ବକ୍ଷେ
ନାରୀ ବିନା ଆମେ ତିଷ୍ଠିବାନି କ୍ଷଣେ
ସଂସାରର ଶୂନ୍ୟ କକ୍ଷେ ।
ଚିର ଲୋଡ଼ା ଦୁବଘାସର ସମ୍ମାନ
ଆମେ କେଭେ ଜାଣୁନାହିଁ
ଅତି ପ୍ରୟୋଜନ ନାରୀର ସମ୍ମାନ
ଅନୁଭବ କରୁନାହିଁ ।
ଦେବତା ମସ୍ତକ ଶୀର୍ଷରେ ଦୁବ
ଗୃହର ଶୀର୍ଷରେ ନାରୀ
ସେ ଦୁହିଁଙ୍କ ବିନା ଜଗତ ଅଚଳ
ଅକ୍ଷୟ ତା ଗୁଣଶାରୀ
ଦୁହେଁ ପରସ୍ପର 'ସମସରି' ।

ଅନ୍ଧାରୀ ଜୀବନ

ଅନ୍ଧାରୀ ଜୀବନର ଅକୁହା କଥା ନେଇ
ଆସିଛି ଏକା ପୁଣି, ଯିବି ମୁଁ ଏକା ହୋଇ
ପଛେ ରହିବେ ଯେତେ ଆପଣା ସ୍ନେହୀଜନ
କିଞ୍ଚିତ ଦୁଃଖ ଆସି, ଭୁଲିବ ଧୀରେ ମନ ।
ଜୀବନ ସ୍ରୋତ ଏହା ଆବହ କାଳୁ ଅଛି
ସଭିଙ୍କ ଜଣାଶୁଣା ଅଜଣା ନୁହେଁ କିଛି ।
ତେବେ ବି କେଉଁ ମନ ଗଭୀର ଗୋପନରେ
ପ୍ରିୟଜନଙ୍କ ପାଇଁ ଅନବରତ ଝୁରେ
କିଏ ପ୍ରାଣର ବନ୍ଧୁ, କିଏ ସୁହୃଦ ରହେ
କାହାର ସ୍ନେହ ଶ୍ରଦ୍ଧା, ଅଭୁଲା ହୋଇଥାଏ
ଛୋଟ ଛୋଟ ଘଟଣା, ମୁଖ୍ୟ ହୋଇଣ ରହେ
ଅନ୍ୟ ବୁଝିବେ କାହୁଁ, ତାଙ୍କ ପାଇଁ ତ ନୁହେଁ ।
ବାଲ୍ୟତ କାଳୁ ଯାହା ଜୀବନେ ଘଟିଥାଏ
କେଉଁ ଘଟଣା ଛୋଟ କିଏ ବଡ଼ ହୋଇଣ ରହେ
ସାଙ୍ଗ ସାଥିଙ୍କ ମେଳ, ପରିବାରର ମାନ
ମାଳା କରିଣ ଗୁନ୍ଥି ଦେଉଥାଏ ସମ୍ମାନ ।
କେହି ବୁଝିଲେ ବୁଝୁ, ନ ବୁଝିଥିଲେ ନାହିଁ
ନିଜେ ବୁଝିଛି ସେ ତ, ସେ କି ବଡ଼ ନୁହଁଇ
ଆପଣା ହୃଦେ ଥାପି, ଆପଣା ଭଗବାନ
ଜାବୁଡ଼ି ଧରେ ଯେଣୁ, ହେବନି ହିନିମାନ
ବିଶ୍ୱାସ ଅଛି ତାର, ରହିବ ଟାଣପଣ
ଆପଣା ସନ୍ତାନକୁ କିଏ କରେ କି ହୀନ ?
ଆସିବ ଝଡ଼ଝଞ୍ଜା, ଧୀରେ ସେ ଯିବ ଚାଲି
ସୃଷ୍ଟିର ନିୟମକୁ । କିଏ ନ ନାରେ ଟାଳି ।
କାହିଁକି ମନ ତେବେ ଘାଣ୍ଟି ହେଉଛୁ ମିଛେ
ପର ଆପଣା ଭୂଲି, ଯାଆନ୍ତୁ ଭାସି ସ୍ରୋତେ ।
ଜଞ୍ଜାଳ ଜୀବନରେ, ଯିଏ ଦେଖାଏ ରାହା

ସେହି ଏକାରେ ତୋର, ଶେଷ ଜୀବନ ସାହା ।
ରହିଛି ରହିଥିବ ଏ ପୁର 'ପରପାର'
ନିଶ୍ଚିନ୍ତ ନିର୍ଭୟରେ ହୁଅନ୍ତୁ ଅଗ୍ରସର ।
ଆସିବୁ ଏକା ତୁହି, ଯିବୁ ବି ନାହିଁ ଏକା
ସର୍ବଦା ପାଶେ ଥାନ୍ତି, ଦିଅନ୍ତି ନାହିଁ ଦେଖା
ଅନୁଭବ ତାହାଙ୍କୁ, ହୃଦୟ କୋଣେ କୋଣେ
ଚିର ସାଥି, ସୁହୃଦ, ସଖା, ସେହି ଏକାଟି ଜଣେ ।

ସାନଭାଇ ପରି

ସାନଭାଇ ପରି, ରହିଥିଲା ସେହି
ଭାଇ ନୁହଁଇ ମୋହରି
ସମ୍ପର୍କରେ ଆମେ, ମାଉସୀ ପୁତୁରା
କେହି ନୁହେଁ କାହା ପରି ।
ଖୁମ୍ପୁଟା, ଖୁମ୍ପୁଟୀ, କଳି ତକରାଳ
ଲାଗିଥାଏ ସବୁବେଳେ ।
ଭଲକରି କେବେ, କଥା ହେବାର ତ
ମନେ ନ ପଡ଼ଇ ତିଳେ ।
ତେବେ ବି ସର୍ବଦା ପରସ୍ପର ପ୍ରତି
ସ୍ନେହେ ବନ୍ଧା ହୋଇଥାଉ ।
ଆପଦେ, ବିପଦେ ପିଲାଟି ଦିନରୁ
ଏକୁ ଅନ୍ୟେ ସାଥେ ରହୁ
ସମୟ ଗତିରେ, ଜୀବନ ସ୍ରୋତରେ
ଗଢ଼ିଲୁ ଆପଣା ଦିନ
ଦିନ ଗଢ଼ିଲେ ବି, ସ୍ନେହର ବନ୍ଧନ
ନ ହୋଇଲା ତିଳେ କ୍ଷୁଣ୍ଣ ।
ସଂସାର ଚକ୍ରର ଗତିରେ କେତେ ଯେ
ସୁଖ, ଦୁଃଖ, ଆସେ ଯାଏ
ସେ ଆଲୋଚନାକୁ ଗୁରୁତ୍ୱ ନ ଦେଉ

ତା’ ନିଜ ଗତିରେ ସେ ଧାଏଁ
ଯାଇଛି ଆଜି ସେ, ଫେରିବନି ଆଉ
ଦୁନିଆର ଏହି ରୀତି
ଥୋକେ ଦିନ ଶୋକ ଦୁଃଖେ ଘାଣ୍ଟି ହୋଇ
ପୁଣି ଚଳିବି ସବୁରି ନୀତି
କିନ୍ତୁ ଶୂନ୍ୟ ମନର ହାହାକାର ଭାବ
ଥିବା ଯାଏ ଥିବୁ ରହି
ଜାଣେନି ଏହା ମାୟା ମୋହ ଅବା, ମୋହ
ଯାହାର ତ ଭାଷା ନାହିଁ ।
କେହି ନ ବୁଝିଲେ ଅନ୍ତର୍ଯ୍ୟାମୀ ତୁମେ
ସବୁ ପାରୁଥିବ ବୁଝି
ଯେଉଁଠାରେ ତା’ର ଆତ୍ମା ଥିବ, ତାହା ପାଉ
ଚୀର ଅତୁଟ ଶାନ୍ତି ।
ଏତିକି ପ୍ରାର୍ଥନା ତୁମରି ପାଖରେ
ମାଗୁଅଛି ଦୟାମୟ
ସଂସାରୀ ଜୀବନର ଯାହା ଭଲ ତ୍ରୁଟି
(କ୍ଷମା ଦେଇ) ତୁମ ଚରଣେ ଶରଣ ଦିଅ ।

ସ୍ୱର୍ଗଦ୍ୱାର

ସ୍ୱର୍ଗଦ୍ୱାର ଦେଇ ନେବ
ମର୍ତ୍ତ୍ୟପୁରରେ ଯେଉଁଠି ଥିଲେ ବି, ଦୃଢ଼ ବିଶ୍ୱାସ ରହିଛି
ଆଶା ପୂରଣ କରିବ ।
ସେହି ଦ୍ୱାର ଦେଇ ଯାଇ,
ସ୍ୱର୍ଗ ଅବା ନର୍କ କେଉଁଠାରେ ପହଞ୍ଚିବି
ଅବା ବୈକୁଣ୍ଠ ବାସ କରିବି ?
ସେ ଚିନ୍ତନରୁ ଆତ୍ମା ମୋ ରହିତ
କିମ୍ବା ବିଚଳିତ ହେବି ?
କେଉଁ ଜନନୀ ଜଠରେ, ଜନମିବି ମୁହିଁ

ଅବା ପ୍ରେତ ହୋଇ ଘୁରୁଥିବି
ପୁଣି ସୁଖ ଦୁଃଖ, ଅଙ୍ଗେ ନିଭାଇଣ
ନିର୍ବାଣେ ଆଶା ରଖିବି ।
ସ୍ୱର୍ଗ ସୁଖ ଅବା, ନରକ ଯନ୍ତ୍ରଣା
ସ୍ୱରୂପ ତ ଜଣା ନାହିଁ ।
ଅଜଣା ଆତଙ୍କେ ଡରିବି କାହିଁକି
କି ଲାଭ ଅଛି ବା ତହିଁ ?
ଏହି ଜନମର ସୁଖ ଶାନ୍ତି, ଯେତେ ଯନ୍ତ୍ରଣା କଷ୍ଟ
ଅନୁଭବୀ ଭାବେ ଏହି ଏକା, ସେହି ସ୍ୱର୍ଗ, ନରକ
ବିଷ ଅମୃତ, ଭଲ ମନ୍ଦ ସବୁ ରହିଛନ୍ତି ।
ମିଳିମିଶି ଚଳି, ଆନନ୍ଦେ ରହିଣ
ଶ୍ରଦ୍ଧା ସ୍ନେହ ବାଣ୍ଟୁଥାନ୍ତି
ସେହି ଆଶା ମନେ ନେଇ
ସ୍ୱର୍ଗଦ୍ୱାର ଦେଇ ଯାଇ
ଅନନ୍ତ ଆତ୍ମା ମୋ ଝୁରିବ ଅବିରତ
ଏହି ପୁଣି ....
ପୁଣି ଏହି ସୁଖ ଲୋଭୀ ହୋଇ
ସେତ ନିଶ୍ଚୟ ପ୍ରଭୁଙ୍କ ସହିତ ମିଳିତ ହେବ
ସ୍ୱର୍ଗଦ୍ୱାର ଦେଇ ଯିବ ।

ଗୁପତ ଆକାଙ୍କ୍ଷା

ଗୁପତ ଆକାଙ୍କ୍ଷା ଥରୁଟିଏ ତୁମେ ଆସନ୍ତ
ଶ୍ରୀମନ୍ଦିର ମୋହ ଛାଡ଼ି ମୋ ପାଖରେ ବସନ୍ତ
ସୁଖ, ଦୁଃଖ ଭଲମନ୍ଦ ପଚାରନ୍ତ ବସି
ସସ୍ନେହେ ବାର୍ତ୍ତାଳାପ କରୁଥାନ୍ତେ ହସି
ଜାଣେ, ଆଗୁଁ ସବୁକଥା ଜାଣିଥାଅ ତୁମ୍ଭେ
ସେପାଇଁ କି ନିର୍ବିକାରେ ରହିଛ ସଦମ୍ଭେ
ଯେତେଭାବେ କଥାବାର୍ତ୍ତା ହେବି ମନ ଖୋଲି
ଚାହିଁ ତୁମ ଚକାଆଖି ସବୁ ଯାଏ ଭୁଲି

ଲେଉଟିଲେ ଘରେ, ମନସ୍ତାପ କରେ
କାହିଁକି କଲି ଏପରି
ଖୁସିରେ ଆନନ୍ଦେ ବାର୍ତ୍ତାଳାପ କରି
ମନ ଦେଇଥାନ୍ତି ଭରି
ବିଶ୍ୱାସ ରଖିଛି ଦିନେହେଲେ ତୁମେ
ଆଶା ମୋ ପୂରଣ କରିବ
ସବୁ କର୍ମ ଭୁଲି ଏକାନ୍ତରେ ଆସି
ମୋ ପାଖେ ନିଶ୍ଚୟ ବସିବ ।
ହରଷ ଆନନ୍ଦେ ଉତ୍‌ଫୁଲ୍ଲ ହୋଇ
କେତେ କଣ ଆମେ ଗପିବା
ଘରେ ବାହାରେ ସେ ଆନନ୍ଦ ବାଣ୍ଟିଣ
ଆତ୍ମ ସୁଖେ ସୁଖୀ ହୋଇବା ।
ଅତି ସାଧାରଣ ମନ ଦିଆନିଆ
ଭାବେ ଭୋଳ ହୋଇ ରହିବା
ନିଭୃତ ହୃଦୟେ ପରସ୍ପରେ ଥାପି
ଦୁହେଁ ଦୁହିଁଙ୍କର ମନ ଜିଣିବା ।

ଜୟ ଜଗନ୍ନାଥ

ଜୟ ଶ୍ରୀ ଜଗନ୍ନାଥ ନାମ ନେଇ
ଜଗତ ଜନେ ଆବୋରି
ଜୟ ଆର୍ତ୍ତତ୍ରାଣ ଡାକନ୍ତେ ଜଗତ
ଆରତ ହର ସବୁରି ।
ଜୟ ପତିତପାବନ ନାମ ଜପି
ପତିତ ଯାଏ ନିସ୍ତରି
ଜୟ ଦୀନବନ୍ଧୁ ନାମ ଡାକେ
ଦୀନଜନ ଯାଏ ତରି ।
ଜୟ ଜଗବନ୍ଧୁ ଆକୁଳ ଜଣାଣେ
ଜଗତ ଉଠଇ ପୂରି

ଜୟ ହୃଷିକେଶ, ହରଷେ ଉଲ୍ଲାସେ
ଭକତ ପକାଏ ହୁରି ।
ଜୟ ଗୋପାଳ ଗୋବିନ୍ଦ ନାମ ଶୁଣି
ସହର୍ଷେ ହୃଦରେ ଧରି
ଜୟ ଶ୍ରୀକୃଷ୍ଣ ଜୟ ଶ୍ରୀକୃଷ୍ଣ ଜପି
ଜପମାଳା କରେ ଧରି ।
ଜୟ ହରିବୋଲ, ନାଦ ଧ୍ୱନି ଦେଇ
ପାପ, ପଙ୍କୁ ଯାଏ ଉଦ୍ଧରି
ଜୟ ହରେକୃଷ୍ଣ ନାମରେ ଅମୃତ
ପାନ କର ମନ ଭରି ।
ଜୟ ରାଧେ ଶ୍ୟାମ ନାମ ଘୋଷି ଘୋଷି
ଭବ ଜଳୁ ପାଅ ପାରି
ଜୟ ଜୟ ସେହି ନାମର ଆନନ୍ଦେ
ସର୍ବ ହୃଦ ଜୟ କରେ
ଜୟ ଶ୍ରୀ କ୍ଷେତ୍ର ଜୟ ନୀଳାଚଳ
ବ୍ରହ୍ମାଣ୍ଡ ଠୁଳ ଏହିଠାରେ
ଜୟ ଜୟ ନାଦ ଶୀର୍ଷେ ଘୂରି ଘୂରି
ସର୍ବ ନାଦେ ଜୟ କରେ ।
ଜୟ ଜଗନ୍ନାଥ ଜଗତର ନାଥ
ନାମ ଧ୍ୱନି କର୍ଣ୍ଣ ପୁରି
ଜୟ ତୁମ୍ଭ ନାମ 'ଜପ' ଜପୁ ଜପୁ
ପିଣ୍ଡୁ ପ୍ରାଣ ନିଅ କାଢ଼ି ।

ଜଞ୍ଜାଳ

ହଜିଛି ମୁଁ ଜଞ୍ଜାଳ ସ୍ତୂପ ତଳେ
କିଟିମିଟି ଅନ୍ଧାରୁଆ ରାତ୍ରିର ଆବରଣେ
ଠେଲି, ଫିଙ୍ଗି ଦେଇଛ ଆବର୍ଜନା ସ୍ତୂପ
ଅଶାନ୍ତ ଆତ୍ମା ଖୋଜେ, ହେବ ମୁକ୍ତ

ବ୍ୟାକୁଳିତ ପ୍ରାଣ ଲୋଡେ, ଟିକେ ମୁକ୍ତ ବାୟୁ
ପିପାସିତ ଶୁଷ୍କ କଣ୍ଠେ, ମିଳିବ କି ଟୋପେ ଜଳ
ପାଇବକି ସିଞ୍ଚନ ଅମୃତ ?
ଦୂରେ ଦୂରେ ଦିଗ୍‌ବଳୟ ତଳେ
ଦୃଶ୍ୟ ଏକ କ୍ଷୀଣ ଆଲୋକର ରେଖା ।
ଇତଃସ୍ତତଃ ଅବୋଧ୍ୟ ମନର ବୃଥା କିଏ ପ୍ରୟାସ ?
ବୃଥା କିଏ ଆକାଙ୍‌କ୍ଷା, ସତ୍ ଭାବେ ବଞ୍ଚି ରହି
ସାର୍ଥକ କରିବା ନାମ ସତ୍ୟ, ଶିବ, ସୁନ୍ଦରର
ଜାଣେନା, ବୁଝେନା ସେ ମନ
କିଏ ଭୁଲ୍ କଣ ବା ଠିକ୍ ।
ବିଚିତ୍ର ରୂପମୟ ଜଗତର ସୌନ୍ଦର୍ଯ୍ୟର
ବୀଭତ୍ସ ପୂର୍ଣ୍ଣ ଦୃଶ୍ୟ ଯାହା କିଛି
ସେ ସବୁ ସତ୍ୟ କି ? କିମ୍ବା ଏହି ଜଞ୍ଜାଳ ତଳେ
ଆବରଣ ତଳେ, ଅଛି ଅନ୍ୟ ଏକ ସତ୍ୟର ପୂରଣ
ମହାନ ତା' ରୂପ, ସେହି ସେ ବିଶ୍ୱ ନିୟନ୍ତା
ନିର୍ଦ୍ଦେଶରେ, ଆର୍ଶୀବଚନେ, ସିଦ୍ଧ ହେବ ଏ ପ୍ରୟାସ
ମିଳିବ ସେ ଅମୃତ ସନ୍ଧାନ ।

'ଗାନ୍ଧାରୀ ମୁଁ'

'ଗାନ୍ଧାରୀ ମୁଁ' ଦେଇଛି ଆଶିଷ
ଅକ୍ଷୟ ହେଉ ପୁଣ୍ୟ ଜଗତେ
ଧର୍ମର ହେଉ ଜୟ !
କେଉଁ ପୁଣ୍ୟ ମୁଁ କରିଛି, ଧ୍ୱଜା ଉଡ଼ାଉଛି ଧର୍ମର ! ଅଛିକି ଅଧିକାର
ସତୀତ୍ୱର ଧର୍ମ ପରି, ଅହଂର ପରାକାଷ୍ଠାରେ
ବନ୍ଧନ କରିଣ ଚକ୍ଷୁ, ସ୍ତ୍ରୀ ଧର୍ମରେ ଧ୍ୱଜା ଉଡ଼ାଇ
ପୁଣ୍ୟ ମୁଁ କରିଛି ଅର୍ଜନ !
ଶତଧାରେ ବିଦୀର୍ଣ୍ଣ ମୋ ବକ୍ଷ, ନାରୀ ମୁହିଁ ପାରିଲି କରିବି
ଜନନୀର ମମତା, ଧର୍ମ ପାଳନ ?

ଭଗିନୀ, ଜନନୀ, ଜାୟା ରୂପ ମୋ ବିଭିନ୍ନ
ପ୍ରତି ଦାୟିତ୍ୱରେ ରହିଛି କର୍ତ୍ତବ୍ୟ କଠିଣ
ଶ୍ରଦ୍ଧା, ସ୍ନେହ, ଭକ୍ତି, ମମତାର ପ୍ରୀତି ବୋଲା ହସ୍ତ
ବାଲୁତ ସୁତେ ଦେଇଛକି ଦିଗ୍‌ଦର୍ଶନ, ଅବାଟୁ ଆଗୁଳିଛି କି ପଥ ?
ହୃଷ୍ଟ ଚିତ୍ତ, କପଟ କ୍ରୋଧେ,
ଭୁଲ୍ ଠିକ୍ ବତାଇଥାନ୍ତି, ମାନସେ ସନ୍ତୋପି
କୋମଳ ବଚନେ ଭାସି, ଧୈର୍ଯ୍ୟ,
ସଂଯମ ସଦାଚାର, ଆଚରଣ ଶ୍ରେଷ୍ଠତା
କ୍ରୁର, ଈର୍ଷା, ଦ୍ୱେଷ, ଅସଂଗତ, ପ୍ରତିହିଂସା,
ବର୍ଜନର ପ୍ରୟୋଜନୀୟତା
ଶତଦଳ କମଳ ସତୃଷ ପ୍ରସ୍ଫୁଟିତ , ହୋଇଥାନ୍ତେ ...
ସଶ୍ରଦ୍ଧ ଗୌରବର ସୁନାମ ଅର୍ଜନେ, ରହିଥାନ୍ତେ ଶୀର୍ଷେ
ପ୍ରିୟଜନେ ଆଦୃତ, ପରିଜନେ ସଖା
'ମାନ ଚକ୍ରବର୍ତ୍ତୀ' ଯଶ ଯୁଗେ ଯୁଗେ ରକ୍ଷା
କରିନାହିଁ, ବନ୍ଧନ ଚକ୍ଷୁ ରଖିଛୁ କି ......
ବନ୍ଧନ ଚକ୍ଷୁ ପାଳିଛିକି ମାତୃତ୍ୱର କର୍ତ୍ତବ୍ୟ ରେଖା
ପଦେ ପଦେ ଜଗିରହି, ଚେତନା ମେଣ୍ଟାଇ କାହିଁ
ହାତ ଧରି ଅପଥରୁ, ସୁପଥ ଦେଖାଇ ନାହିଁ
ଅଭିମାନୁ, ଅପମାନୁ ରକ୍ଷା କବଚେ ଢାଙ୍କି ନାହିଁ ମୋ ସନ୍ତାନଗଣେ
ବିଦଗ୍ଧ ମାତା ମୁଁ ଆଜି ଜର୍ଜରିତ, ମୂଲ୍ୟହୀନ ଅନୁଶୋଚନେ
(କୁନ୍ତୀ) ସ୍ନେହାସ୍ପଦା କୁରୁକୂଳ ବଧୂ, ଶ୍ରେଷ୍ଠ ରାଜରାଣୀ
ନାରୀ ଧର୍ମ ପାଳନେ, ଦୃଢ଼ମନା, ତେଣୁ ଗରବିଣୀ
ସ୍ୱାମୀ ସନ୍ତାନର ପାଶେ ରହି ଅନୁକ୍ଷଣେ
ବଂଶପରମ୍ପରା ପରିବାର ପ୍ରତି କର୍ତ୍ତବ୍ୟ କରିଛି ପାଳିତ
ଭଗିନୀର ଖୋଲାଚକ୍ଷୁ ଶକୁନିକୁ କରିଥାନ୍ତା ନିବୃତ୍ତ
ଶତ କୁମନ୍ତ୍ରଣା, କୁକର୍ମ ହୋଇଥାନ୍ତା ପ୍ରତିହତ ।
ଜାୟାର 'ସୁମନ୍ତ୍ରଣା' ହେଲା ବୃଥା କର୍ଣ୍ଣ ଶୁଣ
ଉଭୟଙ୍କ ଚକ୍ଷୁବନ୍ଧା, କିଏ ଦେବ କାହାରେ ମନ୍ତ୍ରଣା ?
ପତ୍ନୀ ରୂପେ ସମଧର୍ମୀ ଯଦି 'ମୁଁ' ବା ହେଲି

ସହ ଧର୍ମିଣୀ ମର୍ଯ୍ୟାଦା ରଖି ନ ପାରିଲି
ଜନନୀ ମୁଁ କରିନାହିଁ ସ୍ୱଧର୍ମ ପାଳନ
ମୋର କାରଣେ, ସନ୍ତାନମୋ, ଲଭିଲେ ଦୁର୍ନାମ
ପୁଣ୍ୟଶ୍ଳୋକ ସଦାଚାରର, ଅଭୟ ଆଶ୍ରୟ
ନ ଦେଇ କହିଲି 'ଅକ୍ଷୟ ହେଉ ପୁଣ୍ୟ ଜଗତେ'
ଧର୍ମର ହେଉ ଜୟ !

ଓଡ଼ିଆଣୀ ନାରୀ

ଓଡ଼ିଆଣୀ ନାରୀ ନୁହେଁ ଖାଲି ଓଡ଼ିଆ ଘର ଲଳନା
ଅବା ଶକ୍ତିମୟୀ, ସୌନ୍ଦର୍ଯ୍ୟମୟୀ, ମାନମୟୀ ଅନ୍ୟନ୍ୟା
ଅବିରକଳେ ଅସରନ୍ତି, ଅକଳନ୍ତି କୁନାମେ ସୁନାମେ ଗଣା ସେ
ତଥାପି ଆଜିର ଜଗତେ ସୁଦୃଢ଼, ସୁକଠିଣ, ମନନ
ନୁହେଁ ଖାଲି ସୁମାତା, ସୁପତ୍ନୀ, ସୁକନ୍ୟା
ଏ ସଂସାରୁ ପୁଣି ବିପରୀତ 'କୁ' ଶବ୍ଦେ ଗଣନା
ନୁହେଁ ଖାଲି ଶ୍ରୀମୟୀ, ଛନ୍ଦମୟୀ ଭାରତୀ
ଲାସ୍ୟ, ହାସ୍ୟମୟୀ, ପୁଣ୍ୟବନ୍ତୀ, ଲକ୍ଷ୍ମୀମନ୍ତୀ !
ଅଭିଧାନେ ଯେତେ ବିପରୀତ 'କୁ' ଶବ୍ଦ ରହିଛି
ଏ ଦୁନିଆ ତା ପ୍ରୟୋଗରେ ହେଳା ନ କରିଛି !
ଅସଂଖ୍ୟ, ଅସରନ୍ତି ନାମକରଣ ତାର
ତୀରବିଦ୍ଧ ହୃଦୟେ ଆଘାତ, ସଂଘାତ କରେ ବାରମ୍ବାର
ତେବେ ବି ଦୃପ୍ତମୟୀ, ତୃପ୍ତମୟୀ ନାମକୁ ସାର୍ଥକ କରି
ବାଛେ ତା ସରଣୀ
ନୁହେଁ ସେ କେବଳ ଏକ ସାଧାରଣ ଗୃହିଣୀ
ଅବା ଅବିଚଳିତା ଘରଣୀ
ଚିର ଧନ୍ୟା ସେ ରମଣୀ
ନୁହେଁ ସେହି ଅରକ୍ଷଣୀ ଅବା ଏକାକିନୀ, ଅନାଥିନୀ
ସେ ସ୍ୱୟଂ ସମ୍ପୂର୍ଣ୍ଣା, ସ୍ୱୟଂସିଦ୍ଧା, ମୁକ୍ତିମତୀ
ସ୍ୱୟଂ ଗୃହେ ନାରାୟଣୀ ।

ଚକାଆଖି

ମହାବାହୁ
ତୁମ ଚକାଆଖି, ଦେଖି ଦେଖି ତୃପ୍ତ ଅନ୍ତରେ
ଆଖି ମୋର ବୁଜି ହୋଇଯାଉ ।
ତୁମ ନାମ ଘୋଷି, ହରଷେ, ସରସେ, ଆତ୍ମ ସନ୍ତୋଷେ
କଣ୍ଠ ମୋ ରୁଦ୍ଧ ରହିଯାଉ । ମହାବାହୁ ...
ବଡ଼ଦାଣ୍ଡ ଧୂଳି, ଶରଧାର ବାଲି, ଦେହ ମୋର ବୋଲି
ଶରଧାରେ ଗେଲ ହେଉଥାଉ
ରଙ୍ଗ ଅଧରର ମନ ଜିଣା ହସ, କୁହୁକ ପରଶି
ଶରୀର ଉଲ୍ଲସି ଉଠୁଥାଉ - ମହାବାହୁ ।
ଅପାଦ ପାଦେ ମୁଁ, ମୁଣ୍ଡ ଥାପି ଦେଇ, ମାଗୁଣି କରୁଛି
ଶ୍ରୀ ଚରଣେ ଆଶ୍ରା ମିଳିଯାଉ
ତୁମ ରଥ ଚକ ଛୁଇଁ, ମୋ ଶରୀର ରଥ ଦେଇ
ସଂସାରେ ଅମୃତ ପରଶୁଥାଉ - ମହାବାହୁ ।
କେତେ ବଡ଼ ଅବା, ଛୋଟ ଆଶା ମୋର ସେ କଥା ତ ଜାଣେ ନାହିଁ
ଅତୃପ୍ତ ମନ ତ ସଦା ହାଇଁ ପାଇଁ, ସେ କଥାକି ବୁଝେନାହିଁ ?
ପାଖେ ଆସ, ଡେରି ନ କରିଣ ଥାଉ - ମହାବାହୁ ।
ଦୂରେ ରଖ ଅବା, ପାଖେ ରଖ, ତୁମ ଆଖି ସଦା
ମୋ ଆଖିରେ ଲାଖି ରହୁ - ମହାବାହୁ ।
ମନବୀଣା ଆଜି ଝଙ୍କୃତ ହୋଇ ଯାହା
ପଦେ କହି ଦିଏ
ସରସିତ ମନ କଇଁଫୁଲ ସେତ
(ହୃଦ) ସରସୀରେ ଫୁଟିଥାଏ
କଅଁଳ ମହକେ ବାଣ୍ଟୁଥାଏ ସେହି
ଅଜଣା ପୁଲକ ହସ
ଅଗଣିତ କେତେ ସରସେ ହସନ୍ତି
ଭୁଲି ସବୁ ଦୁଃଖ ଶୋକ
ଆପଣା ସୁଖେ, ସେ ଆତ୍ମସୁଖୀ ଥାଏ
ମନ ସେ କୁହୁଳେ ହଜୁଥାଉ ମହାବାହୁ ।

ପ୍ରେମ

'ପ୍ରେମ' ମାନବ ଜୀବନେ ପରମ ଆକାଙ୍‌କ୍ଷା
ଚିରନ୍ତନୀ ସତ୍ୟକାମ ।
ସେତ ଶୀତଳ ମଳୟ ସମୀର
ପ୍ରାଣେ ସଦା ସୁରଭିତ ସମ୍ଭାର
ଚିର ଈପ୍‌ସିତ ସମ୍ପଦ
କୁସୁମିତ କରେ କଣ୍ଟକ ପଥ
ଅକ୍ଷୟ ପୁଣ୍ୟ ଆହ୍ଲାଦ ।
ପ୍ରେମ 'କଟୁ କଟାକ୍ଷ' କରେ ନାହିଁ
ଛଳନା କ'ଣ ସେ ଜାଣିନାହିଁ
ବେଦନା ଦିଏନା 'ପ୍ରାଣପ୍ରିୟା ପ୍ରାଣେ'
ଆଘାତ କଳ୍ପନା କରେ ନାହିଁ ।
ତା'ପାଇଁ ଲୁହ ଲହୁ ହୋଇ ଝରେ ନାହିଁ
ଭାଷାରେ ନ ଥାଏ ତିକ୍ତତା
ଆଚରଣେ ନ ଆଣେ ରୁକ୍ଷତ ।
'ତା ଗହନମନ' ସଦା ପ୍ରଫୁଲ୍ଲିତ
ହୃଦୟ ମଧୁକୋଷେ ସଞ୍ଚିତ ପିୟୁସ
ଝରଝର ଧାରେ ଝରୁଥାଏ ଅବିରତ ।
ଚଞ୍ଚଳମନ, ଚଞ୍ଚକତା କରେନା
ପ୍ରବଞ୍ଚନା କରି ପ୍ରବଞ୍ଚିତ ହୁଏନା
ପରାକାଷ୍ଠା ବଳେ ଆତ୍ମ ନୀପିଡ଼ିତ ନ ହୋଇ
'ପ୍ରିୟଜନ କଳଙ୍କ' ଗୋପନେ ମୁଣ୍ଡେଇ
ନିରବେ ସହୁଥାଏ ଯାତନା ।
'ସତୃଷ୍ଣ ପ୍ରେମ' ପ୍ରତିଦାନ ଚାହେଁ ଉତ୍ସୁକେ
ହାରେନା ଶକ୍ତି ପ୍ରତିହିଂସା କିମ୍ବା ପ୍ରତିରୋଧେ
ଅନ୍ତର ନିହିତ ଅନାବିଳ ସତ୍ୟ
ଜାଗ୍ରତ ଆତ୍ମା ପୁତଃ ପବିତ୍ର
ରିକ୍ତ ହୃଦୟ ତ୍ୟାଗେ ସିକ୍ତ କରି ଚଳୁଥାଏ ଗତିପଥେ ।

ପ୍ରେମ ନିଗୁଢ଼ ବନ୍ଧନେ ବାନ୍ଧି ରଖେ
ତହିଁ 'ହାରଜିତ୍' ପ୍ରଶ୍ନ କାହୁଁ ଉଠେ ?
ମାନବର ଏହି ଶ୍ରେଷ୍ଠ ସ୍ୱଧର୍ମ
ନିର୍ମଳେ କରେ ସମୁଚିତ କର୍ମ
କର୍ତ୍ତବ୍ୟ ଜ୍ଞାନ, ଦାୟିତ୍ୱବୋଧ, ନିରସେ ନ କରି
ପାଳେ ପରମ ସୁଖେ ।
ଗଭୀର ପ୍ରେମ, ସଂଯମତା ହାରେ ନାହିଁ
ସୀମାହୀନ ଏହି ଅସୀମତା କୋଳେ
ଛାୟା ପରି ରହି 'ମଙ୍ଗ' ସମ୍ଭାଳେ
ପରିସ୍ଥିତି ଅବା ପରିବେଶ ତାକୁ ପଥଭ୍ରଷ୍ଟ କରେ ନାହିଁ
କର୍ମର କୋଳେ ଖେଳୁଥାଏ ଯେବେ ହତୋତ୍ସାହ ହୁଏ ନାହିଁ ।
ପରାଜୟ ନାହିଁ ପ୍ରେମର
ଜୀବନ ସଂଗ୍ରାମେ ଅପ୍ରତିଦ୍ୱନ୍ଦ୍ୱୀ
ଚିର ଜାଜ୍ୱଲ୍ୟ ଅମ୍ଳାନ ଜ୍ୟୋତି
ଜ୍ୱଳେ 'ଧ୍ରୁବତାରା' ସମ
ଚିରନ୍ତନୀ ସତ୍ୟକାମ ।

ସ୍ନେହ

ପରସ୍ପର ସ୍ନେହ ଯହିଁ ଥାଏ ନିରନ୍ତର
ଅନ୍ୟ ସୁଖେ ପ୍ରୟୋଜନ କିମ୍ବା ଦରକାର
'ଅମୃତ ଭରା' ପରିପୂର୍ଣ୍ଣ ସେହି ଗୃହ
'ପ୍ରଭୁ' ଆଶୀର୍ବାଦ ତହିଁ ଝରେ ଅହରହ ।
ଅତିଥି ଅଭ୍ୟାଗତ ଆତଯାତ ହୋନ୍ତି
ଅଭାବ, ଅନୁଭବ ଚିନ୍ତନେ ନ ଥାନ୍ତି
'ଲକ୍ଷ୍ମୀବାସ' ସେହି ଗୃହ, ସଦା ଆନନ୍ଦିତ
ନ ଢାଳନ୍ତୁ ପଛେ ଲକ୍ଷ ଐଶ୍ୱର୍ଯ୍ୟ ସମ୍ପଦ ।
ଆତ୍ମଗର୍ବ, ଆତ୍ମସୁଖ ଡରି ନ ପଶନ୍ତି
ଅନ୍ୟ ଦୁଃଖେ ସୁଖେ ସମଭାଗୀ, ହୋଇଥାନ୍ତି

କବଳିତ ରହିଥାନ୍ତି, ଅସୁୟା ଆସକ୍ତି
ଆତ୍ମା ପରିତୃପ୍ତ, ପୂର୍ଣ୍ଣ ଅକ୍ଷୟ ପ୍ରଶାନ୍ତି ।
ଆତ୍ମାର ପ୍ରଶାନ୍ତି ଯୋଗୁଁ ପଶେ ନାହିଁ ରୋଗ
କ୍ଷୋଭ ବିନା ବାସ ତହିଁ ଚିର ଅନୁରାଗ
ଅନୁରାଗ ନୁହେଁ ମାୟା ମୋହ ଅଭିଳାଷ
କର୍ତ୍ତବ୍ୟ ସଙ୍ଗେ ଯୋଡା ସ୍ନେହଶ୍ରଦ୍ଧା ସରସ ।
ଶ୍ରଦ୍ଧା ସ୍ନେହେ କର୍ମ ଯେଣୁ ନିଅନ୍ତି ଆବୋରି
କର୍ମ ତହିଁ ଧର୍ମ ଆଣେ ନିତ୍ୟ ଅସୁମାରି
ଅଭିମାନ ନିର୍ବିଘ୍ନେ କରନ୍ତି ଯାଆସ
ଆସକ୍ତି, ଲୋଭ, ଈର୍ଷା କରେ ନାହିଁ ଗ୍ରାସ
ହର୍ଷୋତଫୁଲ୍ଲ ହୃଦ ହ୍ରଦେ କରି ସନ୍ତରଣ
ପରିତୃପ୍ତ ଆତ୍ମା ଲୋଡ଼େ ପ୍ରଭୁଙ୍କ ଶରଣ
ତାଙ୍କ ଆଶିଷ କରୁଣା ପାଇ ଅବିରତ
ଆତ୍ମ ଶକ୍ତି, ଆତ୍ମବଳେ ରହନ୍ତି ଉଦୀପ୍ତ
ଅସମ୍ଭବ କିଛି ନାହିଁ ସୁଦୃଢ଼ ଦୃଢ଼ତା ହୃଦୟେ
ଦୁଷ୍ଟଶକ୍ତି ଦୂରେ ଯାନ୍ତି କ୍ଷୟ ଯିବା ଭୟେ
ଭୁଲ ନାହିଁ ପ୍ରାଣୀ ଏହି ସୁଧାମୟ ବାଣୀ
ପରସ୍ପର ସ୍ନେହେ ବାନ୍ଧି ଧର୍ମେ ରୁହ ରଣୀ ।

ଦୂର

କଟୁକ୍ତି ବଢ଼ାଏ ଦୂରତ୍ୱ
ଦୂର କରିଦିଏ ମହତ୍ତ୍ୱ
ଅମୃତଭାଣ୍ଡରେ ବିଷଟୋପା ଭଳି
ଏହି ବାକ୍ୟ ଚିର ଶାଶ୍ୱତ ।
ସୁଧୀଜନ ହୁଅ ସଂଯମ
ବିନ୍ଧନାହିଁ କାହା ମରମ
ଅବାକ୍ୟ କୁବାକ୍ୟ 'ତୀର' ଗତି ତାର
ଫେରନ୍ତା ବାଟ ସ୍ୱାଦ ନିଷ୍ଠୁର ନିର୍ମମ ।

ରହିଯାଅ କ୍ଷଣେ ନିଶ୍ଚୁପ
କଠୋର ସାଦନା - ପ୍ରକୃଷ୍ଟ
ସେ ମୁହୂର୍ତ୍ତ ଗଲେ ପର ମୁହୂର୍ତ୍ତକୁ
ଗ୍ରାସିବନି କେଭେ ସନ୍ତାପ
ରହିବନି ମନସ୍ତାପ ।

ପୂର୍ବଜନ୍ମ

ପୂର୍ବଜନ୍ମ କର୍ମ, ପିତୃମାତୃ ଧର୍ମ, ବଳୁକି ସମ୍ଭବ ହେଲା ?
ମୋ ପରି ପାତକୀ, ତୁମରି ସ୍ପର୍ଶ ପୁଣ୍ୟଫଳ ପ୍ରାପ୍ତ କଲା ।
ସତ୍ୟ ଯଦି ଏହା, ଅନୁଭବ ଭାବ, କିମ୍ୱା ହୃଦେ ନ ଥାପିଲ
ମୋହଗ୍ରସ୍ତ ମନ, ହେଲା ଛନ୍ନ ଛନ୍ନ ସଂସାରୀ ପଣେ ରଖିଲ ।
କେତେ ଆଶା ନେଇ, ଆସିଛନ୍ତି ସ୍ୱାମୀ ଥରେ ଶକ୍ତ ସ୍ପର୍ଶ ଦିଅ
ବ୍ୟାକୁଳ ଅନ୍ତର, ଆକୁଳ ପାର୍ଥନା, ନ ପଶିଲା କର୍ଣ୍ଣ ଗହ୍ୱ ?
ଅଭିମାନ ହୃଦେ, ବିଷାଦ ଭରିଣ, ଗଲୁ ଲେଉଟାଣି ନେଇ
ମୁଣ୍ଡ ଛୁଆଁଇଲୁ ଅନ୍ୟ ଦୁଇ ରଥେ ଲୋତକ ଧାର ଗଡ଼ାଇ ।
ଅଧା ପନ୍ତରିଆ, କର୍ମ କରିଲି ରହିଲା ମନରେ ମାନ
ତୁମ ବଡ଼ ଭାଇ, ଗେହ୍ଲା ଭଉଣୀଙ୍କୁ ଜଣାଇଲି ଅଭିମାନ
ସ୍ତ୍ରୀର ଧର୍ମରେ, ସ୍ୱାମୀ ପୁଣ୍ୟ ବଢ଼େ, କର୍ଣ୍ଣ ଶୁଣିଅଛି ମୋର
ମୋତେ ଯଦି ଦେଲ, କିମ୍ୱାଇ ନ ଦେଲ ତାଙ୍କୁ ସ୍ପର୍ଶ ଅଧିକାର ?
ଏ ମନର ଯେତେ ଦ୍ୱନ୍ଦ୍ୱ ବେଦନା, କେବେ ହେବ ସମାଧାନ ?
ତୁମରି ସ୍ପର୍ଶ ଅନୁଭବୀ ସ୍ଥିର, ଶାନ୍ତ ହେବ, ପ୍ରାଣ ସ୍ପନ୍ଦନ ।

ସୃଷ୍ଟିକର୍ତ୍ତାଙ୍କ ଶୀର୍ଷ ସ୍ଥାନରେ ଉତ୍କଳ କଲ.... ସ୍ଥାପନ
ସୁଷମା ମଣ୍ଡିତ, ସୌରଭେ ପ୍ଲାବିତ, ଅକ୍ଷୟ କୀର୍ତ୍ତିରେ ମଣ୍ଡନ
ସେହି ଉତ୍କଳ ଜନଙ୍କୁ ଦରିଦ୍ର କରି ନ ଦିଅନ୍ତୁ ପଛେ ଧନ
ସବୁ ଦୁଃଖ, ସୁଖ, ସହଜେ ନିଅନ୍ତୁ ଉଚ୍ଚ କର ତାଙ୍କ ମନ
ବାଧା ବିଘ୍ନ ଯେତେ, କ୍ଷଣିକରେ ଭୁଲି ଆଶାର ପ୍ରଦୀପ ଜାଳି
ଅମୃତମୟ, ସରଳ ଜୀବନେ ଜ୍ଞାନାଲୋକ ଛନ୍ତି ଜାଳି

ଆପଣା ସୁଖକୁ ପଛରେ ପକାଇ, ଅପର ସୁଖରେ ହସି
କ୍ଷୋଭ, ହତାଶା, ଗ୍ଲାନି, ଅପରାଧ, ନ ପଶନ୍ତି କେବେ ଧସି
ମସ୍ତକ ସଦା ରହିଛି ରହୁ, ଅହଂ ଭାବ ଦୂର କରି
ଟଳମଳ ନୋହି, ପାଦତଳ ଭୂଇଁ, ରଖୁଛି ଶକ୍ତ ବକ୍ଷେ ଆବୋରି
ଅନବଦ୍ୟ ଏହି ସୃଷ୍ଟିରେ ତୁମ, ସସମ୍ମାନେ ବଞ୍ଚିରହୁ ଭରି
ହୀନମନ୍ୟା ଏହି, ଓଡ଼ିଆଜାତି, ତା' ଟେକ ସଦା ରଖିଥାଉ ।
'ଜୟ ଜଗନ୍ନାଥ', ଯାହାର ରକ୍ଷକ, ସେ ଉତ୍କଳ ଭୂଇଁ ହେବ ନାହିଁ ଛୋଟମନା
ଜଗତଜନଙ୍କ, ହୃଦୟକୁ ଜିଣି, ସେତ ସଦା ଶ୍ରେଷ୍ଠରେ ହେବ ଗଣା ।

ଧର୍ମଅଧର୍ମ

ଧର୍ମ ନାମ ଦେଇ, ଧର୍ମର ବଡାଇ
ଯେତେ କରିଲେବି
ସେତ ଅଧର୍ମରେ ହେବ ଗଣା
ପ୍ରତ୍ୟେକ ଧର୍ମର, ମର୍ମ ବୁଝି ଯେ ପାଳନ କରେ
ସେହି ଏକା ସିନା ଧାର୍ମିକରେ ହେବ ଜଣା ।
ଧର୍ମ କରେ ନାହିଁ ଅପପ୍ରଚାର
କ୍ଷତି କରେ ନାହିଁ, କେଭେ ଅପରର
ନିର୍ମଳ ମନେ, ଶାନ୍ତ ହୃଦୟେ, କର୍ମ କରି
ସୁଉଚ୍ଚରେ ଧ୍ୱଜା ଉଡ଼ାଇଥାଏ ସେ, ନିଜ ଧର୍ମର ।
ବଡ଼, ସାନ ଭେଦାଭେଦ ଆଣେ ନାହିଁ ମନେ
କରେ ନାହିଁ ପକ୍ଷପାତ, ନୀଚ ଦୃଷ୍ଟି ଦେଇ ଦିଏ ଦେଖେ ନାହିଁ ଅନ୍ୟ ଜନେ ।
ସସମ୍ମାନ ବନ୍ଧୁତ୍ୱ ଦିଏ ଅପର ବିଶ୍ୱାସେ
ତୁଳନା କରେନା କେଭେଁ, ଅବା ଉପହାସେ
(ତହିଁ) ସେଠି ଅଖଣ୍ଡ ଆତ୍ମବିଶ୍ୱାସେ,
ପ୍ରକାଶିତ ସଦା ହୋଇ କରଇ ପ୍ରକାଶ
ସୁଉଚ୍ଚେ ଆପଣା ଧର୍ମର
ପ୍ରୀତି ଡୋରେ ବାନ୍ଧି, ପ୍ରାଣୀ ହୃଦୟ
ଆପଣା ହୃଦକୁ କର ମଧୁମୟ ।

କାହାର କରିବ ଭଲ

ମହାପ୍ରଭୁ 'ଆଖି ଛୁଇଁ' ଥରୁଟିଏ ସତ କହିଲ
ତୁମେ କାହାର କେବେ, କଣ କରିଛ ଭଲ ?
ତୁମକୁ ଭଜିଲେ
ଦୁଃଖ ଜଣାଇଲେ, ହନ୍ତସନ୍ତ କଲବଲ - କାହାର କରିଛ ଭଲ ?
ଯେ ତୁମେ ଝୁରିଲା, କାନ୍ଦି କାନ୍ଦି ମଲା
ଅଭିମାନ ହୃଦେ ତାର ବସା ବାନ୍ଧି ରହିଲା ।
ପ୍ରାରବ୍ଧ କହିଣ 'ଭୂଆ' ବୁଲାଉଛ
'ଅଜାଣତ ଭୟେ' କାତର କରିଛ
ତେବେ କେଉଁ ଆଶାରେ ସେ 'ତୁମ୍ଭ' ଶ୍ରୀଚରଣେ ମୁଣ୍ଡ କୋଡ଼ିଲା ?
ଆପେ (ନିଜେ) ପୁତ୍ର ହୋଇ କନ୍ଦାଇଛ ପିତାମାତା
ଦୃଢ଼ ସଖୀପଣ ଗର୍ବେ, ବାନ୍ଧିଣ ବନ୍ଧୁତା
ଚରମ ସରମେ, କରି ଲାଞ୍ଛିତ
ଅସମ୍ମାନ, ଅପମାନେ କରିଣ ବିବସ୍ତ୍ରା
ଅସହାୟ ହସ୍ତ ଯୋଡ଼ି ଆତୁରେ ତୁମ୍ଭକୁ ଡାକିଲା
ଏଥୁଁ ଲାଭ 'ତୁମ୍ଭେ' କିଛି ପାଇଲ ?
ରାଧାରାଣୀଙ୍କୁ ପ୍ରେମ ଫାଶେ ବାନ୍ଧିଲ
ମନ ଦିଆନିଆ ଫାନ୍ଦେ ଫଶାଇଲ
କଳଙ୍କ ପସରା, ବଡ଼ପଣ କରି
ଗୋପାଳ, ଗୋପାଳୁଣୀ, ସୁଖ ନେଇ ହରି
କେଉଁ ମାନ୍ୟ ତାଙ୍କୁ ଦେଲ, (କେତେ) କିଛି ସୁଖ ପାଇଲ ?
ତୁମରି ଦୁଆରେ କେତେ ଦୁଃଖୀ ରଙ୍କି
ଆତୁରେ, ଆକୁଳେ, ମୁଣ୍ଡ କୋଡ଼ନ୍ତି ପିଟନ୍ତି
ସେ ଯନ୍ତ୍ରଣାର ତିଳେ ଉପଶମ କରି
ଆଶାର, ଆଲୋକ, ଦେଇଛ କି ଢ଼ାଳି ?
ହଟ, ଚମଟରେ ତାଙ୍କ ତୁଣ୍ଡୁ ତୁମ ନାମ ନେଇ
କିଛି ଆନନ୍ଦିତ ହେଲ ? କି ଲାଭ ଅଟା ପାଇଲ ?
ଜାଣିଛି କାହାର କରିବନି ଭଲ

ତେବେ ବି ସଭିଏଁ କରୁଥିବେ ଗେଲ
ସେହି ଲୋଭ ପାଇଁ ସଦା ତୁମେ ବାଇ
ଆପଣା ସୁଖରେ, ଆପଣା ସୃଷ୍ଟିକୁ
ସର୍ବଦା କରୁଥିବ କି କଲବଲ ? କହ କ'ଣ ହେବବା ଭଲ ?
ମାୟା ମୋହେ ଢ଼ାଙ୍କି ଦୁନିଆଟା ସାରା
ନ ଜଣାଇ କାରେ କଣ ଭଲ, କେଉଁଟା ଭେଲ ।

ଆଶା

ମହାବାହୁ
କେତେ ନୂଆ ଆଶା, ଜନମ ଦେଉଛ
ଜନ୍ମ ପରେ ଜନ୍ମ ଦେଇ
ଅପୂରଣ ପଛେ ହେଉ - ଆଶାର ଫୁଲ ଝରାଉ
କାଳ, କାଳ ଧରି ଏହି ଖେଳ ତୁମେ ଖେଳୁଛ
ମାୟା ବନ୍ଧନର, ନିଗୁଢ଼, ବନ୍ଧନେ ବାନ୍ଧୁଛ
ଦୁନିଆରେ ହସ କାନ୍ଦର ଏ ଦୁନିଆରେ ମେଘେ ବସାଇ ।
ଜନ୍ମ ପରେ ଜନ୍ମ ଦେଇ
କରି କରାଇଣ, 'ଅଜାଣତ' ପରି ବସିଛ
ଆକାଂକ୍ଷାର ବୀଜ, ଅଜାଣତେ ଗଜରାଉଛ
ଭୁଲାଇ, ବୁଲାଇ, ଅସଂଖ୍ୟ ମୋହରେ
ଜୀବ, ଏଥୁ ମୁକ୍ତ ହେବା ତୁମେ ରହୁଛ ?
ତେବେ ସିଧା, ସଳଖ ବାଟ କିମ୍ପା ଦେଉନ ଦେଖାଇ ?
ଜନ୍ମ ପରେ ଜନ୍ମ ନେଇ
ସୃଷ୍ଟି ତୁମର, ଯାହା ଇଚ୍ଛା ତାହା କର
ପାପପୁଣ୍ୟ, ଘାଣ୍ଟ, ବାଣ୍ଟ, ମନ ଇଚ୍ଛା ଭାଙ୍ଗି ଗଢ଼
ସବୁ ସ୍ଥିତି ତୁମ୍ଭ ମନ ନିଶ୍ଚେ ଆରକ୍ଷର
ସେ ମନର, କୋଣ ଅନୁକୋଣେ ଅଛନ୍ତି ମୋ ପାଇଁ ଟିକେ ସ୍ଥାନ
ସେହି 'ଛୋଟ' ଆଶାଟିକୁ ନେଇ
ସଂସାରରେ ଦୁସ୍ତର ଯାତ୍ରା ପାରି ବିକି ପାର ହୋଇ ?

ଜନ୍ମ ପରେ ଜନ୍ମ ଦେଇ
ନିତି, ପ୍ରତି ମୁହୂର୍ତ୍ତ, ଝୁଣ୍ଟି ଝୁଣ୍ଟି କ୍ଷତ ବିକ୍ଷତ
ଭରସା ରଖି ତୁମ ପାଶେ ଆଶା ରଖିଛି, ତୁମେ ହିଁ କରିବ ମୁକ୍ତ
ତା' ପଛକୁ ଯାହା ଥିବ, ସେକଥା ତୁମେ ଭାବିବ
ତା' ପାଇଁ ଚିନ୍ତିତ କେହି ମୁଁ କଥାରେ ବି
ତୁମେ ନେଇଛ ସବୁ ମୁଣ୍ଡାଇ - ଜନ୍ମ ପରେ ଜନ୍ମ ଦେଇ
ଜନମେ, ଜନମେ, ରଖୁଛ ଯେତିକି ଦିନ
ପାଖେ ପାଖେ ରହି ସୁପଥ ଦେଖାଇ
ସଫଳ ବିଫଳ କଞ୍ଚାଣି, ସଫଳ କରାଅ କର୍ମ
ହସ ଖୁସି ନେଇ, ହସ, ଖୁସି ଦେଇ
ସୃଷ୍ଟିର ଏହି ପୂର୍ଣ୍ଣକୁମ୍ଭ, ପରିପୂର୍ଣ୍ଣ ହେଉ
ଅମୃତ ପରଶ ପାଇଁ ଜନ୍ମ ପରେ ଜନ୍ମ ନେଇ ।

ଖୋଜିବା

ଏ ମନ ଖୋଜୁଥାଏ ଯାହା
କାଳେ ପ୍ରାପତ ହୁଏ ତାହା !
ସେ ଅନନ୍ତ କାଳୁ, ସେକାଳ କି କେବେ ଆସିବ ?
ଅସରନ୍ତି ଏହି ମନର ଆକାଙ୍‌କ୍ଷା, କେଭେ କି ପୂରଣ ହେବ ?
ଏ ମନ, ଏ ମନୁଷ୍ୟ କ'ଣ ଚାହିଁଥିଲା, ଏହି ବିଶୃଙ୍ଖଳା
ଅସ୍ତବ୍ୟସ୍ତ ଜୀବନଧାରା
କ୍ରନ୍ଦନଶୀଳ ନରନାରୀ
ମୁହଁରେ ଆଙ୍କି ଛଳନାର ହାସ୍ୟ
ଆଖିରେ ପୂର୍ଣ୍ଣ ଆଖିଏ ଅବସାଦ
ଜୀଇଁ ରହିବାର ଅଦ୍ୟମ, ଉଦ୍ୟମ
ଶୁଣିବାକୁ ମିଥ୍ୟା ପ୍ରଶଂସାର ମୋହ
ଚାତୁରୀର ଚାତୁର୍ଯ୍ୟ
ବୟସର ଅପମୃତ୍ୟୁ
ଯୌବନର ପ୍ରାଚୁର୍ଯ୍ୟରେ !

ସବୁଠି ଅହଙ୍କାର ଅଳଙ୍କୃତ
କ୍ଷଣିକ ମୃତ୍ୟୁ, ପ୍ରତି ମୁହୂର୍ତ୍ତରେ ! ଓ କ୍ଷଣିକ ଜୀବନ
ହତାଶା, ଭରସାର ମିଳିତ ଛନ୍ଦ ।
ବେସୁରା ରାଗିଣୀକୁ କୁହୁକ ଧ୍ୱନିର
ଅପଚେଷ୍ଟାରେ ବିବ୍ରତ !
'ସନ୍ତାନ', ହେଉ ଏକମାତ୍ର, ଅଥବା ଦ୍ୱିଗୁଣ ଅଧିକ
ବାତ୍ସଲ୍ୟତା, ଲାଳନ ପାଳନ
ଅନାଗତ ସୁପ୍ତ ଆକାଙ୍‌କ୍ଷା ମୋହେ ଛାୟାଚ୍ଛନ୍ନ
ବିଦ୍ୟାବନ୍ତ, ଗୁଣବନ୍ତ, ପିତୃମାତୃଭକ୍ତ ଉପଦେଶ, ଆଦେଶ ପାଳନକାରୀ
ମୃଗତୃଷ୍ଣା ସମ ମିଳାଏ ଯାହା
କାଳେ କି ପ୍ରାପତ ହୋଇବ ତାହା ।
ଆଜିର ଦ୍ରୁତ ବଳୟ ଚକ୍ରାକାରେ ଘୂରି
ଘୂରାଏ ଜଗତକୁ ବିପରୀତ ଘୂର୍ଣ୍ଣନଚକ୍ରେ
ଅସମାପ୍ତ ଏ ବେଳାଭୂମି ପରେ
ଏ ମନ ଜାଣେକି ମନର ଗଭୀର ଗହ୍ୱରୁ, କଣ ଖୋଜୁଛି କଣ ଚାହୁଁଛି ?
କେଉଁଟା ଠିକ୍ ବା ଭୁଲ୍, ନିରେଖି ନ ଦେଖୁଛି
ସସମ୍ମାନେ 'କ୍ଷୁଧା' ନିବାରଣ
କିଞ୍ଚିତ ମର୍ଯ୍ୟାଦା ପ୍ରାପ୍ତ ଶ୍ରଦ୍ଧା ଆଚରଣ
ସଗୌରବେ ରହୁଁ ସଂଯମେ ବଞ୍ଚାଇ
ମଧୁବୋଲା, ମଧୁ ସ୍ପର୍ଶ, ମଧୁ ଅନୁଭବ
ଲୁଚେ ଯାହା ବହୁ ଦୂରେ ଆଉ କି ମିଳିବ
ସଂଗୋପନେ ମନଗାଥା ଏ ମନ ରଖିଛି
ସବୁ ଅହଂ ଦୂରେ ଯିବ, ଆଶା ସଂଚିଛି
ସୃଷ୍ଟିକର୍ତ୍ତା ସୃଷ୍ଟି ପରେ ବିଞ୍ଚାଇ, ଖେଳାଇ
'ଗୀତା', 'ଭାଗବତ' ବାଣୀ ଦୁର୍ଲ୍ଲଭ ନ ହୋଇ
ମନେ ରହି 'ମନପ୍ରଭୁ' ଅମୃତ ବାଣ୍ଟିବେ
କାଳେକାଳେ ସର୍ବକାଳେ ପ୍ରାପତ ହୋଇବେ ।

ଦେବଦାସୀ

ଆହେ ମହାବାହୁ
ମନେ ପଡ଼େ ଆଜି ପାକଳ ବୟସେ ତୁମ ସମୀପକୁ
ଅର୍ଦ୍ଧ ରାତ୍ର ବୋଉ ସଂଗେ ଯାଉ ଯାଉ
ଜଗମୋହନରେ ସମବୟସୀର ଦେବଦାସୀ ନୃତ୍ୟ ଦେଖି
ଆସିଲା ମନରେ ଅପୂର୍ବ ପୁଲକ ଅଦମ୍ୟ ଆକାଂକ୍ଷା
ବଡ଼ସିଂହାରରେ ଏହିପରି ମୁହିଁ ନାଚୁଆନ୍ତି କି ?
ଫେରନ୍ତା ବାଟରେ ବୋଉଙ୍କୁ କହିଲି କେମନ୍ତେ ପାରିବି ନାଚି
ତୋ ସହିତ ସବୁଦିନ ଆସି ନାଚି ନାଚି ଫେରିଯିବା ହେବିନି କି ?
ମୃଦୁ ହସ ହସି କହିଥିଲା ବୋଉ ଏହା ଆମ ପାଇଁ ନୁହେଁ
ଯିଏ 'ବଳିଆର ହୃଦ' ଅନୁଗ୍ରହ ପାଏ, ସେହି ଏକା ନାଚିଥାଏ
ଜନମ ଦିନରୁ ମାହାରୀ କୋଳରେ ବଢ଼ିବ
ସେ ଝିଅ ହୋଇ 'ଶ୍ରୀଜଗନ୍ନାଥ' ଦୟାରେ ଶାଢ଼ୀ ସେ ବାନ୍ଧିବ
ଗଜପତି ଆଜ୍ଞା ପାଇ ଦିନ ବିତାଇବ 'ଶ୍ରୀମୁଖକୁ' ଚାହିଁ,
ନାଚି ଗାଇ ତାଙ୍କ ପଦ ତଳେ ସେବି
ପରିଣତ ବୟସେ ଅନ୍ୟ ଏକ କନ୍ୟା ପାଳି
ପଦ ତଳେ ପୁଣି ଦେବ ସର୍ପି ।
ଆମେ ଖାଲି ତାଙ୍କୁ ଭକ୍ତିରେ ବାନ୍ଧିବା, ଦୀପ ଧୂପ ଫୁଲ ଦେଇ
ଚରଣେ ଚରଣ ପଶିବା, 'ସତ ପଥ' କୋଳାଇ ନେଇ
ଶୁଣି ଏହି କଥା ମନରେ ଭାବିଲି
'ନନା ବୋଉ'ଙ୍କୁ ଛାଡ଼ି, ଅନ୍ୟ ଆଡ଼େ ଯିବି ନାହିଁ ।
ହୃଦରେ ତୁମକୁ ସତତ ପୂଜିବି, ସ୍ଥିର ମନେ ମନେ ଧ୍ୟାୟୀ
କୈଶୋର ବୟସରୁ ସ୍ୱାମୀ ଗୃହେ ଗଲି
ଅତୃପ୍ତ ମନେ ସଦା ପିତୃ ଗୃହ ଖୋଜି
ସଂସାର ଜଞ୍ଜାଳ ବାନ୍ଧି ରଖିଲେବି
ଅସହାୟ ହାତ ତୁମ ଆଡ଼େ ବଢ଼ାଇଲି ।
କଣ ତୁମ ଇଚ୍ଛା, କଣ ତୁମେ ଚାହଁ ସେକଥା ତୁମକୁ ଜଣା
ଜାଣିଛି ମନେ ମୁଁ, ଆଶା ଆକାଙ୍କ୍ଷା ପୂରଣରେ

ମୋର କରନାହିଁ ତିଳେ ଊଣା
ନହେଲେ ପଛକେ ଏହି ଜନମରେ, ଆର ଜନମକୁ ଥାଉ
ଏ ପରିବାର, ନୋହିଲେ ହନ୍ତସନ୍ତ ତୁମ ଅଭୟ ଆଶିଷ ପାଉ।
ଏହିପରି ଯେତେ, ଆଶା ଆକାଙ୍‌କ୍ଷା, ରହିଗଲା ଅପୂର୍ଣ୍ଣ
ଗୁପତ ବିଶ୍ୱାସ ଅଛ ହୃଦୟରେ, ତାହା କରିଦେବ ପରିପୂର୍ଣ୍ଣ।

ମା କଲ୍ୟାଣୀ

'ମାଗୋ'
ତୁମ ଆବାହନେ ଉତ୍ସବ ମୁଖର ପୁର ପୁର ଘର ତୋର
ବର୍ଷକେ ଥରେ ଆସ ମା କଲ୍ୟାଣୀ, ପ୍ରସାରୀ କଲ୍ୟାଣ କର।
ଅମୃତ ନୟନୁ ପୀୟୁଷ ବରଷି , ଦୂରୀଭୂତ ହୁଏ ସକଳ ଦୁର୍ଗତି
ତୁମ ହାତେ ଗଢ଼ା ଭବ ସଂସାରେ ଦିଅ ମା' ସଦୟ ଦୃଷ୍ଟି
ସବୁ ଦୁରାଚାର ବିତାଡ଼ିତ କରି, ସଦାନନ୍ଦ କର ସୃଷ୍ଟି।
ଧରା ପରେ ଥରେ ଆସିଲେ ବି ମା'ଗୋ ଚିର ଅମୃତ ଢ଼ାଳି
ଲେପନ କରମା ସଂସାର ବୁକୁକୁ ମହିମା ମଣ୍ଡିତ କରି
'ମହିଷାସୁର'ଙ୍କ ଅଗଣିତ ସଂଖ୍ୟା ବଢ଼ିଚାଲେ ଦିନୁଦିନ
(ତୁମ) କୃପା ଦୃଷ୍ଟି ବଳେ ସିନା ରକ୍ଷା ପାଉଛନ୍ତି, ଦୀନ ଅରକ୍ଷିତଗଣ
ଅସତ୍ୟ, ଅନ୍ୟାୟ, ଅନାଚାର, ସଦର୍ପେ ମୁଣ୍ଡ ଉଠାଇ
'ସତ୍‌ଶକ୍ତି'ର ପରାଜୟ ଆଣେ, ଦର୍ପେ ପଦାଘାତ ଦେଇ
ନିତି ପ୍ରତି ଏହି ନିର୍ମମ ଲାଞ୍ଛନା ଘର ଘର, ବାଟ ଘାଟ
(ଯେତେ) ଅପଘାତ, ଅପଚିନ୍ତା ଆସୁରିକ୍ତ ଶକ୍ତି, ସର୍ବଦା କରାଏ ନାଟ
ଅଜଣା ଆତଙ୍କେ ଶଂକିତ ଧରଣୀ ନିରବେ ପ୍ରାର୍ଥନା କରେ
ଆନନ୍ଦେ ଉତ୍ସବେ, ଥରେ ନଆସି ମା' ନିତ୍ୟ ବାସ କର ଏହି ପୁରେ
ଅନୁଭବୀ ତୁମ ଅଭୟ ସ୍ପର୍ଶ ଆଶ୍ୱସ୍ତେ ବଞ୍ଚିବେ ଜନ
ଅସହାୟ ଭାବ, ଅଜାଣତେ ଯିବ, ସୁଖରେ କାଟିବେ ଦିନ
ଆଡ଼ମ୍ବରେ 'ମାତ' ସ୍ୱାଗତ କରନ୍ତି, ଥରେ ତୁମ୍ଭେ ଆସ ବୋଲି
ପ୍ରତିଯୋଗିତାର 'ହୁଁକାର' ଶବଦ ଚତୁର୍ଦ୍ଦିଗେ ଯାଏ ମେଲି
ଅବହେଳିତା 'ଜନ୍ମଦାତ୍ରୀ ମାତା' ସନ୍ତାନ ମଙ୍ଗଳ କାମନା କରେ

ଶତ କୋହ ଚାପି, ଅଶ୍ରୁ ଛପାଇ ତାଙ୍କ ପାଇଁ ପାଦ ତଳେ ଅଳିକରେ
ଅବୁଝା ସନ୍ତାନେ, ଅବାଟୁ ରଖ ମା', ମା'ଙ୍କୁ ନ ଦିଅନ୍ତୁ କଷ୍ଟ
ପୋଥିରେ ନ ରହି, କଥା ନ ବଖାଣି, କାର୍ଯ୍ୟରେ ହୁଅନ୍ତୁ ସ୍ପଷ୍ଟ
ଶତ ଶତ ମାତା, ହୃଦେ ନିର୍ଯାତିତା, ଘରେ ଘରେ ପୁରେ ପୁରେ
ଅସହାୟ ହାତ, ବଢ଼ାଇଣ ମାତ, କରୁଣା ଭିକ୍ଷା କରେ
ସାହା ହୁଅ ମାଗୋ ସବୁ ସନ୍ତାନ, ହୃଦୟେ କରଗୋ ବାସ
ସମୁଚିତ କାର୍ଯ୍ୟ, ସର୍ବେ କରନ୍ତୁ ମନରେ ନ ଆସୁ କ୍ଲେଶ
ପ୍ରତି ପରିବାର, ଗୃହ ସଂସାର, ଆନନ୍ଦରେ କର ପୂର୍ଣ୍ଣ
ପରସ୍ପର ପ୍ରୀତି, ଅକ୍ଷୟ ସମ୍ପତ୍ତି, ନାହିଁ ଅନ୍ୟ ଧନେ ପ୍ରୟୋଜନ
ଏତିକି ମାଗୁଣି, ଜଣାଉଛି ମାଗୋ ମୁହିଁ ଏକ କ୍ଷୁଦ୍ର ମାତ
ଏହି କ୍ଷୁଦ୍ର ଭାବ, ନ ହେଉ ସ୍ୱଭାବ, ସନ୍ତାନେ ଦିଅ ସୁରକ୍ଷା

ସବୁ ଛାଡ଼ିଲେ ସିନା

ସବୁ ଛାଡ଼ିଲେ ସିନା ତୁମକୁ ପାଇବି
ଯେଉଁ କର୍ମରେ ତୁମେ ତ ବାନ୍ଧିଛ, କମିତି ଏସବୁ ଛାଡ଼ିବି
ଚେତନା ଦେଇଛ ମନରେ ସ୍ୱଗୃହକୁ ସ୍ୱର୍ଗମଣି
ସଂସାର ଯାତ୍ରା ନିର୍ବାହ ହୃଦେ ଆନନ୍ଦ ପରିମାଣି
ତେବେ କାହିଁକି ଏତେ ଦ୍ୱନ୍ଦ (ଧ୍ୱନ୍ଦ) ଏତିକି ବେଦନା
କେଭେ ଯଦି ନ ସରିବ ଅଛିଣ୍ଡା ଯାତନା
କର୍ମ ଆଣୁ ନାହିଁ ସୁଖ, ଅଥବା ସନ୍ତୋଷ
ଭାରାକ୍ରାନ୍ତ ମନେ ଆସେ, ଅନାହୁତ ହତାଶ
କ'ଣ ଚାହେଁ, କଣ ଖୋଜେ ପାରେ ନାହିଁ ଜାଣି
ନିରବରେ କର୍ମ କରେ, ସନ୍ତୋଷ ନ ମଣି
ଏତେ ବିତୃଷ୍ଣା କାହୁଁ ଆସେ, କିମ୍ବା ଆସେ
ଅକାରଣେ, ଅଜଣା ଆତଙ୍କ ସବୁ ସୁଖ ମଣେ
ଶେଷ ପ୍ରାନ୍ତେ ଖୋଜେ କିମ୍ବା କେତେ ସୁଖ, କେତେ ଅବା ଦୁଃଖ
ଦୁଃଖ ଅକାରଣ ଖୋଜାରେ, ଚିନ୍ତାରେ କି ଲାଭ ବା ହେବ
ତୁମେ ପରା ହୃଦେ ଅଛ 'ଆତ୍ମା' ରୂପ ଦେଇ

ଶରୀର କଷ୍ଟ କିମ୍ବା ପଶୁଛି ଆଗଭର ହୋଇ
ଦୃଢ଼ ବଳେ ତାକୁ କରାଅ ପରାସ୍ତ
ଆତ୍ମାର ସ୍ୱରୂପ ଆଶୁ ଦେଇ ଅଭୟ ଆଶ୍ୱସ୍ତ
ନ ଆସୁ ପରାଜୟ ।
ତୁମ ପାଶେ ଫେରିଯାଉ, ସର୍ବେ କରି ଜୟ ।

ମୋ ହୃଦୟ ହୁଅନ୍ତା କି ସାଗର

ମୋ ହୃଦୟ ହୁଅନ୍ତା କି ସାଗର
ମିଶି ସାଗରର ନୀଳ ଜଳ ସମ ବିଶାଳ
ନଦୀ ମିଶି ପରି ଜନତା ସମୁଦ୍ରେ
ସଭିଙ୍କ ପ୍ରାଣ କରନ୍ତି ଶୀତଳ ।
ନାଚି ନାଚି ଡେଇଁ ଡେଇଁ ଢେଉ ପରି ସାଙ୍ଗକୁ ମୁଁ ଲହଡ଼ି ମିଶଇ
ଦୁନିଆ ବୁକୁର ଦୁଃଖ ଶୋକ ସବୁ 'ଫେଣ' ହୋଇଯାନ୍ତା ସରି
ମୋର ନୀରବ ପ୍ରଶାନ୍ତି ଅନୁଭବ ଶାନ୍ତ ମନେ
ଅଜାଣତେ ଯାଇ ତାଙ୍କ ପାଦ ଛୁଇଁ ଚୁମ୍ବିଥାନ୍ତି କ୍ଷଣେ କ୍ଷଣେ
ରତ୍ନ ଗର୍ଭା ସବୁ ରତ୍ନ ଆଣି ପୃଥିବୀ ପୃଷ୍ଠେ ବିଞ୍ଚନ୍ତ
ତହିଁରୁ ଜନ୍ମନ୍ତେ କୋଟି କୋଟି ରତ୍ନ ଉତ୍‌ଫୁଲ୍ଲ କେତେ ଦେଖନ୍ତି
ମହୋଦଧି ସମୀପେ କ୍ଷଣେ ଯାଇ ଜନ ଲଭନ୍ତି ଶାନ୍ତି ଅପୂର୍ବ ।
ମୋହ ସ୍ପର୍ଶେ ଆସି, ସମ ଶାନ୍ତି ସୁଖ କରୁଥାନ୍ତେ ଅନୁଭବ
ପାଉଥାନ୍ତେ ଗୀତ ଗୁଣୁଗୁଣୁ ସ୍ୱରେ ହସି ପ୍ରାଣ ଖୋଲା ହସ
ବେଦନା ବିଧୁର ପ୍ରାଣ ନ ହୁଅନ୍ତା ପରକାଶ
ପ୍ରାଣର କଷ୍ଟ ବେଦନା ଯାହା ବି
ମନ ଆଶା ଖାଲି ମମରେ ସରେ, ଭାଷା ତ ତାହାର ମହି
ସବୁ ଆକାଙ୍‌କ୍ଷାର ପରିସମାପ୍ତି ହୃଦୟେ ବାନ୍ଧି ରଖଇ ।

ଆପଣା ହୃଦୟ

ଆପଣା ହୃଦୟ ଅମୂଲ୍ୟ ସମ୍ପଦ
ଆଲୋକିତ କରେ ଅପରର ପଥ
ସେ ଆଲୋକର ପଥେ ଆତଯାତ ହୋନ୍ତି
କେତେ ନିର୍ଭୟ ନିଶ୍ଚିନ୍ତେ ନିରାପଦ ଶାନ୍ତି,
ବିଶ୍ୱାସ, ଆଶ୍ୱାସ, ପବିତ୍ରତା ଧର୍ମ

ସେ ପୁଣ୍ୟ ପସରା ଅମୃତର ଧାରା
ସକଳେ, ଆନନ୍ଦ ନିତ୍ୟ ସୁଧାଝରା
ତୃପ୍ତ ମାନବ ସେହିଲ୍ୱକେ ନିମଗ୍ନ
ବିହୁନେ 'ବିଭୂ' ପଦେ କରଇ ପ୍ରଣାମ
ଅଜାଣତେ ବାଣ୍ଟେ ସ୍ୱଅର୍ଜିତ ପୁଣ୍ୟ ।

ହୃଦୟାଞ୍ଜଳି

ପ୍ରଭୁ
ନିଅ ମୋର ନଇବୈଦ୍ୟ
ଅନ୍ତରେ ବାହାରେ ଯାହା କିଛି ଅଛି
ତୁମରି ହାତରେ ଗଢ଼ା ହୋଇଅଛି
ସେତକ ସମର୍ପି ଦେଉଅଛି
'ଦେବ'
ନାହି ଅନ୍ୟ ବଇଭବ ।
ଧୂପ, ଦୀପ, ଫୁଲ, ଫଳ ଚାଙ୍ଗୁଡ଼ା
ସଜାଡିବା ଯାହା, ତୁମରି ସଜଡ଼ା
କିବା ହୋଇଅଛି, ନିଜସ୍ୱ ମୋର ?
ଅଥୟ ହୃଦୟ ନିରତେ ଉତ୍ତାନ,
ଏ ଉତ୍ତଳା ଭାବ, ସେହି କି ମୋ ବଇଭବ ?
ତେବେ ପ୍ରସାରି ହସ୍ତ ନିଅ ଏହି ଭାବ
ସେହି ମୋର ନଇବୈଦ୍ୟ ।

ତୁମରି ବାଣୀ

କର୍ମ କରି ଯାଅ, ଆସକ୍ତ ନ ହୁଅ
କର୍ମରେ ମୋକ୍ଷ, କର୍ମ ହେଉ ଲକ୍ଷ୍ୟ

ପୁଣି ଭୋଗ କର, ପ୍ରାରବ୍ଧ କର୍ମଫଳ !
ତେବେ, ତୁମେ କେଉଁଠାରେ ଅଛ ? କେଉଁଠୁ କହୁଛ ?
ନିଜ କଲା କର୍ମ, ଫଳ ତ, ଭୋଗିଲୁ
ନିଜ ହାତେ ଗଢ଼ି, ନିଜେ ତା ଭାଙ୍ଗିଲୁ
ତୁମେ ଛପି ରହି, କରିଲ କିପରି
ଅଦୃଶ୍ୟରେ ରହି, ନିଅ ବାହାଦୁରି !
ସତ୍ୟ ଯଦି ଏହା, ମିଥ୍ୟା ତେବେ କ'ଣ ?
ସର୍ବଦା, ସୁକର୍ମ, ସୁପଥ, ସୁଗମ
ନ କରୁଛ କିଆଁ, ଏତେ ପାପ ପୁଣ୍ୟ
ଛକାପଞ୍ଝା ଖେଳ ଖେଳୁଅଛ, କି ଲାଭ ଲଭୁଛ ?
ପୁଣି ଚାହୁଁଅଛ ସବୁ ସତ୍ତ୍ୱେ ପୁଣି
ପରମ ନିର୍ଭୟେ, ତୁମ ଗୁଣ-ଗୁଣି
ଅନାସକ୍ତ କର୍ମେ, ମୋକ୍ଷ ହେବ ପ୍ରାପ୍ତି
ଭୋଗ ହେବ, କୋଟି କୋଟି ପୁଣ୍ୟ ଫଳ !
ଜଟିଳ ତୁମ ଏ ବାଣୀ
ନିଶ୍ଚିନ୍ତ, ନିର୍ଭୟେ ତାହାରି ଆଶ୍ରା
ହେଉ ମୋ ମରମ ମଣି ।

ନିଗୁଢ଼ ସ୍ପର୍ଶ

ଯେ ପାଉଛି ତୁମ, 'ପରଶମଣି'ର ସ୍ପର୍ଶ
ସେ ନିଗୂଢ଼ ନିବିଡ଼ତାର ଅଖଣ୍ଡ ଆବେଶ
ଅଜଣାକୁ, ଜାଣିବା ସାମର୍ଥ୍ୟ
ଅଯାଚିତ ଦାନର, ସଫଳ ପ୍ରୟାସ ।
ଦିନ ପରେ ଦିନ, ବର୍ଷ ପରେ ବର୍ଷ ବିତେ
ମନେ ହୁଏ କାଲିପରି ତୁମରି ସଙ୍କେତେ
ପରିପୂର୍ଣ୍ଣ ହୃଦୟର ଉଚ୍ଛ୍ୱାଳ ଆବେଗ
ସର୍ବଦା ନିବିଡୁ ନିବିଡ଼ତର ସେ ଅନୁଭବ ।
ପକ୍ଷ ପରେ ପକ୍ଷ, ଗଡ଼ି ଗଡ଼ି ଯାଏ

ବନ୍ଧନ ହୁଏ ଦୃଢ଼ୁ ଦୃଢ଼ତର
ଗଭୀର ସ୍ମୃତିର, ଅନ୍ତରାଳେ
ସମ୍ମୋହିତ ପ୍ରୀତି ପାରାବାର ।
ଅନ୍ତରାଳେ ରହି 'ପ୍ରଭୁ' ଦେଖାଉଛ ମାର୍ଗ
ବିଶ୍ୱାସର ଏ ଅତୁଟ, ସୁଗନ୍ଧ ସୌରଭ
ଏକାନ୍ତ ଗୋପନତା, ଗଭୀରୁ ଗଭୀରତର
ଅଚ୍ଛେଦ୍ୟ, ଅତୁଟ, ନିବିଡ଼ ବନ୍ଧନ
ଗୁଢ଼ରୁ ଗୁଢ଼ରେ, ମନ ମୁଗ୍ଧକର ...

ଛଡ଼ା ଫୁଲ

ମନ ଗହନର ଯେତେ, ଛୋଟ ଛୋଟ ଆଶା
ଅଚଳନ୍ତି, ଅସୁମାରି, ଅକୁହା ତା' ଭାଷା
ହୋଇଥାନ୍ତି ସତେ ଯଦି ତୁମ ଛଡ଼ାଫୁଲ
ପାଇବାକୁ ମୋତେ ଭକ୍ତଗଣ ତୁମ
ହୁଅନ୍ତେ କେତେ ବ୍ୟାକୁଳ ?
ଅବୟକୁ ତବ ଓହ୍ଲାଇବା ଦୁଃଖଭାବ
ଦେଇଣ ଦୂରେଇ ତାଙ୍କରି ଖୁସିରେ
ହେଉଥାନ୍ତି ଉତ୍‌ଫୁଲ୍ଲ ।
ହୋଇଥାନ୍ତି କି ଉଲ୍ଲୁରା ବାସି ଚନ୍ଦନ
ଟୋପେ ଟୋପେ କରି ବାଣ୍ଟି ନିଅନ୍ତେ
ବିକଳ ଆତୁର ପ୍ରାଣ ।
ଆଶା ଭରସାର ଆକଣ୍ଠ ପିପାସା ହୁଅନ୍ତା ପୂର୍ଣ୍ଣ
ପୂର୍ଣ୍ଣତାର ଆନନ୍ଦାଶ୍ରୁରେ
ମଜ୍ଜୁଥାନ୍ତା ମୋ ମନ ।
ଅବା ହୁଅନ୍ତି ବାସି ତୁଳସୀ
ଛୋଟ କଳିଟିଏ, ପାଇବା ଆଶାରେ, ଦୂର ଦୂରାନ୍ତରୁ
ଭକ୍ତିରସେ ଧାଇଁ, ଆସନ୍ତେ କେତେ ବିଶ୍ୱାସୀ
ଅକିଞ୍ଚନା, ମୁଁ,ସେ ଭକ୍ତି ରସେ ବୁଡ଼ି

ହୁଅନ୍ତି ଅଣ ନିଶ୍ୱାସୀ ।
ତୁମ ପାଖେ ରହିବାର ଉଦ୍‌ଗ୍ରୀବ ମନ
କଳ୍ପନା ଜାଲ ବୁଣେ, ମନ (ସଦା) ଛନ୍ନଛନ୍ନ
କେଭେ ପୂରିବନି ଆଶା
ପୁରିବନି ଜାଣିବି (ସେ) ରଖିଛି ଭରସା
ମିଳିବକି ଦିନେ, ଅସୁମାରି, ଅକଳନ୍ତି ଅକୁହା
ଅଲେଖାର ଭାଷା ?

ପରାଣ ସଖା

ମନ ମନ୍ଦିରରେ ତୁମକୁ ପାଇ
ସଂସାରୀ ଜୀବନେ ହରଷ ହୋଇ
ଗୁପତେ ଭାଳେ
ନିୟତ ଝୁରେ
ସେହି ସିନା ମୋର ସମ୍ବଳ ଏକା-
ପ୍ରାଣ ଦେବତା
ମଧୁ ଝରାଉଛ ଗୁପତେ ରହି
ଫୁଲ ସଉରଭେ ସୁଗନ୍ଧି ଦେଇ
କୋମଳ ପ୍ରାଣ
ହେଉ କଠିଣ
ସହି ନେଉ ସବୁ ଜଞ୍ଜାଳ ଗଦା
ହେ ବିଶ୍ୱମୟ ।
ତୁମରି ପ୍ରସାଦେ ଜଗତ ହସେ
ଦୁଃଖ ଦୂରକରି ନବ ଉଲ୍ଲାସେ
ଗାଏ ଆନନ୍ଦେ
ମଧୁର ଛନ୍ଦେ
ତୃପ୍ତିରେ ପୁରେ ରିକ୍ତ ହୃଦୟ
ହେ ପ୍ରିୟତମ
ଚିର ପରିଚିତ ତୁମର ସଙ୍ଗ

ଅଙ୍ଗେ ରଚାଏ ବେପଥୁ ରଙ୍ଗ
ଭୁଲା ସଂସାର
ଭୂଲେ ଅପାର
ନ ବୁଝି ବିନ୍ଧାଏ ବିଷାଦ ମର୍ମ -
ହେ ବନ୍ଧୁ କୁହ
ନିତ୍ୟ ନିୟତ ଯେ କରଇ କର୍ମ
ଅପାର ଆନନ୍ଦେ ଝରାଏ ଘର୍ମ
ତୁମରି ସେବା
ଆନନ୍ଦ ଦେବା
ବଦଳରେ ମିଳେ ଅୟୁତ କୋହ
ସଖା ମୋହରି
ନିକଟେ ରହିଣ ହୁଅ ସହାୟ
କଠିଣ ସଂସାର କରିବି ଜୟ
ବିଘ୍ନ ନ ଆସି
ସଂକଳ୍ପ ବସି
ଦୀର୍ଘ ଯାତ୍ରା କରୁ, ନିର୍ବିଘ୍ନେ ପାରି ।

ସଖା

ତୁମେ ନୁହଁ ତ କାହାରି ସଖା
ଜାଣିଲି ସତଟି ଏକା ।
ଆତୁରେ ଡାକିଲେ, ଧାଇଁ ଆସ ବୋଲି
ଜଗତେ ପଡ଼ିଛି ଡକା
ମିଛ କଥା ସବୁ ଏକା ।
ତୁମେ ନୁହଁ ତ କାହାରି ସଖା
ସମୟ ଯାଏଟି ଚାଲି
ଆପଣା ଛାଏଁଟି ଦୁଃଖ ଦୂର କରେ
ନାମ ଦିଅ ତୁମେ ଖାଲି

ବଡ଼ପଣ ତୁମ ଜାହିର କରୁଛ
ବଳିଆର ଭୁଜ ବୋଲି ?
ପଛେ ନ ହୁଅ କାହାରି ସଖା
ସବୁରି ପରାଣେ ଗୁପତରେ ରହି
ବାଟ, ଅବାଟ, କରାଅ ରକ୍ଷା
ଆକୁଳେ ଡାକିଲେ ସାହା ହେଉଥାଅ
ବିପଦୁ ଉଦ୍ଧାର ସଦା କରୁଥାଅ
ତୁମେ ହିଁ ତ ଜନ ସଖା ।
ଜଗତ୍ର କହିବା ସତଟି ଏକା ।

ସୃଷ୍ଟି

ସୁଖ ଦୁଃଖ ଦୁଇ ସର୍ଜନା କରିଛ
ସମ ଭାଗ କିମ୍ବା ତାହା ନ କରିଛ ?
ନିରାଶ ମନକୁ ସରସ ରଖିଲେ
ମନେ ତୁମ କଷ୍ଟ ହୁଏକି ?
ମାନବ ଜୀବନ କ୍ଷଣ ଭଙ୍ଗୁର
ଦୁଃଖ ପାଇ ସୁଖ ପାଇଁ ଲୋଭାତୁର
ନିର୍ଲୋଭ ଗୁଣକୁ ଢ଼ାଳି ଦେଇଥିଲେ
ଦୁଃଖୀ ତୁମ୍ଭେ ହୋଇଥାନ୍ତ କି ?
ସବୁ ସଜଡ଼ାକୁ ଅସଜଡ଼ା କରି
ସୁନ୍ଦର ରୂପରେ 'କୁଶ୍ରୀତା' ଭରି
ଆକୁଳ ପ୍ରାର୍ଥନା ଅହରହ ଶୁଣି
ଲାଭ ଅନୁଭବ କରକି ?
ଜଗତ ଚାହୁଁଛି ଏହାର ଉତ୍ତର
ମୂକ କିମ୍ବା ରହ ଦାରୁ ଠାକୁର
ଅପଲକେ ଚାହିଁ, ମୃଦୁ ମନ୍ଦ ହସି
ଫାଙ୍କି ସଦା ଦେଉଥିବ କି ?
ଆତ୍ମ ନିବେଦନେ ଅଖଣ୍ଡ ବିଶ୍ୱାସ

ହୃଦ ମନ୍ଦିରରେ ଥାପିବା ପ୍ରୟାସ
ନିରନ୍ତର ଏହି ମଧୁର ଚେତନା
ଚିରନ୍ତନୀ କରିବନି କି ?

ଚିରସାଥୀ ହେବ ନାହିଁ କି ?

ପ୍ରଭୁ ସଭିଏଁ ତୁମକୁ ଦୁଃଖ ଜଣାଇଲେ
ସୁଖ ସାଥି ତୁମେ ନୁହଁ କି ?
ସୁଖରା ପସରା, ମେଲାଇ ଡାକିଲେ
ଆନନ୍ଦିତ ହୁଅ ନାହିଁକି ?
ଜଗତରେ କେତେ ସୁଖ ବାଣ୍ଟିଅଛ
ଅଜଣା ରଙ୍ଗରେ ରଙ୍ଗୀନ୍ କରିଛ
ସେ ସୁଖ ବୋଲିଣ ଦେହରେ ମନରେ
ଦୁଃଖ ଭୁଲି ହୁଏ ନାହିଁକି ?
ଏତେ ସୁଖ ଥାଉଁ ଦୁଃଖ କିଆଁ ବଡ଼ ?
ସେ ଦୁଃଖ ଜଣାନ୍ତି ହୋଇ ଜଡ଼ସଡ଼
କେହି କହୁନାହିଁ, ଏତେ ସୁଖ ଦେଲ
ଅସମ୍ଭାଳ ମୋତେ, ତୁମେ ହିଁ ସମ୍ଭାଳ
ବୋହିବାର ଶକ୍ତି ଆଉ ନାହିଁ ମୋର
ଚିର ସାଥି ହେବ ନାହିଁକି ?

ପ୍ରତୀକ୍ଷାରତ

ମୁଖରେ ଯେତେ ମୁଁ କରଇ ପ୍ରଚାର
କରୁଣା ଭିକ୍ଷାରେ ତୁମ ଦୁଆରେ
ମୁଁ ପ୍ରତୀକ୍ଷାରତ
ମନ ଜାଣେ ଏହା ନୁହଁଇ ସତ୍ୟ
ସତ୍ୟ ହୋଇଥିଲେ ମଗ୍ନ ହୋଇଥାନ୍ତି
ସାନ୍ନିଧ୍ୟ ତୁମରି ଅନୁଭବୀ ଚିତ୍ତେ

ମୁଁ କରନ୍ତି ନୃତ୍ୟ
ପୁଲକ ଆନନ୍ଦେ ଗାଆନ୍ତି ଗୀତ
ଦ୍ୱିଧା ଭରା ହୃଦ ଗୁମୁରୁ ଥାଏ
ସତରେ ତୁମକୁ ଏତେ ମୁଁ ଚାହେଁ ?
ମୋ ପରତେ ନୁହେଁ
ଅବିଶ୍ୱାସୀ ପ୍ରାଣ କରତି ହୁଏ
କାହାକୁ କହିବି, କେ ବୁଝି ପାରିବ ଏ
ଉଦ୍‌ବିଗ୍ନ ପ୍ରାଣର ଉଚ୍ଛ୍ୱାସ ବ୍ୟଥା
ତାଲେ ନାହିଁ ଭରସା,
ଆପଣାରେ, କିବା ଅପରେ ଆଶା ?
ଧ୍ୱନ୍ଦ ପୀଡ଼ନର କୁହୁଳା ଦୁଃଖ
ଅକୁହା ଅଶାନ୍ତ ଦହନ ଦେଇ ସେ
ସେ ଥରାଏ ଚିତ୍ତ
ଗହନ, ମନତ, ସଦା ପୀଡ଼ିତ
କେବେ କି ଏହାର ହେବ ମୀମାଂସା
(ତୁମ ବିନା ଆଉ) କେ ଅବା ବୁଝିବ, ଅଶାନ୍ତ ଆତ୍ମାର
ମୋ ଅଖଣ୍ଡ ଆଶା
କରୁଣା ଲାଭର ଚିର ପୀପାସା ।

ଅବଷାଦ

ଭଲ ଲାଗୁନାହିଁ ଆଉ ତୁମ ଗଢ଼ା
ଏ ସୁନ୍ଦର ସଂସାର
ଅନବଦ୍ୟ ସୌନ୍ଦର୍ଯ୍ୟର ଅକଳନ୍ତି ଶୋଭା
ଆହରଣ କରିବାର
ଶକ୍ତି ନାହିଁ ମୋର ।
ଅଙ୍ଗେ ଅଙ୍ଗେ ସ୍ଥବିରତା ବସା ବାନ୍ଧିଲାଣି
କୁହୁଡ଼ି ପୂର୍ଣ୍ଣ ବସୁନ୍ଧରା ପରି
ମନ ଭିତରଟା, ଜାଲୁ ଜାଲୁଆ ହେଲାଣି

ଅକାରଣ ଅବଶୋଷ ଘାରେ ଅହରହ ।
କଣ ଦେଲି, କଣ ପାଇଲି ହିସାବର,
ଅନ୍ଧାରୁଆ କଳା ପ୍ରତିବିମ୍ବ ମାଡ଼ିବସେ
ତା' ସହିତ ଲଢ଼ି ଲଢ଼ି
ଅବଶ ଶରୀର ।
ଫୁଲର ସୁଗନ୍ଧି ମୋହ ଦେଉନାହିଁ
ପକ୍ଷୀର କାକଳୀ ମୁଗ୍ଧ କରୁନାହିଁ
ନାଚି ନାଚି, ହସି ହସି, ଘୂରି ବୁଲିବାର
ଅଦ୍ୟମ ଆସକ୍ତି
ଯାଇଅଛି ଶୋଇ ।
ତେବେ ବି ଲୁଚିଛପି, ଲୁବ୍ଧ ମନ ମୋର
ଶେଷ ଦେଖା ଦେଖୁଥିବ
ଲଢୁଥିବ, ହାରୁଥିବ, ଜୀବନ ସଂଗ୍ରାମେ
ପଡ଼ିଉଠି ଧାଉଁଥିବ ।
ଥିବା ଯାକେ ଆତ୍ମ ଶକ୍ତି
ସେ ଶକ୍ତିର ଦୂର ନ କରାଅ
ପାଖେ ରହି ସାହା ହୁଅ
ଅନ୍ତଃ ସଲୀଳ ଫଲ୍‌ଗୁ ଧାରା
ଅକୁଣ୍ଠିତେ ସଦା ଢାଳୁଥାଅ ।

ଅପୂରଣୀୟ ଆକାଂକ୍ଷା

ଆକାଙ୍‌କ୍ଷା ଆଶା ସବୁ ଅପୂରଣ ରହିଲା
ତୁମ ନାମ ଧ୍ୟାୟୀ ଜନ ମନ ମୋହି
ଆତ୍ମ ସନ୍ତୋଷ ଲଭିବି
ଚିରଦିନ ପାଇଁ ଅକାରଣେ ମଉଳିଲା
ଦେଇଥିଲ କଣ୍ଠେସ୍ୱର, ଅନୁରାଗ ଭରପୂର
ସେ ଅନୁରାଗେ ଭକ୍ତିଭାବେ ବୋଲି
ସଶ୍ରଦ୍ଧ ସୁମନେ ପ୍ଲାବିତ କରି

ଜଗତ ଜନଙ୍କ ମନ ମୋହିବା
ଏ ଜନମେ, ନ ହୋଇଲା -
କେତେ ଯେ ବିଶ୍ୱାସ ପୂର୍ଣ୍ଣ ପ୍ରାଣେ ଥିଲା
ତାହା କଣ ଅହଂ ଭାବ ?
ଅହଂ ଭାବ ଆସି ସିଦ୍ଧି କି ନ ଦେଲା ?
ଆସିଲା ଦୁଃଖ ଦୁର୍ଯୋଗ
କିମ୍ବା ଓଗାଳି ନ ଥିଲ ବାଟ ?
ନ ଦେଖାଇଲ ସୁପଥ
ଆଜି ତେବେ 'ପ୍ରଭୁ' ମନଟା ଏପରି
କର କିଆଁ ଛଟପଟ ?
ସ୍ୱର ନେଇଗଲ କଣ୍ଠ ନଷ୍ଟ କଲ
ମନରେ ଦେଲ ସ୍ଥାଣୁତା
ଭାଷା ଆସୁନାହିଁ ଭାବ ଗଲେ କାହିଁ ?
କାହିଁ ଗଲେ ନିବିଡ଼ତା
ଦୂରେଇ ଯାଉଛ ତୁମ୍ଭେ
ତେବେ ବି ରହିବି ଦମ୍ଭେ
ଚେଷ୍ଟା ନ କରିବା ସାହା ନ ଲୋଡ଼ିବା
ଜାଣୁଥିବ ସବୁ ତୁମ୍ଭେ ।
ଯାହା ହେବାର ତ ହେଲାଣି, ମାଗୁଛି ଏହି ମାଗୁଣି
ଶେଷ ସମୟରେ ଦୂରେଇ ନ ଯିବ ।
ଆଶ୍ୱାସର ହସ୍ତ ମସ୍ତକେ ଥାପିବ
ଯଦି ଦେବ ପୁନଃର୍ଜନ୍ମ କରାଅ ଆଶା ପୂରଣ
ତୁମରି ଭଜନ କୀର୍ତ୍ତନ କରିବ
ସନ୍ତୁଳିତ ଆତ୍ମା ଶାନ୍ତିରେ ଭରିବି
ଜନମନ ମୋହି ସଭିଙ୍କୁ ହସାଇ
ପୁଣି ତୁମ ପାଶେ ଫେରିଯିବି ।

ତୁମ ଦରକାର

ମନ ଭରି ଅଭିମାନେ ଯାଇଥିଲି ତୁମ ଦରବାରେ
ସନ୍ତାପିତ ବୁକୁତଳେ କୋହ ଚାପି, ରୁକ୍ଷ ହାହାକାରେ ।
ଅଗଣିତ ପ୍ରଜାକୂଳେ ଦେଇ ଦରଶନ ଦିଅ ସ୍ନେହଭାର
ଉଲ୍ଲସିତ ଉଚ୍ଛ୍ବସିତ ପ୍ରାଣେ ଢାଳିଦିଅ ହର୍ଷ ପାରାବାର ।
ହୋଇଥିବେ ଭକ୍ତଗଣ ଅନ୍ତରାତ୍ମା ଥିବ ଶୁଦ୍ଧ ପୁତଃ
ସଦଗୁଣେ ଅଧିକାରୀ କାୟ ମନେ ପୁତଃ ପବିତ୍ର
ମନେ ପ୍ରାଣେ ଜପୁଥିବେ ଅହରହ ତୁମ ନାମଗାନ
ତୁମ ଗଢ଼ା ଆଦର୍ଶରେ ରଚୁଥିବେ ନିତ୍ୟ କର୍ମମାନ
ଏସବୁର (ମୁଁ) ଅବା ବଞ୍ଚିତ ସେଥିପାଇଁ ପାଶେ ଡାକୁ ନାହିଁ ?
କିମ୍ବାଇଁ ହେଲି ବଞ୍ଚିତ ତୁମକୁ ତା' ଅଜଣା କି କୁହ ?
କେତେ ମାୟା ମୋହ ବନ୍ଧନର ଜାଲେ ଛନ୍ଦିଅଛ
ନିଗୁଢ଼ୁ ନିଗୁଢ଼ତର ବନ୍ଧନ ଦୃଢ଼େ ବାନ୍ଧିଅଛ
ଶିଶୁର ଦରୋଟି ହସ ବାଲ୍ୟକାଳ ବାଳ ଚପଳ ତ
ସଂସାର ବନ୍ଧନ ପ୍ରୀତି ଚତୁର୍ଦ୍ଦିଗ ପ୍ରକୃତି ସବୁଜତା
ପୃଥିବୀର କୋଣ ଅନୁକୋଣେ ଢାଳି ଦେଲ ବିଚିତ୍ର ରଙ୍ଗ
ମୋହିତ ଏ ମୋହଜାଲୁ, ମୁକୁଳିବା କିପରି ସମ୍ଭବ ?
ଅଭିମାନ ଅପମାନେ ଜର୍ଜରିତ ମନ ଦୂରେ ଠେଲିଦେଇ
ସ୍ଥବିର ଏ ଅଙ୍ଗପ୍ରାଣ, ଦରଶନ ଆସେ ପଶିଲା ଧସେଇ
ଚତୁର୍ଦ୍ଦିଗୁ ଘେରିଛନ୍ତି ଭକ୍ତଗଣ ନିବିଡ଼ ପ୍ରେମ ଶ୍ରଦ୍ଧା ଭାରେ
ଦୂରେ ଥାଇ ଡାକଦିଏ 'ମହାପ୍ରଭୁ' ଦରଶନ ଦିଅ ନିର୍ମାଖୀରେ
କିମ୍ବା ଦେଲ ଏ ଆକାଙ୍କ୍ଷା ଅପୂରଣ ହେବ ଯଦି ଆଶା
ନ ଦେଖିବ 'ଚକାଆଖି' ଶ୍ରୀ ରଙ୍ଗବଦନ ମୃଦୁମନ୍ଦ ହସ,
ନନ୍ଦିଘୋଷୁ ଜାଣିଲକି ଆକୁଳତା ମୋର ନିମିଷକେ
ଆଡ଼ ହେଲେ ସର୍ବେ ଅନିନ୍ଦ୍ୟ ଦର୍ଶନ ପାଇଲି ମୁଁ ହର୍ଷେ ଅନୁଭବେ
ଅଭିମାନ ମୂଲ୍ୟ ମିଳିଅଛି, କରୁଣା ଆଶିଷ ଭରସା ପାଇଛି
ଅପରୂପ, ସେ ଶୋଭା ଦର୍ଶନେ, ନିବିଡ଼ ଅଲଭ୍ୟ ଐଶ୍ୱର୍ଯ୍ୟ ଲଭିଛ
ଏ ବନ୍ଧନ କର ଦୃଢ଼ତର, ଏହି ମନ, ସଦା ରଖିଥିବ
ଦୂରେ ରଖ, ପାଖେ ରଖ, କେବେହେଲେ ଦୂରେଇ ନ ଦେବ ।

ଅନୁଭୂତି

ବିଚିତ୍ର ସଂସାର
ଅନୁଭୂତି ଆହୁରି ବିଚିତ୍ର
ମାୟା ମୋହ ବନ୍ଧନରୁ ମୁକ୍ତି, ନିର୍ଲିପ୍ତତାରେ
ନିରନ୍ତର ଚେଷ୍ଟିତ !
ପୁଣି ଗୋପନେ ଖୋଜେ, ସଂପ୍ରଶଂସ ଦୃଷ୍ଟି
ଉତ୍ସୁକ ମନ, ପ୍ରଶଂସା ଶୁଣିବାକୁ ସର୍ବଦା ତତ୍ପର
ବିରାଟ ନିଷ୍ଠୁର ସତ୍ୟ, ମୋହ ଭରା ଏ ସଂସାର
କେହି ନୁହେଁ କାହାର
ପୁତ୍ର, କନ୍ୟା, ସ୍ୱାମୀ, ଅପତ୍ୟ ଗଣେ ପୂର୍ଣ୍ଣ ସୁଖୀ
ପରିପୂର୍ଣ୍ଣ ପରିବାର
ସଭିଏଁ ଆପଣାର ଅଭିନୟେ
ନ ହେଲେ ବି ଧୂରନ୍ଧର
ନିକଟରୁ ନିକଟତର, ଅତି ଆପଣାର
ସେଥିପାଇଁ କାହିଁକି ପ୍ରୟାସ ?
ଅଛି ଅନ୍ୟ ଏକ ଊର୍ଦ୍ଧ୍ୱରୁ ଊର୍ଦ୍ଧ୍ୱତର ଜଗତ
ସେଠି ପହଞ୍ଚିଲେ ହେବି ସମାହିତ
ମିଳିଯିବ ଅପୂର୍ବ ସୁଖ, ଶାନ୍ତି,
ଅନିର୍ବଚନୀୟ ଆନନ୍ଦ
'କିନ୍ତୁ' ସେ ଚେଷ୍ଟା ସର୍ବଦା, ପରାଜିତ ପରାହତ
ତଥାପି ପ୍ରତୀକ୍ଷାର ଅନ୍ତ ନାହିଁ
ଆକାଙ୍କ୍ଷା ଆଶା ପୂରଣରେ
ତୁମରି ବିଚାରକୁ ମାନିନେଇ ଅନ୍ତରରେ
ଉଦ୍‌ବିଗ୍ନ, ଉଦ୍‌ବେଳିତ ହୃଦୟକୁ ଶାନ୍ତିର
ମିଥ୍ୟା ଆବରଣେ ଢାଙ୍କି ଦେଇ
ସଂଗୋପନେ ଚାହିଁଥାଏ, ଆତ୍ମା ସହିତ
ପରମାତ୍ମାର ମିଳନ ପାଇଁ ।

ଅନ୍ତର୍ଦ୍ୱନ୍ଦ୍ୱ

କଣବା କହିବି ତୁମକୁ
ଅନ୍ତର୍ଯ୍ୟାମୀ ସବୁ ଜାଣିପାର
କିପରି ବୁଝାଇବି କୁହ
ଅବୁଝା କି ଅଛ ତୁମର ।
କିମିତି ଗଢ଼ିଛ କେଜାଣି
ମନ ଦେହ ଓଲଟା ଚାଲଇ
ଏକୁଆର ବଳିଆର
କେ କାହାକୁ ନ ପାରେ ହରାଇ ।
ଅନ୍ତଃର୍ଦ୍ୱନ୍ଦ୍ୱ ଅନ୍ତଃଯୁଦ୍ଧ
କରୁଛନ୍ତି ସଦା ହଟ୍ଟଗୋଳ
ଆଶା ଆକାଙ୍‌କ୍ଷା ତେଜାଇ
(ପୁଣି) ନିର୍ବାଣର କରନ୍ତି କଟାଳ ।
ଦୂରେ ରହି କରଇ ଗୁହାରି
ନିର୍ବିଘ୍ନରେ କର ସମାଧାନ
ଅସହ୍ୟ ଏ ନୀରବ ଯନ୍ତ୍ରଣା
ନ ଆସୁ ଏ ପୁନଃ ପୁନଃ ।
ଭାବେ ମନ, ଗୁପ୍ତ ଅଭିମାନେ
ପାଶେ ଯାଇ ସବୁ ଜଣାଇବି
ପାଶେ ଯାଇ, ଚକାନୟନେ ଚାହିଁ
ଜାଣେ ନାହିଁ କଣବା କହିବି ।
ସର୍ଜିଛ ଏ ଅନନ୍ତ ସୃଷ୍ଟି
ବ୍ୟାପିଅଛ ରନ୍ଧ୍ରେ ରନ୍ଧ୍ରେ
କ୍ଷୁଦ୍ରରୁ କ୍ଷୁଦ୍ରତର ମୁହିଁ
କଣିକାଏ (ତୁମ) ସର୍ଜନାରେ ।
ଦେବତା ମନ୍ଦିର ଏ ଅଙ୍ଗ
ମର୍କଟ ଏଥୁ ନ ହେଉ ଭିଆଣ
ଦେବ ସ୍ଥାନେ 'ଦେବତା' ସ୍ଥାପିତ

ଶୁଦ୍ଧଃ ପୁତେଃ ହୁଅନ୍ତୁ ଅର୍ଚ୍ଚନ ।
ଚିରନ୍ତନୀ ଏ ସମସ୍ୟାର
ଆକୁଳତା ହେଉ ନିର୍ବାପିତ
ଆସୁ, ଯାଉ ବା ରହିଥାଉ ...
ଦ୍ୱନ୍ଦ ନ ହେଉ କେବେ ଉଜ୍ଜୀବିତ ।

ନିର୍ବାଣ

ଲୋଡ଼ା ନାହିଁ ମୋର ନିର୍ବାଣ ପ୍ରଭୁ
ଲୋଡ଼ା ନାହିଁ ମୁକ୍ତିଧାମ
ତୁମ ହାତେ ଗଢ଼ା, ଏଇ ଧରାତକ
ସର୍ବଦା ମୋହରି କାମ୍ୟ
ଅପୂର୍ବ ସୁଷମା ମସ୍ତକେ ମଣ୍ଡିତ
ଚାରୁ ଚିତ୍ରକଳା ଚରିତ୍ରେ ଚର୍ଚ୍ଚିତ
ସବୁ ଜଞ୍ଜାଳ, ଦୁଃଖ ସୁଖ ସହି
ଚିର ହାସ୍ୟମୟୀ, ସ୍ନେହମୟୀ
ଜନନୀ ମୋ ଧରାଧାମ
ତା' ସାନ୍ନିଧ୍ୟ ଚିରକାମ୍ୟ ।
ଚତୁର୍ଦ୍ଦିଗେ ଦେଖେ ତୁମରି ସ୍ୱରୂପ
ପ୍ରକୃତି ରାଣୀଙ୍କୁ, ଦେଇଛ ଗୌରବ
ମାନବ ଜନମ ସାର୍ଥକ କରିଛ
ଦେଇ ଦିବ୍ୟ ଜ୍ଞାନ ଧାମ
ସେହି ତ ଶ୍ରେଷ୍ଠ କାମ୍ୟ
ନିର୍ବାଣେ କି ଅଛି କାହୁଁ ବା ଜାଣିବି ?
ଅଜଣା ପାଇଁ କି କାହିଁକି ଲଢ଼ିବି ?
ଲଢ଼ି ଲଢ଼ି ଗଢ଼ି, ଝୁଣ୍ଟି ପଡ଼ି ଉଠି
ଠିଆ ହେବା ମୋର ଧର୍ମ
ସେ ଏକା ପରମ କାମ୍ୟ
ଆନନ୍ଦ ସାଗରେ ହୋଇ ଉବୁଟୁବୁ

ନିରାନନ୍ଦେ (ଗଣେ), ଆନନ୍ଦ ବାଣ୍ଟି ସର୍ବଦିଗୁ
ଚିର ପରିଚିତ, ତୁମରି ବାଣୀ ଲଭ୍ ଆନନ୍ଦ
କରି ସଦା ସତ୍‌କର୍ମ
ସେ ଆନନ୍ଦ ହିଁ ସଦା କାମ୍ୟ ।
ଏତିକି ଲୋଡ଼ା ମୋ ତୁମେ ପାଶେ ଥିବ
ତୁମରି ସାନ୍ନିଧ୍ୟ କରି ଅନୁଭବ
ପୂର୍ଣ୍ଣ ପ୍ରଶାନ୍ତ ତୃପ୍ତ ହୃଦୟ କରିବ, ଅର୍ପଣ
ସେହି ମୋର ସ୍ୱର୍ଗଧାମ
ତାହା ହିଁ ମୋର ଚିରକାମ୍ୟ ।

ମହାବାହୁ

ଅନ୍ତରେ, ବାହାରେ ଯେଉଁଆଡ଼େ ଚାହେଁ
ତୁମେ ଅଛ ସବୁ ଠାଇଁ 'ମହାବାହୁ'
ତୁମେ ଅଛ ସବୁ ପାଇଁ
ତୁମଠୁ ପୃଥକ ନ ହୋଇବା ଶକ୍ତି
ଢ଼ାଳି ଦେଇଛ ତୁମେ ହିଁ
'ମହାବାହୁ' ତୁମେ ଅଛ ସବୁ ଠାଇଁ ।
ମନେ ଭାବିଅଛି ମାଗିବି ତୁମକୁ
ଯାହା ଦେଇପାର ନାହିଁ
ଧନ, ଦଉଲତ, ସହଜରେ ଦେବ
ତାହା ମୋର ଲୋଡ଼ା ନାହିଁ ।
ଯେତେ ଦୁଃଖ, ଶୋକ ତୁମକୁ ଜଣାଇ
ବୋଝ ବଢ଼ାଇବି ନାହିଁ ।
ଦୁଃଖ ନ ଜଣାଇ ସୁଖୀ କରାଇବି
ଆଶା ରଖିଅଛି ମୁହିଁ ।
'ମହାବାହୁ' ତୁମେ ଅଛ ସବୁ ଠାଇଁ ।
ହସୁଥିବ ତୁମେ, ହସୁଥିବି ମୁହିଁ
ଏକାନ୍ତରେ ବସି ରହି

ପରିତୃପ୍ତ ମନେ ସୁଖୀ ଅଛ ଜାଣି
ଆନନ୍ଦେ ମଜିବି ମୁହିଁ
ଅନ୍ତରେ, ବାହାରେ, ଯେତେ ଦେଖିଲେ ବି
ତୃପତି ଲଭିବି ନାହିଁ
ଅଭିନ୍ନ ଆମରି ଅନୁରକ୍ତ ପ୍ରୀତି
ଜଗତ ଜାଣିବ ନାହିଁ ।
ମହାବାହୁ ତୁମେ ଅଛ ସବୁଠାଇଁ ।
ଏତିକି ମାଗୁଣି ମାଗୁଅଛି ମୁହିଁ
ପାରିବ କି ତୁମେ ଦେଇ ?
ଜାଣେ, ମାଗୁଅଛି କଷ୍ଟକର ଦାନ
'କିନ୍ତୁ' ତୁମକୁ ବଡ଼ କିବା ସେହି ?
'ମହାବାହୁ' ତୁମେ ଅଛ ସବୁଠାଇଁ ।

ତୁମେ ଅଛ ନିଭୃତରେ

ହେ ମୋର ଦୟାମୟ ଭଗବାନ
ଖୋଜୁଛି ତୁମକୁ ମୁହିଁ
ଖୋଜି ଖୋଜି ପାଉନାହିଁ ।
ତୁମେ ପରା ଅଛ ମୋ ଅନ୍ତରେ
ନିଭୃତରେ
ଆତ୍ମା ସହିତ ପରମାତ୍ମାର
ମିଳନ ଘଟାଇ ହୃଦୟରେ ।
ଅତି ସଂଗୋପନେ
ନିବିଡ଼ତାର ଆଶ୍ଳେଷ ବନ୍ଧନେ
ପରମ କରୁଣାର ନିଗୁଢ଼ ସ୍ପନ୍ଦନେ ?
କାହିଁ ନାହିଁ ତ ?
କେଉଁଠାରେ ଅଛ, ତୁମେ
ମରେ ମୁହିଁ ସରମେ, ମରମେ
ଛଳନାର ଆବରଣେ

ଢ଼ାଙ୍କି ରହିଛି ଏ ମନ ମୋର
ଉତ୍ସୁକ ଶୁଣିବାକୁ ଶସ୍ତା ପ୍ରଶଂସାର ।
ମିଥ୍ୟାର ମୋହ ।
ଧସେଇ ପଶୁଛି ସେଠି ଅହରହ
କଳଙ୍କ କାଳିମା ବୋଲି ହସେ ଟହ ଟହ
ଅତି ସରାଗରେ
ଈର୍ଷା, ହିଂସା, ପ୍ରତାରଣା ତା କାୟା ବିସ୍ତାରେ
ଏକୁଆର ବଳୀୟାର, ରଣର ହୁଙ୍କାରେ ।
ଗହନ ମନ
ପରମ ବିଶ୍ୱାସେ ଖୋଜେ, ତୁମେ ଅନୁକ୍ଷଣ
ଏ ରିପୁ ସଂଗ୍ରାମ, ଯୁଦ୍ଧ, ଅବରୋଧେ
ନୁହଁଇ ସକ୍ଷମ ।
ଲୋଡ଼ା ମୋର ହେ ପରମ କାରୁଣ୍ୟ
ପୂର୍ଣ୍ଣ କରି, ମୋ ହୃଦୟର କୋଣ, ଅନୁକୋଣ
ଶାନ୍ତିର ପ୍ରଲେପ
ବୋଳିଦିଅ ନିଜ ହସ୍ତେ ହେ ପରମ ତପ
ସର୍ବଶ୍ରେଷ୍ଠ କାମ୍ୟ ମୋ ନ ଲଭୁଁ ବିଲୋପ ।

ଅପଥ ଅବାଟୁ ବାଟ କଢ଼ାଇଛ

କିପରି ତୁମକୁ କଣ କହିବି, ଭାଷା ମୋର ଆସୁନାହିଁ ।
ଅନ୍ତର ବାର୍ତ୍ତା ଅଜଣାକି ତୁମ୍ଭେ, ଅନ୍ତରେ ସର୍ବଦା ରହି ?
ତୁମ ପାଇଁ ସିନା ସବୁ ସନମାନ, ପରିଚୟ ମିଳିଥାଏ
ଏହି କଥାଟିକ ଭୁଲିଯାଇ ମୁହିଁ, ସତତ ବ୍ୟଥିତ ହୁଏ ।
ଅଗଣିତ କେତେ ବିପଦ ଆପଦୁ, ବର୍ତ୍ତିଯାଇଛି ଭଲେ ।
ପରିବାର ପୁଣି ସ୍ନେହାସ୍ପଦ ଗଣେ, ଆବୋରିଛ ନିରନ୍ତରେ
ଅପଥ ଅବାଟୁ ବାଟ କଢ଼ାଇଛି, ରକ୍ଷା କବଚେ ଢାଙ୍କି
ସେ ଅଭୟ ସ୍ପର୍ଶ ଭୂଲିଯାଇ ପୁଣି, ଆଚରଣେ ଆଣୁ ଫାଙ୍କି
ଏଇ ମନ ଚିର ବୃନ୍ଦବନ, ପୁଣି ପୁଣ୍ୟତୋୟା ଗଙ୍ଗା

ଏଇ ମନ ପୁଣି ପଙ୍କିଳ ଖାତ, ଦୁର୍ଗନ୍ଧ ସଢ଼ା ନଳା ନର୍ଦ୍ଦମା ।
ପଙ୍କିଳ ପଙ୍କୁ ପଙ୍କଜ ଫୁଟେ, 'ମା' ଲକ୍ଷ୍ମୀ' ହୁଅନ୍ତି ଉଭା ।
ସଶ୍ରଦ୍ଧାରେ ପ୍ରଭୁ ପଦ୍ମବେଶ ହୋନ୍ତି, ଭୂଲି ଜାତଗୁଣ ସତ୍ତା
ଅକିଞ୍ଚନ ସଦା କିଞ୍ଚିତ ହେଲେ, ଅସତ୍ ପଥରେ ଧାଏଁ
ତହିଁରୁ ନିୟତ, ବିରତ ଅଭ୍ୟାସେ, ତୁମ ସଙ୍ଗ ଧ୍ୟାନେ ରହେ
ଏହି ଅଭିଳାଷ ପୂରଣ କରିବ, ମୁହୂର୍ତ୍ତେ ବି ସଙ୍ଗୁ ଏକା ନ କରିବ ।
ସେହି ଭରସାରେ ଭୟ ଭ୍ରାନ୍ତି ଭୁଲି, ସଫଳ କର୍ମ କରିବି
ଜନମନ ତୋଷି, ତୁମରି ସନ୍ତୋଷେ 'ତୁମ' ଅନୁରାଗୀ ହୋଇଥିବି ।

ପଦ୍ମଲୋଚନ

ହୃଦୟର କୋଣ ଅନୁକୋଣ
ଖୋଜେ ସଦା ସେ ପଦ୍ମଲୋଚନ
ଶୁଭ୍ର ଚନ୍ଦନେ ସୁରଚିତ, ସୁବାସିତ
ସୁକୋମଳ ପୁଷ୍ପେ ସୁଶୋଭିତ
କମଳ ଆନନ ।
ମୃଦୁ ମୃଦୁ ମଧୁଝରା ହସ
ଶ୍ରୀରଙ୍ଗା ଅଧର ଢ଼ଳେ, ଅଭୟ ଆଶିଷ
ଶ୍ରୀଅଙ୍ଗେ ବିରାଜୁଥିବ ପୀତ ବସନ
ସୁଗନ୍ଧିତ ବନଫୁଲମାଳା
ଥିବ କଣ୍ଠ ଲଗ୍ନ ।
ପୁଲକିତ, କୁହୁକିତ ବଂଶୀଧ୍ୱନି
କର୍ଣ୍ଣ ଗହ୍ୱରେ ଗୁଞ୍ଜରି ମନ ନେବ ଜିଣି
ଜୀବନ ଜଞ୍ଜାଳର ଯେତକ ପରାସ
ନ ହେଉ ପ୍ରତିବନ୍ଧକ, ନ ଆସୁ ନିରାଶ
ହୃଦୟର କୋଣ, ଅନୁକୋଣ
ସଦା ହେଉ ତୁମ ବାସ
ଆହେ କମଳେଶ
ମିଳୁ ତୁମ ପରମ ଆଶ୍ଳେଷ ।
ଅକିଞ୍ଚିତା ଜୀବନର ପୁରୁ ଏହି ଆଶ ।

ପୁନର୍ଜନ୍ମ

ଆଉଥରେ ଦେବ ମୋତେ
ପୁନଃର୍ଜନ୍ମ ଏ ଧରାସ୍ୱର୍ଗ ପରେ
ଲୋଭାତୁର ହୃଦୟ ତ ତୃପ୍ତି ଲଭିନାହିଁ
ପ୍ରୟୋଜନ ନାହିଁ ମୁକ୍ତି ପାଇବାରେ
ସ୍ଥବିର ଶରୀର ଯିବ ଯଦି ଯାଉ
କଷ୍ଟ ନ ପାଉ ସେ ଆଉ
ଫେରି ପୁନର୍ବାର, ତୁମ ସୃଷ୍ଟିର ସମ୍ଭାର
ବନ୍ଧନରେ ବାନ୍ଧି ହୋଇ
ସୁଖାମୃତେ ବୁଡ଼ିଯାଉ
କୋଣ୍ଣ, ଅଣୁକୋଣ୍ଣ, ପୁରୁ ସରସ ସୌରଭ
ଅନିତ୍ୟରେ ନିତ୍ୟ, ଚିରନ୍ତନୀ ମହକ ବୈଭବ
ସେହି ମହକେ ମହକି, ସୌରଭେ, ସୌରଭି
ଅନୁଭବୀ ତୁମ ସ୍ପର୍ଶ
ପୂର୍ଣ୍ଣାନନ୍ଦେ ତୃପ୍ତି ପାଉ ।
ସଂସାରର ଏହି ଆବର୍ତ୍ତନ ଚକ୍ରେ
ଗତିର ସାରଥି ତୁମେ ।
ତହିଁରେ ନିମଗ୍ନ, ମାନବ ଜନ୍ମ
ପିପାସା ଅମୃତ ପାନେ
ତୁମ ଦାନ ସେହି ଅମୃତ ପାନ କରି
ବହୁଥାଉ ନିତ୍ୟ ମଳୟ ପବନ ସରି
ସେହି ପବନ ହିଲ୍ଲୋଳେ ଅମୃତ ବାଣ୍ଟୁଥାଉ
ମୁଖାମୃତେ ବୁଡ଼ିଯାଉ ।

ବାଇମନ

ରେ ମନ, ନ ହୁଅ ବୃଥାରେ ବାଇ
ସେ କାଳିଆ ସୁନା, ଆଉ ଆଖିରେ
ତୋ ଆଡ଼େ ତ ଚାହୁଁ ନାହିଁ
କାହିଁକି ହେଉଛୁ ବାଇ
ସଂସାରି ଜୀବନ ଉତ୍ତାଳ ସାଗରେ
ଉବୁଟୁବୁ ସଦା ହେଉ
ତେବେ ବି ତାଙ୍କର ଦରଦ କଣିକା
ତିଳେ କିରେ ତୁହିଁ ପାଉ ?
ମିଛରେ ନ ହୁଅ ବାଇ
ସେ ନୁହନ୍ତି 'ତୋ ପାଇଁ'-
ଯେତେ ଡାକୁ ଡାକୁ, ସେତେ ସେ ଘଣ୍ଟାଏ
ତୋ ମନ ବିଡ଼ିବା ପାଇଁ ।
ତାଙ୍କୁ କି ଅଜଣା, ତୋ ମନ ଭାବନା
(ମିଛେ), ଅଜଣା ଖେଳ ଖେଳଇ
ତୋ ପାଇଁ ଭାବନା ନାହିଁ ।
ଆଉ ତୁ ନ ହୁଅ ବାଇ -
କେତେ ଦିନ ଆଉ, ଭାବିବୁ ତା' ପାଇଁ
ତିଳେ ତିଳେ ସରି ତୁହି
ସେ ଅଚଳ ମହାମେରୁ, ସଚଳ ହେବାର
ଆଶା ନ ରଖରେ ତୁହି
(ରେ ମନ) ଆଉ, ନ ହୁଅ ତା' ପାଇଁ ବାଇ
ସରିଲାଣି ଦିନ, ସରିଲାଣି ଆଶା
ଭରସା,ଆଉତ ନାହିଁ
କିଏ ଜାଣେ ଅବା, ସେ କାଳିଆ ସୁନା
(ଏବେ) ଆସୁଥିବ ଧାଇଁ ଧାଇଁ
(ରେ ମନ) ରଖିଛୁ ଆଶା କି ତୁହି ?
ତେବେ ବୃଥାରେ ଭାଳୁ କିମ୍ପାଇ ?
ହେଲେ, ନ ଭୂଲରେ ତାକୁ
ହେଉଥା ତୁ ସଦା ବାଇ ।

ଭକ୍ତି

କିପରି ତୁମକୁ ଭକତି କରିବି
ଭକତରେ ହେବି ଗଣା ?
ଅନୁଭବେ ତାହା ଉପଲବ୍ଧି କରି
ନ ହେବି ମନରେ ଊଣା
'ଶ୍ରୀ ଜଗନ୍ନାଥ ନାମେ, ଜଗତ ଭଜନ୍ତି
ହେଲ ଜଗତର ନାଥ
ସେ ଜଗତର କ୍ଷୁଦ୍ର ଧୂଳିକଣା ମୁହିଁ
କିପରି ହେଲି ଭକତ ?
'ଆର୍ତ୍ତତ୍ରାଣ, ନାମେ ଆର୍ତ୍ତରେ ଡାକିଲେ
ଆରତ ହର ସବୁରି
ଆତୁରେ, ଆରତେ, ଥରେ ଡାକିଦେଇ
ଭକତ ହେଲି କିପରି ?
ଶତ ଶତ, ସହସ୍ର ନାମ ରହିଛି ତୁମରି
ଘୋଷି ଘୋଷି ଲବେ ନ ଯାଇ ପାଶୋରି
କଣିକାଏ ଭକ୍ତି ପାରେନି ଯୋଗାଡ଼ି
ଭକତି ଭାବନା ଆଣିବି କିପରି ?
ଅସହାୟ ହୋଇ କରଇ ବିନତି
ଦୟାମୟ ଦିଅ ହୃଦୟେ ଶକତି
ନ ହୁଏ ପଛକେ ଭକତରେ ଗଣା
ଅନ୍ତର ଆକାଙ୍କ୍ଷା ନ ହେଉ ଭରଣା
ସ୍ଥିର ମନେ ସହି ସଂସାର ଯାତନା
ଆନନ୍ଦ ପରଶି, ହରିବି ବେଦନା
ଅଚଞ୍ଚଳ ମନେ
ତୁମ ପଦେ ଲକ୍ଷ୍ୟ ଥାଉ
ଅକିଞ୍ଚନା ରହି ତୁମରି ନିର୍ଦ୍ଦେଶେ
କର୍ମ କରି ଜୀବ ଯାଉ ।

ମୁଁ

ପାଖକୁ ଆଣିଲ, ମୁଖ ନ ଦେଖିଲ
ପାଶେ ରଖି କର ଦୂର
ଏଡ଼େ ବଡ଼ଦଣ୍ଡ ପାଇ ହତଭମ୍ଭ
କିବା ଅପରାଧ ମୋର !
ଅବା ବଡ଼ପଣ, ଅହଂ ଭାବ ମନ
ଭିତରେ ରଖିଲି ମୁହିଁ
ଭାଙ୍ଗି ଟାଣପଣ ଦମ୍ଭ କରି ଚୂର୍ଣ୍ଣ
ଦେଉଛ ମୋତେ ଚେତେଇ ?
ପାଶେ ଆସି, ଆଶା, କରିଥିଲା ବସା
ନିଭୃତରେ ଅନ୍ତରରେ
ନିତି ପ୍ରଭାତରୁ, କାଠ ଅର୍ଗଳିରୁ
ନିରେଖିବି, 'ଶ୍ରୀମୁଖରେ',
କେତେ ବାଧାବିଘ୍ନ ଅଲଣା ଅକର୍ମ
ସ୍ତୂପକାରେ ଗଦା କଲ
ତହିଁରୁ ସୁକର୍ମ, ଉପୁଜାଇ ଧର୍ମ
ଭାବନାର ଦ୍ୱାହି ଦେଲ ।
ଏହିପରି ଯଦି, 'ଭାବ' ଆଣୁଥିବି
ହନ୍ତସନ୍ତ ହେଉଥିବି ।
କି ଲାଭ ପାଇଲ, ଅବା ମୋତେ ଦେଲ
ସଦା, ସର୍ବଦା ଭାବିବି ?
ଦରଶନ ଆଶା, ହୋଇଛି ନିରାଶା
ଶତ ବାଧା ବିଘ୍ନ ଡେଇଁ ।
ସଂସାର ଜଞ୍ଜାଳ କରିଦେଇ ଦୂର
ପାଦେ ଯାଇ ପାରୁନାହିଁ ।
ଲକ୍ଷ ଲକ୍ଷ ଭକ୍ତ ହୋନ୍ତି ଆତଯାତ

ମୁଁ ତ ଭକତରେ ନୁହେଁ ଗଣା ।
କିପରି ଚିନ୍ତିଲେକଅଣ କହିଲେ
ତୁମ ପାଶେ ହେବି ଟଣା ?
କାହିଁକି ନିର୍ଦୟ, ହୁଅ ଦୟାମୟ
ବାଟ ନ ବତାଅ କିଆଁ ?
ତୁମେ ନ ଚାହିଁଲେ ସାହା ନ ହୋଇଲେ
ବୁଲୁଥିବି ହୋଇ ଭୂଆଁ
ମନେ ସଦା ଭୟ, କେବେହେଲେ ଜୟ
ତୁମ୍ଭକୁ କରିବି ନାହିଁ
ମୋ ଅଳି ଅର୍ଦଳୀ ତୁମ୍ଭ ପଦେ ଢ଼ାଳି
ଏ ଶରୀର ଯିବ ମିଳାଇ
ଯାହା ଇଚ୍ଛା ତୁମ୍ଭ, ଦେଉଥାଅ ଦମ୍ଭ
ସର୍ବଦା ମୋ ପାଖେ ଅଛ,
ଜୀବନ ସରସା ସେ ଆଶା ଭରସା
ଆନନ୍ଦ, ସୁଗନ୍ଧ ରସ ।

ମୂଢ଼ ମୁଁ

ଆହେ ମହାବାହୁ
ଏତେ ମୁଢ଼ ମୋତେ କରିଲ କିଆଁ
ଅତି ସାଧାରଣ
ଛୋଟ କଥାଟିଏ ମନ ଗହୀରରେ ଜାଳୁଛି ନିଆଁ
ସାରା ଅଙ୍ଗ ମୋର ପାପ ପଙ୍କେ ଭରା
ବୁଡ଼ି ଯାଉଅଛି ତଳକୁ ତଳ
'ପାବନ' ହେବାକୁ ଇଚ୍ଛା ଜାଗିଲେ ବି
ଲଜ୍ଜିତ ମଥା ଦେଉନି ବୁଡ଼
ଦିନେ ହେଲେ ହୃଦ ଚିନ୍ତିଲାନି ଶୁଦ୍ଧ
ଭାବନା ଭକ୍ତି ହୋଇ ପବିତ୍ର
ଖୋଲିଲାନି ମୁଖ, କହିଲାନି ସୁଖ
ଅନ୍ୟର, ଆନନ୍ଦ ପ୍ରେମ ଚରିତ୍ର ।

ଖୋଲା ହସ୍ତ କାରେ କଲା ଆପଣାର
ପାରିବନି କହି ଶପଥ କରି
ଛଳନା କପଟ ଧରି ସାଙ୍ଗ ପାଟ
ରହିଛନ୍ତି ସଦା ଆବେଗେ ଘେରି
ଏମନ୍ତ ତନୁକୁ ଆଶ୍ୱାସ ଦେବାକୁ
କିପରି ଏ ମନ କରୁଛି ଆଶା
ଅଭିମାନ ପୁଣି, ଆଣଇ ମନରେ
ନ ପାଏ ଗୋ ଯେବେ ତୁମ ଭରସା !
ସମ୍ଭବ କି କେବେ ପାପଭରା ଅଙ୍ଗେ
ଲାଗିଯିବି ତୁମ ସ୍ନେହ ଶ୍ରୀହସ୍ତ
ଲୋଭାତୁର ମନ ହୁଏ ଛନ୍ନ ଛନ୍ନ
ନ ଆସହେ 'ଦେବ' ମୋହରି ପାଶ ।
ଏ ଜନମ ଯାଉ, ନ ଆସୁ ଗୋ ଆଉ
କେବେ ହେଁ କାହାର, ନତୁଟୁ ଆଶା
ରକ୍ଷା କବଚ ତୁମେ ହିଁ ତ 'ପ୍ରଭୁ'
କିପରି ବା ପାପ ପଶିବ ପାଶ ?
ପୁଣ୍ୟ ପବିତ୍ର ଶୁଦ୍ଧ ଚରିତ୍ର
ସଭିଏଁ ଲଭନ୍ତୁ ସତ୍ ଶରୀର
ତୁମରି ସଙ୍ଗ ପବିତ୍ର ଅଙ୍ଗ
ଶାନ୍ତ ସମାହିତ ମନ ମନ୍ଦିର ।

ମହାବାହୁ

ମହାବାହୁ,
ତୁମ ଚକାଆଖି ଦେଖି ଦେଖି
ଆଖି ମୋର ବୁଜି ହୋଇଯାଉ
ତୁମ ନାମ ଘୋଷି, ତୁମ ନାମ ଧ୍ୟାୟୀ
ସରସେ ହରଷେ, କଣ୍ଠ ମୋ ରୁଦ୍ଧ ରହିଯାଉ -

ମହାବାହୁ
ବଡ଼ଦାଣ୍ଡ ଧୂଳି, ଶରଧାର ବାଲି, ଶରୀର ମୋ ବୋଲି
ଶରଧାରେ ଗେଲ ହେଉଥାଉ - ମହାବାହୁ -
ରଙ୍ଗ ଅଧରର, ମନ ଜିଣା ହସ, କୁହୁକ ପରଶି
ଓଠେ ମୋର ହସ ଫୁଟୁଥାଉ
ଅପାଦ ପାଦେ ମୁଁ , ମୁଣ୍ଡ ଥାପିଦେଇ, ଦେହ ମୋ ଉଲ୍ଲସି ଉଠୁଥାଉ
ତୁମ ଆତ୍ମା ସହ, ଆତ୍ମା ମୋ ମିଶି
ଶ୍ରୀଚରଣେ ଆଶ୍ରା ମିଳିଯାଉ - ମହାବାହୁ ।
ମାଗୁଣି କରୁଛି, 'ନନ୍ଦିଘୋଷ' ଚକ ଛୁଇଁ, ମୋ ଶରୀର ରଥ
ଅମୃତ ପରଶି ଯାଉଥାଉ - ମହାବାହୁ ।
କେତେ ବଡ଼, ଅବା, ଛୋଟ ଆଶା ମୋର, ସେ କଥାତ ଜାଣେ ନାହିଁ
ଅତୃପ୍ତ ମନ ମୋ ସଦା ହାଇଁପାଇଁ, ସେ କଥା କି ବୁଝନାହିଁ ?
ଅବୁଝା ପଣକୁ ଦୂରେ ରଖି, ଆସ ଡେରି ନ କରିଣ ଆଉ,
ଦୂରେ ରଖ, ଅବା ପାଖେ ରଖ, ତୁମ ଆଖି ସଦା ମୋ
ଆଖିରେ ଲାଖି ରହୁ । ମହାବାହୁ ...

କରୁଣା

କରୁଣା ବାରିଧାରା ଝରାଇ
ସବୁଜ ଶ୍ୟାମଳିମା ପୃଥିବୀ ବୁକୁ ପରେ
କକ୍ଷଚ୍ୟୁତ ପକ୍ଷୀ ନୀଡ଼ ଖୋଜି ବୁଲେ
କହ ହେ ପ୍ରଭୁ ଏ କି ଖିଆଲ ତୁମ୍ଭର
କାହିଁକି ବାଟ ଦିଅ ହୁଡ଼ାଇ ।
କରୁଣା ବାରିଧାରା ଝରାଇ ।
'ମଙ୍ଗଳମୟ' ତୁମ୍ଭ ଦୟାରୁ
ଜୀବନ ଝଡ଼ଝଞ୍ଜା ସହିବି କେତେ ଆଉ ?
କହିଛ, କର୍ମ କର ଫଳ ଲାଭ ମୋହ ନ ରହୁ
ନିର୍ଲିପ୍ତ ଜୀବନ କି ସମ୍ଭବ ସଂସାରେ
ନିର୍ଦ୍ଦେଶ ପାଏ ଦିଅ, ହୃଦ ଚେତନାରୁ ।

କରୁଣା

କି ଦେଇ ପୂଜିବି ବଳିଆର ଭୁଜ
କିବା ଅଛି ହୋଇ ମୋର
ଆହେ 'ଚକାଡୋଳା' ନୀଳାଚଳ ନାଥ
ଝରାଅ କରୁଣା ଝର ।
ଧନଜନ, ମାନ, ଲଜ୍ଜା ଅପମାନ
କାମ, କ୍ରୋଧ, ମୋହ ଶାନ୍ତି
ସବୁ ତୁମ ଇଚ୍ଛା, ସବୁ ତୁମ ଦେବା
ଜଗତ୍ରେ, ଚଳୁଛି ନିତି
ଟାଣି ନିଅ 'ପ୍ରଭୁ' ପାଦ ପଦ୍ମ ତଳେ
ନ କର ପଦୁ ଅନ୍ତର
ଝରାଅ କରୁଣା ଝର ।
ଧୂପ, ଦୀପ, ପୁଷ୍ପ, ପୂଜା ନୈବେଦ୍ୟ
ବାହାରର ଆଡ଼ମ୍ବର
ଆହେ 'ଚଉବାହା' ତୁମ ଛଡ଼ା କିଏ
ସଖା ଆଉ ଅନ୍ତରର ?
ତୁମରି ଚରଣେ ଅର୍ପିଲି ପ୍ରଭୁ
ହୃଦୟ ନୈବେଦ୍ୟ ମୋର
ଝରାଅ କରୁଣା ଝର ।

ଭଜରେ ମନ

ଭଜରେ ମନ ଶ୍ୟାମ ସୁନ୍ଦର ଗିରିଧାରୀ
କୃଷ୍ଣମୁରାରୀ ଭବଭୟ ହାରୀ
ନଟବର ସୁନ୍ଦର ମୁରଲୀ ଧାରୀ
ଭଜରେ ମନ ଶ୍ୟାମସୁନ୍ଦର ଗିରିଧାରୀ ।
ଅନ୍ତରେ ଆସ, ଆହେ ପୀତବାସ
ଦିଅ ହେ ଆଶିଷ, ପୁରାଅ ବିଶ୍ୱାସ, ହୃଦୟେ 'ପ୍ରଭୁ'

କୃପାମୟ ବଂଶୀଧାରୀ
ଭଜରେ ମନ, ଶ୍ୟାମସୁନ୍ଦର ଗିରିଧାରୀ ।
ବାଙ୍କ ଚୂଳିଆ, କଦମ୍ବ ମୂଳିଆ
ଗୋପି ମନଲୋଭା ଯମୁନା କୂଳିଆ
'ରାଧା' ହୃଦହାରୀ 'ଦେବ' ତ୍ରୈଲୋକବିହାରୀ
ଭଜରେ ମନ, ଶ୍ୟାମସୁନ୍ଦର ଗିରିଧାରୀ ।

ଜୀବନ ଯୁଦ୍ଧେ

ଜୀବନ ଯୁଦ୍ଧେ ଯଦି ପରାଜିତ ମୁଁ ପ୍ରଭୁ
ତେବେ ବି ଅଭିଯୋଗ କିଛି ମୁଁ କରୁନାହିଁ
କ୍ଳାନ୍ତ ହୃଦ, ଅବସାଦେ, ଅଭିମାନେ ଭରିଛି
ତେବେ ହେ କରୁଣା 'ଦେବ' ତିଳେ ମୁଁ ଲୋଡୁନାହିଁ
କିମ୍ବା ହେଲିନି ସୁମାତା ନ ହେଲି ସୁପତ୍ନୀ
ସୁକନ୍ୟା, ସୁବାନ୍ଧବୀ, ଅବା ସୁଗୃହିଣୀ ?
କାହିଁକି ଅବା ପ୍ରଭୁ ତୁମକୁ ପଚାରିବି ?
ଅଭିମାନ ମୋହରି, ବୁଝିବି, ବୁଝନାହିଁ
ମନୁଷ୍ୟ ଜନ୍ମ ଦେଇ ଦେଇଛ ଦୁଃଖସୁଖ
ସୁନ୍ଦର 'ବସୁନ୍ଧରା', କାରେ କରେନା ବିମୁଖ
ଛନ୍ଦହୀନ ପ୍ରାଣେ, ଚେତନା ଅନୁଭବ
କିମ୍ପାଇ ଦେଲ, ଯଦି ବୋଧନା ଦେଲ ନାହିଁ ।
କିପରି ଏ ଅଭିମାନ ଭୂଲିବି ଭଲା କୁହ ..
ଦାତା, ହୋଇଣ ଯଦି କୃପଣ ପଣେ ରହ,
ଅନ୍ୟ କାହୁଁ ଜାଣିବ, ଗୁପତ ମର୍ମ ବ୍ୟଥା
ଅଛପା ପରା କିଛି ତୁମକୁ ରହେ ନାହିଁ ?
ଯାହା ଚିନ୍ତୁଛ କର, ଅଗତି ଗତି ତୁମେ
ତବ 'ପଦ'ରେ ଲୟ କେଭେ ଭୁଲିବି ନାହିଁ ।

ଜନ୍ମ ଦେଇ ଯଦି ଅକର୍ମା କରାଅ

ଆହେ ପ୍ରଭୁ ଶ୍ରୀଜଗନ୍ନାଥ
କହିପାରିବି କି ତୁମ୍ଭେ
ଜନ୍ମ ଦେଇ ଯଦି ଅକର୍ମା କରାଅ
କିବା ଲାଭ ଅଛି ଭବେ ?
ଚେଷ୍ଟାରୁ ବିରତ ନ ହୋଇ କେବେ ହେଁ
ନିୟତ ଲଭିଛି ବିଫଳ
ସଫଳତା ଦୂର କରିବା ପାଇଁକି
ତୁମେ କି କରୁଛ କଟାଳ ?
କି କୁକର୍ମ ଫଳ ଭୋଗୁଛି ?
ଅନ୍ତର, ବାହାର, ନିର୍ମଳ ଦିଶଇ
ତିଳେ ହେଁ ଶୋଚନା ନୋହୁଛି
ଏତେ ଦୁଃଖ ଯଦି ସଂସାରେ ଦେଇଛ
ସହନଶୀଳତା ଦୂରେଇ ରଖିଛ
କିଏ ଏଥିପାଇଁ ଦାୟୀ ?
ତୁମରି ଆଦେଶ, ଅନୁକ୍ଷଣେ ଚିନ୍ତି, ସଂସାର ଯାତ୍ରା କଟାଏ
ବାରମ୍ବାର ଝୁଣ୍ଟି, ପଡ଼ି ଉଠି ଧାଏଁ, ଲାଭ କିଛି ଏଥୁଁ ନ ପାଏ
କିମ୍ବା ପଥ ମୁହିଁ ଝୁଡ଼ିଛି ?
ତୁମରି ନିର୍ଦ୍ଦେଶ ଅନୁଯାୟୀ, ମୁଁ ତ କାର୍ଯ୍ୟପନ୍ଥା ଅନୁସରିଛି
ତୁମେ ହିଁ, ଏପାଇଁ ପୁରା ଦାୟୀ
ପରିଚାଳକର, ପରିଚାଳନାରେ 'ପ୍ରାଣୀ'
ଦକ୍ଷତା ପ୍ରାପ୍ତ ହୋଇ
ଏହି ଯଦି ତୁମ ସୃଷ୍ଟିର ଆକାଙ୍କ୍ଷା, ସ୍ରଷ୍ଟା ହୋଇ ପୁଣି ଏ କି ନିଷ୍ଠୁରତା
କିମ୍ପାଇ ଭଜିବ ଭବେ
ଜଗତର ନାଥ 'ଜଗନ୍ନାଥ ନାମ'
କିମ୍ପାଇ ବହିବ ତେବେ ?

୧୩୮ | ନିରୁପମା ଦେବୀ

ଲୁହ

ଚକ୍ଷୁରୁମୋ ଲୁହବିନ୍ଦୁ ଝରିବ କି କେଭେ
ତୁମକୁ ପାଇବି ଯେବେ ପ୍ରାଣେ ଅନୁଭବେ
ମଳିନ ହେବ ନାହିଁ ମୋ ଓଠର ହରଷ
ଯଦି ଦେଖୁଥିବି 'ରଙ୍ଗ ଅଧରର ହସ' ।
ଦୁର୍ବଳ ହେବନି କେବେ ମୋ ହସ୍ତ କର୍ମ କରିବାରେ
ସକ୍ଷମ ରଖିବ, ଯୋଡ଼ହସ୍ତେ ଥିବି ତୁମ ସମ୍ମୁଖରେ ।
ଦୀର୍ଘଶ୍ୱାସ ଆସିବନି ହୃଦୟ ମଧ୍ୟରୁ
'ଚକାଆଖି' ଆଶ୍ୱାସନା ପାଇଲେ ଅନ୍ତରୁ ।
ଥକ୍କା ଆସିବନି କେଭେ ଶରୀରେ ମୋହର
ତୁମ ଚରଣର ସ୍ପର୍ଶ ପାଇଲେ ମୋ ଶୀର ।
ପଦବ୍ରଜେ ତୁମ ପାଶେ ଯିବି ମୁହିଁ (ଯାଉଥିବି) ଯେବେ
ସକଳ କଲୁଷ ନାଶ ହୋଇଯିବେ ବେଗେ ।
ଅନ୍ତର, ବାହାର, ମୋର କରିଦିଅ ଏକ,
ତୁମ ବିନା ନ ଜାଣିବି କିଛି, ଆହେ 'ଚକାମୁଖ' ।
ତୁମେ, ମୁଁ ଭିନ୍ନ ଭିନ୍ନ ନ ଭାବିବେ କେହି
ଅନ୍ୟ ନ ଜାଣନ୍ତୁ ସବୁ, ତୁମେ ଜାଣିଥାଇ ।
ଅଭିନ୍ନ ମରମ ଆମ ମିଳନ ଏକାନ୍ତେ
କ୍ଷଣେ ମୁହୂର୍ତ୍ତେ ଛାଡ଼ି ନ ଯାଅ ଗୋ ମୋତେ ।
ସେହି ଭରସା ନ ତୁଟୁ, ନ ଆସୁ ଶୋଚନା,
ତୁମେ ମୋର, ମୁଁ ତୁମର, ଜାଣ ମୋ ବେଦନା ।

ଆଶା ଆଶଙ୍କା

କ୍ଷଣେ ଜପିଲିନି ନାମ ତୁମ୍ଭର
ରହିଲନି, ତିଳେ, ଚିନ୍ତନେ ମୋର
କେଉଁ ପାପଫଳ ଏହା
କହ ଆହେ ଚଉବାହା

ପାପ ନାଶନ, ଦୁଃଖ ହରଣ
ନାମ ବହିଅଛ କିଆଁ ?
ଜନମ କି ଯିବି ବିତି ?
ତୁମ ଚିନ୍ତା ନ ଚିନ୍ତି
ମିଳିବନି କ୍ଷଣେ ଶାନ୍ତି ?
ଅହରହ ଦୁଃସହ ମନ ପୀଡ଼ାରୁ,
କିପରି ମିଳିବ ମୁକ୍ତି ?
ଆଶା, ଆଶଙ୍କାର ଧ୍ୱନ୍ଦରେ ଜଳୁଛି
ମୁଖ ଅନର୍ଗଳ ବିତର୍କ କରୁଛି
କିଏ ଗାଏ କେଡ଼େ ସୁଖେ, ଗୀତ ତୁମ୍ଭର
ମୋତେ କାହିଁ ଦେଲ, ଏଡ଼େ ଫଟା କପାଳ ?
ମୋର ସ୍ୱର କିମ୍ବା ଫଟା
କର କିମ୍ବା ହଟହଟା
ଭିତରେ ବାହାରେ କେଉଁ କର୍ମଫଳ
ଜଳୁଛି ଅନ୍ତର ଗୋଟା ।
ତେବେ ବି ବିଶ୍ୱାସ ରଖିଛି
ଯେବେ ବି ତୁମ୍ଭେ ଆସିବ
ତୁମ ଆଶ୍ୱାସନା ହସ୍ତ କରି ଅନୁଭବ
ଆସିବ ସରସ ଭାବ
ପୁଣ୍ୟ ଫଳ ପ୍ରାପ୍ତ ହେବି
ମନ ପ୍ରାଣ ଢାଳି
ଚରଣ ପ୍ରକ୍ଷାଳି
ଯୁଗ ଯୁଗର ଏ ଭରସା ବିଶ୍ୱାସ
ନିଭୃତେ ମୁଁ, ଆନନ୍ଦେ, ବାନ୍ଧି ରଖିବି
ଯାହା ତୁମ୍ଭେ ଇଚ୍ଛା କର
ପାଶେ ସଦା ସ୍ଥାୟୀ କର
ଅସହାୟା, ହସ୍ତଯୋଡ଼ି କହେ
କୃପା ବାରିଝର ଢାଳ ।

କିପରି ଚିନ୍ତିବି

ଅପର୍ଯ୍ୟାପ୍ତ ସୁଖ ମୋତେ ଦେଇଛ ଗୋସାଇଁ
କିପରି ଚିନ୍ତିବି ତୁମେ ଦିଅହେ ବତାଇ
ବାପଘରେ ହେଲି ମୁହିଁ ଅଲିଅଳୀ ଝିଅ
କୋଡ଼ପୋଛା ଯୋଗୁଁ ଗେହ୍ଲାପଣ ସୁଅ ।
ନନା ବୋଉ ନୟନ ପିତୁଳା
ଭାତୃ ଭଗ୍ନୀ ସ୍ନେହ
ଅତି ଆଦରରେ ଉବୁଟୁବୁ ହେଲି ଅହରହ ।
ବନ୍ଧୁ ପରିବାର ସଦା ଆନନ୍ଦିତ ହୋଇ
ତୁମ କଥା ଚିନ୍ତିବାକୁ ନ ଦେଲେ ଚେତାଇ ।
କୈଶୋର କାଳେ ବଧୂ ରୂପେ ଶ୍ୱଶ୍ରୁଗୃହେ ଗଲି
ସୁଗୃହିଣୀ ମର୍ଯ୍ୟାଦାକୁ ଜାବୁଡ଼ି ଧରିଲି
କାଳକ୍ରମେ ଶ୍ରଦ୍ଧା ସ୍ନେହେ ପ୍ରତିଷ୍ଠିତ ହୋଇ
ସ୍ୱାମୀଙ୍କ ସମ୍ମାନକୁ ରଖିଲି ଉଚାଁଇ ।
ସନ୍ତାନ ସନ୍ତତି ସୁଶିକ୍ଷାକୁ ଚିନ୍ତି
'ସମୟ' ତୁମ ପାଇଁ କେବେ ବି ନ ଥାନ୍ତି
ସ୍ୱ ସ୍ୱ କ୍ଷେତ୍ରେ ସଭିଏଁ ପ୍ରତିଷ୍ଠିତ ହେଲେ
ଆପଣା ଆପଣା ଧର୍ମ ବିଚାରେ ରହିଲେ
ଭାବେ ଆଜି ଏସବୁ ହୋଇଲା କିପରି
ତୁମେ ହିଁ ରହିଛ ଗୁପ୍ତେ ସଭିଙ୍କୁ ଆବୁରି
ବୁଝି ନାହିଁ ଜାଣିନାହିଁ ଭାବିନାହିଁ ଦିନେ
ଅକସ୍ମାତେ ତୁମ ଚିନ୍ତା ଆସିଗଲା ମନେ
ଭାବେ ଏ ସବୁରେ ତୁମେ ବାନ୍ଧିଣ ରଖିଲ
କେବଳ ତୁମ ଚରଣେ କିମ୍ପା ନ ରଖିଲ ?
ରହିଥିଲେ ତୁମ ପାଖେ ନିର୍ଭୟରେ ଥାନ୍ତି
ବ୍ୟର୍ଥ ହେଲା ଦିନ କାଳ, ଆଜି ନ ଚିନ୍ତନ୍ତି
ନାରୀର ଜନମ କଣ ବ୍ୟର୍ଥତାରେ ଗଢ଼ା
ସାଧାରଣ କର୍ମ ପୁଣି କେବେ ଅସାଧାରଣ ହେଲା ?

ଏବେ ଚେତାଇଣ ଦିଅ କି ବୁଦ୍ଧି କରିବା
ଏ ମନ ତୁମ ପାଇଁ ବାନ୍ଧି ରଖିପାରିବି ?
ଶୁଣିବ କି ଗୁହାରୀ ମୋ ଥରେ ମୁହଁ ଖୋଲି କହି
ନିର୍ବୁଦ୍ଧିତା ପଣ ଗ୍ରାସ କରି ରଖିଛି ଏ ମୋ ଦେହ ।
ଦେହ, ମନ, ଆତ୍ମା ସଦା ଉଦ୍‌ଗ୍ରୀବ ହୋଇ
କରିଥିବେ ତୁମେ ଲୟ, ତାହା ବତାଅ ଗୋସାଇଁ
ସବୁ ଛାଡ଼ି କେବଳ ତୁମକୁ ଭଜିବି
ତୁମ ଚିନ୍ତା ବିନା, ଅନ୍ୟ କିଛି ଚିନ୍ତନେ ନ ଆଣିବି ।

ଭକ୍ତମନ ଜିଣିବାକୁ ଭିଆଅ ବାଟ

ଆହେ ଜଗତନାଥ, ଜଗନ୍ନାଥ
ସେହି ପ୍ରଭୁ ନୁହଁ କି ? ତୁମ୍ଭେ
ଦୁଃଖୀ ଡାକ ଦେଲେ ଦୁଃଖ ନ ଶୁଣ ଲବେ ।
ଦୁଃଖ ପରେ ଦୁଃଖ ଦେଇ
ସୁଖୀ ହୁଅ କି ଗୋସାଇଁ
ଶୁଣିବାକୁ ଅହରହ ଭକ୍ତର ଡାକ
ମନେ ତୁମ ଏତେ ଲୋଭ, ରଚି କେତେ ଛନ୍ଦ ଫନ୍ଦ
ଭକ୍ତ ମନ ଜିଣିବାକୁ ଭିଆଅ ବାଟ
ଏବେ କାହିଁ ଅଲଗା ତୁମ୍ଭେ
ଦୁଃଖୀ ଡାକ ଦେଲେ ଦୁଃଖ ନ ଶୁଣ ଲବେ ।
ଜାଣି ଅଜଣା ରହିଣ, କି ଲାଭ ଏ ଖେଳ ଖେଳିଣ
କେତେ ଖେଳିବ ଖେଳ ହେ ଛନ୍ଦାଚରଣ
ସଭିଙ୍କ ଲୁହ ଝରାଇ, ଅଶ୍ରୁ ତୁମ ଝରେ କି ନାହିଁ
କିପରି ଜାଣିବ ଭକ୍ତ ପଶି ଶରଣ
କିମ୍ବା ଏଡ଼େ କଠିଣ ତୁମ୍ଭେ
ଦୁଃଖୀ ଡାକ ଦେଲେ ଦୁଃଖ ନ ଶୁଣ ଲବେ ।
ଦେଖିବ ଦିନ ଆସିବ, ଭକ୍ତ ତୁମ ନ କାନ୍ଦିବ
ଆଉ ଡାକିବନି ତୁମେ ଚିତ୍ତେ ଆକୁଳେ

ଆପଣା କର୍ମ ଆଦରି, ମନ କଥା ମନେ ମାରି
କର୍ତ୍ତବ୍ୟ କର୍ମ କରିବ ପ୍ରାଣ ବ୍ୟାକୁଳେ
ତେବେ ଦୁଃଖୀ ହୋଇବ ତୁମ୍ଭେ
ଦୁଃଖୀ ଡାକ ଦେଲେ, ଦୁଃଖ ନ ଶୁଣ ଏବେ
କେହି ତ ଡାକିବେ ନାହିଁ, ସୁଖୀ ହେବ କି ଗୋସାଇଁ
ପୁଣି କି ଫନ୍ଦ ଫିକର ଚିନ୍ତା କରିବ
ତୁମକୁ ପାଇବା ଲୋଭ, ଜଗତ ଯେବେ ଭୁଲିବ
ବଡ଼ପଣ ତୁମର ତ ସବୁ ସରିବ
ଦୁଃଖୀ ତେବେ ହୋଇବ ତୁମ୍ଭେ
ଦୁଃଖୀ ଡାକ ଦେଲେ ଦୁଃଖ ନ ରହୁ ।
ଜଗତ ଜନ ଦୁଃଖ ହାରିବ, ଭକ୍ତ ଗୁହାରି ଶୁଣିବ,
ରଙ୍ଗା ଅଧରର ହସ, ବାଣ୍ଟିବ ଭବେ
ଚକା ଚକା ଆଖି ଖୋଲି, ମହାବାହୁ ଦେଇ ମେଲି
ଟାଣିନେବ ଭକତଙ୍କୁ ତୁମରି ପଦେ
ଉଡୁଥିବ ନେତ ତୁମ ସଦୟେ ଭବେ
ସେହି ପ୍ରଭୁ ଏବେ ବି ତୁମ୍ଭେ
ଦୁଃଖୀ ଡାକ ଦେଲେ, ଦୁଃଖ ଶୁଣ ଯେ ବେଗେ ...
ଅଭିମାନ ନ ଧରିବ, ତୁମ ବିନା କେ ବୁଝିବ
ନିଜ ଲୋକ ତୁମରି ତ ଅଟନ୍ତି ସର୍ବେ
ଯେପରି ଚଳାଅ ତୁମ୍ଭେ, ଚଳୁଛନ୍ତି ସେହି ଭାବେ
ରାଗ ରୁଷା, କ୍ଷୋଭ ଯେତେ ଜଣାନ୍ତି କାନ୍ଦେ
ସେ ସବୁ ଦୁଃଖ ଭୁଲନ୍ତି ବେଗେ
ସବୁ ଦୁଃଖ ତୁମ୍ଭେ ନେଇ ହରଷ ବାଣ୍ଟ ଗୋସାଇଁ
ରହିଛ ସେହି ପ୍ରଭୁ ଏବେ ବି ତୁମ୍ଭେ
ଦୁଃଖୀ ରଙ୍କ ଡାକ ଶୁଣୁଛ, କ୍ଷଣକେ ଭବେ ।

■■

ପରିବାରଙ୍କ ଗହଣରେ ନିରୂପମା ଦେବୀ

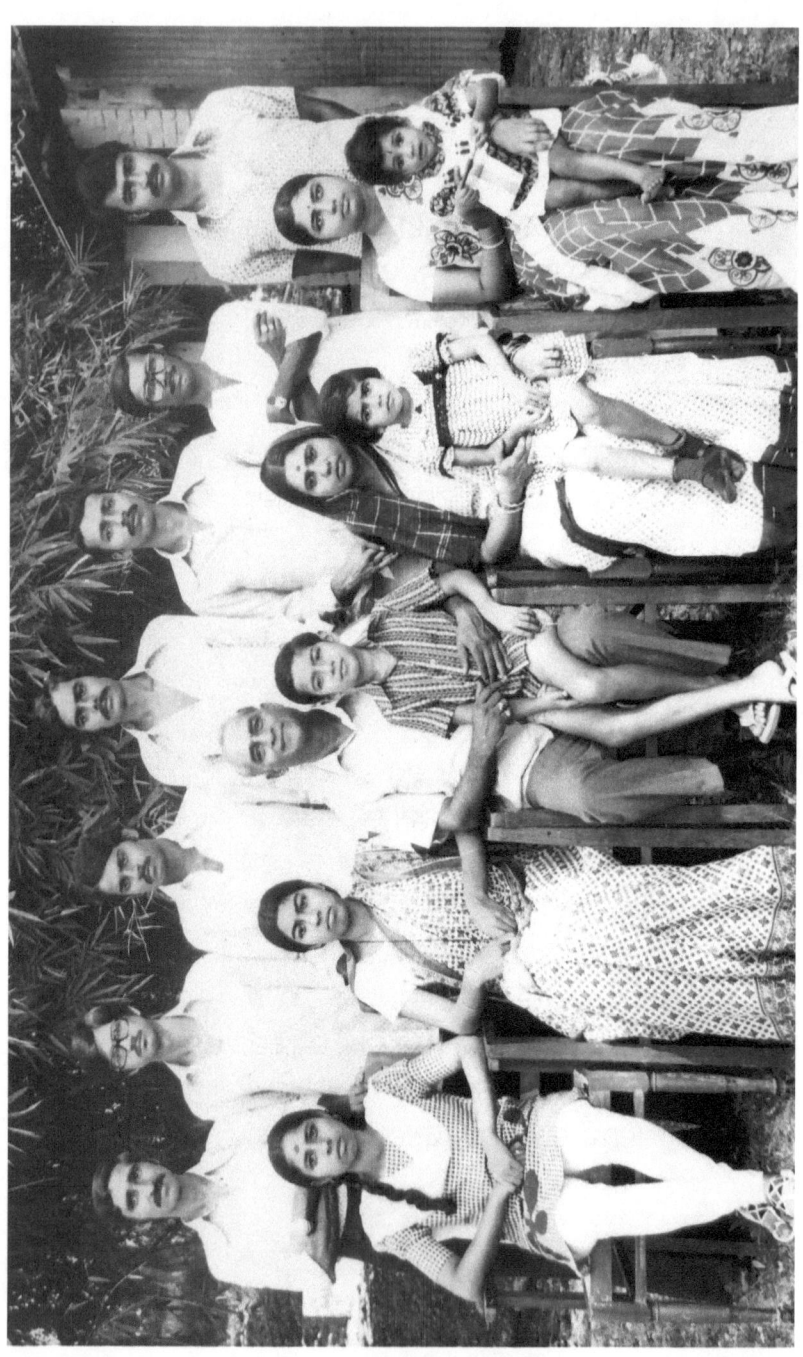

କବିଙ୍କର ମନୋଭାବନାର ଉଦ୍‌ବେଳନର
ଖଣ୍ଡ କବିତା
'କୁସୁମାଞ୍ଜଳି'

ନୂତନ ଉତ୍ସାହେ ଆରମ୍ଭିଲି ଦିନ
ଅତୀତକୁ ମନେ ଘାଣ୍ଟିଲି ।
ହସ ଖୁସି ଭରା ପୂର୍ବର ସୁଖରେ
ଗୋଳେଇ ପୋଳେଇ ହେଲି ।

●●

ତୁମ ପଦ ତଳେ ସମର୍ପିଲି ସବୁ
କାମନା, ବାସନା ଯାହା ।
ତୁମକୁ ହିଁ ଜଣା ଆଗତ ଭବିଷ୍ୟ
ରୂପରେଖ ହେବ ଯାହା ।

●●

ନୀରବ, ନିସ୍ତବ୍ଧ, ନିଶ୍ଚୁପ ହୋଇ
ତୁମ, ଚକାଆଖି ଦେଖୁଥାଏ ।
ମନେ ହୁଏ, ସେ କଳାବଦନ
ମୋତେ ଅପଲକେ ଚାହିଁ ରହେ ।

●●

କର୍ମବହୁଳ ଜୀବନେ ଆସିଛି
ସ୍ଥବିରତା, ବାଧା, ସାଜି
ତୁମେ କହିଦିଅ କିପରି ସେ ବାଧା ଆଡ଼େଇ
ଅଗ୍ରଗତି ହେବ ରାଜି ?
ତୁମ ମଧୁ ଚେତନାର ସ୍ପର୍ଶ
ଆଉଁସି ଦେବ ମୋ ତନୁ ମନ ଛୁଇଁ
ମିଳାଇବ ଅବଶୋଷ ।

●●

ସୁନ୍ଦର ଅନ୍ତର ସୁନ୍ଦର ବାହାର
ଲେଉଟାଣି ବେଳ ଅପୂର୍ବ ମଧୁର
ହାହାକାର ଜୀବନର ସାଥିହୀନ ଭାବ
'କଲ୍ୟାଣମୟ' ତୁମରି ସ୍ପର୍ଶର ମଧୁର ଅନୁଭବ ।

●●

ସବୁରି ପରାଣେ ସରସ ହରଷ
ଉପୁଜାଇ ଦିଅ କଲ୍ୟାଣ ପରଶ ।
ଫଗୁଣର ରଙ୍ଗେ ରଙ୍ଗୀନ ହେଉ ମନ
ଜୀବନ ସଙ୍ଗୀତ ଗାଉ ହୋଇ ବ୍ୟଥା ହୀନ ।

●●

ଦେଖୁଛି ତୁମକୁ ମୁଦ୍ରିତ ନୟନେ
ବନ୍ଦୀ କରିଛି ହୃଦୟର କୋଣେ
ଅର୍ଚ୍ଚନା କରୁଛି, ବେଦନା ଢ଼ାଳି
ଅର୍ପଣ ମୋହର, ନିଅ ସ୍ନେହ ବୋଲି ।

●●

ତୁମରି ଶିକ୍ଷା ମୋ ଜୀବନ ସଂଗୀତ
ତୁମରି ଦୀକ୍ଷାରେ ଚାଲେ ଗତିରଥ
ଜୀବନଯାତ୍ରାରେ ରହିଅଛ ସଙ୍ଗେ
ଅନୁଭବେ ସଦା ଥାଇବି, ନିଃସଙ୍ଗେ ।

●●

ଭସା ବାଦଲ, ପାହାଡ଼, ଡେଇଁଯାଏ
ଅଳ୍ପ ସମୟ, ଛାଇ ଟିକେ ଢ଼ାଙ୍କିଦିଏ ।
ସେହି ରୂପେ ଜୀବନର ଗତି ଧାଏଁ
କେବେ ଛାଇ ଢ଼ାଙ୍କେ,
କେବେ ନିର୍ମମ ରୌଦ୍ର ପାଏ ।

●●

ଲେଉଟାଣି ଧେନୁ ଗୋଧୂଳିର ଛାୟାବଳରେ
ଆପଣା ବାସକୁ ଝୁରୁଥାଏ ମର୍ମରେ ।
ଗହଳି ନ ଥାଉ, ନିରୋଳା ହେଲେ ସେ ବାସ

ଶାନ୍ତି ନିଳୟ ରହିବ ତହିଁ ସେହିତ, ତା' ଆବାସ ।

●●

ଶରତର ନୀଳକଇଁ, ପ୍ରାଣ ନେବ ମୋହି
ନ ଦେଖୁ ନୟନେ ପଛେ, ସପନେ ସେ ଆସିବଇଁ ।
ଯାହା ଆଦେଶରେ ନୀଳ, ଲହରୀ ଯାଏ ବେଳାଭୂମି ଛୁଇଁ
ତାହାରି ନିର୍ଦ୍ଦେଶେ ମର୍ମରେ ଶୁଣେ, ସଜାଗ ମୋ କର୍ମଭୂଇଁ ।

●●

ଫୁଟିଲା ଫୁଲ, ସୌଗନ୍ଧ କେହିକି ହଜାଇପାରେ ?
ଆକଟି, ଡରାଇ, ଥରାଇ, ମଳୟକୁ ଧରିପାରେ ?
ଛଳନାରେ ସିନା ଘାଣ୍ଟିହେବା ସାର, ଛନ୍ଦାୟିତ ମନା
ସେହି ମନ ଦିଅ ବିଭୂ ପୟରେ, ଶାନ୍ତ ସମାହିତ ଜ୍ଞାନ ।

●●

ଝରଣା ବହୁଛି, ତାହା ବାଟ ଚିହ୍ନିପାରି,
ମୁଁ ଯାଏ ମୋ ବାଟେ, ଅନ୍ଧକାର ବକ୍ଷବାରି
ଆଲୋକ ପ୍ରଭାତ, ଆସିବ ତ ନିଶ୍ଚେ ନିର୍ଭୟ ବାର୍ତ୍ତା ନେଇ
ଘାତ, ପ୍ରତିଘାତ, ଝଡ଼ଝଞ୍ଜା 'ସବୁ କ୍ଷଣିକେ ଯିବ ମିଳାଇ ।

●●

ବିଶ୍ୱାସ ବଳ, ଅରୁଣ ଆଭାସମ
ଅବିଶ୍ୱାସ, ତତଲା ଭୂଇଁରେ ଥାପିବା ପାଦସମ
ତାହାଠାରୁ ଦୂରେ ରହିଲେ
ଫୁଲ ସମ ମନ ରହିବ କୋମଳ
ଯେତେ ବାଧାବିଘ୍ନ ଆସିଲେ ।

●●

ତୁମେ କେବେ ଆଉ ଆସିବ ?
ଖସୁଛି ମୁଁ ଅନ୍ଧକାର ଗର୍ଭେ, ତହୁଁ ଉଦ୍ଧାର କରିବ ?
ସଂସାରୀ ଜୀବନେ ଲୋଭ ନାହିଁ ଆଉ, ଆଗପଛ ଅଜଣା
ଆକଟ, କପଟ, ଅକାରଣ ସବୁ, ନିର୍ଦ୍ଦେଶ ତବ ଊଣା ।

●●

ମନ ହୁଏ ଫେରିବାକୁ ସେ ନିର୍ମଳ ସଂସାରେ

ବାଲ୍ୟକାଳ, ପିଲାଖେଳ ବିତିଛି ଯେଉଁ ଘରେ
ନିବିଡ଼ ତା' ସ୍ପର୍ଶ, କୋମଳ ସେ ପରିବେଶ
ଝୁରିହୁଏ ଆକୁଳରେ, ଅଫେରନ୍ତା ଯେଉଁ ରସ ।

●●

ସମୟର ସଂଘାତ କାଳକାଳକୁ ବହି
ରହିଛି, ରହିଥିବ 'ହିମାଳୟ' ହୋଇ ।
ଖର୍ବ କରି ପାରିଛିକି କେ ତା' ଉତ୍ତୁଙ୍ଗ ଶୀର
ପରିପୂର୍ଣ୍ଣ ମନ ନେଇ ରହିଛନ୍ତି ତା' ପ୍ରାଣ ଈଶ୍ୱର ।

●●

କର୍ତ୍ତବ୍ୟର ଶତଶତ ଗତିପଥ
ତୁମର ପାଦଚିହ୍ନ ପକାଉ, ନ ଆସୁ ପ୍ରତିରୋଧ
ଧୀରେ ଧୀରେ ଊର୍ଦ୍ଧ୍ୱଗାମୀ ହୋଇ
କ୍ଷତ, ବିକ୍ଷତ ପଦପାତ୍ରୁ, ରହୁ ସେ ଆଡ଼େଇ ।

●●

ଖୁଣ୍ଟି ତୋଳିବ ବାଛି, ଫୁଲସବୁ, ରଖିବି ସଜାଇ
ସ୍ନେହରେ ଗୁନ୍ଥିବି ମାଳା, ପରିପୂର୍ଣ୍ଣ ମନ ନେଇ
ଆବାହନ କରିବି ମୁଁ ଅନ୍ତରେ, ନିରବରେ
ଆକାଙ୍‌କ୍ଷା ନିର୍ବାପିତ ହେବ, ସ୍ୱଇଚ୍ଛାରେ ।

●●

ନିଭୃତେ ଆସ ହୃଦୟେ ବସ
ଚାଳନା କର ଏ ଶରୀର ରଥକୁ
ଆଳାପ, ମିଳାପ ମୂର୍ଚ୍ଛନାରେ
ଶୁଣେ ତୁମ ଅମୃତ ବଚନ କଥାକୁ
ତୁମେ ଦେଖାଇବା ବାଟରୁ ନ ହୁଡ଼ି
କର୍ମ କରି ଦିନେ ଯିବି ବାହୁଡ଼ି ।

●●

ତୁମ ଭରସାରେ ଚଳେ
ଲୋଭମୟ ସଂସାରେ ,
ବନ୍ଦନା କରଇ ମଧୁରେ

ଚରଣାର ବିନ୍ଦରେ ।
ଉଷାର କନାକାଞ୍ଜଳି
ପକ୍ଷୀଙ୍କ ମଧୁ କାକଳୀ
ମୂର୍ଚ୍ଛନାରେ ଢାଳି ମୁଁ
ଆବାହନ କରେ ତୁମେ ଲୋଭମୟ ଧରାରେ ।

●●

ଆପଣା ଲକ୍ଷ୍ୟ ରହୁ ସ୍ଥିର ଅଚଞ୍ଚଳ
ମନ ପ୍ରାଣ ରହୁ ଶାନ୍ତ ନିର୍ମଳ
ଝଡ଼ ଝଞ୍ଜା ବାଧା ବିଘ୍ନ
ସବୁରି ସାମନାରେ, ଦୃଢ଼ ହୋଇ ରହି ଦମ୍ଭ ।

●●

ଅଶାନ୍ତ ହୃଦୟକୁ, ଶାନ୍ତଶୀଳ କରି
ପ୍ରଶାନ୍ତି ନିର୍ମଳ, ପରିବେଶ ବାରି
ସଦାହୋଇ ଆନନ୍ଦିତ
ସ୍ନିଗ୍ଧ ବାତାବରଣ, ସ୍ୱଚ୍ଛନ୍ଦ ଆଲୋକ
ସଦା ରହୁ ପ୍ରବାହିତ ।

●●

ନିର୍ମଳ ମନକୁ,ଶୁଭ ଚିନ୍ତା ଆଣି
ପରିବେଶ ରଖ, ପରିଷ୍କୃତ ପୁଣି
ସନ୍ତୋଷିତ ହୋଇ ରୁହ
ଆପେ ଦେଖାଯିବ, ସୁକର୍ମ କୁକର୍ମ
କର୍ମପଥେ ଅହରହ ।

●●

ସ୍ଥାନ, କାଳ, ପାତ୍ର, ବିଭେଦ ହୋଇଲେ,
କର୍ମଭୂମି, କର୍ମ ପବିତ୍ର ରଖିଲେ ।
ମନରେ ସାହସ, ଅଜାଣତେ ଶୁଭ ଶକ୍ତି
ଶୁଭ କର୍ମଫଳ, ସନ୍ତୋଷ ଆଣଇ
ହୃଦୟେ ମିଳଇ ଶାନ୍ତି ।

●●

ତୁମ ଆଶିଷ ବଳେ ହୋଇବ ଧର୍ମାତ୍ମା
ଅଗତିର ଗତି ତୁମେ, ସବୁରି କର୍ମାତ୍ମା
କର୍ମରୁ ଆସଇ ପାପ, ପୁଣି ପୁଣ୍ୟଫଳ
ତୁମେ ହିଁ କରାଅ ସବୁ, ବ୍ୟାପି ଚରାଚର ।

●●

ଜାଣିଛି ମୁଁ, ତୁମେ ଚାହଁ,
ସବୁ ସୁକର୍ମ ମୁଁ କରିବି
ଭଲ ମନ୍ଦ ଦୁଇ ବାଟ ଦେଖାଇଛ,
ସର୍ବଦା, ଭଲ ମୁଁ ବାଛିନେବି ।
'ତୁମେ' ଭରସା ନ ଦେଲେ, ଏହା କି ସମ୍ଭବ
ତୁମ କରୁଣା ଧାରା, ବଳେ ବଳୀୟାନ ହୋଇ
ସବୁ ଅସମ୍ଭବ, ଅକିଞ୍ଚିତେ ସମ୍ଭବ ହୋଇବ ।

●●

ଅଣାୟତେ କୁକର୍ମ, କେବେ ହେଁ ନ କରେ
ଶକ୍ତିଧର, ଶକ୍ତି ଦେଇ, ଅଛନ୍ତି ନିକଟରେ
ସେହି ସାହସର ବଳେ
ସବୁ ବାଧାବିଘ୍ନ ନିର୍ବିଘ୍ନେ ଏଡ଼ାଇ
ଧାଉଁଥାଏ ଅବହେଳେ ।

●●

ଅଦୃଶ୍ୟରେ ନିୟତ ଦେଖାଅ ରାହା
ଆହେ ଜଗନ୍ନାଥ, କାହା ପାଖକୁ ଯିବି
କିପରି ଦାୟିତ୍ୱ ତୁଲାଇବି
ଯେତେଦିନ ଆଉ ରଖିଛ ଜଗତେ
ସୁପଥେ ଚଳାଇ, ପାଖେ ଥାଇ ହୁଅ ସାହା ।

●●

ଏ ବାସ୍ ତୁମର ଧର୍ମଶାଳା ପରିଷ୍କୃତ ହୋଇ ରହ
ଚାରିପାଖ ଚକ୍ଷୁ, ଚାହିଁ ରହିଛନ୍ତି
ଲକ୍ଷ୍ୟ ରଖି ଅହରହ ।
ଅନ୍ତରେ ରୁହ ସନ୍ତୋଷ

କର୍ମରେ ରୁହ ହରଷ
ସ୍ଥାନ ଛାଡ଼ି ଗଲା ପରେ ନ ଥିବ କିଛି କଲୁଷ ।

●●

ସ୍ୱଚ୍ଛ କର୍ମ, ଶ୍ରଦ୍ଧା ପ୍ରେମ, ପରିପୂର୍ଣ୍ଣ ଦେଇ
ଅନ୍ତରେ ସୁଖରେ ବଶୀଭୂତ ରହ, ଆପଣାକୁ ନେଇ
ଏ ସଂସାରେ, କେ ନୁହେଁ କାହାର
ତୁମେ ହିଁ, ତୁମର ଦାୟୀ ।

●●

କର୍ମରୁ ପାଅ ଆନନ୍ଦ, ବାଣ୍ଟ ସେହି ଖୁସି
ହୃଦୟେ ଆସିବ, ଶାନ୍ତି ଅମାପ ପରିତୃପ୍ତି ।
'ମାୟାଚକ୍ର' ବନ୍ଧନେ, ନ ହୋଇ କବଳିତ
ସୂଚାରୁ ରୂପେ ଚଲାଅ, ନିଜ କର୍ମରଥ ।

●●

ନିଶ୍ଚୁପ, ନିଷ୍ଠଳେ ଭଜ 'ଚରଣାରବିନ୍ଦ'
ଯହିଁରୁ ଝରଇ ସଦା 'ମଧୁ ମକରନ୍ଦ'
ତହିଁ 'ଅବଗାହନ' ଦୂରେ ଯାଏ ଖେଦ
ବିଶ୍ରାମ ନିଅନ୍ତି ହୃଦେ ପ୍ରଶାନ୍ତି ଆନନ୍ଦ ।

●●

ସୁପଥେ ଚାଲିବା, ଆଣଇ ଆନନ୍ଦ,
ଅଜାଣତେ, ବାଧାବିଘ୍ନ ଦୂର ହୁଏ
ମନେ ସଙ୍ଗୀତର ପୁଷ୍ପ ସୁଗନ୍ଧ ।
ଆଲୋକ ଆନ୍ଧାରର ଲୁଚାଚୋରାଖେଳ
କଳ୍ପନାରେ ଆସି, ହଜିଯାଏ, ସମସ୍ୟା
ଜାଣେନା, ବୁଝେନା ବେଳ କି ଅବେଳ !

●●

ନିଜ କକ୍ଷେ, ନିଜେ ଘୂର ମମତା ଘେରରେ
ମମତାର ଉଷ୍ମତା, ଖେଳାଅ, ଅନ୍ତରେ ବାହାରେ ।
ତହିଁର ସୁରଭି ଯାଉ 'ପ୍ରଭୁ'ଙ୍କ ପାଖକୁ
ସେ ଆଘ୍ରାଣ ପାଇ ଫେର ଆପଣା କକ୍ଷକୁ ।

●●

ନିଜସ୍ୱ ଶୃଙ୍ଖଳା କେଭେ ହୁଗୁଳା ନ ହେଉ ।
ବାହ୍ୟ ଆଡ଼ମ୍ବର ବୃଥା, ତହିଁ ମନ ଭୂଲି ନ ଯାଉ ।
ନିଜେ ନିଜକୁ କର ଶୋଭାବନ ।
ତହିଁରୁ ମିଳେ ଆନନ୍ଦ, ପ୍ରାଣ ହୁଏ ପରିପୂର୍ଣ୍ଣ ।

●●

ହୃଦୟେ ଦୃଢ଼ ଭାବ, ମନକୁ କରି ଶାନ୍ତ
ଚଳ ଚଞ୍ଚଳ ସଂସାରେ, ହୁଅ ଆତଯାତ ।
ଆପେ ଆପେ ମିଳିଯିବ, ଭଲ ମନ୍ଦ ବାଟ
ତହିଁରୁ ବାଛି ନିଅ, ସଦା କଠିଣ 'ସୁପଥ' ।

●●

ଆପଣା ବିଶ୍ୱାସୁ ଜାତ, ନିଜସ୍ୱ କର୍ମଧାରା
ତୁଳନା ନ କର ତାକୁ, ଅପର କର୍ମକରା,
ଶୁଭ, ଭଲ ଭାବି ଯାହା ଅଗ୍ରଗତି କର
ସେହି ଦେବ, ଅଭୟ ଆଶ୍ରା ପ୍ରଶାନ୍ତି ମନର ।

●●

ଅଜାଣତେ ତୁମେ ପାଖକୁ ଆସିଛ
ଅନାୟାସେ ବନ୍ଧୁ ରୂପେ ସହାୟ ହୋଇଚ
ବାଉଳା ମନ ନେଇ, ବୁଝି ପାରିନାହିଁ
ତୁମେ ହିଁ, ତୁମ ଦ୍ୱାରା କର୍ମ କରାଉଛ
ଯେଉଁ ରୂପେ ହେଉ, ଯେଉଁ ଭାବେ ହେଉ
ତୁମେ ତ ସର୍ବଦା, ପାଖେ ପାଖେ ଅଛ ।

●●

କିଛି ମାଗୁନାହିଁ ତୁମ ଆଶିଷ ବିନା
ସ୍ୱର୍ଣ୍ଣ କରିଛ ମୋ ଜନମ
ନାହିଁ ଅନ୍ୟ ଯାତନା
ମନୁଷ୍ୟ ଜନମ ଧନ୍ୟ ହୋଇଛି
ଧରାଧାମେ ଦିନ ସୁଦିନେ କଟୁଛି
ଆବାହନ କରୁଛି ତୁମକୁ

ଢାଳି ମୋ ସଙ୍ଗୀତେ ମୂର୍ଚ୍ଛନା ।

●●

ଦୁଇହାତ ଖୋଲି ଢାଳିଦିଅ ଯାହା,
ନେବାର ଯୋଗ୍ୟତା ନାହିଁ ।
ମନର ଦ୍ୱିଧା, ଭାବର, ଅଭାବ,
ନେଉନି ବାଟ କଢ଼ାଇ ।
ଆକାଙ୍କ୍ଷାକୁ ଛାତି ତଳେ ଚାପି ଦେଇ
ମିଛ ହସ ମୁହେଁ ଫୁଟିଛି ।
ନିଜକୁ ଠକାଇ ଛଳନା ପଣରେ,
ଜଗତକୁ ବୋକା ଭାବିଛି ।

●●

କେଉଁଠୁ ଆଣିବି ପବିତ୍ରତା ଭାବ
ତୁମେ ନ ଦେଲେ ତା ଆଉ କିଏ ଦେବ
ସେ ଭାବର, ଅଭାବ ଦୂରେଇ ଦେଇ
ତୁମ ଚରଣରେ ଦିଅ ଠାବ
ତୁମେ ହିଁ ମୋହର ସର୍ବ ଦେବାଦେବ ।

●●

ତୁମ ଛଡ଼ା କାହାର ଆଶ୍ରା ମୋର ଲୋଡ଼ା ନାହିଁ
ତୁମ ବିହୁନେ ତିଳେ ଅଗ୍ରସର ହେବ ନାହିଁ ।
ତୁମେ ମୋ 'ଦାରୁ ଦେବ'
ସର୍ବଜନର ଏକମାତ୍ର ଠାବ
ଅନ୍ୟ କିଛି ଦାନ ଧର୍ମ ଯାହା କରିଲେ ବି
ଯାହା କିଛି କରେ କେବଳ ତୁମରି କରୁଣା କଣିକା ପାଇଁ ।

●●

ଯେଉଁଠାରେ ବାସ ଦିଅ
ତାହା ହେଉ ତୁମ ସାନ୍ନିଧ୍ୟ
ଭୁଲାଇଛ ବହୁଦିନ
ଆଉ ବନ୍ଧନେ, ନବାନ୍ଧ ।
ତୁମ ନାମ ନେଇ ଗୁଣୁ ଗୁଣୁ ହେବି
ଅଜଣା ପୁଲକେ ଭାସି ଯାଉଥିବି

ଅନ୍ୟ କିଛି 'ମତେ' ନ ଭୂଲାଇ ମୋତେ
ତୁମ ଚରଣେ ସ୍ଥାନ ଦେବ ।

●●

ଉପକାରୀ, ଉପକାର, ଭୂଲି ନ ଯାଇ
ନ ଜଣାଇ, ବିଶ୍ୱାସରେ ରଖ ଭୁଲାଇ
ଅହଂ ଭୂଲି, ନମ୍ରତାରେ ଅନୁରକ୍ତି ଭାବ
ବଳେ ଜାଣିହେବ, ତୁମ ସଙ୍କୋଚ ମନୋଭାବ ।

●●

ଏ ଗୃହ ତୁମର, 'ଭାଗବତ ଟୁଙ୍ଗୀ'
ଏହି ଗୃହ 'ଶୁଭ ମନ୍ଦିର'
ଏ ଗୃହେ ଦେବତା ଚଳଚଞ୍ଚଳ
ସୁକର୍ମେ ଚିର, ତତ୍ପର
ତୁମେ ହିଁ 'ପ୍ରଭୁ' ତୁମର
ତ୍ୟାଗ ଧର୍ମେ ସେ ପ୍ରଭୁଙ୍କୁ ପୂଜ
ଝରୁ ହୃଦେ 'ସୁଧା' ନିର୍ଝର ।

●●

ଜୀବନ ସଙ୍ଗୀତ ଗାଅ
ସାଙ୍ଗ ସାଥୀ ମେଳେ ରହି
ସଦାବ୍ରତ ରଚି, ରହି ଅନୁରକ୍ତ
କାମନା ବିରତ ହୋଇ
ତେବେ ସେ ନିକଟେ ଆସିବେ
ହାତଧରି ତୁମ ପଥ ଦେଖାଇବେ
ସଦା ପାଖେ ପାଖେ ଥିବେ ।

●●

ଶତ ଦୁଃଖ, ଦୂର କରି, କୋଟି ସୁଖ ଆଣ,
ସେହି କର୍ମ, ସେ ଆନନ୍ଦ ହୁଅ, ପୂର୍ଣ୍ଣ ପ୍ରାଣ
ସୁଖ ଭାବନାରେ, ସୁଖୀ ହୁଅ,
ଜାଣ ବା ନ ଜାଣ, କେତେ ଦୁଃଖୀ ରଙ୍କି
ଲାଭ ପାଉଛନ୍ତି, ତାଙ୍କ ଶକ୍ତି ହୋଇ ରୁହ ।

●●

ଜନ୍ମ ଆମର ସୁକର୍ମରେ ରହି
ସର୍ବକାଳେ ଚଞ୍ଚଳ
ଦେହ ମନ ଶୁଦ୍ଧ କରି ଆନନ୍ଦେ
ଚିତ୍ତ ରଖିବ ନିର୍ମଳ
ଏକକ ଭକ୍ତି, ଅନୁରାଗେ, ମନ ଦେହ
ହୃଦୟ ଆନନ୍ଦ ହେବ ପୂର୍ଣ୍ଣ
ସେ ଆନନ୍ଦୁ, ଶତ ଆନନ୍ଦ ଉପୁଜି
ଶୁଭ ଶାନ୍ତି ଭରିବ ଅପରର ପ୍ରାଣ ।

●●

ଯାହା ବି କରୁଛ ମୁକ୍ତ ହୃଦୟେ କରି
ସଂସାରୁ ଜଞ୍ଜାଳୁ ତିକ୍ତତା ନିଅ ହରି
ତୁମ ସଦ୍‌ଗୁଣ ହୋଇ ଉଦ୍‌ଭାଷିତ
ସଂସାରେ ଆନନ୍ଦ ଆଣି ରହୁ ଉତ୍‌ଫୁଲ୍ଲିତ ।

●●

ମାନବ ଶରୀରେ ଦେବତାର ଜନ୍ମ
କରନାହିଁ ତାକୁ ନିନ୍ଦା ଅକାରଣ ।
କେତେ ରୂପେ କେତେ ରଙ୍ଗେ, ରଙ୍ଗାଉଛି
ଦୁଃଖ ଆସୁ, ସୁଖ ଆସୁ, ନିର୍ବିଘ୍ନେ ଚାଲୁଛି ।

●●

ତୁମେ ଚଳାଉଛ, ବତାଉଛ, କର୍ମ କରାଉଛ
ହସୁଅଛ, ହସାଉଛି, କାନ୍ଦୁଅଛ, କନ୍ଦାଉଛି
କେଭେ ନୋହିଛି କର୍ମ ବିମୁଖ
ସେହିପରି ସର୍ବଦା, ସହାୟ ହୋଇଥାଅ
ଚିନ୍ତନେ ମୋର ସଦା ରହିଥାଅ
ଯାତ୍ରା ଚାଲୁ ଚଢ଼ି ଜୟ ରଥ ।

●●

ନିଜକୁ ସର୍ବଦା ଶ୍ରେଷ୍ଠ, ବୋଲି କହି,
କିପରି ତା' ହେଲ, ଚିନ୍ତାରେ ନ ଥାଇ

ବଡ଼ପଣିଆରେ ରହିଲେ,
ମିଛ ଅହଂରେ ବାଟ ହୁଡ଼ିଯାଇ,
ବାରମ୍ବାର, ନିନ୍ଦିତ ହେବା ସାର
ବିଶ୍ୱାସ, ପ୍ରଶଂସା ଆସିବନି, କେବଳ ଆଶା ରଖିଲେ ।

●●

ଏହି ପୃଥିବୀ, ତୁମରି ବାସ
ପ୍ରକୃତିରାଣୀ ଦେଇ ପରଶ
ସଜାଉଛି ଭିନ୍ନ ଭିନ୍ନ ରଙ୍ଗେ
ଯେଣୁ ତୁମେ ଖେଳୁଅଛ ଏଠି
କେତେ ରୂପେ କେତେ ଭଙ୍ଗେ ।

●●

ସେ ତ ତୁମ ନିର୍ଦ୍ଦେଶିତ ପଥେ ଚାଲିଛି
କାହିଁକି ବା ଭବେ, ହେବ ପରାଜିତ
କଲୁଷିତ ଭାବ ଦୂରେ, ରଖିଛି
ପୁଷ୍ପର ସୌରଭେ ବିଚ୍ଛୁରିତ ହେବ
ଅନନ୍ୟ ଭାବ ବନ୍ଧନେ ରହିଥିବ ।

●●

ହେ ଦୟାମୟ ବିଶ୍ୱବିହାରୀ
ତୁମେ ଦୟା, ଧାର, ନିର୍ଝର ଝରରେ
ଅବଗାହନ, ପୁଣ୍ୟ ସୁଧା ସେ ତରୀରେ
ତହିଁ ମୁଁ ବାହି ଚାଲିଛି
ଶେଷ ନ ହେଉ କେଭେ ସେ କରୁଣାବାରୀ ।

●●

ତୁମରି ଦୟାର ପାତ୍ରୀ ମୁଁ ଭବେ
ସେହି ବଳେ ଯାତ୍ରା କରୁଛି
ସ୍ୱଚ୍ଛ ହୃଦୟେ ନିର୍ମଳ ମନ
ପୁଣ୍ୟ ସଙ୍ଗୀତ ଗାଇ ଚାଲିଛି ।
ବିଶ୍ୱାସ ରଖିଛି, କେଭେ ବାଟ ବଣା ନୋହି ବି
ତୁମେ ସାଥି ରହି ଚାଳିତ କରୁଛ

ଜୟଯାତ୍ରା କରୁଥିବି ।

●●

ଅନ୍ତର ଯେଉଁ ନାମ ଘୋଷୁଅଛି
ମୁଖେ ସ୍ମରି, କର୍ମ ଚିନ୍ତ
ସୁଚିନ୍ତା, ସୁଫଳ, ସୁକର୍ମ କରାଏ
ସ୍ୱଧର୍ମେ ରଖେ ନିଶ୍ଚିତ ।
ସୁଦୃଢ଼ ଭାବନା ରଖ
ସେହି ବଳେ ସଦା ବଳିୟାନ ରହି
ପାଅ ଜ୍ଞାନ ସମୃଦ୍ଧିର ସୁଖ ।

●●

ପଦ୍ମପତ୍ରେ ଜଳସମ ଢ଼ଳଢ଼ଳ ରହି
ଆପଣା ଜୀବନ ରଖ ବୁଦ୍ଧିମନ୍ତ ହୋଇ
ପଦ୍ମପାଦେ ଚିତ୍ତ ରଖ
ସେହି ଏକା ସାଥୀ ତୁମ, ଦେବେ ସର୍ବ ସୁଖ ।

●●

ପ୍ରଭୁ ତୁମେ ଚାହିଁଲେ ମୁଁ ସାଧୁ ରହିବି
ତୁମେ ଯହିଁ ଅଛ, ତାହା ଶୁଦ୍ଧ ବାତାବରଣ
ଅସାଧୁ କିପରି ହୋଇବି ?
ଏ ଅତୁଟ ବିଶ୍ୱାସ ମୋର
ଏହା ଯେପରି କେଭେ ଦୂର ନ ହୋଇବ
ତାହା ତୁମେ କର, ଏହା ହିଁ ପ୍ରାର୍ଥନା ମୋର ।

●●

ବିଦ୍ୟା ବୁଦ୍ଧି, ଶିକ୍ଷା ଦୀକ୍ଷା, ଯେତେ ଯାହା ଥିଲେ
ଈଶ୍ୱର ଆଶୀର୍ବାଦ କିଞ୍ଚିତ୍ ନ ମିଳିଲେ
କର୍ମଫଳ କାହୁଁ ଆସିବ ?
ସେହି ଆଶୀର୍ବାଦ କିପରି ପାଇବ, ଚେଷ୍ଟିତ ରୁହ
ନିଶ୍ଚେ ଦିନେ ତାହା ମିଳିବ ।

●●

ଅଭ୍ୟାସ କରି ସୁଖ ଆଣ ଆତ୍ମା ଜୀବନେ

ଇଚ୍ଛା ଶକ୍ତିକୁ ପ୍ରାଧାନ୍ୟ ଦିଅ ଅଣୁକ୍ଷଣେ ।
ସେହି ସଳଖ ବାଟରେ ନେବ
'ନିରାକାର' ପ୍ରଭୁଙ୍କ ସାକାର ରୂପରେ
ସର୍ବକ୍ଷଣ ସାଥି ହେବ ।

●●

ସାଧନାରେ ସିଦ୍ଧି ଆସେ ସର୍ବଜନ ବିଦିତ
ଭାବନାରେ ଭୁଲନାହିଁ, ହୁଅନି, ଅବହେଳିତ
କେତେ ଝୁଣ୍ଟିପଡ଼ି, ଉଠି, ଚାଲୁଅଛ
ସମବେଦନା, ଆଶା କି ମନରେ ରଖିଛ ?

●●

କଷ୍ଟ ଆସୁ, ବିଘ୍ନ ହେଉ, କର୍ମ କରୁଥାଅ
ଅପର ସୁଖରେ, ଖୁସୀ, ଆନନ୍ଦିତ ରୁହ
ଚକ୍ଷୁ ଖୋଲି ଦେଖ, ସୁଖ ବିଞ୍ଚି ରହିଛି
ଦୁଃଖ ବିଷାଦ, ତାକୁ ଢ଼ାଙ୍କି ନ ପାରିଛ ।

●●

ସୁଚିନ୍ତିତ ଭାବନା ଶୁଭଫଳ ଦିଏ
ଦେହ ମନ ସୁସ୍ଥ ରଖେ କର୍ମ ଶୁଭ ହୁଏ ।
ଆପଣା ସୁଖରୁ କରି ଅପରକୁ ସୁଖୀ
ତୃପ୍ତି ପାଅ ଅନ୍ତରରେ 'ନିରାକାରେ' ଚିନ୍ତି ।

●●

ବିରୁଦ୍ଧ ମନକୁ ଅବରୁଦ୍ଧ ରଖ କରି ବନ୍ଦ
ଅମୃତ ଝର ଝରାଅ ହୃଦରୁ ବାଣ୍ଟିଣ ଆନନ୍ଦ
ଶୁଭ ଚିନ୍ତା ଆଣେ ଶୁଭ ଯୋଗ
ତାହାରି ପ୍ରୟୋଗେ ହୁଏ ସର୍ବକାର୍ଯ୍ୟ ଶୁଭ ।

●●

ସାଧନାର ସିଦ୍ଧି ଜାଗ୍ରତ କର
ହୃଦୟ ତନ୍ତ୍ରରେ ଚିନ୍ତି
ମନର ମୁକୁରେ ଆଙ୍କ ସେହି ଛବି
ଆପେ ଆସିଯିବ ଶାନ୍ତି

ଦୁଃଖ ତ ତୁମର ଚିର ସାଥି, ତାକୁ
ସସମ୍ମାନେ ଆଶ୍ରା ଦିଅ
ସୁଖ ତ କେବଳ ଅଦିନ ଅତିଥି
ଜଗି ରଖି ଚଳୁଥାଅ ।

●●

ସହଜ ପନ୍ଥାରେ ଯାତ୍ରା ସହଜ ଲଭ୍ୟ ନୁହଁ
କଷ୍ଟ ପଥରେ ଚାଲ
ତହିଁରୁ ମିଳିବ ସୁଲଭ ସଙ୍ଗତି ସ୍ୱାଭିମାନ
ସଂଗଠନର ସୁଫଳ
କଷ୍ଟରୁ ମିଳନ୍ତି ଇଷ୍ଟ ସାଧନା, ସଦାବ୍ରତ
କାମନା ହୁଏ ସାଧିତ
ସ୍ୱାଭିମାନ ହେବ ସଧୀରେ ଜାଗ୍ରତ ପ୍ରେମ ଭାବ
ଦୁଷ୍ଟ ଗ୍ରହ ପରାଜିତ ।

●●

କଷ୍ଟରୁ ଆସନ୍ତି, ଇଷ୍ଟ, ଧୀର ପଦପାତେ
ଅନୁଭବ କରୁଥାଅ ହୃଦୟ ସଙ୍ଗୀତେ
ସେହି କରାଇବ ତୁମ ଯାତ୍ରା ଶୁଭ
ସବୁ ବାଧା ବିଘ୍ନ ଅପସରି, ଆସିବ ଆନନ୍ଦ ।

●●

ନିରବତା, ମଧୁର ସ୍ୱରେ ଡାକ ଦେଉଥାଏ
ତହିଁର ମୂର୍ଚ୍ଛନା ପ୍ରାଣେ ମଧୁ ଭରିଦିଏ
ସେହି ଭାବେ ଅର୍ଚ୍ଚନା କରୁଥାଅ
ଅନନ୍ତ ସୁଖେ ତନୁମନ ଭରୁଥାଅ ।

●●

ଗୁହାରୀ ଜଣାଅ ଆତ୍ମ ନିବେଦନେ
ଅଜଣା ତାଙ୍କୁ ନାହିଁ ଜାଣ ପ୍ରତିକ୍ଷଣେ
ତୁମକୁ ସେ ସଦା ଚାହିଁଛନ୍ତି
କର୍ମଫଳ, ସୂଚୀରେ, କରୁଣା ବାଟନ୍ତି ।

●●

ହସହସ ମୁଖେ ଶ୍ରଦ୍ଧା ପ୍ରୀତି ଦେଇ,
କର୍ମ କରିଯାଅ ବିମୁଖ ନ ହୋଇ
ନିତିଦିନିଆ ଭଲମନ୍ଦ, ସୁଖଦୁଃଖରେ
ସାଥି ହୋଇଯାଅ ନିର୍ଦ୍ୱନ୍ଦ୍ୱ ନିର୍ବିକାରେ ।

●●

ସେହି ଦିନଟିକୁ ମନେ ରଖିଥାଅ
କର୍ମଫଳ ସବୁ ଆପେ ଆଣୁଥାଅ
ଗୋପନେ ରହି ସେ ନିର୍ଦ୍ଦେଶ ଦିଅନ୍ତି
ଅନୁଭବୀ ମନେ 'ଅହଂ' ନ ଆଣନ୍ତି ।

●●

କଷ୍ଟରୁ ମିଳନ୍ତି କୃଷ୍ଣ
ଭବେ ଏହା ଜଣା
ସେ କଷ୍ଟ କି ଲାଗେ ପ୍ରାଣେ ?
ସେ ତ, ସୁଖ ଭରା ମୁଣା
ସେହି ଖୋଜେ ଲାଗିଥାଅ
ଆସିବେ ନିରବେ, ବାନ୍ଧିବେ ସରବେ
ଆଶାରେ ଜୀବନ ପୁରାଅ ।

●●

ଭୁଲ ନାହିଁ ତାଙ୍କୁ, ସେ ପାଶେ ଅଛନ୍ତି
ଦୁଷ୍କର୍ମ କର୍ମ କରନି
ପ୍ରଭୁଙ୍କୁ ହୃଦୟେ ସ୍ଥାପନା କରିଛ
'କୁ' ଚିନ୍ତା ମନେ ଆଣନି
ଶୁଭ ଚିନ୍ତା ମନେ ଆଣ
ଭଲ ଭାବନାରେ ଭକ୍ତି ଆପେ ଆଶେ
ଶାନ୍ତ ମନ ବାଣ୍ଟେ, ଶାନ୍ତି ଗୁଣ ।

●●

ଅଦୃଶ୍ୟ ଶକ୍ତିରୁ ବଳ ମିଳୁଥାଏ
ଅବୁଝା ମନ, ନ ବୁଝି ଘାଣ୍ଟିହୁଏ ।
ଯିଏ ପାଶେ ରହି ସବୁ କରାଉଥାନ୍ତି

ସେହି ଶେଷ ଯାକେ ଦାୟୀ ଥାଆନ୍ତି ।

●●

ଉଦ୍‌ଭାଷିତ ଅନୁରକ୍ତ, ଗୁଣ, ଗୁଣେ, ଗୁଣୀ
କରଇ ବର୍ଣ୍ଣନ, କେତେ ସଦ୍‌ଗୁଣ,
ନ ପାରେ ସେ ତାହା ଜାଣି ।
ତହିଁରୁ ଜନ୍ମିତ, ଯେତେ, ରହି ଅନୁରକ୍ତ
ସଦ୍‌ଭାବେ ହୋଇ ଉଦ୍‌ଭାଷିତ
ଜଗତେ କରନ୍ତି ସତ୍ୟ ପ୍ରତିଷ୍ଠିତ
ଆନନ୍ଦ ନିର୍ଝର, ହୁଏ ପ୍ରବାହିତ ।

●●

ଯୋଗେ ଅନୁରାଗ ଆଣି
ତତ୍ପରତା ଭାବେ ପ୍ରାଣୀ
ଆପଣା ହୃଦେ ପୂଜନ୍ତି,
ସେହି ହୃଦୁ ପୁଣି ଅନୁକମ୍ପା ଖଣି
ଖୋଲି ଅନ୍ୟ ଶୁଭ, ଚିନ୍ତା କରନ୍ତି ।

●●

କେଉଁ କର୍ମ କିପରି କରିବି,
ତୁମ୍ଭେ ମୋର ପରିଚାଳକ
ତୁମରି ଇଚ୍ଛାରେ ଜଗତ ଚାଲୁଛି
ମୁଁ କିମ୍ବା ହେବି କର୍ମ ବିମୁଖ ?
'ବିନ୍ଦୁ'ରୁ ତୁମେ 'ସିନ୍ଧୁ' ଉତ୍ପନ୍ନ କରାଅ
ବିରୋଧ, ନ ଆସି, ଶରଧାରେ ଭାଷି
ଗତିଶୀଳ, ପ୍ରୀତି ଝର ଝରାଅ ।

●●

ହୃଦୟ ସଙ୍ଗୀତୁ, ସୁକର୍ମ ଉପୁଜେ
ସହାସ୍ୟ ବଦନ, କର୍ମ କରାଏ ସହଜେ
ସବୁ ସୌନ୍ଦର୍ଯ୍ୟ, ତହିଁ ହୋଇ ଏକ ଠୁଳ
କର୍ମପନ୍ଥା କରିଥାନ୍ତି ସହଜ ସରଳ ।

●●

ସମର୍ପି ସମସ୍ତ ତୁମ ପଦତଳେ
ଅର୍ପିଲି ହୃଦୟ ଚରଣାଞ୍ଜଳିରେ
ସବୁ କର୍ମ ମୋର ସୁକର୍ମ କରାଅ
ସଭିଙ୍କ ମନରେ ଶାନ୍ତି ଭରିଦିଅ ।

●●

ଯାହା କହୁଛ, ଯାହା ବି କରୁଛ
ଶୁଦ୍ଧ ହୃଦୟରେ ଚିନ୍ତ
ଶ୍ରେଷ୍ଠ କର୍ମ, ବୋଲି ବିଦିତ ରହିବ
ସଭିଙ୍କର ମନୋନୀତ
ଚିତ୍ତ ଆନନ୍ଦ, ମିଳିବ ତହିଁ ଭରପୂର
ପରିବେଶ ନିର୍ମଳ, ସଦାଚାର ସମ୍ଭାର ।

●●

ଆପଣାକୁ ଚିହ୍ନ, ଅପରେ ଚିହ୍ନା,
ଦିଅ ନାହିଁ ଅଜାଣତେ
ଲୁଚାଅନି କିଛି, କାହୁଁ ଲୁଚାଇବ
ଜାଣନ୍ତି ସେ ସବୁ ନିଜ ମତେ
ବଦଳାଇ ଦିଅ ଆପଣା ମନକୁ
ତାଙ୍କରି ମନକୁ ଜାଣ
ସେହି ମନ ସବୁ 'ସୁ' ଯୋଡ଼ିଦେବ
ସବୁ ହେବ ତୁମ 'ସୁଗୁଣ' ।

●●

ଶୃଙ୍ଖଳିତ କର ଆପଣାର ମନ,
ଜୀବନ ହୋଇବ ଧନ୍ୟ
ସହଜ ସରଳ ତାହା ନୁହଁଇ କଠିଣ
ଭାବନାରେ ସିନା ବିଭିନ୍ନ ।
ସାଧନାରେ ସିଦ୍ଧି, ଶୃଙ୍ଖଳାରେ ବିଧି
ଚଳଣିରେ ମିଳେ ନିଧି
ଆତ୍ମବଳ ଆସେ, ସୁଖ ମନେ ବସେ

ସରସତା ହୃଦେ ସାଧି ।

●●

କର୍ମ ସୁଖରେ ଭାବାନ୍ତର ଆଣ ନାହିଁ ।
କର୍ମଭୂମିକୁ ସୁସ୍ୱାଗତ ମନେ ଚାହିଁ,
ତୁମ କର୍ମ ଆଣେ, ଅପରର ଆନନ୍ଦ
ସେ ଆନନ୍ଦୁ ମିଳେ, ଭଗବତ୍ ସମ୍ପଦ ।

●●

ସତ୍, ଚିତ୍ତ, ଆନନ୍ଦର, ଆତ୍ମଗତ ସୁଖ
ଅଜାଣତେ ଦୂର କରେ ଅପରର ଦୁଃଖ ।
ଦୃଢ଼ ପ୍ରତ୍ୟୟରେ ତାହା ସାଥୀ ହୋଇ ରହୁ ।
ଅଶୁଭ, ଅମଙ୍ଗଳରୁ ନିବୃତ୍ତ ହେଉଥାଉ ।

●●

ମର୍ତ୍ତ୍ୟଧାମ ବୈକୁଣ୍ଠରେ ନ ରଖି, ଭେଦଭାବ
ସତ, ଚିତ୍ତ, ଆନନ୍ଦକୁ, ଅବିରତ ସେବ
ସେ ସେବାରୁ ଉତ୍ପନ୍ନ ଅମୂଲ୍ୟ ସମ୍ପଦ
ଦୂରୀଭୂତ ହେବ ଦୁଃଖ, ମିଳିବ ସଦ୍ଭାବ ।
ଯାହା ରହିବ ଅକ୍ଷୁର୍ଣ୍ଣ
ତାହା ବଳେ ଅଗ୍ରସର, ଜୀବନର କୋଣ ଅନୁକୋଣ ।

●●

ସବୁ ଅହଂ ଭାବ ହୋଇ ଏକ ଠୁଳ
ନିଜ ନିଜ ମତେ କରୁଥିଲେ ଗୋଳ
ଅଦୃଶ୍ୟ ସ୍ରଷ୍ଟାଙ୍କ ବାର୍ତ୍ତା ଆସିଲା
'ଗୋଳ' ଛାଡ଼ି ସର୍ବେ
ସୁଖ, ମନେ ହୁଅ ଭୋଳ
ଆପଣାର ଅହଂ ଆପେ ଶୁଖିଯିବ
ଜୀବନଟା କର ଚଳଚଞ୍ଚଳ ।

●●

ଜୀବନର ପରିମାପ କେବେ ମାପ ନାହିଁ

ଧୀରେ ଧୀରେ ଶୂନ୍ୟ ଘର ଯିବ ପୂର୍ଣ୍ଣ ହୋଇ
ଚେଷ୍ଟାରୁ ନିବୃତ୍ତ କେବେ ହୁଅ ନାହିଁ
ଅଦୃଶ୍ୟ ସେ ମୁକ୍ତିମାର୍ଗ, ଥାଏ ଠୁଳ ହୋଇ ।

●●

ଆପଣାର ଶକ୍ତି କଳନା ନ କରି
ଅପର ଶକ୍ତିକୁ ରଖ ଟେକି ଧରି ।
ସେହି ତୁମ ବାଟ ସଳଖ କରିବ
ଆପେ ଆପେ ଯାତ୍ରା, ଜୟ ଯାତ୍ରା ହେବ ।

●●

ଯହିଁ ଯାଅ ଯହିଁ ରୁହ ସବୁ ତୁମ ଗୃହ
ସେ ଗୃହ ସମ୍ପଦ ସବୁ ତାଙ୍କୁ ଦେଇଦିଅ ।
ଚିତ୍ତ ଗୁଣେ ଫେରିଆସି, କରିବ-ତୁମକୁ ବନ୍ଦୀ
ଛିନ୍ନ କର ସେ ଶୃଙ୍ଖଳ, ସାଧନାରୁ ମିଳେ ସିଦ୍ଧି ।

●●

ସବୁ ମୋହ ମାୟା ଛିନ୍ନ କରି ତୁମ
ଶକ୍ତିକୁ କରି ଆୟତ୍ତ
ସେ ପଦେ ଶରଣ, ମିଳିଗଲେ ଥରେ
ହେବ ନାହିଁ ଅଣାୟତ୍ତ ।
ଦ୍ୱନ୍ଦ୍ୱ ନ ଆସିବ ଆଉ ମନେ
ଯେଉଁ କର୍ମ କର, ଯେଉଁ ଧର୍ମେ ରୁହ,
ସବୁ ତାହାଙ୍କର, ସେହିତ ଜଣେ ।

●●

ଧର୍ମ କର୍ମ ସବୁ ଜଣଙ୍କ ପାଇଁକି
ସଂସାର ଖେଳରେ ନୂତନ ଅଛି କି ?
ଅହରହ ସେହି, ତୁମ ସଙ୍ଗେ ରହି
କର୍ମଫଳ ସବୁ ନିଅନ୍ତି ସାଉଁଟି ।

●●

ଲକ୍ଷ୍ୟ ସ୍ଥିର କରି ଯାତ୍ରା ହେଉ ଶୁଭ

ପରିବାରବର୍ଗ ମନେ ଆଣି ଦମ୍ଭ
ବିସ୍ତାରିତ ଲକ୍ଷ୍ୟ ନେଇ
ଯେତେ ପଥ ଯିବ, ଆହୁରି ବିକଶିତ ହେବ
ପୂର୍ଣ୍ଣତା ଆପେ ଆସିବଇଁ ।

●●

ଉଜ୍ଜ୍ୱଳ ଆଲୋକ ଗତିପଥ ଦେଇ
ଭବିଷ୍ୟତ ପଥ, ଯିବ ଶୁଭ ହୋଇ
ଶୂନ୍ୟପଣ, ଶୂନ୍ୟେ ଯିବ
ତହିଁରୁ ଆସିବ ସର୍ବ ଶୁଭ ଫଳ
ଦିଗ୍‌ଦର୍ଶନ କରାଇବ ।

●●

ଶୂନ୍ୟ ସମୂଳେ ଧରି ହାତ ମୁଠା କରି ଟାଣ,
ଭବିଷ୍ୟତ ନିଶ୍ଚେ ହୋଇଯିବ ପରିପୂର୍ଣ୍ଣ
ଆତ୍ମ ଶକ୍ତି, ଆପେ, ବ୍ୟାପିବ ନଭଶ୍ଚୁମ୍ବୀ
ଦିଗନ୍ତ ବିସ୍ତାରି, ଚାହିଁବ ସେ ଚରଣ ଚୁମ୍ବୀ ।

●●

ତୁମ ଭଲ ପାଇବାକୁ ସଦା ବାଣ୍ଟୁଥାଅ
ଅପର ଗ୍ରହଣ କଲା କି ନ କଲା
ସେ କଥା ଭୁଲିଯାଅ
ତୁମ ହୃଦ୍ୟତା ଶକ୍ତି, ଅଜଣା ତୁମକୁ
ସୀମାହୀନ, ସ୍ନେହ, ଶ୍ରଦ୍ଧାବଳେ
ସଭିଙ୍କ ମନ ଭୁଲାଅ ।

●●

ଯେତେ ଦିନ ତୁମେ ନିଜକୁ ଭୁଲି
ଜଣେ ବୋଲି ଗଣୁଥିବ
ସେ ଗଣତି କେବେ ଦ୍ୱିଗୁଣ ନ ହେବ
ଅକାରଣେ କ୍ଳେଶ ପାଇବ
ନିରାଟ ସତ୍ୟ, ଏହା

ସବୁ ଅହଂ ଭାବ । 'ମୁଁ' ତ୍ୱରେ ଥାଏ
କେବେ ହେଁ ନ ଭୁଲ ତାହା ।

●●

ନିଜକୁ ଖୋଜ ଅନ୍ତରେ ବାହାରେ
ତହିଁରୁ ସତ୍ୟ ପଥ ମିଳିବ
ଘାତ ପ୍ରତିଘାତ ଯାହା ବି ଆସିଲେ
ଆଘାତ କେବେ ନ ଆସିବ
ତୁମେ ଥିବ 'ସ୍ୱୟଂ ସିଦ୍ଧ' ହୋଇ
'ପ୍ରଭୁ' ପଦ୍ମ ପାଦେ ଶରଣ ପଶିବ
କେବେ ସେ ବାଟ କଢ଼ାଇ ।

●●

ଆତ୍ମ ଶକ୍ତି, ବାହୁ ବଳେ, କର୍ମ କରୁଥାଏ
ତହିଁରୁ ଉପୁଜି 'ଧର୍ମ' ବ୍ୟାପକ ହୁଏ ।
ସେହି ଧର୍ମ ପ୍ରସାରିତ ବିଭିନ୍ନ ରଙ୍ଗରେ
ସାତରଙ୍ଗ 'ଇନ୍ଦ୍ରଧନୁ' ତହିଁରୁ ବାହାରେ ।

●●

ଶୃଙ୍ଖଳିତ ଜୀବନରେ ଶାନ୍ତି ଉପୁଜାଏ
ଶୃଙ୍ଖଳା ବନ୍ଧନ ନୁହେଁ, ବାର୍ତ୍ତା ଦେଇଥାଏ ।
ଆପଣା ଶୃଙ୍ଖଳା ଅପରେ କରେ ଶୃଙ୍ଖଳିତ
ଆନନ୍ଦ, ସୁଖ, ଶାନ୍ତିରେ ଧରା, ସୁଶୋଭିତ ।

●●

ସ୍ୱାଧୀନ ଚିନ୍ତା, ସ୍ୱାଧୀନ ଶକ୍ତି
ସ୍ୱାଧୀନତା ପୂର୍ଣ୍ଣ ପ୍ରାଣେ
ସେହି ସ୍ୱାଧିନତା ବଳେ, ଅପରେ
ଆନନ୍ଦ ବାଣ୍ଟିଦିଅ ଅବହେଳେ
ସେହି ତୁମ ଆତ୍ମ ଶକ୍ତି
ଯାର, ବିତରଣେ,
ଯାତ୍ରାପଥ ହେବ ଅକ୍ଷୟ ଗତି ।

●●

'ପ୍ରଭୁ'ଙ୍କ ପାଖରେ ଶରଣ ପଶିଲେ
ଚରଣେ ଆଶ୍ରା ମିଳିବ
ଏକତ୍ର ହୋଇଣ ତାଙ୍କରି ସଙ୍ଗରେ
କର୍ମପଥ ସମ୍ଭାଳିବ ।
ସେହି ତୁମ୍ଭଙ୍କୁ କୋଳେଇ ନେବେ
ସେ କୋଳରେ ପଶି ଯାହା ପାଇଯିବ
ତାହା ଏକା ସେହି ଜାଣିବେ ।

●●

ଭିନ୍ନ ଭିନ୍ନ ରୂପ ରଙ୍ଗେ ଗଢ଼ା ଏ ପୃଥିବୀ
ଅଭିନ୍ନ ଏକତ୍ର ପୁଣି ଅପରୂପ ଛବି ।
ତୁମେ ତହିଁରେ ମିଶିଛ
ସେହି ସୁନ୍ଦରତା ତୁମକୁ ମିଳିଛି
ତୁମେ ତହିଁରେ ଲାଖି ରହିଛ ।

●●

ତୁମ କର୍ମ, ତୁମ୍ଭେ, ଅବିଭକ୍ତ ନୁହଁ, ଏହା
ସାରକଥା, ମର୍ମେ ରହୁ ।
ଏପରି ସମ୍ଭାଳ କର୍ମେ, ଅଙ୍ଗ ସେବା ସମ
ସଦା ସଙ୍ଗେ ଲାଗି ରହୁ
ତେବେ ଜୀବନ ଯୁଦ୍ଧେ ଜୟୀ ରହିବ
ନିତ୍ୟ ଜୀବନ, ନୃତ୍ୟ କରିବ
ମର୍ମେ ମର୍ମେ ରଙ୍ଗ ଭରିବ ।

●●

ସମ୍ମତି ଦିଅ ସହମତି କାର୍ଯ୍ୟେ
ତାହା ଦିବ୍ୟ ରୂପେ ଗଢ଼ା ହେବ ।
ତହିଁରୁ ଉତ୍ପନ୍ନ ତହିଁରୁ ଉତ୍ପତ୍ତି
ଦିଗେ ଦିଗେ ବ୍ୟାପିଯିବ ।
ତୁମ ଆତ୍ମ ସନ୍ତୋଷ ତହିଁରେ,
ଏବେ ଅଟକିଲେ, ଝୁଣ୍ଟିବାଟା ସାର
ବିଳପିବା ସାର ହେବ ହୃଦୟ ମନ୍ଦିରେ ।

●●

ତୁମ ପାଖେ ଅଛି ଉତ୍ତୁଙ୍ଗ ଶିଖର
ଚଢ଼ିବାକୁ ଲକ୍ଷ୍ୟ ରଖ
ପହଞ୍ଚିଲେ ତହିଁ ଆତ୍ମ ସନ୍ତୋଷରେ
ହୃଦୟ 'କମଳ' ଦେଖ
ଅପରୂପ ଶୋଭା ବିରାଜି
ସବୁ ଦ୍ୱନ୍ଦ୍ୱ ମନସ୍ତାପ ବିଳୟ ଲଭିବେ
ମୁକ୍ତାଙ୍ଗନେ ବସ ବେଶ ସାଜି ।

●●

ଆତ୍ମାରୁ ବିଶ୍ୱରୂପ ଦର୍ଶନ
ଅନୁଭବୁ ଦୃଷ୍ଟି କରେ ମନନ
ତହିଁରୁ ଉପୁଜେ ତୃପ୍ତି
ଜୟଯାତ୍ରା ପଥ ହୁଏ ସୁଗମିତ
କର୍ମରେ ଆନନ୍ଦ ସୃଷ୍ଟି ।

●●

ଅନୁଭବ କାହୁଁ ଆସି,
ହୃଦୟରେ ବସେ
ଅମୃତମୟ ଜୀବନେ
ଆନନ୍ଦ ପରଶେ ।
ଲକ୍ଷ୍ୟପଥ ସ୍ଥିର ରୁହେ
ଭ୍ରମ ଦୂରେ ଯାଏ
ଶୁଭ କର୍ମ ଶୁଭ କ୍ଷଣେ
ଶୁଭାରମ୍ଭ ହୁଏ ।

●●

କାମନା, ବାସନା, ଖୁନ୍ଦି ରହି ପ୍ରାଣେ
ଦ୍ୱନ୍ଦ୍ୱ ସୃଷ୍ଟିକାରୀ, ହୋନ୍ତି, ଅନୁକ୍ଷଣେ ।
ଶୃଙ୍ଖଳା ଜ୍ଞାନର ଅଧିକାରୀ ହୋଇ
ସାଧନାର ଶାନ୍ତି, ଶ୍ରେଷ୍ଠ ମାନ୍ୟ ପାଇ ।

●●

ତୁମର ଚରିତ୍ର ତୁମ ପାଇଁ ଶ୍ରେଷ୍ଠ
ବିଳୟ ନ ଲଭି ଆଣେ ନୂଆ ବାଟ ।
ବିଚାରବନ୍ତର ଆସନେ ବସିଣ
ସୃଷ୍ଟି କରେ ଯେତେ ଆପଣାର ପଣ ।

●●

ନିୟମରୁ ଶୃଙ୍ଖଳା,
ତହୁଁ ଜୟ ଯାତ୍ରା
ଶୁଭ ବଳୟ ବନ୍ଧନ
ଆଣେ ଏକାଗ୍ରତ ।
ଆତ୍ମା ନିପୀଡ଼ନ ନୋହି
'ଆତ୍ମା' ସୁଖୀ ରହେ
କର୍ମରତ ଜୀବନରେ
ଶାନ୍ତି ଭରି ଦିଏ ।

●●

ଆପଣା ନିୟମେ, ଆପଣାକୁ ବାନ୍ଧି
ଆତ୍ମେ ଶୃଙ୍ଖଳିତ କର
ନିୟମ ବନ୍ଧନ ଛନ୍ଦପତନ
ଅନ୍ତରୁ ସୃଷ୍ଟି ନୂଆ ଅନୁଭବର ।
ତାହା ଅଗ୍ରଗତିର ସହାୟ
ସେହି ସହାୟ ପ୍ରଭୁଙ୍କର ଦାନ
ଯାହା ହୁଏ ନାହିଁ ଅବକ୍ଷୟ ।

●●

କର୍ମରେ ବାନ୍ଧି ହୋଇ ରୁହ
ତତ୍ପରତା ସଦା ଉପୁଜାଅ ।
'ତାହା' ଶୁଭ କର୍ମେ ରଖୁଥିବ
ହୃଦେ ଶାନ୍ତି, ବାର୍ତ୍ତା ଆଣୁଥିବ ।

●●

ଆପଣା ହୃଦୟେ 'ରିପୁ' ମହାବଳ
ପରସ୍ପର ଯୁଦ୍ଧେ ସର୍ବଦା ଆକୁଳ ।

ଧ୍ୟାନ ସାଧିତ, କର୍ମ ଶୃଙ୍ଖଳା
ଦୁଷ୍କର ନିପାତ ସାଧନାର ବଳ ।

●●

ଛୋଟ ଛୋଟ କାମରୁ ଜନ୍ମ ନିଏ ପୁଣ୍ୟ
ସେ ପୁଣ୍ୟରୁ ଆସେ ପୁଣି କେତେ ଯେ ସୁଗୁଣ ।
ସୁଗୁଣ ସୃଷ୍ଟି କରେ ଅନ୍ତରାତ୍ମା ଜ୍ଞାନ
ଜ୍ଞାନ ଦିଏ, ସତ ଶକ୍ତି ମନେ ଅନୁକ୍ଷଣ ।

●●

ପ୍ରଭୁଙ୍କ ଚରଣେ, ଆଶ୍ରିତ ରହି,
ଆପଣା ଶ୍ରେୟ, ସମର୍ପିତ ହୋଇ
ତହିଁରେ ରହ ନିମଗ୍ନ
ଅଜାଣତେ ଆସି, ନିରବେ ଆଶ୍ୱାସି
ମିଳିଯିବ ଶୁଭଲଗ୍ନ ।

●●

'ମୁଁ'ର ମହତ୍ତ୍ୱ ତାହାଙ୍କୁ ସମର୍ପି
ଅନ୍ତର ସୃଷ୍ଟି ଆନନ୍ଦେ, ଆସକ୍ତି,
ଲୋଭାୟିତ ହୁଅ ନାହିଁ
ସେ ଆସକ୍ତିରେ ଲାଳାୟିତ ନୋହିଁ
ନିଅ ଆଶୀର୍ବାଦ ଆପଣାଇ ।

●●

କର୍ମରେ ସଦା ରୁହ ସୁସଜ୍ଜିତ
ସୁଖ ବର୍ଷୁଥାଉ, ସେ କର୍ମ ଜଗତ
ବିବିଧ ରଙ୍ଗେ ରଙ୍ଗୀନ
ରଙ୍ଗ ଭିନ୍ନ ଭିନ୍ନ ନ ହେଉ ଭୁଲା ମନ
ଶ୍ରୀଚରଣେ ହେଉ ବିଲୀନ ।

●●

ସଭିଙ୍କ ଆନନ୍ଦରେ ହୋଇ ଆନନ୍ଦିତ
ସମାଧାନ ପ୍ରକ୍ରିୟାରେ ନୋହି ବିଳମ୍ବିତ
ଅନ୍ୟ ସୁଖେ ସୁଖୀ ହେବା ଧର୍ମ

ସ୍ୱଧର୍ମେ ଶାନ୍ତି ଆସି, ଯାଏ ସୁଖ ପରଶି
ସୁମରେଣ ସଦା ଧରାଧାମ ।

●●

ପରସ୍ପର ସଖ୍ୟଭାବ, ରହୁ ଜାଗରିକ
ସୁଗମ୍ୟ ଯାତ୍ରାପଥ ସଜାଡୁ ବିବେକ
ଦୃଢ଼ ପଣ, ହେଉ ସଙ୍ଗୀ
ସୁକୃତ ବଳୟେ ସୁରକ୍ଷିତ ରହି
ନ ବଦଳୁ ଆପଣା ଦୃଷ୍ଟିଭଙ୍ଗୀ ।

●●

ସ୍ୱାଧୀନତା, ସ୍ୱାଭିମାନେ
ଶୃଙ୍ଖଳିତ ରହ
ବିଭେଦ ସୃଷ୍ଟି ନ କରି
ସଖ୍ୟ ଭାବ ନିଅ
ମୁକ୍ତ ହେବ ମନ ପକ୍ଷୀ
ଯହିଁ ଉଡ଼ିଯିବ
ସେଠି ଛନ୍ତି ପ୍ରାଣ ସଖା
'ସେ' ହିଁ ଶେଷ ଠାବ ।

●●

ଚତୁର୍ଦ୍ଦିଗ ନିରୀକ୍ଷଣ କରି ପଦପାତ
କରୁଥିଲେ କେବେ ହେଁ ନ ଆସିବୁ ସଂଘାତ
ସମ ସଖ୍ୟଭାବ ସଦା ହୃଦୁ ଉପୁଜିଣ
ଅନ୍ୟ ସୁଖ ଦୁଃଖ ବାଣ୍ଟି ଭୁଲିବ କଷଣ ।

●●

ବିଶାଳ ପୃଥିବୀ ସମ ହେଉ, ରହିଥାଉ
ଆପଣା ହୃଦୟ
ସବୁ ଆବର୍ଜନା ଦୂରେଇ ଆଡ଼େଇ
ହେଉ ଶୋଭାମୟ
'ପଙ୍କଜିନୀ' ମହତ୍ତ୍ୱ, ବୁଝୁ ଅନ୍ତଃସ୍ଥଳ
'ମୁଁ'ର ପରାକାଷ୍ଠାରେ ନ ଆସୁ, 'ଅହଂ'

ମୁଁ ପରା ସଦା ସୁନିର୍ମଳ ।

●●

ସୁଚିନ୍ତା, ସୁଭାବନା, ସ୍ୱଭାବ, ଗଢ଼େ
ବିତରଣେ ତାହା, ସୁପ୍ରଭାବ ପଡ଼େ,
ସ୍ୱକର୍ମେ ଏବଂ ଅପରର କର୍ମେ
ସେହି କର୍ମୁ ଶୁଭଫଳ ଜଗତେ ଉପୁଜେ
ଶୁଭ ଚିନ୍ତକ, ଗଣ, କର୍ମରତ, ରହନ୍ତି ସ୍ୱଧର୍ମେ ।

●●

ସତ୍, ଧର୍ମ, ଚିନ୍ତନରେ ବଳିୟାନ ହୋଇ
ନିଗଢ଼ ବଳିକେ ତୁମ ସହାବାନ୍ଧି ରହି
ଜୀବଦଶା କାଳର ମାନ, ଅଭିମାନ
ତବ ପଦେ ସମର୍ପିଣ, ତୁମ ସହ ହେବି ଲୀନ ।

●●

ଅହଂ ଭୁଲି, ଯେହ୍ନୁ, ଶରଣ ପଶଇ
ଚିନ୍ତା ଚେତନାରେ ତୁମେ ନ ଭୂଲଇ
ଜୀବନର ଗାଥା ସୁମଧୁର ସ୍ୱରେ
ଗାଉଥାଏ, ପ୍ରୀତି ବାଣ୍ଟି ଜନ ମନେ ।

●●

ଚିରନ୍ତନୀ ସତ୍ୟ ଦିଗ ହଜାଏନା
ମହିମା ମଣ୍ଡିତ ସତ୍ୟ ବିବେଚନା,
ସତ୍ୟର ବ୍ୟାପକ ରୂପେ ଭିନ୍ନ ଭିନ୍ନ ରଙ୍ଗେ
ପ୍ରକୃତ ପୁରୁଷ, ମିଳିବ ଘଟେ
ସୂକ୍ଷ୍ମ ତରଙ୍ଗେ ।

●●

ଭବିଷ୍ୟତ ଅଗ୍ରଗତି
ଚିର ନିତି ଅଗ୍ରସରେ
ମିଳିବ ନିଶ୍ଚୟ ତାହା
ଯାହା ଖୋଜିବ ଅନ୍ତରେ
ଚଞ୍ଚଳ ମନକୁ ଆୟତ୍ତ ନ କରି

ବୃଥା ଖୋଜା ସିନା ନ ମିଳନ୍ତି 'ହରି' ।

●●

'ବିଭୁ'ଙ୍କର ଦାନ ସୁନ୍ଦର ସଂସାର,
ତହିଁରେ ତୁମର, ରୂପ, ମନୋହର ।
(ତାହା) ମନୋମୁଗ୍ଧ ଗୁଣେ, ବ୍ୟାପକ ହୁଏ
ସମୁଚିତ କର୍ମେ, ସୁଖୀ ହେଉଥାଏ ।

●●

ପୁଷ୍ପଗୁଚ୍ଛ ତୋଳି, ଅର୍ପଣ କର,
ତହିଁ ଆପଣାର ଆତ୍ମତୃପ୍ତି
ବୃକ୍ଷରାଜି ଗଣ ଢ଼ାଳି ମନ ପ୍ରାଣ କର୍ମରେ ନିହିତ
ପ୍ରଭୁଙ୍କ କର୍ମରେ ନିହିତ
ତାହା ହିଁ ଅଭେଦ ପ୍ରୀତି ।
ଏହି ଦିଆ ନିଆ ଭାବ
ନିଗୁଢ଼ ବନ୍ଧନେ, ବାନ୍ଧି ରଖିଛନ୍ତି ପୃଥିବୀ
ଅପୂର୍ବ ନିର୍ମଳ ସ୍ୱଭାବ ।

●●

ଶିଶୁଙ୍କ କୋମଳ ମନ ନିର୍ମଳ ଥାଏ
ବୟସର ବୃଦ୍ଧି, ତାହା ବିଖଣ୍ଡିତ ହୁଏ
ତେବେ ହେଁ ସୁବୁଦ୍ଧି, ସୁକର୍ମେ, ଅଗ୍ରଗତି
ମାନବ ଜୀବନେ ଆଣେ ସୁଧାମୟ ପ୍ରୀତି ।

●●

ସୀମାରେଖା ନାହିଁ ଜ୍ଞାନ ଆହରଣେ
ଜନ୍ମରୁ ବୟସ ବଢୁଥାଏ ପ୍ରତି କ୍ଷଣେ ।
ସେଥିସହିତ ତୁମ କର୍ମ ଭୂମି ବ୍ୟାପକ ହୁଏ
ତହିଁରୁ ଅର୍ଜିତ ସୁଜ୍ଞାନ, ଶୁଭଙ୍କର ହୋଇଥାଏ ।

●●

ଧ୍ରୁବସତ୍ୟ ଜୀବନଟା ସଂଘାତମୟ
ସେହି ସଂଘାତୁ ଜନ୍ମ ହୁଏ ସୃଷ୍ଟିର ବିଜୟ
ସେ ବିଜୟ ବାନା ସଦା ଉଡ଼ି ଫରଫର

ମାନବ ଜୀବନ ଯାତ୍ରା କରେ ଦୂରୁ, ଦୂରାନ୍ତର ।

●●

ସବୁ ମଳି ଅଳିଆକୁ
ଧୋଇ ପୋଛି ଦେଇ
ଅଗ୍ରଗାମୀ ହୁଅ ସଦା
ସୁନିର୍ମଳ ରହି
ଲକ୍ଷ୍ୟସ୍ଥଳେ ପହଞ୍ଚିବ
ଯାତ୍ରା ହେବ ଜୟ
ସାହା ସେହି ଏକମାତ୍ର
ସେଠି, ଥାଉ ଲୟ ।

●●

ତାଙ୍କରି ଇଚ୍ଛାରେ ଏଠି ସବୁ ହୁଏ
ତାହା କେବେ ଭୁଲ ନାହିଁ
ଶୁଷ୍କ ତରୁଗଣ ପଲ୍ଲବିତ ହୋନ୍ତି
ପ୍ରକୃତି ମହିମାମୟୀ
ଅଦୃଶ୍ୟ ସ୍ରଷ୍ଟାଙ୍କ ଅପୂର୍ବ ଲୀଳାର
ମାୟାରେ ଉବୁଟୁବୁ ।
ନିର୍ବାହିତ ଆମେ ଭାବୁଥାଉଁ ଖାଲି
କେବେ ସେଠି ପହଞ୍ଚିବୁ ।

●●

ଅନୁଭବେ ତାଙ୍କୁ ଖୋଜୁଥାଅ ସଦା
ବାଟ ସେ କଢ଼ାଇ ନେବେ
ଅଙ୍କା, ବଙ୍କା ରାସ୍ତା, ସଳଖ ହୋଇବ,
ଆଲୋକବର୍ତ୍ତିକା ହେବେ ।
ସେ ତ ଚିର ଭରସାର ସ୍ଥଳୀ
ବିକ୍ଷିପ୍ତ ମନର ବାଟ ବଙ୍କା ଭାବ (ସବୁ)
ତାଙ୍କ ପଥେ ଦିଅ ଢ଼ାଳି ।

●●

ସତ୍ ଭାବନା, ସତ୍ କର୍ମ

ସତ୍ୟ ଜୀବନ, ଚଳଣି
ଗୀତା, ଭାଗବତ, ପୁରାଣ
ସେହି ଅକ୍ଷୟ ଧର୍ମ ବନ୍ଧନୀ
ତାହା ହିଁ ସବୁ ଆକାଙ୍‌କ୍ଷାର ମିଳନ
ପୂର୍ଣ୍ଣ ପ୍ରାପ୍ତି ତହୁଁ ମିଳେ
ଏହା ହିଁ ଧ୍ରୁବ ଚିରନ୍ତନ ।

●●

ସତ୍ୟ ପଥେ ଧର୍ମ ପଥେ
ଚଳିବାର ଇଚ୍ଛା
ଅସତ୍ କର୍ମୁ ଦୂରେଇ
ପ୍ରାପ୍ତ ମନୋବାଞ୍ଛା
ଦ୍ୱନ୍ଦ୍ୱ ଚିନ୍ତା ଚେତନାରୁ
ଉଦ୍ଧତର ରୁହ
ଆତ୍ମିକ ଅନୁଭବେ
ପ୍ରୀତି ପୁଷ୍ପାଞ୍ଜଳି ଦିଅ ।

●●

ଈଶ୍ୱରମୟ ସଂସାରରେ
କେଉଁଠି 'ତାଙ୍କୁ' ଖୋଜିବ
ଯହିଁ ଚାହିଁ ତହିଁ ଦୃଷ୍ଟି ପଥାରଢ଼
ବନ୍ଦ ପଲକେ ବି ରହିବ
ଖୋଜୁଥାଅ କାଳ କାଳ
ଆସିଯିବେ ଅବା, ମିଳିଯିବେ କାଳେ
କାମନା ହେବ ସଫଳ !

●●

ସତ୍ୟ, ଧର୍ମ ମାର୍ଗ ତୁମ,
ପାଶେ ବନ୍ଦୀ ରହି
ମୁକ୍ତିର କଟାଳ ଲାଗି,
ହୁଅନ୍ତି ହାଇଁ ପାଇଁ
ସମୟ ତ ସରି ସରି ଆସିଲାଣି,

ଲେଉଟାଣି ବେଳ ପାଖେଇ ଆସିଲା
କର୍ମ କରୁଥାଅ ଗଣି ଗଣି ।

••

ତୁମରି କର୍ମରେ ଲାଗିଥାଏ ସଦା
ହୃଦୟ କରି ପବିତ୍ର
କିପରି କରିଲି, ପାରିଲି କି ନାହିଁ
ହେଲା ତୁମ ମନ ପୂତଃ ?
ତାହା ତୁମେ ଜାଣୁଥିବ
ମୁଁ ଜାଣିପାରିଲେ, ତୁମ ମନ ଜାଣି
ଆଣନ୍ତି ସୁଖର ଅନୁଭବ ।

••

ଯାହା ମୁଁ ଚିନ୍ତଇ, ଯାହାକୁ କରଇ
ତୁମେ ଥାଇ ଅଦୃଶ୍ୟରେ
କର୍ମ ପଥ, ମୋର ସଳଖରେ ନିଅ
ଅନୁଭବେ ଅନ୍ତରରେ ।
ଲକ୍ଷ୍ୟ ପଥେ ମୋତେ ବାଟ କଢ଼ାଇଣ
ନିର୍ବିଘ୍ନେ ପହୁଞ୍ଚାଅ
ଏତିକି ପ୍ରାର୍ଥନା ଏ ପବିତ୍ର ଭାବନା
ସଦା ରହୁ ମୋର ଲୟ ।

••

ମାନବ ଜନମ ମୋର ଶ୍ରେଷ୍ଠ ସ୍ଥାନ
'ବିଭୁ'ଙ୍କର କର୍ମ ସ୍ଥଳୀ ମୋର ଧ୍ୟାନ
ସୁନିପୁଣ କର୍ମେ ସୁଲଭ୍ୟତା ମୂଲ୍ୟ
ଆପେ ମିଳିଯାଏ ଯାହା
ତାହା ହିଁ ଅତୁଲ୍ୟ ।'

••

ନିଭୃତେ ରହି ଗୋପନେ, ଚାଳିତ କର
ଝଙ୍କାରେ ମର୍ମରେ ବୀଣା ରାଗିଣୀ
ପବିତ୍ର ମଧୁର ସ୍ୱର

ତହିଁରେ ଆତ୍ମାର ନିବେଦନ ଢ଼ାଳି
ଜଣାଏ ପ୍ରୀତି ପ୍ରଣତି
ଗ୍ରହଣ କରି ଅନୁଗ୍ରହ କର
ମିଳୁ ସ୍ୱଚ୍ଛ ସୁଖାନୁଭୂତି ।

●●

ତୁମେ ତ ନିକଟରୁ, ନିକଟତମ,
ଜଡ଼ାଇ ଧରିଛ ଅନ୍ତର, ବାହାର
ଜଳେ, ଶୈବାଳ, ସମ
ଏ ଚକ୍ଷୁ ଦେଖେ ଭାସମାନ ରୂପ
ଗଭୀରୁ ଗଭୀରତର ଆଚ୍ଛାଦିତ ସୂକ୍ଷ୍ମତା
କଳ୍ପନା ତା' ଅପରୂପ ।

●●

ତୁମରି ସଙ୍ଗରେ ଶାନ୍ତ ତୁମରି ପୂଜାର
ସମାହିତ ଭାବ
ହୃଦୟ କନ୍ଦରୁ ଉଦ୍‌ଭାସିତ ହୁଏ
ନୂଆ ନୂଆ ଅନୁଭବ
ସବୁ ବିପଦ ଆପଦ
ଆପେ ଆପେ ଯାଏ ଦୂରେଇ
ଅପରୂପ ରୂପ ଅର୍ଚ୍ଚନା ସାନ୍ନିଧ୍ୟେ
ଆତ୍ମା ନିର୍ମଳ ପବିତ୍ର କରଇ ।

●●

ସେ ତ ଗୁପତ, ଗୋପନ, ଖିଆଲି ମନର,
ପ୍ରୀତି ପ୍ରଣୟର ସଖା ।
ସେ ତ କାଉଁଣି କାଠିର ପରଶେ ଦିଅନ୍ତି
ଶାନ୍ତ ହୁଏ ଯେତେ ଅଦେଖା ଅଗ୍ନି ଶିଖା ।
ପୁନର୍ଜନ୍ମ ହୁଏ ଧୀରେ
ଅଜାଣତେ ଜଳେ ପ୍ରେମର ବର୍ତ୍ତୀକା
ଚିର ସାଥୀ, ଅଗ୍ରସରେ ।

●●

ଜନମ ହୋଇଛି ସଲଖ ସୁନ୍ଦର
ସଲଖ ବାଟରେ ହୁଅ ଅଗ୍ରସର
ହିତାହିତ ଜ୍ଞାନେ ଧର ଆକଟି
ଆସୁ ଯେତେ ବାଧାବିଘ୍ନ, ମନକୁ ତା' ହେବ ଶୂନ୍ୟ
'ଆତ୍ମ ତୃପ୍ତି' ସବୁ ନେବ ସାଉଁଟି ।

●●

ସଂସାରୀ ଜୀବନରେ ଆପଣା ସୁଖ ଖୋଜି
ଅତଳ ଗହୀରରେ ବୁଡ଼ି ଯାଅନା ହଜି
ସୁଦକ୍ଷ ପହଁରାରେ ଭାସମାନ ରହି
ଗଭୀର 'ଜ୍ଞାନ ସୁଖ' ତହିଁରୁ ଆସୁଥାଇ ।

●●

ଅପଲକେ ଚାହିଁ ତୁମରି ମୁରତି
ଅଜାଣତେ କ'ଣ କହେ
କେଉଁ ଭାବାବେଗେ ବୁଡ଼ି ଯାଏ ତହିଁ
ସେ ଆବେଶ କାହୁଁ ପାଏ
ତାର 'ଆଦିଅନ୍ତ' ଜଣା ନାହିଁ
ଜାଣିଥିଲେ, ଜାଣିଥିବେ 'ସେହି ସିନା'
ବୃଥା ମୁଁ ଘାରି ହେବି କାହିଁ ପାଇଁ ।

●●

କୋଳାହଳ ପୂର୍ଣ୍ଣ ଗୃହେ
ରହେ 'ମୁଁ' ଏକାକୀ
'ଶୂନ୍ୟତା'ର ଶୂନ୍ୟ ପଣ
ଏକା ମୋର ସାଥି ।
ତାହା ମୋର ସାହା ରହି
ତୁମକୁ ଆଣଇ
ସେହି ଏକା ଗତିପଥ
ଚାଳିତ କରଇ ।

●●

ଆମକୁ ଆଣି ଏ ଧରା ପରେ,

ହାତ ଧରି ବାଟ ଦେଖାଅ ।
ପାଶେ ପାଶେ ଥାଅ ଗୁପତେ,
ଗାଳି ଶୁଣି ମୁଚକି ହସୁଥାଅ
କେତେ ସହଜରେ ଦୋଷ ଦେଉ
ଆପଣା ଭୁଲ୍ ଘୋଡ଼ାଇ
ଏ ମୂର୍ଖପଣ କାହିଁକି ଦେଲ,
ଥରୁଟିଏ ଦିଅ କହି ।

●●

ପ୍ରକୃତିରାଣୀଙ୍କୁ ଭିନ୍ନ ଭିନ୍ନ
ରଙ୍ଗେ ରସେ ସଜାଇ
ଲୋଭାୟିତ କର ଆମରି ମନକୁ
ବିଭିନ୍ନତା ଗୁଣେ ହଜାଇ
ସବୁ ରୂପେ, ତୁମ ରୂପ, ରହିଛି
ସେହି ରୂପ ତୁମର, ସଦା ସର୍ବଦା,
ମୋ ଆଖି ଖୋଜି ଚାଲିଛି ।

●●

ପ୍ରତ୍ୟେକ ହୃଦୟେ ତୁମେ ବିରାଜୁଛ
ଏକାନ୍ତ ଆପଣା, ଭାବରେ ରହିଛ
ତୁମରି ବଳରେ, ସେ ବଳିୟାନ ରହି
ସଂସାର ଜଞ୍ଜାଳ ନିର୍ବିଘ୍ନେ ନିଏ ଚଳାଇ ।

●●

ତୁମରି ନାମ ନେଇ ସବୁ ଭୟ ଦୂର ହୁଏ
ନିର୍ବିଘ୍ନେ ଯାତ୍ରା ପଥ ପାରି ହେଉଥାଏ ।
ଅଜଣା ଅଶାନ୍ତି ହୃଦୟରେ ଆସେ
ପୂର୍ଣ୍ଣ ପ୍ରାଣେ ପ୍ରଣତି ଜଣାଏ ଆତ୍ମ ସନ୍ତୋଷେ ।

●●

ଶାନ୍ତ ଭାବ ସମୁଦ୍ରରେ ଅଶାନ୍ତ ହୃଦୟ
ଉଦ୍‌ବେଳିତ ହୁଏ ଖୋଜେ, ମନ ମଳୟ
ଜାଣେନା, ସେ ସେଇଠି ଥାଇ

ପରଖୁ ଅଛନ୍ତି, କେଡ଼େ ସରାଗରେ
ଭିନ୍ନ ଭିନ୍ନ ଭାବେ ବୁଡ଼ାଇ ।

●●

ତୁମେ ସିନା ଅଛ ବୋଲି ଚିନ୍ତନରେ
ପଦପାତ କରେ ମୁହିଁ ନିର୍ଭୟରେ ।
ଚତୁଃପାର୍ଶ୍ୱର ପରିବେଶ ଅଥୟ କରେ ନାହିଁ ।
ଲକ୍ଷ୍ୟ ରଖେ ଶୁଭକର୍ମେ ହେବି ସ୍ୱ ନିର୍ବାହୀ ।

●●

ଯେଉଁଆଡ଼େ ଚାହେଁ ତୁମେ ଅଛ ସବୁଆଡ଼େ
ଯେ ଅନନ୍ୟ ଅନୁଭୂତି ଅନ୍ତରେ ନିଗାଡ଼େ
ଯେତେ ସୀମାହୀନ ଅନୁଭୂତି
ପ୍ରକାଶ ହୁଏନା (ତାହା), ଭାଷା ନ ପାଇ
ଅନୁଭବେ ସବୁ ପାଇ, ଜଣାଏ ପ୍ରଣତି ।

●●

ତୁମରି ଶକ୍ତିରେ ସିନା, ମୋର ବଡ଼ପଣ
ସେହି ବଳ, ଦମ୍ଭରେ ସଦା ରହେ ବଳୀୟାନ ।
ଚଲାବାଟ ପାର ହୁଏ, ବାଟବଣା ନ ହୋଇ
ଏ ଅନୁକମ୍ପାରୁ କେବେ ନ ଦିଅ ଦୂରେଇ ।

●●

ସବୁ କୋଳାହଳ ମଧ୍ୟେ
ତୁମ ଉପସ୍ଥିତି
ଅନୁଭବୀ ଅନ୍ତରରେ
ଜଣାଏ ପ୍ରଣତି ।
ଭୁଲ୍ ଭଟକାରୁ ଉଗାଳି,
ସଳଖ ବାଟେ ନିଅ,
ସବୁ ହସ ଆନନ୍ଦ ଖୁସି,
ମୋ ପ୍ରାଣେ ଭରି ଦିଅ ।

●●

ତୁମେ ହିଁ ବନ୍ଧୁ, ସଖା, ବାନ୍ଧବ

ଚିର, ପ୍ରେମମୟ, ସାଥି ।
ସେହି ବଳେ ରହି ବଳିୟାନ
ପହଁରେ ସଂସାର ପରିଧି ।
ତୁମରି ନିବିଡ଼ ସ୍ପର୍ଶ ଅନୁଭବେ
ସତତ ହୃଦୟରେ
ଅନ୍ୟ ଚିନ୍ତା ଭାବନା, ନ ଆସେ ରହିଥାଅ
ଏହିପରି ନିରନ୍ତରେ ।

●●

ତୁମେ ହିଁ ଏକା ମୋ ବିଶ୍ୱସ୍ତ ବନ୍ଧୁ
ସଖା, ସୋଦର, ଆତ୍ମୀୟ ।
ଆତ୍ମାରୁଢ଼ ରହି ଚଳାଅ ଜୀବନ
ଚଲାପଥ ସୁଖମୟ ।
ସଂସାର ସାଗର ତରଣୀ
ଦୋହଲି ଚହଲି ସ୍ରୋତ କାଟି ଚଳେ
ପୂର୍ଣ୍ଣ ଜୀବନ ସରଣୀ ।

●●

ଏକକ ଈଶ୍ୱରଭକ୍ତି ସଦାବ୍ରତ ହେଉ
ନିଷ୍କାମନ, ନିଷ୍କାକର୍ମ ସଦା ଧ୍ୟାନେ ରହୁ
ସେ ଆଣିବ ଆତ୍ମତୃପ୍ତି ଦୃଢ଼ ମନୋଭାବ
ଭଗବତ୍ ସଙ୍ଗ ସଦା ହେବ ଅନୁଭବ ।

●●

ଲକ୍ଷ୍ୟସ୍ଥଳ ଏକ ମନେ ସତତ୍ ଚିନ୍ତିଲେ
କାର୍ଯ୍ୟ ସିଦ୍ଧ ନିଶ୍ଚିତ, ସଫଳତା ମିଳେ ।
ଉପୁଜେ ତହୁଁ ଆନନ୍ଦ ତା' ଅମୃତମୟ
ତହିଁରେ 'ବିଭୂ' ଆଶିଷ ଜୀବନ ସୁଖମୟ ।

●●

ଆପଣା ବଡ଼ିମାକୁ ଶ୍ରେଷ୍ଠ ସ୍ଥାନ ଦେଲେ
କାହୁଁ ବିଷାଦ ଘାରିବ ବୁଝିବ ବି ଭଲେ ।
ମନ ମତାଣିଆ ଗୀତ ଗାଉଥିବ ଯେବେ

ମିଠା କଥା, ଚପଳ ଛନ୍ଦେ ନାଚୁଥିବ ତେବେ ।

●●

ଦୟାର ସାଗର, କରୁଣାବତାର,
ଅଦୃଶ୍ୟରେ ଛପି ରହି
କର୍ମପନ୍ଥା ତୁମ୍ଭ ନିର୍ଦ୍ଧାରିତ କରି
ସୁସମ କରନ୍ତି ମହୀ ।
ନିର୍ଦ୍ଧାରିତ ସେହି ପଥରେ ଚାଳିତ
ମାନବର କର୍ମଭୂମି
ତାର ବ୍ୟତିକ୍ରମ କାଣିଚାଏ ହେଲେ
ହେବ ରସାତଳଗାମୀ ।

●●

ଈଶ୍ୱରଦତ୍ତ ପ୍ରତିଭା ତୁମ୍ଭ ପରେ ଅଛି
ପାରଙ୍ଗମ କୁଶଳତା ଦିଅ ନାହିଁ ପୋଛି ।
ତୁମ୍ଭ ସୁକର୍ମରେ ଆଣି ସୁନ୍ଦର ସୁବାସ
ବିଞ୍ଚିଦିଅ ଈଶ୍ୱରଙ୍କ କରୁଣା ଆଶିଷ ।

●●

ଅନୁଭବ କର ସେହି ଚେତନାକୁ
ଯାହା ହୃଦୟେ କରିଛି ବାସ
ତହିଁରୁ ଉତ୍ପନ୍ନ କରାଇ ଅମୃତ
ମିଟାଅ ଜନ ଜୀବନର ଶୋଷ ।
ମଧୁମୟ ସ୍ନେହ ପ୍ରୀତିଭରା ସୁଧା
ଆକାଙ୍‌କ୍ଷାରେ ପୂର୍ଣ୍ଣ ଏ ଜଗତ
ବିନା ଆୟାସରେ ମିଳେନା ତା ତେଣୁ
ସୁକର୍ମେ ରହ ସର୍ବଦା ଚେଷ୍ଟିତ ।

●●

ଚିନ୍ତନେ ଚୈତନ୍ୟେ ଯେତିକି ଆସୁଛି
ତାହାକୁ ଯତନେ ରଖ
ଗୋପନେ ସେ ରତ୍ନ ସମ୍ଭାଳି ରଖିଲେ
ମିଳୁଥିବ ଯଶ ଭେକ ।

ଭିତର ବାହାର ସମାନ ରଖିଣ
ସବୁ ତାଙ୍କରି ଭିଆଣ ଜାଣ
ମିଥ୍ୟା, ଚାତୁରୀ ଭଣିଣ କାହାକୁ କହିବ
ସବୁଠି ତାଙ୍କର ଟାଣପଣ ।

●●

ହୃଦୟର ଗଭୀରରୁ ଟିକିନିଖି କରି
ନିଜକୁ ଖେଳେଇ ଦେଖ
କେତେ ବ୍ୟଥା, ବେଦନା, କାହାଣୀ
ଜନମ ନେଉଛି ତା ହିସାବ ରଖ
ତାଙ୍କ ପଦତଳେ ସେହି ସବୁ ଢ଼ାଳି
ପୁଷ୍ପର ଭାବନା ନେଇ
ପୂଜିତ କର ସର୍ବଦା ଅର୍ପଣ କରି
ସୁଖ ପଶିବ ଧସେଇ ।

●●

ଅହଂ ଭାବ ଭୁଲି, ବନ୍ଧୁତ୍ୱର ବନ୍ଧନରେ
ବାନ୍ଧି ରଖ ସର୍ବେ ନିପୁଣ ନିବିଡ଼ତାରେ
ତାହା ହିଁ ତୁମର ପ୍ରିୟ କର୍ମ, ଶ୍ରଦ୍ଧା ପ୍ରୀତି,
ଜଗତେ ଜାଣିବ, ସୁସଙ୍ଗତ ଅଗ୍ରଗତି ।

●●

ନିକଟୁ ନିକଟତର 'ସେହି' ଏକା ସିନା
ତୁମ କର୍ମ, ଚିନ୍ତନରେ ଦିଅନ୍ତି ପ୍ରେରଣା ।
ସେହି ପ୍ରେରଣାର ବଳୁ ଜାଗତିକ ଶୁଭ
ସଦା ଉପୁଜାଇ ବାଣ୍ଟୁଥାଅ ପ୍ରେମ ଭାବ ।

●●

ପ୍ରେମ ପ୍ରୀତି ଶ୍ରଦ୍ଧା, ସ୍ନେହ,
ବିତରଣ କରିଣ
ଅଜାଣତେ ମିଳୁଥିବ
ପୁଣ୍ୟ ଶ୍ଳୋକ ଦାନ
ତହିଁରୁ ଉତ୍ପତ୍ତି ହୋଇ

ଜୀବନ ସଙ୍ଗୀତ
କେତେ ରୂପ ରଙ୍ଗ ଦେଇ
ପୂଜିବ ଜଗତ ।

●●

ଜାଣେ ନାହିଁ କେତେବେଳେ
ତୁମେ ଆଉ ଆସିବ
ଦୃଷ୍ଟି କ୍ଷୀଣ, ହୃଦ ଶୂନ୍ୟ
କେଉଁଠାରେ ବସିବ ?
ସେ ଅମୃତ ମୁହୂର୍ତ୍ତକୁ
ଲୋଭାତୁର ମନରେ
ଯୁଗ, କାଳ ବିତେ ଆସ
ଅକସ୍ମାତ ଉଭାରେ ।

●●

ମନୁଷ୍ୟ ଜନ୍ମକୁ ଶ୍ରେଷ୍ଠତମ ସ୍ଥାନ ଦେଇ
ଦେବଜନ୍ମ ହୋନ୍ତି, ମର୍ତ୍ତ୍ୟ ଅନୁଭବ ପାଇଁ
ସେହି ଦେବ ଗଣେ, ମୁଁ କି ନୁହେଁ ଜଣେ ?
କାହିଁକି ତେବେ ମୋ, ଅନ୍ତର ଶୁଦ୍ଧ ରହେ ନାହିଁ ?

●●

ତୁମକୁ ପାଇବା ପାଇଁ ତୁମପରି ହେବି
ସେ ଯୋଗ୍ୟତା ଯେପରି ସହଜେ ପାଇବି
ତାହା ତୁମ ବିନା କି ସମ୍ଭବ ?
ମୋ ଅନ୍ତରରେ ଥାଇ ଆଣ ସେହି ଅନୁଭବ ।

●●

ତୁମେ ତ ନୁହଁ ସହଜ ଲଭ୍ୟ
ତେବେ ବି ମୋ ପାଇଁ ଭବ୍ୟ
ସେ ସାଧନାରୁ ବିରତ ନ ହୋଇ
ଯୋଗ୍ୟତମ କର ମୋତେ ସାଇଁ ।

●●

ସତ୍ୟ ପଥେ ଧର୍ମ ପଥେ ରକ୍ଷା କରି ମୋତେ

ସଂସାର ଯାତ୍ରା ନିର୍ବାହ କର ପୁଣ୍ୟ ପଥେ
ଆଶା ଆଶଙ୍କାର ଧୂପେ ଅନିଶ୍ଚିତ ନୋହିଁ
ଶାନ୍ତ ସମାହିତ ହୃଦେ ଯାତ୍ରା କରେ ମୁହିଁ ।

●●

ନିର୍ଭରଯୋଗ୍ୟ ବୋଲି
ଭାରା ମୁଁ ଦେଇଅଛି ।
ଅତୀବ ଶାନ୍ତ ମନେ
ସୁଖୀ ମୁଁ ହୋଇଅଛି
ହେ ପରମ ନିର୍ଭରଶୀଳ
ତୁମ୍ଭ ବିନା ଏ ଶରୀର ରଥ କରିବ କି ଚଳାଚଳ ।

●●

ଅନ୍ତରର ଭାବାବେଗ
ଜଣାଇପାରେନି
ତୁମେ ପରା ସେଠାରେ ଥାଅ
ତା' ଜାଣିପାରନି ?
ଯୋଗାଯୋଗ କିପରି କରିବି ଜଣାଅ
ତୁମକୁ ନିକଟରେ ପାଉଥିବି ସଦା କହିଦିଅ ।

●●

ସତ୍ୟନିଷ୍ଠ, ସଦାଚାର, ଶିଷ୍ଟାଚାର ଗୁଣେ
ଆତ୍ମପ୍ରତ୍ୟୟ ଉପୁଜେ, ସଂକଳ୍ପ, ଦୃଢ଼େ ରଖି ମନେ
ସଂସାର ଯାତ୍ରା ନିର୍ବାହ ଯନ୍ତ୍ରଣା ନ ଦେଇ
ସୁଖାମୃତ, ସୁଧା ହୃଦେ ଆପେ ଉପୁଜଇ ।

●●

କେଉଁ ଭାବେ ଚଳାଇବ, ଆପଣା ଜୀବନ
ଅଗ୍ରଗତି ହେଉଥିବ, ମିଳିଣ ସମ୍ମାନ
ଆପେ ସୁଖୀ ରହି, ଅପରକୁ ସୁଖ ଦେଇ
ଛନ୍ଦହୀନ ପଦପାତେ ସୁଖୀ କରି ମହୀ ।

●●

କେଉଁପରି ଚିନ୍ତି କର୍ମ ପନ୍ଥା ସ୍ଥିର

କେଉଁ ଭାବେ କାର୍ଯ୍ୟ କର
ମନନ କିପରି ଭାବନା ଆସିଲା
ତାହା ହିଁ ଶ୍ରେଷ୍ଠ ଫଳ
ସଦ୍‌ଭାବନା, ଅପରର ଶୁଭଚିନ୍ତା
ସତତ୍ ହୃଦୟେ ରହୁ
ଜୀବନର ଗତି ସ୍ୱଚ୍ଛ ଦୃଷ୍ଟି ପଥ
ନିର୍ବିକାର ମନ ହେଉ ।

●●

ସେ ଅନୁଭବେ ଆସି କର୍ମରେ ରହନ୍ତି
ମିଥ୍ୟାର ପ୍ରଶ୍ନ ତହିଁ କାହୁଁ ବା ଉଠୁଛି ?
ଆପଣା ବିଶ୍ୱାସ ଆପଣା ଭିତରେ ରଖି
ଅପର ସୁଖରେ ଆପେ ହେଉଥାଅ ସୁଖୀ ।

●●

ଯତ୍ନର ସହିତ କର୍ମ କରି ଚାଲୁଥାଅ
କର୍ମ ଭିତରେ ତାଙ୍କରି ଚିନ୍ତାରେ ରହ
ସର୍ବ ଶୁଭ ତୁମ ସହିତ ରହିଥିବ
ଅଯାଚିତେ ତାହା ପାଇ, ଜାଣି ନ ପାରିବ ।

●●

ଶୃଙ୍ଖଳିତ ଜୀବନରେ ସଂହତି ଆସିଣ
ପରିଚାଳିତ କରାଇ, କରେ ସୁଶୋଭନ
ତୃପ୍ତିର ଆସ୍ୱାଦ ଭରେ ଅନ୍ତରେ ବାହାରେ
ତହୁଁ ଜାତ ଶ୍ରଦ୍ଧା ଭକ୍ତି ବିନା ପ୍ରୟାସରେ ।

●●

ବାହ୍ୟ ସୌନ୍ଦର୍ଯ୍ୟରୁ ଆହରଣ କରି ତୃପ୍ତି
ନିବୁଜରେ ତାହା ଅନ୍ତର କୋଣରେ ଥାପି
ତହୁଁ ଉପୁଯାଅ ଚିରନ୍ତନୀ ମଧୁବାର୍ତ୍ତା
ଯାହା ମହକରେ ମହାକବି ମନ ଚିନ୍ତା ।

●●

ଆଗାମୀ କ୍ଷଣକୁ ସୁସ୍ୱାଗତ କର

ଅତୀତକୁ ମନେ ସଜାଇ
ପ୍ରତି ମୁହୂର୍ତ୍ତ ତ ଜୀବନର ଅଙ୍ଗ
ପାରିବ ବି କାହେ ହଜାଇ ।
ତହିଁରୁ କେତେ ଯେ 'ପାରିଜାତ' ଫୁଟି
ଦେବ ଅଙ୍ଗ ଲାଗି ହେବ
ଦୁନିଆ ଦୁଆରେ ଘାତ ପ୍ରତିଘାତ
ଯାଉଥିବ, ଆସୁଥିବ ।

●●

ଲକ୍ଷ୍ୟ ସ୍ଥିର ଥିଲେ ବାଧା ବିଘ୍ନ ଯାହା ଆସିବ
ସବୁ ଦୂରେ ଯିବି, ବାଟ ତ ସଳଖ ଦିଶିବ
ପୁଷ୍ପ ସମ ଫୁଟି ସୁଗନ୍ଧ ବିଛାଇ ଦେବ
ଧ୍ରୁବ ତାରା ସମ ପଥ ପ୍ରଦର୍ଶକ ହେବ ।

●●

ନିଜକୁ ଚିହ୍ନି, ଜାଣି ସ୍ୱଭାବ ସୁନ୍ଦର କର
ସୁଚାରୁ ରୂପେ ତୁଳାଅ, ହୁଅ ନାହିଁ ତରତର ।
ଚଞ୍ଚଳତା କର ନାହିଁ ଆପଣା ସ୍ୱଭାବେ
ଫୁଲ ସଦୃଶ ମନଲୋଭା ହୁଅ ନିଜସ୍ୱ ପ୍ରଭାବେ ।

●●

ବିଜୟ ଯାତ୍ରାରେ ବାହାରିଛ ପ୍ରଭୁ
ପତିତ ଉଦ୍ଧାର ପାଇଁ
ଅଗଣିତ ସେହି ପତିତଗଣଙ୍କ
ହୃଦୟ କି ଜାଣନାହିଁ ?
ତୁମକୁ ପାଇବେ, ତୁମକୁ ଛୁଇଁବେ
ଧନ୍ୟ କରିବେ ଜୀବନ,
ଏ ପତିତ ଧାରା, ଜନମେ ଜନମେ
ନେଉଥାଉ ପୁର୍ନଜନ୍ମ ।

●●

ବାରମ୍ବାର ହାରି, ବିଜୟ ଲଭୁଛ
ମନକୁ ନ କର ଊଣା ।

ଯେଉଁଆଡ଼େ ଯାଅ, ଯେଉଁ କର୍ମ କର
ସବୁ ହେଉଛ ଭରଣା
ଧରା ସ୍ୱର୍ଗ ଯେଣୁ ବାସସ୍ଥାନ ତବ
ପୁଣ୍ୟ ଗୁଣ ପରିପୂର୍ଣ୍ଣ
ସେହି ପୁଣ୍ୟ ବଳୁ ନିଶ୍ଚିନ୍ତ ନିର୍ଭୟେ
ସଫଳ ହେବ ମନସ୍କାମ ।

●●

ଯହିଁ ଥାଅ ଯହିଁ ଯାଅ ଯେଉଁ କର୍ମରେ
ଅନୁକ୍ଷଣ ଅନୁଭବେ ତାହାଙ୍କୁ ସୁମର
ଗତିମୁକ୍ତି ଦାତା ସେହି ଦେଖାଇବେ ରାହା
ସତ୍ୟପଥେ ଧର୍ମପଥେ ଚଳେ ସେହି ନାହା ।

●●

ସତ୍ୟର ମହତ୍ତ୍ୱର ପରିଭାଷା ନାହିଁ
ଦୁର୍ଜନ କେବେ ହେଁ ତାହା ଧ୍ୱଂସ କରେ ନାହିଁ ।
ସତ୍ୟର ଦୁରୂପଯୋଗ ହେବା ଅସମ୍ଭବ
ବିଜୟ ଭାବନା ଆଣେ ଦୃଢ଼ ମନୋଭାବ ।

●●

ଏକାଗ୍ରତା ନାହିଁ ଦୃଢ଼ ପଣ କାହିଁ,
ଲୁଚି ଛପି ରହିଛନ୍ତି,
ସତ୍ୟର ସାଧନା ସ୍ଥିରୀକୃତ ରହି
ଦୃଢ଼େ ଆବୋରି ରଖନ୍ତି ।
ସେହି ଧନ ବଳେ ବଳିୟାନ ଯିଏ
ନାହିଁ ଅନ୍ୟ ପ୍ରୟୋଜନ ।
ସୂକ୍ଷ୍ମ ଅନୁଭବ, ତୁମରି ସାନ୍ନିଧ୍ୟ
ରହୁ ହୋଇ ଚିର କାମ୍ୟ ।

●●

ମୋର ସାଧନାରେ ନାହିଁକି ସତ୍ୟ
କର୍ତ୍ତବ୍ୟ କାହିଁକି ସର୍ବଦା ପରାହୁତ ?
ମୁଁ କ'ଣ ଛଳନାର ସ୍ତୂପରେ ବସିଛି ?

ତେବେ ତୁମେ କିମ୍ବା ଦେଉନାହଁ ବାଛି ?

●●

ତୁମକୁ ଜାଣିବି, ତୁମକୁ ପାଇବି,
ତୁମେ ହିଁ ମୋ ସତ୍ୟ ରଥ ।
ଅନ୍ୟ ଲକ୍ଷ୍ୟ ମୋର ଚିନ୍ତନେ ନାହିଁ
ଏହା ସଦାହୃଦ ପଣ ।
କେତେ ବିଭାଜନ, କେଡ଼େ ବିଲକ୍ଷଣ
ସବୁ କେବଳ ଇଚ୍ଛାରେ ରହେ,
ଶୂନ୍ୟ ଅନ୍ତର ସୃଷ୍ଟି କରେନା ଅନ୍ୟ କିଛି
ଯାହା ମାର୍ଗ ଦର୍ଶନ ଦିଏ ।

●●

ଦେଖାଇ ହେବା, ସ୍ୱଭାବରେ କାହିଁ
ଚେଷ୍ଟିତ ସର୍ବଦା କଥା ରକ୍ଷା ପାଇଁ
କଳ୍ପନାର ଜାଲେ ସୁଖ ସୌଧ ଗଢ଼େ
ବାସ୍ତବରେ ତାହା ତୁମ କରୁଣାରେ ଛାଡ଼େ ।

●●

'ମୁଁ'ର ମହତ୍ତ୍ୱ ସର୍ବଦା ଉତ୍ତମ
ତହିଁରୁ 'ମହତ୍ତ' ନିଜ କଲା କର୍ମ ।
ଉପୁଜାଇ ତୁମେ ଚିହ୍ନାଏ ଜଗତେ,
'ମହତ୍ତର' କାର୍ଯ୍ୟ ଯୋଗେ ହୃଦ ପଟେ ।

●●

ସର୍ବଗୁଣ ପରିପୂର୍ଣ୍ଣ, କୁହୁକର ଗୁଣ
ସେ ଗୁଣର ପ୍ରତିକ୍ରିୟା ଖାଲି ଲଘୁପଣ
ତହିଁରେ ନ ଭାସି, ଭର୍ତ୍ସନା ନ ଆଣି ହୃଦେ
ଭସାମେଘ ସମ ଯାଉ, ସ୍ୱଚ୍ଛ ପରାଣ କାନ୍ଦେ ।

●●

ଚିନ୍ତାରେ କାର୍ଯ୍ୟରେ, କର୍ମରେ
ବିଶ୍ୱାସ ରଖ୍ ତାଙ୍କୁ କର ଆଶ୍ୱସ୍ତ
ଚିରନ୍ତନୀ ସେହି ପିୟୁସ ଧାରା

ରହିଥିବ ତୁମର ଚିର ବିଧ୍ୱସ୍ତା
ତୁମ ଚଲାପଥ କଙ୍କରିତ ବୋଲି
ଶୃଙ୍ଖଳିତ ଥିବ ଚିରନ୍ତନ
ବିଶ୍ୱାସେ ଆସନ୍ତି ସେ ରହନ୍ତି ପାଖରେ
ତୁମରି ଚିନ୍ତାରେ ଥା'ନ୍ତି ଅନୁକ୍ଷଣ ।

●●

ଆମ ଜନମ ତ, ମୂଳରୁ ଗଢ଼ା
ପଞ୍ଝାଳ ଘାଣ୍ଟିବାକୁ
କେଉଁ ରାହା ଧରି କିପରି ଚଳିଲେ
ଜାଣିବ ନିଜ ମନକୁ ।
ଜ୍ଞାନ, ବୁଦ୍ଧି ଦେଇ ଚିନ୍ତା ଚେତନାରେ
ମେଳାଉଥିଲେ ନିଜକୁ
ହରଣ, ମିଶାଣ, ଗୁଣନ ଫଳିତ
ଦର୍ଶାଇବ ଫେଡ଼ିବାକୁ ।

●●

ଉଚ୍ଚାକାଙ୍‌କ୍ଷା ପ୍ରବୃତ୍ତି ଅଗ୍ରଗତି କରାଏ
କଣ୍ଟା ଝଣ୍ଟା, ଆଡ଼େଇ, ବାଟ ସଳଖ ହୁଏ
ଲକ୍ଷ୍ୟସ୍ଥଳ ସ୍ଥିର ରଖି କାର୍ଯ୍ୟ କରୁଥିଲେ
ମନ ସୁଖେ କର୍ମେ ରହି ମନପ୍ରାଣ ଢ଼ାଳେ ।

●●

ନିଶ୍ଚିନ୍ତ ନିର୍ଭୟେ ଆଗକୁ ପଦପାତ
ସାହସ, ମନରେ ଆଣେ
ଭୁଲ୍ ଭଟକା ତ, ଆସି ଯାଉଥିବ
ଅନୁକ୍ଷଣ, ବଡ଼ ପଣେ
ଜୀବନ ଯାତ୍ରା ସୁଖମୟ ସତ ନୁହଁ
ଅଳପ ଦୁଃଖ ବ ଆସୁ
ସାହସିକ ମନୋବଳ ସର୍ବଦା ରହି
ଦୁଃଖ ଶୋକ ସବୁ ବିନାଶୁ ।

●●

ସତ୍ୟ ଚିରନ୍ତନ, ଦୃଢ଼ ପଣ ଥାଏ
କଳ୍ପନା ବିଳାସେ, ସ୍ନିଗ୍ଧ ରୂପେ ରହେ
କଠୋର ନ ହୋଇ ନମ୍ରତା ବିଧାନେ
ଅମୃତ ଝର, ଝରାଏ ମୃଦୁ ସିଞ୍ଚନେ ।

●●

ବାଧା ବିଘ୍ନ ଆସୁ ପଛେ, ବିଷାଦ ନ ଆସୁ
ଝଡ଼ଝଞ୍ଜା ଉଗ୍ରରୂପ କ୍ଷଣସ୍ଥାୟୀ ବିନାଶୁ
ଉତ୍ପତ୍ତି ହୁଏ ଧରିତ୍ରୀ ଶୁଭଙ୍କରୀ ରୂପ
କିମ୍ବା ହତୋତ୍ସାହ, ଆସୁ ପ୍ରେମ, ଅମାପ ।

●●

କଳା ବଉଦର ଗାମ୍ଭୀର୍ଯ୍ୟ ମର୍ଯ୍ୟାଦା
ଅହଂ ରୂପ କେବେ ନିଏନା
ଜାଣିଛି ସେ ନିଜେ ଅସ୍ଥାୟୀ ଏ ରୂପ
ଆସିବ ଏହାପରେ ଜୋଛନା ।
ପ୍ରଭାତର ସ୍ନିଗ୍ଧ ସମୀର ସମ ହୋଇ
ଶୀତଳ ସ୍ପର୍ଶ ଦେଉଥିବି
ମୁଗ୍ଧ ପରିବେଶ ମୃଦୁ ମଧୁ ଛନ୍ଦ
ଅବିରତେ ବାଣ୍ଟୁଥିବି ।

●●

ଏ ଶରୀର ବିଶ୍ୱାସରେ ହେଉ ଦୀପ୍ତିମନ୍ତ
ଅବିଶ୍ୱାସର, ଅଙ୍ଗାର, ନ ଆସୁ ନିକଟ ।
ଆୟାସ ପ୍ରୟାସର ବଳ କଷାକଷିରେ
ଜ୍ଞାନ, ବୁଦ୍ଧି ଦୀପ୍ତ ଶିଖା ରହୁ ସର୍ବୋଚ୍ଚରେ ।

●●

ଅନ୍ତହୀନ ବିଶ୍ୱାସ ହୃଦୟେ ଦୃଢ଼େ ବାନ୍ଧେ କର୍ମ
କର୍ତ୍ତବ୍ୟ ହୁଏନା କଠିଣ, ବାନ୍ଧେନା, ବିନ୍ଧେନା, ମର୍ମ
ଈଶ୍ୱରଦତ୍ତ ପ୍ରତିଭା ପରିସ୍ଫୁଟ ଅନୁକ୍ଷଣ
ଅକ୍ଷୟ ସୁଧର୍ମ, ସୁଧାଝର, କରେ ବିତରଣ ।

●●

ଆଜନ୍ମ ଶିକ୍ଷା ଦୃଢ଼େ ଅଗ୍ରସର କରାଏ
ବିଘ୍ନ ନିବାରି ନିର୍ବିଘ୍ନ ପଦପାତ ରହେ
ମମତା, ଆଦର, ସ୍ନେହପ୍ରେମ ହୁଏ ପୁଞ୍ଜୀଭୂତ
ସରାଗେ ଥାପି ଅନ୍ତରେ ହୁଏ ସୁଚିନ୍ତିତ ।

●●

ସ୍ରଷ୍ଟାଙ୍କ ଦାନ ଅଫୁରନ୍ତ, ଉଜ୍ଜ୍ୱଳ,
ଆଲୋକିତ ଧରା ସାରା
ବ୍ରହ୍ମାଣ୍ଡେ ବ୍ୟାପିଛି ବିଭିନ୍ନ ରୂପ
ବିଚିତ୍ରତା ରଙ୍ଗ ଭରା
ସଯତନେ ତାକୁ ସାଇତି ରଖିଣ
ଆଶ୍ୱାସନା ଆପେ ପାଇବି
ନିର୍ମଳ ହୃଦୟେ ନିରୀକ୍ଷଣ କରି
ନିରନ୍ତର ପୂଜା କରିବି ।

●●

ଅକୁଣ୍ଠ ଚିତ୍ତରେ କଲି ସମର୍ପଣ
ଯାହା ତୁମେ ଗଢ଼ିଛ, ଦେଇଛ
ଜୀବନ ଯାତ୍ରାରେ ତୁମ ମନୋମତ
ହେଲି କି ନାହିଁ ତୁମେ ଜାଣିଛ ।
କହି ପାରିବନି ତୁମେ, ବିଶ୍ୱାସ ମୋ
ହଟିଛି ତୁମ ପଦତଳରୁ
ଭାବର, ଭାବଗ୍ରାହୀ ତୁମେ
ସବୁ ଭାବ ଜନ୍ମନ୍ତି ତୁମଠାରୁ ।

●●

ଆପଣା ବିଶ୍ୱାସ ଆପଣାକୁ ପ୍ରକଟିତ କରୁଥାଏ
ସୁବାସିତ ସୁଭାଶୀଷ ମହକ ମନକୁ ମହକୁ ଥାଏ ।
ସୁକର୍ମେ, ସ୍ୱଧର୍ମେ, ଧର୍ମ ଗୁଣେ ବନ୍ଧନେ ବନ୍ଦୀ ରହି
ବିକଶିତ ବିଭବେ ବିତ୍ତବାନ ରହେ ଏହି ମହୀ ।

●●

ଅନୁଭବେ ତୁମେ ଆଚ୍ଛାଦିତ କରି ରଖିଛ

ତୁମରି ସ୍ପର୍ଶର ସୁଖ
ମନ ଗହୀରରେ ଲୁଚି ରହିଛି ସେ ଆନନ୍ଦ
ଯାହା ନିଜେ କରେ ପରଖ ।
ଭାବଗ୍ରାହୀ ତୁମେ ଭାବକୁ ବଡ଼ପଣ କରି
ପାଖେ ରହି ବତାଉଛ
ମନ୍ଦ ଭାବନାକୁ ଦୂରେଇ ଦେଇ, ସୁଭାବନା
ଜନ୍ମ ଦେଇ ବଢ଼ାଉଛ ।

••

ଆପଣାର ମନବୋଧ ଆପଣା କର୍ମଭୂମିରେ
ଯୋଡ଼ି ହୋଇ ରହିଛି ।
କେତେ ବିଶ୍ୱସ୍ତ ତୁମେ ନିଜ ପ୍ରତି ଜାଣିପାରୁଛ
କଲା କର୍ମ ଦେଖାଉଛି ।
ସୁଖାନନ୍ଦ ମିଳେ ସୁକର୍ମ ସମାହିତ କରି
ଶାନ୍ତି ପ୍ରଦାୟନୀ ମନ
ସେ ଶାନ୍ତି ପ୍ରସାରିତ କରେ ଆଖପାଖ ଭୂମି
ମିଳେ କୋଟି ସୁଖ ଧନ ।

••

ସତେ ସେହି ଅପେକ୍ଷା କରନ୍ତି ତୁମ ଆଗମନେ
କେଉଁ ରୂପେ, କେଉଁ ଭାବେ ଆସୁ ଦେଖି ନିରୀକ୍ଷଣେ ।
ସତ୍‌ପଥ ହୁଏ ଦୃଷ୍ଟି ପଥାରୁଢ଼ ।
ସଲଖ, ଚଲାବାଟ ରାହା ଦେଖାଏ ସର୍ବକ୍ଷଣ
ମୁଗ୍ଧ ମନ ଆନନ୍ଦ ଜମାଏ କୁଢ଼ କୁଢ଼ ।

••

ସତ୍ୟ, ଶିବ, ସଦା ସୁନ୍ଦର ରୂପେ ବିରାଜି
ରଖନ୍ତି ତୁମ୍ଭକୁ ଯେପରି ନ ଯିବ ହଜି
ଅସ୍ଥିର ଅଥଳ ନାହିଁ ଥଳକୂଳ ଭବ ସାଗରେ
ସେହି ଜଣକ ସିନା ତୁମକୁ କରୁଥାନ୍ତି ଉଦ୍ଧାର
କ୍ଳେଶ ହରଣ ହୋଇବ ରଖ ଭରସା ।

••

ସଫଳ ହୋଇବ ତୁମରି ଆକାଙ୍କ୍ଷା
ଲକ୍ଷ୍ୟ ପଥ ରହି ସ୍ଥିର
ଅଖଣ୍ଡ ବିଶ୍ୱାସ ପ୍ରତିଶ୍ରୁତି ରଖେ
ପ୍ରୀତିପୂର୍ଣ୍ଣ ଏ ସଂସାର ।
ଝୁଣ୍ଟି ପଡ଼ି ଉଠି କର୍ମ କରୁଥାଅ
ହତାଶ ନ ଆସୁ ହୃଦେ
ଏକ ଲୟେ ଚିନ୍ତ ବିଶ୍ୱନିୟନ୍ତାଙ୍କୁ
ସମର୍ପିତ ହୁଅ 'ସେ' ପଦେ ।

••

କିପରି ଶିଖିବି କିଏ ଶିଖାଇବ
ତୁମେ ଅନୁଗ୍ରହ ନ କଲେ ।
ସବୁ କ୍ଷେତ୍ରରେ କାର୍ଯ୍ୟ କର୍ମରେ
ତୁମେ ବାଟ କଢ଼ାଇ ନ ଦେଲେ
ଆଉ କେହି ନାହାନ୍ତି
ବାକି କାଳତକ କିପରି କଟିବ, ତାହା ବି ତୁମକୁ ଜଣା
ନିଶ୍ଚିନ୍ତ ଅଛନ୍ତି ତାହା ଚିନ୍ତି ।

••

ଶିଶୁ ପରି ମୁହିଁ ନିର୍ଭର କରିଛି ତୁମକୁ
ଅବୁଝା ମନରେ ଅଳି କରି
ସନ୍ତାନର ଅଳି ଝଳି ତୁମେ ନ ଶୁଣିଲେ
ଅନ୍ୟ ଆଉ କିଏ ଜାଣିପାରି
ବୁଝିବ ମନ, କହିବ ଧନ
ଅଝଟ ହୁଅନା ମୁଁ ପରା ଅଛି ତୋ ରକ୍ଷାକାରୀ ।

••

ତୁମ ପରି ବିଶ୍ୱସ୍ତ ବନ୍ଧୁଙ୍କୁ
ଅକାତରେ ନିର୍ଭର କରି
ମନରେ ଦମ୍ଭ, ହୃଦୟେ ସାହସ
ଅକୁଣ୍ଠିତେ ପ୍ରେମ ସୁଧା ବାରି
କରୁଅଛି ବିତରଣ, ସଦା ତୁମେ କରି ଧ୍ୟାନ

ତୁମକୁ ପାଇବା ପାଇଁ ଉତ୍କଣ୍ଠିତ ଚିତ୍ତେ କରି କର୍ମ ।

●●

କଷ୍ଟକର କର୍ମ, ବଳକୁ ପରଖୁ ଥାଏ
କଷ୍ଟାର୍ଜିତ ଧନ, ସୁଧ ମୂଳେ ବଢୁଥାଏ
ସର୍ବଦା ଦେବ ସେ ଦେହବଳ ମନବଳ
ଈଶ୍ୱରଙ୍କ ତାହା ତୁମ ପାଇଁ ଉପହାର ।

●●

ଶାନ୍ତ ଅନ୍ତରେ ସେ ରହିବା ସ୍ଥାନ କରନ୍ତି
ଚୁପ୍‌ଚାପ୍ ଛପି ଛପି ବସା ବାନ୍ଧିଥାନ୍ତି ।
କେଡ଼େ ଖୁସି ଆନନ୍ଦରେ ତାକୁ ସଜାଇ
ନିବିଡ଼ ବନ୍ଧନେ ବାନ୍ଧି ରଖି ମଜାଇ ।

●●

ଧ୍ୟାନେ ଚିନ୍ତି ତାଙ୍କୁ କର୍ମ କରୁଥିଲେ
ସବୁ ଶକ୍ତି ଠୁଳ ହୋଇ ଆନନ୍ଦେ ରହିଲେ
ଆତ୍ମ ଶକ୍ତି ଆପେ ବଢ଼ିଥାଏ
ତାଙ୍କରି କର୍ମ କରୁଛ ସର୍ବଦା ଭାବିଲେ
କୁକର୍ମ, କୁବାକ୍ୟ, କୁଚିନ୍ତା ନ ଆସି ଭଲେ
'ଜୀବ' ସର୍ବଦା ଶୁଭେ ରହିଥାଏ ।

●●

ଯାହା ବି କରୁଛ, ଯାହାବି ଭାବୁଛ
ସେସବୁ ନିଶ୍ଚୁପେ ଜାଣନ୍ତି
ଅନ୍ତରେ ରହି, ଅନ୍ତରୁ କହି ସବୁ
ଠିକ୍ କଥା ବତାଇଥାନ୍ତି ।
ତାହା ଅମାନ୍ୟ କଲେ ଦୁର୍ଯୋଗ ଆସେ
ଜାଣି ନ ପାରି ରୁହ ମିଛ ବିଷାଦେ ।

●●

ବାଲୁତ କାଲୁ ସତ୍ ଶିକ୍ଷା ଲାଭ
ଆଗକୁ ବଢ଼ାଇ ନିଏ
ପଛକୁ ଫେରି ଦେଖିଲେ ନିର୍ମଳ

ଭାବ ସୁଶିକ୍ଷା କରାଏ ।
ଆଗକୁ ଖଣ୍ଡ ବିଖଣ୍ଡିତ ଯାଉଁ
ଦୃଢ଼ ମନୋବଳ ଆସି
ସାହା ଦେଇ, ସହଜ ସାଧ୍ୟ ମଧ୍ୟେ
କର୍ମ କରାଏ ଶୁଭେ ହସି ।

●●

ମଣିଷ ମଧ୍ୟରେ ଭଗବାନ ସଦା
ରୂପରେ ଛନ୍ଦରେ ଥାନ୍ତି
କେତେ ମନ୍ତେ ବୁଝାଇ ସୁଝାଇ
ତୁମକୁ ଚଳାଇ ନିଅନ୍ତି ।
ଅବୋଧ ମନ ତୁମ ବୁଝି ପାରେ ନାହିଁ
ଭାବୁଥାଏ, ଅଭାବେ ମୋ ସାହା କାହିଁ ?

●●

ଭବିଷ୍ୟତ କାହାର ତ ନୁହଇ ଅନ୍ଧାର
ସୁନ୍ଦର ଚିନ୍ତା କର୍ମେ, ରଖ ନିଜ ସଂସାର
ସେ ସଂସାରେ ଆସି ଅତିଥି ଅଭ୍ୟାଗତ
ନ ଜଣାଇ ସଜାଡ଼ି ଦିଅନ୍ତି ସତତ ।

●●

ଏହି ସୃଷ୍ଟି 'ପ୍ରଭୁ' ଶ୍ରେଷ୍ଠତମ ଅବଦାନ
'ମାନବ'ଙ୍କ ପୁଣ୍ୟ ବଳେ ମିଳିଅଛି ଦାନ
ବିଚିତ୍ରମୟ ସଂସାର ବୈଚିତ୍ରେ ପରିପୂର୍ଣ୍ଣ
ଉନ୍ନତ କରି ଅବିରତ, ହେଉଥାଅ ଧନ୍ୟ ।

●●

ଏହି ପୃଥିବୀରେ ଜନମ ନିଅନ୍ତି
'ପ୍ରଭୁ' କେତେ ରଙ୍ଗେ କେତେ ରୂପେ
ବିଭୋର ମୁଁ ଖୋଜି ପାଉନାହିଁ, ଅପୂର୍ବ
ସେ ରଙ୍ଗେ, ହଜୁଛି ଆପେ ଆପେ
ହଜିବ ସିନା ଖୋଜିବା ଛାଡ଼ିବିନି
ଆସ୍ଥା ଅଛି ନେବେ ସେ ଦିନେ ଟାଣି

ପଦ୍ମ ପାଦେ ଆଶ୍ରା ମିଳିବ
ସବୁ ଖୋଜିବା, ହଜିବାର ସେହି ଦିନ ଶେଷ ହେବ ।

●●

ବିଚଳିତ ମନ ଅସ୍ଥିର ଭାବନା
ଲକ୍ଷ୍ୟ ସ୍ଥିର ରଖି ପାରେନା
ଅବିଚଳିତ ବିଶ୍ୱାସ ଭରସା ଦିଏ
ନିଶ୍ଚେ ପାଇବୁ ମନ କାମନା ।
ଟଳମଟଳ ହୃଦୟ ଥରେ ଭାବ
ଘଟଣାର ଯେତେ ବିଘଟଣ
ତେବେ ବି ହେଉନାହିଁ କି କାର୍ଯ୍ୟର ଶେଷ
ସୁମଙ୍ଗଳ ସୁସମାଧାନ ?

●●

ନିଶ୍ଚିନ୍ତ ନିର୍ଲିପ୍ତେ ସବୁ ଛାଡ଼ିଛୁଡ଼ି ଦିଅ
ବିଶ୍ୱନିୟନ୍ତା ପଦତଳେ
ସର୍ବ ଶୁଭମୟ, ଶୁଭଙ୍କର ହେବ ନିଶ୍ଚେ
ସେ ଦେଖିବେ ସବୁବେଳେ
ଦୁଇ କୂଳ ଜଗିବେ, ଜଗିଛନ୍ତି ।
ବୁଝି ନ ପାରି ଘାରି ହେବା ସାରସିନା
ଆସିବନି କେବେ ଭୁଲ ଭ୍ରାନ୍ତି ।

●●

ସବୁ ବିପଦ ଆପଦରୁ ରଖନ୍ତି ସେ ଆବୋରି
ଏ ବିଶ୍ୱାସ ଅନ୍ତରେ ରଖ ସର୍ବଦା ଜାବୁଡ଼ି
ସାଂସାରିକ ଜଞ୍ଜାଳରେ ଯେତେ ଝଡ଼ଝଞ୍ଜା
ଅଜାଣତେ ମିଳାଇବ ସୁଖ ରହିବ ଖଞ୍ଜା ।

●●

ଅନୁଭବେ ଅନ୍ତରକୁ ନିର୍ମଳ ରଖିଲେ
ସର୍ବଶୁଭ ହେଉଥାଏ ଘରେ ଓ ବାହାରେ
ଦୁଃଖ ସୁଖ ମିଶା ଏହି ସଂସାର ଚଳଣି
ନିର୍ବିଘ୍ନେ ପାରି ହେବ ପରାଜିତ ନ ମଣି ।

●●

ଘଟଣା ବହୁଳତା, ନିଷ୍କ୍ରିୟ ନ କରି
ଅଜାଣତେ ଅଗ୍ରଗତି, ନେଉଥିବ ବରି
ବାଧାବିଘ୍ନ ସମ୍ମୁଖରେ ଉପସ୍ଥିତ ରହି
ଲକ୍ଷ୍ୟସ୍ଥଳ ପହଞ୍ଚିବା ଦୃଢ଼ ଭାବ ନେଇ ।

●●

ପ୍ରସ୍ଫୁଟିତ ପୁଷ୍ପସମ ଶୋଭା ବିତରଣ କରି
'ପ୍ରଭୁ' ପଦ ତଳେ ସମର୍ପି, ନିଜକୁ ଅଞ୍ଜଳି
ଧନ୍ୟ ହୁଅ ମନେ ପ୍ରାଣେ
ସୁଖୀ ହେବେ ସରବେ
ତହିଁରୁ ଉପୁଜି ଶାନ୍ତି ପ୍ରୀତି
ଭରିବ ପ୍ରକୃତି ବୈଭବେ ।

●●

ପାପ ପୁଣ୍ୟ ଭଲ ମନ୍ଦ ଦୁଃଖ ସୁଖ ଏକାଠି କରି
ପଦତଳେ ଢ଼ାଳିଦିଅ, ଅନୁରାଗେ, ପ୍ରୀତି ପ୍ରେମ ଭରି
ମିଳିଯିବ ସୁଖ ଶାନ୍ତି ଅକସ୍ମାତେ ଆଚମ୍ବିତ କରି
ସେ ଅପୂର୍ବ ସେ ଲୀଳା ଅନୁଭବ ହୃଦେ, ଜୟ ଗୀତ ପରି ।

●●

ଶୁଦ୍ଧ, ସତ୍ୟ, ନିର୍ମଳ କର୍ମ, ଶାନ୍ତି ପ୍ରଦୀପ ଜାଳି
ଅନୁଭବେ ଦିଏ ପୃଥିବୀ ବୁକେ ପ୍ରୀତି ପ୍ରେମ ଢ଼ାଳି
ଫୁଲରେ, ଗନ୍ଧରେ ବିହ୍ୱଳ ଛନ୍ଦ
ବନାନୀ ବକ୍ଷ ଚିର ସ୍ପନ୍ଦିତ
ଜୀବନ ସଂଗୀତ ସଦା ବସନ୍ତ
ଗାଉଥାଏ ଧରା ସ୍ତୁତି ସଂଗୀତ ।

●●

ସୁଖ ସନ୍ତାପ ସବୁ ପଛକୁ ରଖି
ଗଲା କଥା ବୃଥା ଭାବନା ମନ ନ ଖୋଜି
ଉଦାସୀ ମନକୁ ମଳୟ ପବନ ସରି
ବାଣ୍ଟିଦିଅ କଅଁଳ ସୂରୁଜ କିରଣ ପରି ।

●●

ନିର୍ବିବାଦେ ସମର୍ପି ନିଜକୁ
କାମନା ବାସନା ପ୍ରତିହତ କର,
ଅକସ୍ମାତ୍ ଅଜାଣତେ ମିଳେ
ସର୍ବସୁଖ, ଯାର ନାହିଁ ପଟାନ୍ତର ।
ବିଧିର ବିଧାନ ଆସୁଥିବ
ଯାଉଥିବ, ଚଞ୍ଚଳ କରି ନିଜ ମନ
ଦୃଢ଼ ମାନଦଣ୍ଡ, ଆଶ୍ୱାସନା,
କରୁଥାଏ ନିର୍ବିଘ୍ନେ, ଅନ୍ତର ମନନ ।

●●

ଅନୁଭବ ଅନନ୍ତ ଶକ୍ତି ପ୍ରାଣକୁ ମନକୁ
ଦୃଢ଼ ଚେତନା ଆଣିଦିଏ
ଅପାର, ଅମୋଘ ମନବଳ କାହୁଁ ଆସି
ଜୀବନର ଜୟଗୀତି ଗାଏ
ଅପୂର୍ବ ସେ ଉପଲବ୍ଧି ମୋହମୟ ପ୍ରୀତି
ବାନ୍ଧିରଖ ସଯତ୍ନେ ସଜାଡ଼ି
ଅକସ୍ମାତ ଆସି ପୁଣି, ଅଜାଣତେ ଅବା
ଯିବ ଫେରି କାହିଁ କେତେ ଦୂରେ ।

●●

ଯାହା ପାଉଛ ସବୁ ସେ ଦେଲେ
ଯାହାବି କରୁଛ, ସେ କରାଇଲେ
ନିଜର ହୋଇ, ଆପଣାର କରି
କେହି ରହିବେନି, ଏହା ହିଁ ସତ୍ୟ,
ମନକୁ ଦୁଃଖ ନ କରି, ନିଷ୍କଳ ହସ ହସି
ଶ୍ରଦ୍ଧା ସ୍ନେହେ କର୍ମ କରି, ଯାଅ ଫେରି ଖୁସି ଖୁସି
ସବୁ ମିଥ୍ୟା ମଧ୍ୟେ ଏହା ହିଁ ନିର୍ଜଳ ସତ୍ୟ ।

●●

ଯେଉଁ ଭାବେ ଚଳ, ତାଙ୍କରି ଚଳଣି ଚଳୁଛ
ତହିଁରୁ ଖୁସି ଆତ୍ମ ସନ୍ତୋଷ, ସବୁ ପାଉଛ

କେତେ ପୁଣ୍ୟ ବଳର ଫଳ ପ୍ରାପ୍ତି ତା ଜାଣିଛୁ ?
କ୍ଷୁଣ୍ଣ ନ କରି ମନ, ଆନନ୍ଦରେ ରୁହ ସ୍ୱଚ୍ଛ ।

●●

ସବୁ ସମର୍ପି ପଦତଳେ, କର୍ମ ଭୂମି ରଖ
ସଦାଚଳ ଚଞ୍ଚଳ
ନିର୍ବିଘ୍ନେ ନ ହେଲେ ବି, ସୁକର୍ମେ ସାଧିତ ହେବ
ରଖିଥାଅ ମନୋବଳ ।
ଏ ଜଗତେ ଘାଣ୍ଟିହେବା ସାର ସିନା ଅନ୍ୟ
ସୁଖ ପାଇଁ ଲୋଭୀ ନୋହି
ଯାହା ପାଉଛି, ଯେତିକି ମିଳୁଛି ସନ୍ତୋଷେ ତା
ଗୋପନେ ରଖ ସଜାଇ ।

●●

ସମର୍ପି ସବୁ ମୁଁ ପ୍ରାର୍ଥନାରେ କିଛି ମାଗିନାହିଁ
ତୁମ ନିର୍ଦ୍ଦେଶ ଅନୁଭବୀ ଅନ୍ତରେ, ସଦା ପାଇ
ଦୁଃଖ ନାହିଁ, ସୁଖ ମୁହିଁ, ଅନ୍ୟ କିଛି ଲୋଡ଼ା ନାହିଁ
ଏହି ଆଶିଷ ବଳେ ହେଉଥାଏ ସର୍ବଦା ସର୍ବଜୟୀ ।

●●

ସଙ୍କୁଚିତ ମନ କିଞ୍ଚିତ ସୁସ୍ଥି ପାଏନା
କୁଣ୍ଠିତ ମନ ଅକୁଣ୍ଠେ ଆଣେନା ଚେତନା
ଅମୂଲ୍ୟ ସେ ଭାବ ମିଳେ କରି ଅଖଣ୍ଡ ସାଧନା
କିପରି ତା' ମିଳିବ ଦିଅ କିଛି ଅପୂର୍ବ ପ୍ରେରଣା ।

●●

ସୀମାହୀନ ପଥର ମୁଁ ଯାତ୍ରୀ ନାହିଁ ସଙ୍ଗୀ ସାଥି
ଜାବୁଡ଼ି ଧରିଛି ହୃଦୟେ ଯାହାଙ୍କୁ
ଜାଣେନି ହେବେକି ନାହିଁ ମୋ ଗତି ।
ଏ ପଥର ନାହିଁ ଥଳକୂଳ ନାହିଁ ବେଳ ଅବେଳ
ବାଟୋଇର ନାହିଁ ଠିକଣା ଭରସା
ପାଇନି ସେ ଶକ୍ତି ସେ ମନବଳ ।

●●

ସବୁ ସାମର୍ଥ୍ୟକୁ ଏକଜୁଟ କରି
ସଦା ଅଗ୍ରଗତି କରୁଥାଅ
ସଫଳତା କେତେବେଳେ ଆସି ଲୁଚିଥିବ
ତାକୁ ସଙ୍କୋଚେ ଡାକୁଥାଅ
ଚିନ୍ତାର ଲହଡ଼ି ହୃଦୟେ ମାଡ଼ିବସି
ଅବାଟେ ନେଲେ କଢ଼ାଇ
ତାହା ବି ସବୁ ତାଙ୍କରି ଉପରେ ଛାଡ଼ି
ପଦପାତ କର ଆଗେଇ ।

●●

ସତ୍ୟର ନିରନ୍ତର ଚିନ୍ତନ, ନିତ୍ୟ ପ୍ରାର୍ଥନାର, ଫଳ
ମିଳିବ ନିଶ୍ଚୟ ତାହା ଆଶୀର୍ବାଦର ଫଳାଫଳ
କର୍ମଫଳର ଶ୍ରେଷ୍ଠତା ରହିଛି,ରହିଥିବ
ତହିଁରେ ରଖ ବିଶ୍ୱାସ ଜୟ ପଥେ ଚାଲୁଥିବ ।

●●

କର୍ମରେ ରହିସେ, ବିଶ୍ୱାସରେ ଦେଖା ହେବେ
ଦୃଢ଼େ ମନେ ସାଇତି ରଖିଲେ
ଅଗ୍ରଗତି ସହଜରେ ବାଧାବିଘ୍ନ ହଟିଯାଏ
ଆତ୍ମସୁଖୀ ହୁଅ ଅଜାଣତରେ
ଏହିପରି ସେ ସହଜରେ ଧରା ଦିଅନ୍ତି,
ବୁଝି ନ ପାରି ଏ ମନ ବୃଥା ଧାଏଁ ଏଣେତେଣେ
କୃପା ଆହରଣ କରି ଅକଳନ୍ତି ।

●●

ସବୁ ବିଶ୍ୱାସର ଫଳ, ଦୃଢ଼ ଭାବେ କିଏ ଭାବୁଥାଏ
ସେ ବିଶ୍ୱାସ ସେ ଭାବନା ନିରନ୍ତର ଫଳ ମିଳୁଥାଏ
କାଳେ, କାଳୁ ଏହା ଚଳି ଆସୁଛି
ବିଶ୍ୱାସ ରଖ ବା ନ ରଖ ଭକ୍ତି ଭାବନାରେ, ସେ ଅଦୃଶ୍ୟ ଶକ୍ତି
ଚିରନ୍ତନ ବନ୍ଦୀ ରହି ଆସୁଛି ।

●●

ନିରବେ, ସୁଦୃଢ଼େ ଅଚଞ୍ଚଳ ରହି

କରୁଥିଲେ ପଦପାତ
ଅଖଣ୍ଡ ବିଶ୍ୱାସ ହୃଦୟେ ଥାପିଣ
ହେଉଥାଅ ଆତଯାତ
ସର୍ବଶୁଭ ସେହି ଦୃଢ଼ତାରୁ ଉପୁଜି
ସଦା ରହିବ ହୃଦୟେ ମଧୁ ବିରାଜି
ଚଳାଇନେବ ସେ ଦେଖାଇ ଆଗକୁ ଜୀବନର ଶୁଭ ପଥ ।

●●

ପ୍ରଥମ ପଦପାତ ସୁଦୃଢ଼େ ରଖିଥିଲେ
ଟଳମଳ ନ ହୋଇ ଚାଲୁଥିବ ସୁଶୃଙ୍ଖଳେ
ଅବାଟରେ ବାଟବଣା ହେବା ଅସମ୍ଭବ ତହିଁ ।
ଧର୍ମ ରକ୍ଷା କରୁଥିବ ଅଦୃଶ୍ୟେ ଆଗୁସାର ହୋଇ ।

●●

ଶାନ୍ତ ସମାହିତ ମନ, ସୁରୁଖୁରେ କର୍ମ କରେ
ସେ କର୍ମ ସୁଶିଦ୍ଧ ରହି, ଅପରର ଶୁଭ କରେ
ତୃପ୍ତ ଧରଣୀ ଜୀବ ଗଣେ, ଦିଏ ଶୁଭ ସ୍ପର୍ଶେ
ସେ ସ୍ପର୍ଶେ ମୁକ୍ତି ପାନ୍ତି କୋଟି କୋଟି ଆତ୍ମାର ଶସ୍ୟ ।

●●

ନିଶ୍ଚୁପ ନିରବତା ଆନନ୍ଦ ଜଣାଏ
ଅନନ୍ତର ଅନୁଭବ ସୁଖକର ହୁଏ
'ମନମୋହନ' ଦିଅନ୍ତି ମନମୋହୀ
ସରସ ସୁଖେ ପ୍ରାଣୀ ତାହାଙ୍କୁ ଖୋଜଇ ।

●●

ଅନୁଭବେ 'ସେ' ସଦା ହୃଦୟ ଜିଣିଲେ
ବ୍ୟଥା ବେଦନା ପରାକ୍ରମ, ନ ପାରେ ଦେଖାଇ ଗୁଣଗ୍ରାମ
ପରାଜିତ, ଲଜ୍ଜାରେ, ଲୁଚଇ ଦୂରରେ
ପରିବେଶ ରହେ ନିର୍ମଳ ସୁଖରେ ।

●●

ଶାନ୍ତ ସମାହିତ ମନ ବ୍ୟାକୁଳ ନ ହୋଇ
କର୍ମ କରୁଥାଏ 'ପ୍ରଭୁ' ପଦେ ମନ ଦେଇ ।

ଘାତ ପ୍ରତିଘାତେ ଆସି ଦୋହଲାଇ ଦେଲେ
ବିଚଳିତ ଭାବ ବ୍ୟାଘାତ ସୃଷ୍ଟି କରି ନ ପାରେ ।

●●

ଅନ୍ତରର ଶ୍ରଦ୍ଧା ସ୍ନେହ, ଭକ୍ତି, ରୂପ ନିଏ
ବାହ୍ୟ ଚରିତ୍ରରେ ତାହା ପ୍ରକାଶିତ ହୁଏ ।
ଅଜାଣତେ ତାହା ଦିଏ ଅପରେ ଆନନ୍ଦ
ସମୀର ଶକ୍ତି ବିତରେ ସେ ସୁଖ, ସୁନନ୍ଦ ।

●●

ଆପଣାକୁ ହଜାଇ, ମିଶାଇ, ଗୋଳାଇ, ଫେଣ୍ଟି,
ବୁଣି ବିଞ୍ଚିଦିଅ ଏ ଧରଣୀ ପରେ
ତହିଁରୁ ଯେତକ ଶୁଭ ମନୋବାଞ୍ଛା ଗଜୁରି
ରୂପ ନେବ, ସତ, କାମନା, ଆକାଂକ୍ଷାରେ
ତୁମେ ହେବ ଶାନ୍ତ ସମାହିତ
ସଭିଏଁ ହେବେ ଉପକୃତ
ତାଙ୍କରି କର୍ମର ଫଳାଫଳ ଦେଖି
ଚମତ୍କୃତ ହେବ ଅନ୍ତରରେ ।

●●

ଆପଣା କଳାକର୍ମରେ 'ତାଙ୍କ' କର୍ମ କଲ ଭାବି
ନିତି ପ୍ରତି ଚଳୁଥିଲେ ସର୍ବ ଶୁଭ ହୁଏ
ଆତ୍ମବିଶ୍ୱାସ ଦୃଢ଼ ଥିଲେ କଳା କାମ ନିଶ୍ଚିତ
ଶୁଭଫଳ, ଶୁଭଙ୍କରୀ ରୂପ ନେଉଥାଏ ।
ନିତିଦିନିଆ ଜୀବନର ଏହି ଅଣୁ ଦୀକ୍ଷା
ଯେତେ ଯାହା ଘଟି ଚାଲିଥିଲେ ବି ହାରେ ନାହିଁ
ଏହା ହିଁ ଏ ଜୀବନର ସର୍ବୋତ୍ତମ ଶିକ୍ଷା ।

●●

ସଭିଙ୍କର ନୁହେଁ ସମାନ ଚେତନା
କାର୍ଯ୍ୟ ପନ୍ଥା ନୁହେଁ, ସମ ଭାବେ
ଯାହାକୁ ଯେପରି ଗଢ଼ିଛ ତାହା ହିଁ
ତାହାର ଚିନ୍ତନ ଅନୁଭବେ ।

ମନଠାରୁ ବଡ଼ କେହି ନୁହଁ ।
ଭଲ ମନ୍ଦ ସବୁ ତାହାରି ସୁଅ ।
ସେହି ସ୍ରୋତେ ଭାସି ଉବୁଟୁବୁ ହୋଇ
ତୁମ ପ୍ରତି ବିଶ୍ୱାସେ ପାରି ହେବେ ।

●●

ଜ୍ଞାନୁ ଜାତ ବୁଦ୍ଧିମତ୍ତା ବିକଶିତ ହୁଏ ଜ୍ଞାନେନ୍ଦ୍ରିୟ
ନିଷ୍କନୁଣ ଚିନ୍ତାଧାରା ପ୍ରବାହିତ ଚିର ମଧୁମୟ ।
ଚତୁର୍ଦ୍ଦିଗ ବିକିରଣ ସେ ଶୁଭ ଲଗ୍ନ ସୁମଧୁର
ତହିଁରୁ ଉତ୍ପନ୍ନ ଅନୁଭୂତି, ଅଭାବନୀୟ ଗଭୀର ।

●●

କଳନା ନ କରି ବାଣ୍ଟୁଥାଅ, ସଦା ଆପଣା ଚିନ୍ତା ଚେତନା
ନ ମିଳୁ ପଛକେ ତାହାରି, ଯଥାର୍ଥ, ପ୍ରୀତିଭରା ସାନ୍ତ୍ୱନା
ତାହା ଜ୍ଞାନୋଦୀପ୍ତ ସୁନିର୍ମଳ ସୁଧା ଧାରା
ବହୁଥାଏ ଅଙ୍କାବଙ୍କା ପଥ ଦେଇ
ଢ଼ାଳି ସୁଦୀପ୍ତ ପୁଣ୍ୟ ପସରା ।

●●

ଖୋଲା ହୃଦୟର ମନଭୁଲା କଥା
ନିର୍ମଳ ସମୀର ସମ
ସାଧାରଣ ସେହି ଅସାଧାରଣର
ନଭଶ୍ଚୁମ୍ବୀ ଦୃଢ଼ ଖମ୍ବ ।
ସେହି ଜ୍ଞାନ ଗର୍ଭୁ ଯାତ ହୁଏ ଯାହା
ମଳିନତ୍ୱ ତହିଁ ନାହିଁ ।
ତାର ବିକିରଣ ବିଚ୍ଛୁରିତ କରେ
ଅମୃତ ତତ୍ତ୍ୱେ ଏ ମହୀ ।

●●

ସଭିଏଁ ଜାଣନ୍ତି ବୁଝନ୍ତି, 'ମୁଁ'ର ଅହଙ୍କାର କ୍ଷତିଶୀଳ
ଗ୍ରାସ କରେ ସିଏ, ଛପି ଛପି ଆସି, ଅର୍ଜିତ ପୁଣ୍ୟଫଳ
ନିରାକାର ରୂପ ନିରନ୍ତର, ରହିଥାନ୍ତି ସଂଗୋପନେ
ଅକର୍ମ ଶୀଳାକୁ ସକର୍ମ କରାଇ, ପରଖନ୍ତି ଅନୁକ୍ଷଣେ ।

••

ତୁମେ ଶକ୍ତିରେ ଯାହା କରିପାରୁଛ
ଅକଳନ୍ତି ସେଥିରୁ କିଛି ଦିଅ ବାଣ୍ଟି
ନ ମିଳିଲେ ତାହା ମାନବ ଜୀବନେ
ଶୂନ୍ୟ ଘଡା, ପାରିବ କି କିଛି ସାଉଁଟି ।
ଅକାରଣେ ଦୋଷୀ ହୋଇ ରହିଥିବ
ଅସନ୍ତୋଷ ଲାଘବ ନ ହୋଇ
ସ୍ତୁପି କୃତେ ଗଦା ଜମା ରହୁଥିବ ।

••

ସତ୍ୟ ସଚ୍ଚୋଟତା ସଳଖ ବାଟରେ ଥାଏ,
ବିଶ୍ୱସ୍ତ ଆନ୍ତରିକତା, ପାଖାପାଖି ରହେ ।
ଅମୃତ ଆସ୍ୱାଦ ମିଳୁଥାଏ ଅଜାଣତେ
'ଅହଂ' ଦୂରୀଭୂତ ହୁଏ, ମିଳାଏ ଶୂନ୍ୟପଥେ ।

••

ହସ ଖୁସି ଆନନ୍ଦରେ ମଜି ରହି
ସବୁ ସୁଖ ତାଙ୍କ ପଦ ତଳେ ଢ଼ାଳି,
ସେହି ଗୁଣ ସେ ଢ଼ାଳିଛନ୍ତି ଏକଥା
ତୁମେ ଘୁଣାକ୍ଷରେ ଯେପରି ନ ଭୁଲ ।
ସେ ତୁମ ପ୍ରେରଣାର ମୂଳ
ତୁମେ ତାଙ୍କରି ନିଜସ୍ୱ ବଳ
ଦୁହିଁଙ୍କ ସଂଯୋଜନା, ପ୍ରକୃତି ବିଭବେ
ହେଉଅଛ ନିର୍ବିଘ୍ନେ ଚଳାଚଳ ।

••

ଅହଂର ଶେଷ ହୁଏ ନିଜସ୍ୱ
ବଡ଼ପଣିଆ ମୂଲ୍ୟ ବୁଝିଲେ
ହରଷ ମିଳେ ତହିଁରୁ ହୃଦେ
ଝରେ ସନ୍ତୋଷ ହସ ଖୁସିରେ ।
ଅତୁଲ୍ୟ ଅମୂଲ୍ୟ ସେ ଗୁଣ
ଅହରହ ତାହା କରାଏ, ଅଗ୍ରସର ନିଜସ୍ୱ ସତ୍ତାର

ଅର୍ଜୁଥାଏ ଅସଂଖ୍ୟ ପୁଣ୍ୟ ।

●●

କେଡ଼େ କୃତଜ୍ଞତା ଅନୁଭବେ ଆସେ
ଅବା ଜଣାଉଥାଅ ପ୍ରକାଶେ !
ତାହାର ଗାରିମା ନ ଜଣାଇ କାରେ,
କାର୍ଯ୍ୟ କରିଯାଅ ସରସେ ।
ତୁମ କରିଷ୍ମାର କର୍ମ ଫଳୁ ଶୁଭଙ୍କରୀ ହୋଇ
ମନେ ଗୁମୁରିବ ହରଷେ ।

●●

ବିଶ୍ୱସ୍ତତା ମନେ ଆଣି, ଆଶ୍ୱସ୍ତ ରହିଥାଅ
ତହିଁରୁ ଉପଲବ୍ଧି ଆନନ୍ଦ ଉପଭୋଗ କରୁଥାଅ
ସେ ଖୁସିରେ ରହିଛି ଜୀବନର ଛନ୍ଦିଳ ସଂଗୀତ
ସବୁ ବ୍ୟଥା ବେଦନା ଲୁହ ଧୋଇ, ଆଦର ସାଗରେ ଅମୃତ ।

●●

ଆପଣ ସ୍ୱଇଚ୍ଛାର, ଶୁଭ ସଙ୍କେତ
ଭିନ୍ନ ଭିନ୍ନ ରୂପ ନେଇ ଆସେ
ମନର ଦୃଢ଼ତା ସଫଳ କାମ୍ୟ ହୁଏ
କର୍ମ ଫଳ ମିଳେ ଆତ୍ମସନ୍ତୋଷେ
ହୃଦୟର ଅଙ୍କାବଙ୍କା ବାଟେ ନ ଭୁଲି
ସଳଖ ବାଟ ଦେଖାଏ ହରଷେ
ମଣିଷ ମନ ହିଁ ଶ୍ରେଷ୍ଠ ସମ୍ପଦ ପରା
କେବେ ନ ଭୁଲ ବ୍ୟଥା ବିଷାଦେ ।

●●

ଶକ୍ତିକୁ ସାମର୍ଥ୍ୟ ଭିତରେ ରଖିଲେ
ସଞ୍ଚରିତ ହୁଏ ମନେ ଭକ୍ତି
ଦୁର୍ଲଭ୍ୟ ସେ ଭାବ, କଠିଣ ସାଧନା
ଗୁଞ୍ଜରିତ, କର ଦିନରାତ୍ରି ।
ଦିନେ ତାହା ଦେବ ଜଞ୍ଜାଳ ଜୀବନେ
ଅଫୁରନ୍ତ ପ୍ରେମ, ପୂର୍ଣ୍ଣ ପ୍ରୀତି

ଯାହା ପାଇଁ ଜନମ ସାର୍ଥକ ହେବ
ପୁଣ୍ୟବନ୍ତ ହୃଦେ ସୁଧାଗୀତ ।

●●

ଆଜିର ଭୁଲ୍‌କୁ କାଲି ସୁଧାରିବ
ବାକି କାମ ଯାହା ପୂର୍ଣ୍ଣ ହୋଇଯିବ
ସଫଳତା କେତେ ନିର୍ବିଘ୍ନେ ଆସିବ
ମନ ଗହନରେ ସୁଧା ଝରୁଥିବ ।
ଅଙ୍କାବଙ୍କା ପଥେ, ହୃଦୟ ନିର୍ମଳ ରଖି
ଆତଯାତ କରୁଥାଅ କର୍ମସ୍ଥଳୀ ପୁଜୁଥାଅ
ତୁମେ ହିଁ ସର୍ବଦିଗୁ ରହିଥିବ ସୁଖୀ ।

●●

ସବୁ କର୍ମ ଶକ୍ତି ଆହରଣ ହୁଏ
ଅଦୃଶ୍ୟ ସ୍ରଷ୍ଟାଙ୍କ ନିକଟୁ
ନିରାଧାରସମ ବହୁଥାଏ ତାହା
ରକ୍ଷା କରେ ସର୍ବ ସଙ୍କଟୁ
ପ୍ରୀତିରେ ବନ୍ୟା ତୋଫାନ ଆସିଲେ
ପୁଣି ସୁଧାଝର ବୋହିଯାଏ
ଜୀବନର ଏହି ନିତ୍ୟପିରତି
ସାଗରେ ଢେଉ ସମ ହେଉଥାଏ ।

●●

ପରାଜିତ ନୁହେଁ, ହୋଇବି ବି ନାହିଁ
ଜୀବନର ଗତି ପଥେ
ବିନ୍ଦୁ ବିନ୍ଦୁ କାକର ସାଉଁଟି ଗୁନ୍ଥଇ
ମାଳା 'ବିଶ୍ୱ'ର ଶୁଭ ନିମିତ୍ତେ ।
ବହି ଆଜୀବନ ଗନ୍ଧ, ରସ, ସରସେ
ମହକିବ କି ନା ଜଣା ନାହିଁ
ମୋ ବୁକୁ ଶୁଷ୍କ ମରୁ ବାଲି ସମ
ତହୁଁ କାହିଁ ତରୁଜଳ ଛାଇ ।

●●

ବାରମ୍ବାର ଢେଉସମ ଉଛୁଳି ଭସାଇ
କର୍ମପଥେ ଧାଉଁଥାଏ, ଦଉଡ଼ି, ଛୋଟାଇ
ଲକ୍ଷ୍ୟ ପୂରଣର ଆଶା ନବନୀତ ହୋଇ
ମୂର୍ହୁ ମୂର୍ହୁ ଚେତନାରେ ଉଙ୍କି ମାରୁଥାଇ ।
ଆସେ ନାହିଁ ଅବସାନ, ଅବା କ୍ଲାନ୍ତି
ଜ୍ଞାନୋଦୟ ହୋଇ ହୃଦୟ ନ ଆଣଇ ମନେ ଭ୍ରାନ୍ତି ।

●●

ସମ୍ଭାଳି ନେଲେ ଆଜି ମନୋଭାବ
କାଲି ନ ପାଇବ ପରାଭବ
ଏହି ନିର୍ଭୁଲ୍ ସତ୍ୟ ମନରେ ଥିଲେ
ସର୍ବଦା ପ୍ରାପ୍ତି ସତ୍ୟ ସୁନ୍ଦର ଶିବ ।
ପରୀକ୍ଷା ନିରୀକ୍ଷା ଅହରହ ହେଉଛି
ନ ହେଉ ପଛେ ତୁମ ମନୋମତ
ଫଳାଫଳ ଜାଣ ବା ନ ଜାଣ କେହି
ପରୀକ୍ଷକଙ୍କ ପାଖେ ହୁଅ ଅନୁରକ୍ତ ।

●●

ମନ ପ୍ରାଣ ଢ଼ାଳି ଜୟ ଯାତ୍ରା କର
ପଶ୍ଚାତାପ କରି ହୃଦୟ କ୍ଷୀଣ ନ କର,
ଆଗକୁ ରହିଛି ଶତ ଶୁଭେଚ୍ଛା ବାଟ ଚାହିଁ
ଶୀଘ୍ର ପଦପାତେ ପହଞ୍ଚୁ ତା ନିକଟେ ଯାଇ ।

●●

ସମୟକୁ ମୂଲ୍ୟ ଦିଅ ଅକ୍ଷୟ ଅମୂଲ୍ୟ ସେ ଧନ
ଅଣହେଳା କରି ତା' ନିକଟେ ନିଜକୁ ନ କର କ୍ଷୁର୍ଣ୍ଣ ।
ସେ ସମ୍ପତ୍ତି ଜାବୁଡ଼ି ଧରି ଆକଟେ ରଖିଥାଅ
ଲକ୍ଷ୍ୟସ୍ଥଳେ ପହଞ୍ଚାଇ ସର୍ବଦା ଶୀର୍ଷେ ରହିଥାଅ ।

●●

ଧୈର୍ଯ୍ୟ, ଏକାଗ୍ରତା, ନିବିଷ୍ଟ ହୃଦୟ,
କଦାପି ମୁଣ୍ଡ ନୁଆଁଏ ନାହିଁ,
ସଫଳତାର ଚାବିକାଠି ତା' ପାଶେ

ରହିଥାଏ ଆଗଭର ହୋଇ ।
ନିଷ୍କଳୁଷ ମନ ତାର ଆନନ୍ଦ ବାଣ୍ଟିଣ
ଆଖପାଖ, ଚତୁର୍ଦ୍ଦିଗ ଖୁସି ହସ ଖେଳାଇ
ଆପେ ରୁହେ ଆତ୍ମ ସନ୍ତୋଷେ ମଜ୍ଜିଣ ।

●●

ନିଜତ୍ୱର ବିକାଶରେ ଅଭିଭୁତ ନ ହୋଇ
ଶାନ୍ତଶୀଳ ସତ୍ୟ ଧର୍ମେ ଗତିଶୀଳ ରହି
ଶୁଦ୍ଧ, ପବିତ୍ର ଏହି ଧରଣୀରେ
ପଦପାତ କରୁଥାଅ ଅକୁଣ୍ଠ ଚିତ୍ତରେ ।

●●

ଧୈର୍ଯ୍ୟ ହିଁ ଗତି ପଥେ ନିଷ୍ଠା ଆଣିଥାଏ
କର୍ତ୍ତବ୍ୟର ଅନୁଚିନ୍ତା ଦୃଢ଼ କରିଥାଏ ।
ଭଲମନ୍ଦ ପାପପୁଣ୍ୟ ପାଠାଗାର ରହି
ଜୀବନକୁ ଚଳାଉଥାନ୍ତି
ଅକ୍ଳେଶେ ମୂର୍ତ୍ତିମନ୍ତ ହୋଇ ।

●●

ଶୁଦ୍ଧ ମନର ଭାବାବେଗ, ମନ୍ଦ ଚିନ୍ତା
ଘୃଣାକ୍ଷରେ ନ ଆଣେ
ଅଧୈର୍ଯ୍ୟ, ଅଶୁଦ୍ଧ କର୍ମ ଦୂରୀଭୂତ ହୁଏ
ସ୍ନିଗ୍ଧତା ଉପୁଜେ ପ୍ରାଣେ ।
ଖିଲ ଖିଲ ହସ ଫୁଲ ପରି ଫୁଟି
ମନ ଗହନରେ ପରିପୂର୍ଣ୍ଣ ସ୍ଫୂର୍ତ୍ତି
ବର୍ଷା ଝର ପରି ଲହରୀ ସମ ନାଚେ
ବଜାଇ ନୂପୁର ନିକ୍କଣେ ।

●●

ଆପଣାକୁ ସଂଶୋଧନ ନିଭୃତେ ନ କରି
ନିର୍ଭୁଲ୍ ନ ଥାଏ କେହି ହୃଦୟେ ବିଚାରି
ଦୃଢ଼ ଚିତ୍ତେ ଅଗ୍ରଗତି ଶ୍ରେଷ୍ଠ ମନୋବଳ
ସବୁକର୍ମେ ଶୁଭଙ୍କର ନିଶ୍ଚିତ ସଫଳ ।

●●

ଘଟଣ, ଅଘଟଣ ସୁବିଚାର କରି
ସମ୍ମୁଖୀନ ହେଉଥାଏ 'ପ୍ରଭୁ'ଙ୍କୁ ସୁମରି
ସେ ତ ସର୍ବଜୟୀ ଜାଣ,
ଭରପୁର ସୁଖ ଦେଇ ଆତ୍ମ ସୁଖେ ସୁଖୀ ହୋଇ
ନିର୍ବିବାଦେ କଟାଏ ସେ ନିତି ପ୍ରତିକ୍ଷଣ ।

●●

ସବୁ କର୍ମ ଯେ ଖୁସିରେ କରେ ସେ
ହୃଦୟରେ ହସୁଥାଏ
ଆତ୍ମ ପରଂବ୍ରହ୍ମ ନିକଟରେ ଥାନ୍ତି
ଚିରନ୍ତନୀ ସୁଖୀ ସିଏ ।
ହାତମୁଠାରେ ରଖେ ସେ ମନ
ସହଜ ଲଭ୍ୟ କର୍ମ, ତା' ପାଇଁ ଥୁଆ
ସୁଖେ କଟୁଥାଏ ଦିନମାନ ।

●●

ସେ ତୁମ ପାଖେ ପାଶେ ରହି, ଚକ୍ଷୁ କର୍ଣ୍ଣ ନାଶା ଦେଇ
ନିର୍ଦ୍ଦେଶ ଦିଅନ୍ତି ନାନା ମତେ,
ଆପଣା ଅହଂରେ ମଜ୍ଜି ସବୁ କର୍ମ ଆପେ ଅର୍ଜି
ଗର୍ବ କରୁତାଏ ଅଣାୟତ୍ତେ ।
ସେହି ମୋର ଶେଷ କାଳବେଳା
ଅନୁଚିତ ଜଣେ ମନେ ମୁଖରେ ତାହା ନ ମାନେ
ବୁଡ଼ିଯାଏ ବସି ପାପ ଭେଳା ।

●●

ଅପର ଆନନ୍ଦରେ ଆପଣାକୁ ସୁଖୀ ମଣି
କର୍ମରେ ଉତ୍‌ଫୁଲ୍ଲତା କାର୍ଯ୍ୟରେ ସଣ୍ଢାଣି
ସୂଚାରୁ କାର୍ଯ୍ୟ ସମ୍ପାଦି ହୃଦୟ ହୁଏ ପରିତୃପ୍ତ
ସଭିଙ୍କ ତୃପ୍ତିରେ ମିଳେ ସୁଖ ଅମାପିତ ।

●●

ସୁଖ ବାଣ୍ଟୁଥିଲେ ଅଜାଣତେ ସୁଖୀ ହୋଇ

ମାନବ ଜୀବନ ହରଷରେ ରହେ ଗୀତ ଗାଇ
ଆନନ୍ଦ ଦାନରେ ମିଳେ ଅସୁମାରି ପ୍ରେମ
ବହୁ ଆକାଙ୍କ୍ଷିତ ଶାନ୍ତି, ଗଭୀର ସାଗର ସମ ।

●●

ଆନନ୍ଦିତ ମନକୁ ସୁଖାନନ୍ଦେ କରି ଭରପୁର
ହୃଦୟେ ଚିନ୍ତ ଚିନ୍ତାମଣିକି ଗଭୀରୁ ଗଭୀରତର
ଏହି ଭାବନା ହିଁ ଶ୍ରେଷ୍ଠ ଗୌରବର ଉତ୍ସ ଝର
ଯାହା ଅବିରତ ଦେଉଥାଏ କର୍ମ କୁଶଳ ଖବର ।

●●

ସର୍ବେ ଭବନ୍ତୁଃ ସୁଖୀନଃ, ମୋର ଶ୍ରେଷ୍ଠ ଲକ୍ଷ୍ୟ
ତହିଁ ସାମାନ୍ୟ ସଫଳତା ଦିଏ ଅମାପ ସୁଖ
ସେ ସୁଖ ଅନୁଭବ ଆଣେ ସ୍ୱର୍ଗୀୟ ଅନୁଭୂତି
ତାହା ହିଁ ଜୀବନରେ ଅମୀୟ ଶୁଦ୍ଧା, ଶ୍ରେଷ୍ଠ ସମ୍ପତ୍ତି ।

●●

ଲୋଡ଼ ଆମ ସୁଖ ଶାନ୍ତି ପ୍ରତି ମୁହୂର୍ତ୍ତରେ,
ଅସାଧ୍ୟ ସାଧନ ଲୋଡ଼ା ତାହା ମିଳିବାରେ ।
ତାହା ପାଇଁ ଚେଷ୍ଟିତ ସଦା ହେଉଥିଲେ
ମିଳି ଯାଉଥିବ ଅନାୟସେ ଅଗୋଚରେ ।

●●

ଆପଣା ଭିତରେ ଗୁପ୍ତରେ ରହିଛି
ସବୁ ସୁଗୁଣ ଦକ୍ଷତା
କେତେବେଳେ ତାହା କେଉଁ ଭାବେ ଫୁଟି
ଦେଖାଇବ ସ୍ୱକ୍ଷମତା
ମନୁଷ୍ୟର ସବୁ ସାଧନାର କର୍ମଫଳ
ନିରନ୍ତର ଯାହା କର୍ମଯୋଗ୍ୟ ରହି
ଜଣାଇବ ଫଳାଫଳ ।

●●

ଉତ୍ପତ୍ତି ହୁଏ ସବୁ ଅନ୍ତର ଗୋପନ କୋଠରୀରୁ
ପାପପୁଣ୍ୟ, ଅହଂ ସ୍ୱାଭିମାନ, ଜନ୍ମ ସେହି ଠାବରୁ

ସେହି ସ୍ଥାନ ରଖ ସାଉଁଳି, ସଜାଇ ନିର୍ମଳ ଭାବେ
ସବୁ ସୁଖ ଶାନ୍ତି ମିଳିଯିବ ଅଜାଣତେ ଅନୁଭବେ ।

●●

ନିରବେ କର୍ମ କରି ଆଶ୍ୱାସନା ଗୋପନେ ମିଳୁଥାଉ
କେହି ନ ଜାଣୁ ତୁମ କର୍ମ ସୂଚୀ କେବେ ବଖାଣି ନ ହେଉ ।
ତୁମେ ବୁଝ ଆପଣାର ମୂଲ୍ୟବୋଧ
ସେହି ରଖିବ ହୃଦୟ ଶରୀର, ଶୃଙ୍ଖଳିତ ପବିତ୍ର ଶୁଦ୍ଧ ।

●●

ମିଳିମିଶି ଚଳୁଥିଲେ, କର୍ମ ସୁଖ ଜାଣୁଥିଲେ
ଅହଂ ଭାବ ଦୂରେଇ, ଆସିବ ଅମାପ ସୁଖ
ମିଳିତ ମିଳନର ଶୁଦ୍ଧ ପବିତ୍ରତା ଜାଣୁଥିବି
ଜୀବନର, ଅମୀୟ ଆଦର୍ଶ, ଅଗଣିତ ଅଳି
ସଳଖ ସୁନ୍ଦର ଚଲାପଥ ଚାଲୁଥିବ
ଆପେ ହସି ଅପରେ ହସାଇ ସୁଖ ସଙ୍ଗୀତ ଗାଉଥିବ ।

●●

ମିଳିମିଶି ଚଳୁଥିଲେ, ପ୍ରତିଯୋଗିତାରୁ
ନିବୃତ୍ତ କର୍ମ ହିଁ ଶ୍ରେଷ୍ଠ
ହୃଦୟେ ଶ୍ରଦ୍ଧା, ସମ୍ମାନ, ସବୁରି ପାଇଁ
ଜପି, ଗାଇବା ପାଠ
ଗାଉଥିବ, ଜପୁଥିବ ସୁମରି ସୃଷ୍ଟିକର୍ତ୍ତା
ପହଞ୍ଚୁଥିବ ସମୀପରେ, ଗତିପଥର ଅଗ୍ରସର ବାର୍ତ୍ତା ।

●●

ସ୍ୱାଧୀନ ହୃଦୟ ବାସନା, କାମନା,
'ପ୍ରଭୁ' ପଦେ ଦେଇ ଅଞ୍ଜଳି
ଯେଉଁ ଭାବ ତହୁଁ ଜାଗ୍ରତ ହୋଇବ
ସାଗ୍ରହେ ତାକୁ ନିଅ ତୋଳି ।
ଜଞ୍ଜାଳି ଜୀବନେ ଯାହା ଭଲ ମନ୍ଦ
ସେ ସବୁ ନିର୍ବିଘ୍ନେ ଦୂରେଇ
ତୁମ ଅଗ୍ରଗତି ଶୁଭଙ୍କର ହେବ

ହସୁଥିବ ମନ ପୂରେଇ ।

●●

ଆପଣା ସ୍ୱାଧୀନତା ଯୋଡ଼ା ହୋଇଛି
ପରମାତ୍ମାଙ୍କ ଅନ୍ତର ସହ
ସବୁ ସଦ୍‌ଗୁଣେ ବାନ୍ଧି ରଖ ସେହି
ଅପୂର୍ବ ମୂଲ୍ୟବୋଧ ମୋହ ।
କାଳ କାଳକୁ ସେହି ରକ୍ଷାକର୍ତ୍ତା, ସେହି ସଖା,
ସବୁ ଜାଣନ୍ତି, ସବୁ ବୁଝନ୍ତି, ଦୁଃଖ ଦେଇ, ସୁଖ ଦେଇ,
ପୋଛି ଦିଅନ୍ତି ସବୁ ଅନ୍ତର ବ୍ୟଥା ।

●●

ଆତ୍ମ ଶୁଦ୍ଧି ଜ୍ଞାନ ଆହରଣ କରେ, ପବିତ୍ରତା ମୋହ,
ଭିତର, ବାହାର ସ୍ୱତ ଆନନ୍ଦିତ, ଅନ୍ତର ହୁଅଇ ଭୟ ।
ସ୍ୱଚ୍ଛ ହୃଦୟ କର୍ମ କରଇ ହସି ହସାଇ ଆପଣା ଜନେ
ପରାଭୂତ ନୋହି, ସର୍ବଜୟୀ ହୋଇ, ରହେ ଆନନ୍ଦିତ ମନେ ।

●●

ମୁକ୍ତ ରଖ ଆପଣା ମନ, ସେ ମନକୁ ଯୋଡ
ସେହି ଅଜଣା ଶକ୍ତି ସଙ୍ଗରେ
ତୁମ ଜୀବନ ସେ ସୁରୁଖୁରୁରେ ଚଳାଇବେ
ଗତି କରୁଥିବ ଅନାୟାସରେ ।
ସବୁ ଗତିମୁକ୍ତିର ଶକ୍ତି ସେହି ପ୍ରୀତି ଧାରା
ପ୍ରଭାତୀ ଆଲୋକ ସମ ସ୍ୱଚ୍ଛ ଶାନ୍ତ ମଧୁ ଝରା ।

●●

ସ୍ୱାଧୀନ ସତ୍ତା, ସ୍ୱାଧୀନ ମତ, ଆଣେ ସୁମଧୁର ସ୍ୱଭାବ
ଅହଂ ଦୂରେଇ , ଭାବାବେଗ ଦୂରେ, କରେ ମହାନୁଭବ ।
ସ୍ୱଚ୍ଛ ହୃଦୟ, ସତ୍ ପରିପ୍ରକାଶ ଶକ୍ତିର ଶୃଙ୍ଖଳିତ ପ୍ରାଣ
ପରିବେଶ ନିର୍ମଳ କରେ ସତ୍ୟ ଆକଟତା ଟାଣପଣ ।

●●

ଆଲୋକର ସନ୍ଧାନରେ ଆତ୍ମା ଘୂରି ବୁଲେ
ସତ୍ୟ ଧର୍ମ କବଳରେ ବାନ୍ଧି ରହି ଘୂରେ

ତହିଁରୁ ଆଲୋକବର୍ତ୍ତିକାର ଶିଖା
ବାଟ କଢ଼ାଇ ନେବ ଆଙ୍କି ସୁସ୍ଥ ରେଖା ।

●●

ସମ୍ପୂର୍ଣ୍ଣ ସତ୍ୟ, କଠିଣ ପଥ, ସାଂସାରିକ ଚଳାଚଳେ
ସେହି କିନ୍ତୁ ରହିବ ସହାୟ ସବୁ ବିପତ୍ତିର ବେଳେ
ନିକଟତମ କରିବ ହୃଦୟ 'ବିଭୂ' ସମର୍ପି ଅଞ୍ଜଳି
ସଦାଚାର ବ୍ରତ, ଆଚରି, ଜୀବନେ କରିବ ସମ୍ପୂର୍ଣ୍ଣ ବର୍ଣ୍ଣାଳୀ ।

●●

ସତ୍ୟକୁ ଘୋଡ଼ଣା କରି ଢ଼ାଙ୍କି ରଖିଲେ ବି
ନିଜକୁ ଲୁଚାଇ ପାରିଲି ନାହିଁ ।
ମନକୁ ସତ ପଣେ ଟାଣରେ ବାନ୍ଧିବି
କିଛି ଲାଭ ଖୋଜି ପାଇଲି ନାହିଁ ।
ଅନ୍ୟ କିଛି ବାଟ ଅଛି ଯଦି କହି ଦିଅ ଥରେ
ଚେଷ୍ଟା କରି ଦେଖେ କ'ଣ ମିଳୁଛି ତହିଁରେ ।

●●

ଗୋପନେ ରହିଛି ହୃଦୟେ ତୁମର
କେତେ ମହତ ଅଭିଳାଷ
ସତ୍ୟର ମହତ୍ତ୍ୱେ ସଜାଇ ତାହାକୁ
ପୂର୍ଣ୍ଣ କର ସବୁ ଆଶ ।
ଚିନ୍ତନେ ଚିନ୍ତି 'ଚିନ୍ତାମଣି'ଙ୍କି ।
କଥନେ କମରେ ମିଳନ ହେଉ,
ନ ରହୁଁ କିଞ୍ଚିତ୍ ଫାଙ୍କି ।

●●

ସତ୍ୟ ଅମର୍ଯ୍ୟାଦା କରି, ଅପଘାତ ଡାକି ଆଣ ନାହିଁ
ପ୍ରେମର ମଧୁରତାରେ ଶ୍ରେଷ୍ଠତ୍ୱ ଆଣ ସତ୍ ରହି ।
ଛଳନା, ମିଥ୍ୟା, ଅହଂକାର ତହିଁ ଧସେଇ ନ ପଶୁ
ସଦାଚାର ଊର୍ଦ୍ଧ୍ୱେ ରହି ତନୁ ମନେ ଶାନ୍ତି ପରଶୁ ।

●●

ଯାହା ମୁଁ କରୁଛି, ଯାହା ବି ଜାଣିଛି

ନିର୍ଭୁଲ୍ କି ତାହା ନ ଜାଣି,
ଜଳବିହୀନ ମୀନ ସମ, ହୁଏ କଲବଲ
ତୁମ ନିର୍ଦ୍ଦେଶ ନ ପାରେ ଜାଣି,
କେବେ ତୁମେ ଆଉ ଆସିବ,
ଶେଷ ହେଲା ବେଳ ସାଙ୍ଗ ହେବ ଖେଳ
କେବେ ଆଶା ପୂରଣ କରିବ ?

●●

ସବୁ ଦୁଃଖ ଦୁର୍ବଳତା ସମର୍ପି ସେ ପାଦେ
ହୃଦୟ ପରିତୃପ୍ତ ରହୁ, ଦୂରେଇ ଯାଉ ଅବସାଦେ
ପ୍ରେମର ଆକାଙ୍କ୍ଷା, ସତ ସଙ୍ଗେ, ମିଳୁଥାଉ
ମହତ୍ ସତ୍ ଚେତନା ଅନ୍ତରେ ରହୁ ।

●●

ଶ୍ରେଷ୍ଠ ମହତ୍ ବାଣୀ, ସତ୍ୟର ପରାକାଷ୍ଠା
ତୁଳନା ନାହିଁ ଯାର କହିବି ତା' କଥା
ମାନବ ଜୀବନ କରେ ସେ ଧନ୍ୟ
ପରିତୃପ୍ତ ହୃଦୟ ଶରୀର ନିମଗ୍ନ
ପ୍ରେମ ପାରାବାର, ତୃପ୍ତ ସଂସାର
ତହିଁରେ ସେ କରୁଥାଏ ଅବଗାହନ ।

●●

ସତ୍ୟର ମହତ୍ତ୍ୱ ବଖାଣି ହେବନି
କେବଳ ଅନୁଭବେ, ଅନୁଭବୀ,
ସରଳ ମନରେ କର୍ମ କରୁଥିଲେ
ସୁଖ ଆସୁଥିବ ଚୁପିଛପି
ମୁଖରେ ଜ୍ୟୋସ୍ନାର ପ୍ରଲୋପ ଉକୁଟି
ସଭିଙ୍କ ହୃଦୟ ସରସ କରିବ ତାହା ବାଣ୍ଟି ।

●●

ସବୁ ସତ୍ୟ ଶୀର୍ଷରେ ରହୁ
ହୃଦୟ ରହୁ ଶାନ୍ତ ସମୁଜ୍ଜ୍ୱଳ
ବାତାବରଣ ଶୁଦ୍ଧ ରଖୁ

ପୁଷ୍କରିଣୀ କଇଁ ସମ ଜଳଜଳ
ଦର୍ଶନେ ଯାର ମନ ହୁଏ ପ୍ରଫୁଲ୍ଲିତ
ସେପରି ତୁମ ମନ ହେଉ ସମାହିତ ।

●●

ତୁମ, ମନ କରି ସମର୍ପଣ ପ୍ରଭୁ ପୟରେ
ଯାହା କିଛି ଆପଣାର ଦେଇ, ଏକ ଲୟରେ
ଚିନ୍ତା ଚେତନାରେ ରଖିଥାଅ
କଣ ଭୁଲ୍ ଠିକ୍, ସବୁ ଭୁଲିଯାଅ ।

●●

ନିଜର ଶକ୍ତି ସୀମିତ କରନି
ଉଚ୍ଚାରଣ କରି କଟୁକ୍ତି
ଧୀର ବାକ୍ୟ, ପ୍ରବାହିତ ନଦୀସମ
ଦୁର୍ବଳମନେ ଆଣେ ପ୍ରଶାନ୍ତି
ସେହି ତୁମ ରକ୍ଷାକବଚ,
ନିତିଦିନିଆ ସଂସାର ଚଳଣିର
ସାଥୀ, ସଖା, ପ୍ରୀତି ସମ୍ପଦ ।

●●

ଯାହା ଅନୁଚିତ, ତାକୁ କରି ପରିତ୍ୟଜ
ସଦା କର 'କର୍ମ' ସମୁଚିତ
ଅନ୍ତର ଶାନ୍ତ, ଚତୁପାର୍ଶ୍ୱ ମୁଗ୍ଧ ନିର୍ମଳ
ହୃଦୟେ ଥିବ ସର୍ବଦା ସତ୍ ।
ଉତ୍‌ଫୁଲ୍ଲ ମନେ କର୍ମ କରି
ସବୁ ଅପକର୍ମ ରହିବେ ଦୂରେଇ
ପ୍ରଭୁ ମିଳିବେ ମନ ଭରି ।

●●

ତୁମ କର୍ମଭୂମି ସୀମାହୀନ କର୍ମସ୍ଥଳୀ
ଶୁଦ୍ଧ ପବିତ୍ର ଅନ୍ତରେ, ସ୍ୱାଗତ କଲା ପରେ
ପ୍ରାଣ ମନ ଦେଇ ହୋଇ ନିଉଛାଳି ।
ପ୍ରକାଶ ନ କର ବାକ୍ୟେ, ନ ଆଣ ସମୀପେ

ଆତ୍ମୋତ୍ସର୍ଗେ ଆସୁ ସୁଖ ଭଳିକି ଭଳି ।

●●

ଯେତିକି ଜାଣିଛ, ଯାହା ବି ଜାଣିଛ
ଅଳପ ବୋଲି ନ ଭାବ
ତହିଁରୁ ଉତ୍ପତ୍ତି ଅଶେଷ ଆସିବ
ଅଭ୍ୟାସେ, ଉପୁଜୁ ଥିବ ।
ଅଫୁରନ୍ତ ସେହି ଉତ୍ସ
କ୍ଷୟ ଯାର ନାହିଁ ଅଜେୟ ତାହା ହିଁ
ହୃଦୟକୁ ରଖ ସ୍ୱଚ୍ଛ ।

●●

ବୁଝିବାକୁ ସତ୍ୟ, ବୁଝ ସେହି ସତ୍ୟ,
ଯାହା ଗୋପନେ ରହିଛି ଛପି
ନିୟମିତ ମର୍ମେ, ଆସୁଥାନ୍ତି ସେହି
ହୃଦୟେ ଜଣାଇ ଆପଣା ସ୍ଥିତି ।
ଅଭ୍ୟାସେ ତାହାଙ୍କୁ, ନିକଟକୁ ଆଣ ଟାଣି
ଯେତିକି ଜାଣିଛ, ଯାହା ବି କରୁଛ, ହେଉ ସେ ମଉଡ଼ମଣି ।

●●

ଅଦୃଶ୍ୟେ ରହି ସମାହିତ କରୁଥାଅ ସର୍ବକର୍ମ
ଅହଂ ପଣେ 'ମୁଁ' ଭାବେ କରିଛି ସୂଚାରୁ ସୁକର୍ମ ।
ଅବୁଝା ପଣେ ବୁଝେନେ ସ୍ୱଧର୍ମ, ମୋ ମର୍ମ
ତୁମେ ହିଁ ପଚାରିଲନା କରାଅ ମୋତେ, ତାହା ହିଁ ସ୍ୱଧର୍ମ ।

●●

ହେ ଦୟାମୟ, ବିଶ୍ୱରୂପ
କିଞ୍ଚିତ୍ କୃପା କର
ତୁମରି ଆଦେଶ, ତୁମରି ଉଦ୍ଦେଶ୍ୟ
ତୁମେ ହିଁ ପୂର୍ଣ୍ଣ କର ।
ନିଜସ୍ୱ ବୋଲି କିଛି ନାହିଁ ମୋର
ସବୁ ସମର୍ପିଲି ଯାହା ଅର୍ପିଛି
ତୁମରି ସବୁ ତୁମେ ହିଁ ଗ୍ରହଣ କର ।

••

ନିଶ୍ଚୁପ, ନିଶ୍ଚଳ ମନରେ ହେଜ ସେ ରୂପ
ନ ରହୁ ଆଶା ଆକାଙ୍‌କ୍ଷା ନ ଆସୁ ଲୋଭ ।
ସତ୍ୟ ସ୍ୱରୂପ ଆସିବ, ପୁଷ୍ପ ପାଖୁଡ଼ା ମେଲାଇ
ଗ୍ରହଣ କର ଆଗ୍ରହେ, ମୁକ୍ତ ହୃଦୟେ ଖେଳାଇ ।

••

ସମାହିତ ରହି ସଦା ନିର୍ଗୁଣ, ଉଦ୍ଦେଶ୍ୟ
ନିତ୍ୟ ନୂତନ ଆଶା ସଞ୍ଚାରିତ, ସୁପ୍ରକାଶେ ।
ମୁଖରିତ ହେଉଥାଉ ପରିବେଶ
ଆତ୍ମପ୍ରକାଶର ଉନ୍ମେଷ, ଉଜ୍ଜ୍ୱଳିତ ଅଭିଳାଷ ।

••

ଅନ୍ତରର ଶୁଦ୍ଧ ଉଜ୍ଜ୍ୱଳ ଶିକ୍ଷା ପ୍ରଜ୍ଜ୍ୱଳିତ କରେ
ନିର୍ମଳ ବାହ୍ୟ ପରିବେଶ
ସଂକଟ, ଦୁର୍ଗତି, ଦୁଃସମୟ, ଦୁଃଖ, ହେବନି ଭୀତ
ରହୁଥିବ ସଦା ହରଷ
ଚଳଚଞ୍ଚଳ ରହି, ଆଖପାଖ ମନମୋହି,
ବିତରଣ କରି ସୁଖ
ତନୁମନେ ସୁଖୀ ରହି, ସର୍ବଜନେ ଆପଣାଇ
ପାଇବ ତୁମରି ସଖ୍ୟ ।

••

ଊର୍ଦ୍ଧ୍ୱରୁ ଊର୍ଦ୍ଧ୍ୱତର ହେବି, ଯଦି ତୁମର ଇଚ୍ଛା,
ମାନବ ଜୀବନେ ମନେ ପ୍ରାଣୁ ଆସୁଥାଉ ସଦିଚ୍ଛା ।
ଶାନ୍ତ ନିର୍ଲିପ୍ତ ମନେ କୋଳାହଳ ନ ଉଠି
କର୍ମେ ଧ୍ୟାନ ରହୁ ବୁଦ୍ଧିମନ୍ତ ହେଉଥାଉ ହସି ହସି ।

••

ଅସଂଗତ ଇଚ୍ଛାରୁ ଊର୍ଦ୍ଧ୍ୱରେ ରହି, ସଦିଚ୍ଛା
ସତ୍‌ସଙ୍ଗେ ବିତରଣ କର
ସବୁ ଦୁର୍ବଳତା ଦୂରେଇ, ଲୁଚାଛପା ଖେଳ
ନ ଖେଳି ହୃଦୟେ ସୁଖଭରା

ସେ ତୁମର କରିବ ଜୟ ଜୟକାର
ସେହି ଧ୍ୱନୀ ଆଣିବ ଗୃହେ ଶାନ୍ତି ଭରପୁର ।

●●

ଆପଣାକୁ ପରୀକ୍ଷା କରି ତନ୍ନ ତନ୍ନ
ସୁଦୃଢ଼େ ସେ ଟାଣେ ସିଧା ଛଡ଼ା ହୁଅ
ଅବନତ ନ ହୋଇ, ଆକୁଳତା ନ ଦେଖାଇ
ମୁଗ୍ଧତାରେ ପରିପୂର୍ଣ୍ଣ ଆପଣା ହୃଦୟ ।
ସେହି ଅମୂଲ୍ୟ ସମ୍ପଦ ଚେତନାର ମୂଲ୍ୟବୋଧ
ଭାଲପଟେ ଲେଖାରହୁ ସଫଳ ବିଜୟ ।

●●

ପରୀକ୍ଷା ନିରୀକ୍ଷାର ଅନ୍ତ ହେବ ନାହିଁ କି ?
'ତୁମ' ମନୋମତ୍ତ କାର୍ଯ୍ୟ ହୋଇ ପାରି ନାହିଁ କି ?
ଯଦି ଏହା ସତ୍ୟ, ହେଉ କଠିଣ ପଥ
ସୁମରି ସହାୟତାରେ ସମ୍ପାଦିତ କରିବି
ସବୁ ନିଶ୍ଚିତ ରୂପେ ହେବ ତୁମ ମନୋମତ୍ତ ।

●●

ଚେଷ୍ଟାକୃତ ଫଳ ସାଧନାର ବଳ
ସର୍ବଦା ଶ୍ରେଷ୍ଠରେ ରହେ ।
ଜୀବନ ଯୁଦ୍ଧରେ ପରାଜିତ ନୋହି
ଜୟପଥେ ଗତି ଥାଏ ।
ଜୀବନ ଜଞ୍ଜାଳ ଘାତ ପ୍ରତିଘାତ
ଅଥୟ କରାଏ ନାହିଁ ।
ସର୍ବସିଦ୍ଧ ହୁଏ କର୍ମେ ସୁଖୀ ରହେ
ଅସାଧ୍ୟ ସାଧନ ରହି ।

●●

ସବୁ 'ଅସଫଳତା'ର ଶେଷ ହୋଇଯିବ
ଆସିବ 'ସଫଳତା' ହସି ହସି
ପ୍ରତିବନ୍ଧକର ବାଟ ଓଗାଳିବା ଦୂରେଇ
ହୃଦୟେ କରି ହରଷ ସରଶି ।

ଜୀବନର ଏ ଖେଳ ତ ନିତିଦିନିଆ
ସେଥିପାଇଁ କିମ୍ବା ଭୂଲିବ 'ଭାବ ବିନୋଦିଆ' ।

●●

ଆପଣା ଭୁଲ୍ ଭଟକା, ଦୋଷା ଦୋଷ ଭୁଲି
ଖୁସିଆନନ୍ଦର ଟଗବଗ୍ ଉତ୍ସ ଉଠୁ ମନେ ଖେଳି
ସେହି ହେଉ ଜୀବନର ଧର୍ମ, ମୂଳମନ୍ତ୍ର
ତହିଁ ରହୁ ସବୁ 'ଶ୍ରଦ୍ଧା ସ୍ନେହଭକ୍ତି'ର ସ୍ୱତନ୍ତ୍ର ।

●●

ଯେପରି, ଯେଉଁ ଭାବରେ ଚିନ୍ତି କର୍ମ କରୁଥାଅ
ଛଳନା, ମିଥ୍ୟା ତହିଁ ତିଳେ ଭୁଲରେ ବି ନ ମିଶାଅ ।
ତୁମରି ସତ୍ୟ ଧର୍ମ ତୁମରି ଶ୍ରେଷ୍ଠ କବଚ
ପଛକୁ ଦେଖି କରି ଆଗ ପଦପାତ ସବୁ ରହିବ ସୁସ୍ଥ ।

●●

କ୍ଷଣେ କ୍ଷଣେ ଗଢ଼ ନିଜକୁ
ନିଖୁଣ ହେଉ ଗଢ଼ଣ ।
ତୃପ୍ତିରେ ଲେପନ କର ତା ଦେହ
ଆସ୍ତରଣ ରହୁ ସୁଠଣ ।
ମନରେ ଭର ତା ଅଗୁରୁ ଚନ୍ଦନ
ସେ ସୁଗନ୍ଧ ବହି ରଖୁ 'ସମୀରଣ'
ନିଶ୍ୱାସ ପ୍ରଶ୍ୱାସ କରୁ ଅମୃତ ସିଞ୍ଚନ ।

●●

ମନରେ ରଖି ବିଶ୍ୱାସ କର୍ମ କରୁଥିଲେ
ସଫଳ ସୋପାନ ଉଠି ଉଠି ଆଗେଇ ଚାଲେ
ଅଜାଣତେ 'ସେହି ଆସି'
ସୁଖାନନ୍ଦେ ଭାସି ଭାସି
ତୁମ ସୁଖେ ସୁଖୀ ହୋଇ ଆନନ୍ଦରେ ଭାଗୀ ହୋଇ
ପାଶେ ରହୁଥିବେ ହସି ହସି ।

●●

ଆପଣା ବିଶ୍ୱାସକୁ ଦୃଶ୍ୟପଟେ ଆଙ୍କୁଥିଲେ

ନୟନେ ସେ ଦୃଶ୍ୟ ତୃପ୍ତି ଆଣି ଦେଉଥିଲେ
ସେହି ତୁମରି ବିଚକ୍ଷଣତା, ତୁମରି ଏକାଗ୍ରତା
ଦୁନିଆ ଗହଣରେ ସଳଖ ଛିଡ଼ା ହୋଇ
ଜ୍ଞାନ, ବୁଦ୍ଧି ପରଶୁଥିବ
ସେ ତୁମ ମୁଣ୍ଡଉପର ଛତା ।

●●

ସ୍ଥିରମତା ବୁଦ୍ଧି, ସ୍ଥିର ଚିତ୍ତରେ, ବାନ୍ଧି ରଖିଲେ
ଯାହା ବିଶୃଙ୍ଖଳ ସବୁ କର୍ମ ସବୁ ସୁଧୁରିବ ଭଲେ ।
ବିଚଳିତ ଭାବ କେବେ ସତ୍‌ଜ୍ଞାନ ଦେବ ନାହିଁ
ଜ୍ଞାନର ଅଭାବେ ଧର୍ମ ସୁରକ୍ଷିତ ରହେ ନାହିଁ ।

●●

ସର୍ବ ସୁକ୍ଷମ କାର୍ଯ୍ୟକୁ ସୁନନ୍ଦରେ ଦେଖି
ଅଶୁଭ ଅଧର୍ମ ସଂଘାତେ ଶାନ୍ତ ମନ ରଖି ।
ସଭିଙ୍କର ହୁଅ ପ୍ରେରଣାର ଗଣ୍ଠିଧନ
ତହିଁ ମିଳିଯିବ ବଞ୍ଚିବା ସାହା ସବୁଠି ହେବ ନିପୁଣ ।

●●

ସଂଯତ ଆଚରଣ ସମ୍ବେଦନ ମନ,
ଅଗ୍ରଗତି କରାଏ ସଦମ୍ଭେ
ସବୁ ଅସୁବିଧା ମିଳେଇଯାଏ କୁଆଡ଼େ
ଜଣାଏନି ଶେଷେ କି ଆରମ୍ଭେ ।
ଯାହାର ଶେଷ ଭଲ, ସେହି ଶ୍ରେଷ୍ଠ
ତାହାରି ପାଇଁ ଥାଅ ସର୍ବଦା ଚେଷ୍ଟିତ ।

●●

ଆପଣାର ସକୃତଜ୍ଞ ଚାହାଣୀ
ସେ ଚକ୍ଷୁରେ ମିଳାଅ ।
ସେ ଆହ୍ଲାଦେ, ଅବସାଦ ଭୁଲି
କୃତଜ୍ଞତା ଜଣାଅ ।
କିଛି ନ ଚାହିଁ ସେ ସବୁ ଦିଅନ୍ତି
ଯାହା ତୁମ ପାଇଁ ଜରୁରୀ,

ଅବୁଝା ନ ହୋଇ ଆଗ୍ରହେ ସାଉଁଟି
ମନ ପ୍ରାଣ ଦିଅ ଭରି ।

●●

ଦାନ ତାଙ୍କର ଅସୀମ, ସର୍ବଦା ଢାଳୁଥାନ୍ତି
ମାପଚୁପ୍ ନ ଥାଏ ।
ଗ୍ରହଣ କରିଛ କେଉଁ ଭାବେ କେଉଁ ମତେ
ତୁମର କି ମାପ ଥାଏ ।
ଅଜାଣତେ ସବୁ ପାଇଁ, ମନ କିମ୍ବା ଭରେ ନାହିଁ
ସେ କଥା ତଳେ ହେଜ
ସାଗ୍ରହେ ଗ୍ରହଣ କରି ସନ୍ତୋଷେ ହୃଦୟ ଭରି
ଉପକୃତ ମନ କର ତେଜ ।

●●

ସବୁଠି ସେ ବିରାଜନ୍ତି, ବସ୍ତୁ ବା ପଦାର୍ଥ ଯାହା ବି
ଯାହାବି ଚକ୍ଷୁରେ ଦେଖ
ଭାବ ତାହାରି ସୃଷ୍ଟି କିଏ ଦେଲା ରଙ୍ଗ ରେଖ
କିଏ ଦେଲା ରୂପରେଖ ।
ଅଜାଣତେ ରହନ୍ତି ଆମରି ସଙ୍ଗେ
ହାତ ଧରି ଚାଲୁଥାନ୍ତି ଆମ ସଙ୍ଗେ ।

●●

ଅନୁଭବେ ଜାଣ ମନ ଚକ୍ଷେ ଦେଖ
ସେ ଆତ୍ମ ସମାହିତ ରୂପ
ଅଲଭ୍ୟକୁ ଲଭି ହୃଦୟେ ସାଉଁଟି
ଆକର୍ଷିତ ସଙ୍ଗ
ସେହି ଏକା ସବୁ ସମୟର ସାଥୀ
ସେହି ତୁମ ଅନ୍ତରଙ୍ଗ ପ୍ରାଣପକ୍ଷୀ ।

●●

ମୁହୂର୍ତ୍ତେ ନ ଭୁଲି ତାଙ୍କୁ ହୃଦୟେ ବାନ୍ଧି ରଖିଲେ
ଅଟଳ ସୁଖରେ ଭାସିବ ଯେତେ ବିଘ୍ନବାଧା ଆସିଲେ ।
ସର୍ବ ଜୟୀ ରହି, ସର୍ବ ଶୁଭ ହୋଇ ଆନନ୍ଦ ମନେ ଭାସିବ

ଅଧର୍ମକୁ ଡରି ଧର୍ମକୁ ଆଦରି କାଳାତିପାତ କରିବ ।

●●

ସେହି ତ ସର୍ବଦା ପାଖେ ପାଖେ ରହି
କୁଶଳେ ଚଳାଉଥାନ୍ତି
ମନେ ଦୃଢ଼ତା ନ ଥିଲେ କାହୁଁ ଜାଣିହେବ
ସେ ବିଶ୍ୱାସ ଅସରନ୍ତି ।
ଆତ୍ମପ୍ରତ୍ୟୟର, ଆତ୍ମାରୂଢ଼ ରହିଲେ ସେ
ରୁହ ଆତ୍ମ ସୁଖେ ଭୋଳ ହୋଇ
ସବୁ କର୍ମ ଶୁଭ, ସର୍ବ ଧର୍ମ ସତ୍ ଭାବି
ଦୃଢ଼ ପଦପାତେ ଯାଅ ଆଗେଇ ।

●●

ଆନନ୍ଦେ ବିତରଣ କର ସୁଖାନନ୍ଦ
ନିୟମିତ ନିର୍ଦ୍ଦିଷ୍ଟତାରେ ପ୍ରେମାନନ୍ଦ
କରୁଥିଲେ ପ୍ରବଚନ ।
ସେ ରହି ଆଶେ ପାଶେ ଶୁଣୁଥିବେ
ହୃଦୟକୁ କରି ଆସ୍ଥାନ ।

●●

ଧୀର ପାଣି ପଥର କାଟଇ
ମନକୁ କର ସେହିପରି
କର୍ମ ଗତିକୁ ସ୍ଥିର ଧାରକରେ
କାର୍ଯ୍ୟପନ୍ଥା ଚମତ୍କୃତ କରି
ହୃଷ୍ଟ ଚିତ୍ତେ ଗତି କରିବ
ଆପଣାର ଯାତ୍ରା ଜୟଯୁକ୍ତ କରି
ଅପରର ଯାତ୍ରା ଶୁଭ କରାଇବ ।
ସଂସାରର ସବୁ ଶୁଭ ହେବ ।

●●

ପ୍ରତି ପ୍ରଭାତୁ ଆଗ୍ରହେ ଆରମ୍ଭ କର ଜୟଯାତ୍ରା
ଆଳସ୍ୟ ନ ଆସୁ ପରାଣେ, ତାହା ବଢ଼ାଏ ଦୁଃଖର ମାତ୍ରା
ଅଭିଳାଷ ପୂରଣ ହେଉ ସ୍ୱଚ୍ଛ ହୃଦୟ ଆନନ୍ଦିତ ରହୁ

ବଢ଼ିଚାଲୁ ଜ୍ଞାନର ଗଭୀରତା
ଆଲୋକର ସନ୍ଧାନେ ବିତିଯାଉ ଜୀବନ
ସବୁ ସୁଖ ଆଣୁ ହୃଦୟେ ପବିତ୍ରତା ।

●●

ହୃଦୟେ ମୋ ବାସ କରି ଆସ୍ଥାନ କରିଛ ଦୃଢ଼
ତେବେ ଏତେ ଝଡ଼ ଝଞ୍ଜା ଦେଇ ବିଡ଼ମ୍ବନା କର ।
ଲାଭ କ୍ଷତି ହିସାବ ସବୁ ତୁମେ କର ଠୁଳ ।
ଦେଖିବା ତହିଁରେ ଅଛି କି ମୋର କିଛି ପୁଣ୍ୟ ବଳ ।

●●

ଭୁଲ୍‌ରେ ଭାବୁନି, ଯିବି ତୁମଠୁ ଦୂରେଇ ।
ତୁମେ ତ ରଖିଛ ମୋତେ ସ୍ନେହ ବନ୍ଧନେ ଜଡ଼ାଇ
ମନର ଅସନ୍ତୋଷେ ତୁମେ ତ ମିଳୁନାହଁ ।
ସଂଗୋପନେ ରଖୁଛି ତୁମ ବାର୍ତ୍ତା ମୁଁ ଘୋଡାଇ ।

●●

ସୁବିଚାର କରୁଥାଅ, ଆପଣା କର୍ମ କୁଶଳେ
ଆତ୍ମସନ୍ତୋଷର ଶୁଭବାର୍ତ୍ତା ଗୋପନେ ମିଳେ
ସେହି ଦେବଯାତ୍ରାର ଶୁଭଫଳ
ନମନୀୟ ଏ ଜୀବନ ହେବ କମନୀୟ
ସେ ଢାଲୁଥିବ ଅଜଣା ପୁଣ୍ୟବଳ ।

●●

ସଂଯମ, ସଂଗୋପନେ ରଖି
ଆପଣାକୁ ସଯତ୍ନେ ଚଳାଇ
ସଂକ୍ଷିପ୍ତ ବଚନେ ନିଗୁଢ଼ ବାର୍ତ୍ତା
ନିରବେ ଦେଉଥାଅ ବତାଇ
ସେହି ତୁମକୁ କର୍ମଚଞ୍ଚଳ କରାଇବ
ଆତ୍ମସନ୍ତୋଷେ ଧୈର୍ଯ୍ୟ ଦୃଢ଼ୀଭୂତ ହେବ ।

●●

ଆପଣା ସୁଖ ତ ଆପଣା ଭିତରେ
ପେଡି ପୁଟୁଳାରେ ରହିଛି ।

ଖୋଲି ଖେଳାଇ, ଯେତେ ସଜାଡ଼ିବ
ତହିଁରୁ ଆତ୍ମସନ୍ତୋଷ ବାସୁଛି ।
ସେହି ହେବ ତୁମ ଫୁଲ ଶେଯ
ଅଶ୍ରୁ ଝରଣାର ଅଞ୍ଜଳି ଅର୍ଘ୍ୟ ଢ଼ାଳି
ସଜାଅ ହୃଦୟର ସବୁ ଆବେଗ ।

●●

ଆପଣା ହୃଦୟ ନଭଶ୍ଚୁମ୍ବୀ ଆଶା ଅଭିଳାଷ
ପୂର୍ଣ୍ଣତାର ରୂପରେଖ ନେଇ
ଉପସ୍ଥିତ ହେଲା ସମ୍ମୁଖରେ ନିର୍ବିବାଦେ ଅପୂର୍ବ
ଉତ୍ସାହିତ ଭାବାବେଗ ଦେଖାଇ ।
ସେହି ଆକାଙ୍‌କ୍ଷାର ହେଲା ସମାଧାନ
ତୁମେ ହିଁ କରାଅ, କରାଇଛ, କରାଉଥିବ
ଏହି ଅନୁଭୂତିର ସଫଳ ମାନ ସମ୍ମାନ ।

●●

ଶିଖିବାର ମନ ନେଇ ଶିଖିଯାଅ ଜୀବନରେ
ଯେତେ ସୁଖ ଶାନ୍ତି ମିଳୁ ଅକାତରେ
ଶିଖାଉଛନ୍ତି ରହି ଗୁପତେ, ରହି ଚୁପି ନିଭୃତେ
ଢ଼ାଳି ଦେଉଛନ୍ତି ସ୍ନେହ ପ୍ରେମ ଧୀରେ ଧୀରେ
ହାତ ବଢ଼େଇ ଗ୍ରହଣ କଲ ସ୍ୱଚ୍ଛ ମନେ
ସେ ସୁଧାଝର ଅଞ୍ଜଳିରେ
ତୃଷା ମିଟାଅ ପବିତ୍ର ଆତ୍ମା ଶୁଦ୍ଧ ରଖ
ଆଶୀର୍ବାଦ ମୁଣ୍ଡପୋତି ନିଅ ସୁଖରେ ।

●●

ଦୁଇଟି ନିରାଶିତ ପ୍ରାଣ
ଏକ ହୋଇପାରେ ନାହିଁ ।
ଭିନ୍ନ ଭିନ୍ନ ମତ ବାଦ କେବେ ହେଁ
ଏକଜୁଟ କରିପାରେ ନାହିଁ,
ତହିଁରୁ ନିବୃତ୍ତ ରହି ସଳଖ ବାଟ ଚିହ୍ନ
ଆପେ ଆପେ ମିଳିବ ଶକ୍ତି ଯନ୍ତ୍ରଣା ମୁକ୍ତ ହେବ ମନ ।

●●

ଝୁଣ୍ଟି ଝୁଣ୍ଟି ବାଟ ଚାଲିବାରେ, ବାଟବଣା ହେବାର
ସମ୍ଭାବନା ମୋଟେ ନାହିଁ ।
ପରଖି ନିଅନ୍ତି ସେ ଝୁଣ୍ଟାଇ, ଗତିପଥ ଦେଖାଇ
ସଳଖେ ବାଟ କଢ଼ାଇ ।
ଅଦେଖା ମୋର, ପ୍ରଭୁ ମୋର, ସାହାଯ୍ୟକାରୀ
ସବୁ ଭୀତି ଭୟ ମୁଁ ଦେଇଛି ଦୂର କରି
ମୋ ଭାବର ଠାକୁର, ଯାତ୍ରା ମୋ ସଂସାରର
ସୁରୁଖୁରେ ନିଅନ୍ତି ଚଳାଇ ।

●●

କର୍ମରେ ବିମୁଖତା ହୃଦୟେ ନ ଆସୁ
କର୍ମଯୋଗୀ ହୋଇ ଚଳଚଞ୍ଚଳେ ମନ ବସୁ ।
ସରସ ସୁନ୍ଦର ସାବଲୀଳ, ହୋଇଥାଉ ମୋ କର୍ମଭୂମି
ତହିଁରେ ଜନମି ତହିଁରେ ସରିବ ଦିନକାଳ
ସେହି ମୋ ଜନ୍ମଭୂମି ।

●●

ଆପଣା ଶ୍ରେଷ୍ଠତା ତୁଳନା ନ କରି ଅପରର
ଆଚରଣ, କାର୍ଯ୍ୟ କୁଶଳତାରେ ।
ଆନନ୍ଦେ ହୃଦୟେ, ଆନନ୍ଦିତ କରାଅ ଅନ୍ୟେ
ସୁସମାଜରେ, ମାନ୍ୟତାରେ ।
ସେହି ତୁମ ଶ୍ରେଷ୍ଠତାର ପରିଚୟ,
ନିଜେ ନ ଭୁଲି, ଅନ୍ୟକୁ ନ ଭୁଲାଇ
ଶ୍ରେଷ୍ଠ କର୍ମେ ଦିଅ ତୁମ ପରିଚୟ ।

●●

ଆପଣା ଆଚରଣେ ଶୁଦ୍ଧତା ଆଣି
ଅପର ଆଚରଣ କର ସୁଷମ
ବହିଚାଲୁ ସେ ଧାରା ଅବିରତ
ଧରଣୀ ବକ୍ଷ ଭରି ରହୁ ସୁମନ
ଶ୍ରଦ୍ଧା ଭାବନା ହେଉ ଜାଗରିତ

ସସାଗରା ହେଉ ପଲ୍ଲବିତ
ମଧୁମୟ ଜୀବନ ସଞ୍ଚାରିତ କରୁ
ପୃଥିବୀ ମାତା କ୍ଲାନ୍ତ ଅମୃତ ।

●●

ଶୁଚିମନ୍ତ ହୃଦୟେ ସୁବାସିତ କରି
ଅପର ହୃଦୟ କର ମଧୁମୟ ।
ସ୍ୱଚ୍ଛତା ଆସୁ ପରିବେଶ କୋମଳ ପ୍ରାଣ
ବ୍ୟାପକ କର୍ମ ହେଉ ଛନ୍ଦମୟ ।
ଶୁଦ୍ଧ ଆଚରଣ କର୍ମ ବଢ଼ି ଚାଲି
ନିରନ୍ତର ଅପରେ ମୋହମୟ
ଗୌରବେ ଗରବିଣୀ, ପ୍ରଣୟେ ପଲ୍ଲବିନୀ
ଆମ ଧରଣୀମାତା ରୁହନ୍ତୁ ଶୋଭନୀୟ ।

●●

ଧରଣୀ ଧାରଣ କରି 'ବସୁମାତା'
ନିର୍ବିବାଦେ କଷଣ ସହି
ଆଶିଷ ଢ଼ାଳନ୍ତି ପ୍ରାଣୀ ଜଗତେ ସଦା,
ବକ୍ଷରେ ପଦାଘାତ ବହି ।
ଉଶ୍ୱାସ ଦିଅ ତାଙ୍କୁ ସଦାଚାର ଆଚରଣେ
କୋମଳ ପରିବେଶେ ଆଉଁସି
ସୁଆଚରଣେ ସୁଶୋଭିତ କରି
ତୃପ୍ତ ଆନନେ ହସି ହସି ।

●●

ଯୋଗର ସାଧନା ଜ୍ଞାନ ଯଜ୍ଞେ
ଠୁଳ କରି ଏକାକାର
ଅସାଧ୍ୟ ସାଧନା ହୋଇବ ତହିଁରେ
ଗୁଣଫଳ ଅପାର
ସୀମାହୀନ ସେହି ପରିଧିରେ
ବୁଡ଼ ଦିଅ ବାରମ୍ବାର
କର୍ମଯୋଗ ତହିଁରେ ନିବଦ୍ଧ

ଅସରନ୍ତି ଯାହାର ଆଧାର ।

●●

ଶରୀର ମନ୍ଦିରେ ଅଜଣା ଦେବତାଙ୍କୁ
ଶ୍ରଦ୍ଧାରେ ଆପଣାଇ ନିଅ,
ଅଦେଖା ହେଲେ ବି, ଅଜଣା ନୁହନ୍ତି
ନିଶ୍ଚିନ୍ତରେ ସବୁ ଜଣାଅ ।
ଭଲମନ୍ଦ ସବୁ ସେ ନିଅନ୍ତି ମୁଣ୍ଡେଇ
ରଖିଥାଅ ତାଙ୍କୁ ସଦା ହୃଦୟେ ଲଗାଇ ।

●●

ଈଶ୍ୱରଙ୍କ ସହିତ ହୋଇ ଏକାକାର
କର୍ତ୍ତବ୍ୟ ସମୀକ୍ଷା କର
ଆପେ ଆପେ ବୁଦ୍ଧି ଆସିବ ହୃଦୟର
ସେହି ତୁମ ନିଜ ଘର ।
ବାସସ୍ଥାନକୁ କରି ନିର୍ମଳ
ସିଞ୍ଚ ତହିଁ ଗଙ୍ଗାଜଳ
ତାହା ହିଁ ତୁମର ଜୀବନକାଳର
ସଞ୍ଚିତ ପୁଣ୍ୟଫଳ ।

●●

ଅନ୍ତରେ ଖୋଜି ଅନ୍ତରେ ଭଜି
ଆକୁଳିତ ଅନ୍ତରେ କରି ଅର୍ଚ୍ଚନା
ବାହ୍ୟ ଚାକଚକ୍ୟ ଲୋଡ଼ା ନାହିଁ ମୋର
ତୁମେ ଥିବ ମୋ ପାଖେ ଏହି ପ୍ରାର୍ଥନା ।
ସେ ବିଭବ ଯଦି ପାଇଯିବି ଏ ଜୀବନେ
ପରମ ପଦ ପାଇଁ କାଳ କାଟିବି
ମାନବ ଜନମ ମୋ ସାର୍ଥକ ହୋଇବ
ଶତ ସୁକୃତ ଫଳ ପାଉଥିବି ।

●●

ବିତିଥିବା ଯେତେ ମଧୁ ମୁହୂର୍ତ୍ତର
ଆକଳଣେ ଯେଉଁ ଆନନ୍ଦ
ଭାଷାରେ ବର୍ଣ୍ଣନାତୀତ ତାହା ସିନା
ଅନ୍ତରରେ ମଧୁଛନ୍ଦ ।
ମନ ଗହନର ଗୋପନ କୋଣରେ
ନିର୍ଭୟେ ସଞ୍ଚିତ ଥାଉ,
ବାସ୍ତବତାର କଠିଣ ଯାତ୍ରାକୁ
ଲକ୍ଷ୍ୟ ସ୍ଥଳେ ପହଞ୍ଚାଉ ।

●●

ପଞ୍ଜୁରୀର ପକ୍ଷୀ ବନ୍ଦୀ ଜୀବନରେ
ପକ୍ଷ ଫଡ଼ ଫଡ଼ କରେ,
ମୁକ୍ତ ଆକାଶର ବିହଙ୍ଗ ନୁହେଁ ସେ
ନୀଳ ନଭେ ଘୂରିପାରେ ।
ନ ହେଉ ପଛେ ତା, ତା' ମନ ତାହାର
ରଟେ 'ରାଧାକୃଷ୍ଣ' ନାମ,
ସେ ମଧୁ ଚେତନା, ସେ ପ୍ରିୟ ଭାବନା
ନିତୀ, ଜୀବନର ଧାମ ।

●●

ବାଲ୍ୟକାଳ ବେଳ ସାଉଁଟୁ ସାଉଁଟୁ
ଆପ୍ଳୁତ ହୃଦୟ ମନ,
କେଉଁ କୋଣେ ଛପି, ରହିଥିଲା ଯେତେ
ଅଭୁଲା ଅତୀତ ଦିନ ।
ଉଦ୍‌ଭାସିତ ହୋଇ, ଆହ୍ଲାଦେ ଭୁଲାଇ
ସୁଗନ୍ଧିତ ତନୁଧନ,
ବିଭୂଙ୍କ ଆଶୀଷ, ଅନୁଭବେ ମିଳେ
ଅତୁଲ୍ୟ ଅମୂଲ୍ୟ ଦାନ ।

●●

ଯେଉଁ ରୂପେ ଯେଉଁ ଭାବେ, ଆସୁଅଛ ଆସ
ଅନ୍ତର, ବାହାର ହେଉ, ସଦା ତୁମ 'ବାସ' ।

ଗତିପଥେ ଯାତ୍ରା ପଥେ, ସମ୍ମୁଖରେ ଥାଅ
ସେ ବିଶ୍ୱାସେ, ସେ ସାହସେ ହେଲା ଜୀବନ ନିର୍ବାହ ।

●●

ଅନ୍ୟର ଅନୁଭବରେ ନିଜକୁ ହଜେଇ
ମଧ୍ୟାହ୍ନର କ୍ଲାନ୍ତି ଭାବ ଅନ୍ତରେ ଛପେଇ
ଅନୁପମ ସୌନ୍ଦର୍ଯ୍ୟ ଆସେ ନିଃଶ୍ୱାସେ, ପ୍ରଶ୍ୱାସେ
ପ୍ରଲୋଭନ, ପ୍ରତାରଣା ଛୁଏଁନା ଆଖେ ପାଷଣ ।

●●

ତୁମ ଆସିବା ପଥକୁ ଚାହିଁଛି
କେଉଁ ରୂପ ନେଇ ଭୁଲାଇ ଠକାଇ
କାଳେ, ଆସିଯିବ (କାଳେ) ଭାବୁଛି ।
ଯେପରି ଚାହୁଁଛ ସେହିପରି ଆସ
ଅନ୍ତରର ପ୍ରୀତି ନୟନ ଆରତି
ଅନୁଭବେ ଦିଅ ସୁଧା ବିଞ୍ଚି ।

●●

ପ୍ରାକୃତିକ ପରିବେଶ
ସୁଧାମୟ ଅନୁଭୂତି ।
ବିଚରଣ କରେ ପ୍ରାଣୀ
କର୍ମେ ଆଣି ସୁଖ ପ୍ରୀତି ।
ତହୁଁ ମିଳେ ସୁଖାନନ୍ଦ, ଅନ୍ତରାତ୍ମା ପରିତୃପ୍ତ
ସେ ଆନନ୍ଦ ବିତରଣେ ଜଗଜ୍ଜୀବନ ତୃପିତ ।

●●

ଚକ୍ଷୁ ଆହରଣ କରେ,
ଅକସ୍ମାତ ସେ, ଐଶ୍ୱର୍ଯ୍ୟ
'ବିଧାତା'ଙ୍କ କରୁଣାରୁ
ଆକସ୍ମିକ ସେ ପ୍ରାଚୁର୍ଯ୍ୟ,
ପ୍ରାପ୍ତ କରିଛି 'ଅବନୀ'
'ଧନ୍ୟ ସେ ପ୍ରାଣୀ ଜଗତ'
ରହି (ହୋଇ) ଅଛି ଚିର ଋଣୀ ।

••

ଉତ୍‌ଫୁଲ୍ଲ ହୃଦୟେ କରି
କର୍ମ ସଂଯୋଜଣା,
ମନୁଷ୍ୟ ହୋଇଛି ଶ୍ରେଷ୍ଠ
ପ୍ରାଣୀ ରୂପେ ଗଣା ।
ସଦାଚାର ବଳିୟାନ
ରହିଛି 'ଧରା'ରେ,
ମୁକ୍ତ କଣ୍ଠେ ସ୍ୱୀକୃତ, ତା,
ପ୍ରବୀଣ କର୍ମରେ ।

••

ବିଲୟ ହେବନି କେବେ
ହେବନି, ବି କ୍ଷୟ ।
ପୁଣ୍ୟବନ୍ତ 'ଭୂମି' ଏହି
ସଦା ସର୍ବଜୟ ।
ଶ୍ରୀଜଗନ୍ନାଥ କରିଛନ୍ତି
ଯେଉଁଠାରେ 'ବାସ'
ପ୍ରାଣୀ ଗଣ ଲଭିଛନ୍ତି
ପରମ ଆଶ୍ୱାସ ।

••

ଭାଗ୍ୟ ପାଇଁ ଲଢ଼ି ଲଢ଼ି
କ୍ଷୟ ହୋଇ ଧୀରେ ଧୀରେ
କପାଳ ଲିଖନ କହି
ଝୁଣ୍ଟୁଥାଏ ବାରମ୍ବାରେ ।
ହାରେ ନାହିଁ, ଜିତେ ନାହିଁ
ଗଡ଼ି ଗଡ଼ି ଯାଏ ଦିନ
ଦିଗବଳୟେ ଚାହିଁ ଚାହିଁ
ଦୃଷ୍ଟିଶକ୍ତି କରେ କ୍ଷୀଣ ।

••

ନବ କିଶଳୟ ମନେ ମନେ ହସି

ମଉନ ରଙ୍ଗରେ ଖେଳେ
ତାର ସୌନ୍ଦର୍ଯ୍ୟରେ ଅପରର ଖୁସି
ନ ଜାଣଇ ମନେ ତଳେ ।
ବିଭୂ ଢ଼ାଳିଛନ୍ତି ଅପାର କରୁଣା
ଜଗତକୁ ତାର ଦାନ,
ଅଜାଣତେ ସେ ତ ଆନନ୍ଦ ବାଣ୍ଟୁଛି
ଅର୍ଜନ କରୁଛି ପୁଣ୍ୟ ।

●●

ଫୁଲର ଝୁଲଣାରେ, ଅନ୍ତରେ ଝୁଲି ଝୁଲି
ଭାଗ୍ୟର ଡୋରି, ଧରି, ସୁଖ ସ୍ମୃତିରେ ବୁଡ଼ି ।
ସୁନା, ରୁପା ତୁଳନା, ତାହାକୁ କର ନାହିଁ
ଅତୁଲ୍ୟ ସେ ସମ୍ପଦ, ତୁଳନା ଯାର ନାହିଁ ।

●●

ଜନ୍ମ ପତ୍ରିକା ତୁମ ପୂର୍ବରୁ ଲେଖାଥାଏ
ଅନ୍ୟ ଲେଖନୀ ମୂନେ ସେ ରୂପରଙ୍ଗ ନିଏ ।
ପୂର୍ବରୁ ନିର୍ଦ୍ଧାରିତ ତୁମରି ଚଲାପଥ
ତା' ପାଇଁ କିମ୍ପା ଅହଂ, ଗର୍ବ ହୁଏ ଜାତ ?

●●

ସବୁ ଅଜ୍ଞାନତା, ଜ୍ଞାନଗର୍ବେ ଠୁଳ
ଅଜଣା ଲିପିଲେଖା, ତା' କର୍ମଫଳ ।
ସେହି ସୁକର୍ମ ଫଳ ବାଟ ଦେଖାଉଥାଏ
ଭୁଲ୍ ଭଟକା ଯାହା, ଆପେ ଆଡ଼େଇ ହୁଏ । (ଯାଏ)

●●

ଅପେକ୍ଷା କରି କରି, ମୁହୂର୍ତ୍ତ ଝୁରି ଝୁରି
ଅୟୁତ କୋଟି କ୍ଷୋଭ, ଅନ୍ତର, ଦିଏ ଜାଳି ।
ସୁଗମ ସଙ୍ଗୀତରେ, ମୂର୍ଚ୍ଛନା ଢ଼ାଳିଦେଇ
ରହିଛ, ରହିଥିବ, ଅମୂଲ୍ୟ ସ୍ମୃତି ହୋଇ ।

●●

ବ୍ରହ୍ମତ୍ୱର ପରାକାଷ୍ଠା ମୁଖେ ନ ବଖାଣି

ପାଖ ପଡ଼ିଶାର, ସୁଖ, ଦୁଃଖ ମନ ଜାଣି ।
ସାଥିହୋଇ ରହିଥିଲେ, ପାଉଥିବ ସୁଖ
ତାର ସ୍ମୃତି ଆକଳନ, ଅମୂଲ୍ୟ ଅମାପ ।

●●

ଅସଜଡ଼ା ମନ ମୋର ବିକ୍ଷିପ୍ତ ଭାବନା
କେଉଁ ଭାବେ ଦେବ ସିଏ, ଅନ୍ୟକୁ ସାନ୍ତ୍ୱନା ?
ରଙ୍ଗର ମୁରୁଜେ ଆଙ୍କି, କଳ୍ପନାରେ ରୂପ ଲେଖି
ଅଭିମାନେ ସଜାଡ଼େ ସେ ରହିଲା ଯା ମନ ବାକି ?

●●

ତପସ୍ୱୀର ଅନ୍ତରାତ୍ମା ବିଭୂ ପଦେ ଲୀନ
ପାର୍ଥିବ ସମ୍ପଦ ସୁଖ, ଆତ୍ମା କରେ କ୍ଷୀଣ ।
ଅଲୋଡ଼ା ଅଖାଜା ରହି,
ପାହାଡ଼ ଝରଣା ସମ
ଆଶାରେ ବହୁଥାଏ
ବିଭୂପଦେ ହେବ ଲୀନ ।

●●

ଋତୁ ପରେ ଋତୁ ଆସି ଯାଉଥାଏ
ରଙ୍ଗ ପରେ ରଙ୍ଗ ଖେଳେଇ
ନିଃଶ୍ୱାସ, ପ୍ରଶ୍ୱାସେ, ଆଶ୍ୱାସ, ବିଶ୍ୱାସେ
ଚପଳା ଚମକେ ଚେତାଇ ।
ବ୍ୟଥା ବେଦନାର ବିଷାଦ ଧରାକୁ
କୁହୁକ ପେଡ଼ିରେ ଖେଳାଏ
ସରଗ ସୁଖର, ପ୍ରେମର କିରଣ
ଆଶା ଭରସାରେ ସଜାଏ ।

●●

ବନ୍ଧୁର ପଥ, ଅଗଭୀର ନୁହଁ
ଗଭୀରୁ ଗଭୀରତର
ଯାତ୍ରୀର ଯାତ୍ରା, ସୁକଠିଣ ହେଉ
ଲକ୍ଷ୍ୟ ସ୍ଥଳ ରହୁ ସ୍ଥିର ।

କଚ୍ଛବଟ ରହି, କାଲୁଁ କାଳ ଯାଏ
ଦେଉଥାଉ ଆତ୍ମଜ୍ଞାନ
ଆତ୍ମ ବିଶ୍ୱାସେ, ଆତ୍ମପ୍ରକାଶେ
ହେଉଥାଉ ଚିରଧନ୍ୟ ।

●●

ମନ ଫଲଗୁ ଧାରା, ନିଭୃତେ କହୁଛି,
ଚିରସ୍ରୋତା ନିର୍ଝରିଣୀ ।
କଳକଳ ସ୍ୱନ, ମଧୁର ସ୍ପନ୍ଦନ
ସ୍ୱପ୍ରେମ ମଧୁର ରାଗିଣୀ ।
ନିବୁଜ ସେ ପେଡି, ନିରବ ତା ଭାଷା
ଅନୁଭବେ ମିଳିଥାଏ
ସାଧନା ବିହୀନ, ଜୀବନେ ନ ଥାଏ,
'ସାଧକ' ପାଶେ, ପାଶେ ରହିଥାଏ ।

●●

ଋତୁ ପରେ ଋତୁ ଆସି ଫେରିଯାଏ
ବିସ୍ତାରି ଆପଣା ମହକ
କାହା ପାଇଁ କେହି ଅପେକ୍ଷା ନ କରି
ଦେଖାନ୍ତି ନିଜର ବହପ ।
ଆମ ମନ ତଳ ଭାଷା ନେଇ ତାକୁ
ସଜାଉ ଭିନ୍ନ ଭିନ୍ନ ରୂପରେ ।
ଜନମରୁ ଥାଏ, ଭାଗ୍ୟ ଡୋରି ବନ୍ଧା
ଭିଜୁଥାଉ ସେହି ବାସ୍ନାରେ ।

●●

ପିକର କୁହୁତାନ, ଭ୍ରମର ଗୁଞ୍ଜନ
ବସନ୍ତ ଆଗମନ ସୂଚାଏ ।
ତହିଁରେ କିମ୍ବା ଭୋଳ, ମଣିଷ ପାଇଁ କାଳ,
ଖେଳିଣ ନିଜ ମନ ହଜାଏ ।
ସେ ତ ଚିରସ୍ରୋତା, ପାହାଡ଼ି ଝରଣା
କୁଳୁକୁଳୁ ଧ୍ୱନି, କଳକଳ ସ୍ୱନେ

ମୁଖରିତ କରି, ହସ ଲାଜ ଭରି
ଧରା କରେ ସ୍ୱର୍ଗ, ଝୁଲାଇ ପୁଷ୍ପର ଝୁଲଣା ।

●●

ଅବଚେତନରେ, ତୁମ୍ଭେ ଅଛ ବୋଲି,
ଯାତ୍ରା ମୋର ସଚେତନ
ଅଙ୍ଗରକ୍ଷକର ସଙ୍ଗ ବିନା ଯେଣୁ
ପଥ ମୋ ଚେତନାହୀନ ।
ଅଗ୍ରେ ରହି ସୁନିର୍ବାଚିତ କର୍ମେ
ତୁମରି ନିର୍ଦ୍ଦେଶେ ଚଳି
ସାଗର ସମ ମୋ ଗଭୀର ହୃଦୟେ
କରୁଥିବି ନିଉଛାଳି ।

●●

ଉଦାସୀ ମନର ମଧୁଝରା ଗୀତ
ବର୍ଷା ଧାରାର ଅବୁଝା ସଙ୍ଗୀତ
ପ୍ରୀତି ପାରାବାର ସଜାଇ ଦିଏ
ସକାଳ ସଞ୍ଜର ପିୟୁଷ ଧାରାକୁ
ସାଉଁଟି ସାଉଁଳି ହୃଦୟ ମଧ୍ୟକୁ
ଅତି ଯତନରେ ଗୋଟାଉଥାଏ ।

●●

ଜାଣେନା ସେ କେଉଁ ଅନ୍ତହୀନ ସତ୍ତା
ଖୋଜୁଛି ନିରବେ ପ୍ରାଣର ପୂର୍ଣ୍ଣତା
କିପରି ମିଳିବ, କାହୁଁ ସେ ଆସିବ
ଅଜଣା ସେ ଦିଗ, ନିତ୍ୟ ପ୍ରତୀକ୍ଷା ପର୍ବ ।

●●

ଶତାବ୍ଦୀ ଶତାବ୍ଦୀ ଧରି ଉଜାଗର ରହି
କଳେ କୌଶଳେ ଆପଣା ସରହଦ ଡେଇଁ
ଗଢ଼ିଲି ଯେତିକି ପୁଣି ଉଜୁଡ଼ି ସେ ଗଲା
ବୃଥା ଦହଗଞ୍ଜ, ମିଥ୍ୟା ସେ ପ୍ରୟାସ ହେଲା ।

●●

ଅପରାଧୀ ମନ ପଶ୍ଚାତାପ କରେ
ପୁଣ୍ୟଫଳ କାହୁଁ ମିଳିବ,
କ୍ଷୀରରେ ଧୋଇଲେ ଖଣ୍ଡରେ ମୋହିଲେ
ନିମ୍ବ ତ ମଧୁର ନୋହିବ ।
ତପସ୍ୟା ବଳରେ, ସତ୍‌ରେ ରହିଣ,
ଅବା ହେବ 'ଦାରୁ ନିମ୍ବ'
ସେଥିପାଇଁ ଲକ୍ଷ ଅଣହେଳା କଷ୍ଟ
ସାଦରେ ଆଦରି ନେବ ।

●●

ତ୍ୟାଗର ମହିମା, ସୁଷମା ମଣ୍ଡିତ
ଅହଂ ଭାବେ ନ ଆବୋରି,
ସୁବାସିତ ହୋଇ ଉପାସନା କର
ସତ୍ ବିଶ୍ୱାସକୁ ଧରି ।
ସୁଗନ୍ଧ, ସୌରଭ, ଆମୋଦିତ ସର୍ବେ
ଈଶ୍ୱର, ଦେବତା, ଜନ
ଧାରଣା କରି ସେ ପୁଣ୍ୟ ଉପଲବ୍ଧି
ତନୁ, ମନ କର ଧନ୍ୟ ।

●●

ହୃଦୟର ଉଚ୍ଛ୍ୱାସରୁ ସତ୍ୟ, ଧର୍ମ, ଧ୍ୱନି
ମୂର୍ହୁ ମୂର୍ହୁ ଉଚ୍ଚାରିତ ରୂପ, ରେଖା, ଘେନି
ସେ କର୍ମର ଫଳ ଭିନ୍ନ ଭିନ୍ନ ରଙ୍ଗ ରୂପ
ମନୋହର ସୃଜନରେ ଅଶେଷ, ଅମାପ ।

●●

ନୀଳ ନଭର, ମୁକ୍ତ ବିହଙ୍ଗ
ସ୍ୱାଧୀନ ସୁଖରେ ଥାଏ
ଜାଣିତ ପାରେନା ଛଞ୍ଚାଣ, ବାଜ
କେଉଁ ଦିଗେ ଉଡୁଥାଏ ।
ଲହୁ ଲୁହାଣ ଅକସ୍ମାତ ହୁଏ
ବିଚିତ୍ର ସୃଷ୍ଟି ରହସ୍ୟ

ହଜିବା, ଖୋଜିବା, ଅଧା ରହି
(ଜଣାଏ) ପୃଥିବୀର ଇତିହାସ ।

●●

ଜନ୍ମ ଜାତକରୁ ଜଣା ପଡ଼ିଯାଏ
ଜନ୍ମିତ ଫଳାଫଳ
ସେହି ଆଲେଖ୍ୟରେ ରୁଦ୍ଧିମନ୍ତ ରହି
ଅର୍ଜିଥାଏ ପୁଣ୍ୟବଳ ।
ସତ୍ ହୃଦୟରେ ଅସତ୍ ପ୍ରଭାବ
ବିସ୍ତାରିତ ହୁଏ ନାହିଁ ।
ଦୀର୍ଘ ଯାତ୍ରାପଥେ, ପଦେ ପଦେ ଭୁଲ୍
କିନ୍ତୁ ଦିଏ ସୁପଥ ସୂଚାଇ ।

●●

ଉଷା ଆଗମନେ ନିର୍ମଳ ନୟନ
ଆହରଣ କରେ ସୁଖ ।
ବିଚିତ୍ର ବର୍ଣ୍ଣାଳୀ ରୂପ ରଙ୍ଗ ଶୋଭା
ଅନ୍ତରକୁ ଅନୁରୂପ ।
ଅସରନ୍ତି ଏହି ଶୋଭାର ସମ୍ଭାର
ମାନବ ଜୀବନେ ଆସି
ଅଜାଣତେ କେତେ ପୀୟୁଷ ଭରାଏ
ହୃଦୟ ମଧ୍ୟେ ଉଲ୍ଲାସି ।

●●

ପ୍ରକୃତିର ବୈଶିଷ୍ଟ୍ୟତା ଶୀର୍ଷରେ ଥାଇ
ସୂଚିତ କରାଉଥାଏ ସ୍ୱଧର୍ମରେ ରହି
ଖୋଲା ରଖି ମନଃଶ୍ଚକ୍ଷୁ ସାଧନାର ବ୍ରତ
ଜୀବନକୁ ସୁଶୃଙ୍ଖଳ ସଭିଙ୍କୁ ସ୍ୱାଗତ ।

●●

ଯାହା ମୁଁ ଭାବଇ, ଯାହାମୁଁ ଚିନ୍ତଇ
ଯାହାବା କରୁଛି କର୍ମେ ।
ପରମ ବାନ୍ଧବ, ପାଶେ ପାଶେ ରହି

ଜାଣୁଛନ୍ତି ଅନୁକ୍ଷଣେ ।
ତାହାଙ୍କୁ କି କଷ୍ଟ ଦେଇପାରେ ମୁହିଁ
କର୍ମରେ ଅବା, ଆଚାରେ,
ଅନ୍ୟ ଧାରଣାରେ, କେ କି ବିଚାରିଲା
ସହିବି ମୁଁ ନିରବରେ ।

●●

ଧର୍ମେ ମତି ଦିଅ ସ୍ୱଧର୍ମେ ରହ
ଦୃଢ଼େ ଚିନ୍ତ ତାଙ୍କୁ ହୃଦେ ।
ଯାତ୍ରା ହେବ ଜୟ, ମତି ହେବ ଥୟ
ସାଥେ ଥିବେ ପ୍ରତି 'ପଦେ' ।
ଶରଣ ପଞ୍ଜର ଶରଣାଗତରେ
ସରଳ, ଅନ୍ତରେ ରହି
ଶୁଦ୍ଧ 'ପ୍ରେମାମୃତ', ଭକ୍ତି ରସାମୃତ
ପିୟୁସ ଦେବେ ବୁହାଇ ।

●●

ନଭ ମଣ୍ଡଳର, ନୀଳ ଅଗଣାରେ
ତାରାଟିଏ ପରି ରହି
ଝଟକି ଉଜ୍ଜ୍ୱଳେ, ଶୁଦ୍ଧ ପୁତଃ ବଳେ
ଧରଣୀ ଶୋଭା ବଢ଼ାଇ ।
ଛୁଇଁ ପାରିବନି ପାପର ଝଲକ
ଚୂର୍ଣ୍ଣୀଭୂତ ହେବ ଅହଂ ।
ରହିବ ଉର୍ଦ୍ଧ୍ୱରେ ବିଶାଳ ଗର୍ଭରେ
ତୁଚ୍ଛ କରି, ମାୟା ମୋହ ।

●●

ମୁକ୍ତ ଅନ୍ତର, ପ୍ରେମମୟ, ଧୀର ସ୍ୱଭାବ,
ସୁଦୃଢ଼ କରେ ଚିନ୍ତନ
ତହିଁରୁ ଜାତ, ସ୍ୱାଭାବିକ ସେତ, ସୁନ୍ଦର
ନିର୍ମଳ ଅତି ଶୋଭନ ।
ପବିତ୍ର ପୁଣ୍ୟ, ସୁଧାମୟ ଅଙ୍ଗନ

ଗୃହ, ସ୍ଥାନ, କାଳ ଭୂମି
ସେ କାଳ ବଳେ ଚଳି, ଧର୍ମରେ ଉଚ୍ଛୁଳି
ଧନ୍ୟ କରେ ଜନ୍ମଭୂମି ।

●●

ଭାରତବର୍ଷ ମୋ ଜନ୍ମଭୂମି,
ମୁଁ ଓଡ଼ିଶା ମାଟିର ଝିଅ
ଶ୍ରୀକ୍ଷେତ୍ରେ ଜନମି, ଧନ୍ୟ ମୁହିଁ
ଶ୍ରୀଜଗନ୍ନାଥ ମୋର ଧ୍ୟେୟ ।
ତାଙ୍କ ବଳେ ବଳୀ ହୋଇଛି ଯେଣୁ ମୁହିଁ
(ଡରି) ଅଧର୍ମ ନ ଆସେ, ପାଶେ
ହସି, ହସାଇଣ ପ୍ରୀତି ପୂର୍ଣ୍ଣ
ପ୍ରେରଣା, ଢ଼ାଳି ଦେବି ଚତୁଃପାର୍ଶ୍ୱେ ।

●●

ଆପଣାର ବଡ଼ପଣ, କର୍ମରେ ପ୍ରତିଷ୍ଠା କରି
ଅହଂ ଭାବେ, ଧର୍ମ ଭାବେ, ତିଳେ ବି ନ ଯାଇ ଭୁଲି ।
ପ୍ରତିଟି ମୁହୂର୍ତ୍ତ ଧନ୍ୟ, ଶୀର୍ଷତା, ମାର୍ଗରେ ରଖି
ଧନ୍ୟ କର ପ୍ରାଣ ଧନ, ଗୋପନେ ରଖିଣ ସଞ୍ଚି ।

●●

କଥାରେ ନ କହି, କାର୍ଯ୍ୟରେ କରିଲେ
ସିଦ୍ଧ ସେହି ପରିଚୟ,
ଅନୁକୂଳ ରହେ ଜୀବନର ଲକ୍ଷ୍ୟ
ହୁଏ ନାହିଁ ଅପଚୟ ।
'ବିଭୂ' ଆଶୀର୍ବାଦ ଅଲକ୍ଷ୍ୟେ ଆସଇ
କର୍ମଫଳ ହୁଏ ସିଦ୍ଧ
ବାଧା, ବିଘ୍ନ, କଷ୍ଟ ଦୂରେଇ ରହନ୍ତି
ଅନ୍ତର ହୁଅଇ ତୃପ୍ତ ।

●●

ଦୃଢ଼ ଇଚ୍ଛାଶକ୍ତି ସଫଳ କାମନା
ଅଫୁରନ୍ତ ହୃଦଲ୍ଲାସ ।

ଜୀବନ ପ୍ରବାହ ବେଗେ ବହିଚାଲେ
ପୂରଣ ହୁଏ ପ୍ରୟାସ ।
ଅଦୃଶ୍ୟରୁ ମିଳେ ଅସୀମ ଅନୁକମ୍ପା
ଅଜଣା ତାହା ତୁମର ।
କାର୍ଯ୍ୟ ସମ୍ପାଦିଣ ତୃପ୍ତ ମନୋଭାବେ
ସୁମରଣା ତାଙ୍କୁ କର ।

●●

ଅପର ଦୁଃଖକୁ ଅନୁଭବେ ଭାବି
ଦୂରୀଭୂତ କରୁଥିଲେ
ଆପଣାର ଦୁଃଖ ହରଣ ହୋଇବ
ଅଫୁରନ୍ତ ଶ୍ରଦ୍ଧାବଳେ ।
ସତ୍, ଶୁଦ୍ଧ ଚିନ୍ତା, ଆତ୍ମଜ୍ଞାନେ ଆଣି
ଦୃଢ଼େ ମନେ ଧରି ରଖ,
ଅପର କଥାରେ, କ୍ଷଣେ ଭୁଲିଯାଇ
ନ ହୁଅ ମନେ ବିମୁଖ ।

●●

ସ୍ୱଚ୍ଛ ମନର ମୁକ୍ତ ଭାବନାରେ
ନିର୍ମଳ ପବିତ୍ର ଭାବ
ଆପଣା ଭିତରେ ହଜିଯାଏ ଧୀରେ
ଲୋଡ଼େ ନାହିଁ ଅଜ୍ଞାନ ଦ୍ରବ୍ୟ ।
ରଖିଥାଅ ପ୍ରଭୁ ଏହି ମନ୍ତେ ମୋତେ
ଇହକାଳ ପରକାଳ
ଅଜଣା ଅଶୁଣା ଛନ୍ଦେ ଛନ୍ଦିଦେଇ
ବଢ଼ାଅ ନାହିଁ ଜଞ୍ଜାଳ ।

●●

ସଂସାର ଜଞ୍ଜାଳ ଦୁଃଖ ସୁଖ ପୂର୍ଣ୍ଣ
ତାହା ପାଇଁ ଝୁରି, ମରି
ପାଇବା ସୁଖରେ ମଜ୍ଜି ରହିଥାଏ
ଆଗ ପଛ ନ ବିଚାରି ।

ଦୁଃଖରୁ ଜନମ, ସୁଖ ଆହରଣ
ତହିଁରୁ ହିଁ ମିଳିଥାଏ ।
କ୍ଷଣେ ଭୂଲିଗଲେ ଏ ଚରମ ସତ୍ୟ
ପ୍ରାଣ କଣ୍ଟକିତ ହୁଏ ।

●●

ତୁମେ କୁହୁ ଧ୍ୱନିରେ ଆସ
ତୁମେ ପ୍ରାଣେ କୁହୁକ ପରଶ
ତୁମେ ଫୁଲକେ ମହକେ, ମହକି
ତୁମେ ଧରାରେ ଖେଳୁଛ ଝଲକି
ତୁମେ ବ୍ୟାପ୍ତତେ, ବ୍ୟାପକ କରୁଛ
ତୁମେ ସହର୍ଷେ ହରଷ ବାଣ୍ଟୁଛି
ତୁମେ ଆଲୋକେ, ଆଲୋକ ଜଳାଅ
ତୁମ ଜ୍ୟୋତିରେ ଦୀପ୍ତିମନ୍ତ କରାଅ ।

●●

ହସି ହସି ମୁହିଁ, ହରଷିତ ରହିଥିବି
ତୁମ କରୁଣାରୁ, କଳଙ୍କିତ ନ ହୋଇବି
ତୁମେ ଅଛ ପାଶେ ସେ ଟାଣ ବଳ ସାହସେ
ଗତି ପଥେ ଭ୍ରମୁଥିବି
ଏପଟେ ସେପଟେ ନୋହି ବାଟବଣା
ତୁମ ପାଶେ ରହିଥିବି ।

●●

ମୃତ୍ୟୁରେ ନାହିଁ, ବିନାଶ 'ଜୀବ'ର
କର୍ମ ତା ଅବିନାଶୀ ।
'କର୍ମଭୂମି'ର କର୍ମେ ଜୀଇଁ ରହେ
ନୋହି 'ଅମର' ଅଭିଳାଷି ।
ଝୁରେ ଏ ଜଗତ, ଝୁରନ୍ତି ବଂଶଜ
ଅନ୍ତରାତ୍ମା କୋହ ଢ଼ାଳି,
କ୍ଷଣସ୍ଥାୟୀ ନୁହେଁ, କର୍ମର ଫଳ
ଦୀପ ସମ ଥାଏ ଜଳି ।

●●

ଯେତେ ଝଡ଼ଝଞ୍ଜା ଦିଅ, ସବୁ ସହି
ଦିନ, ମାସ, ବର୍ଷ, ଗଣି ରହିଥିବି,
ଆସୁ ଯେବେ ଆସିବ ସେ, ନୂଆହୋଇ
ତୃପ୍ତ ମନେ ଅପେକ୍ଷାରତ ରହିବି ।
ଜନ୍ମ ପରେ ଜନ୍ମ ଏ ଧୂଳି ଧରାରେ
ଆସିବ ହସି ହସି କାନ୍ଦି କାନ୍ଦି,
ଏ ମାୟା ଜାଲର ମୋହାଚ୍ଛନ୍ନ, ଛିନ୍ନ
କରିପାରିନି ରହିଥିବ ଚିର ବନ୍ଦୀ ।

●●

ତୁମ ଇଚ୍ଛାମତେ, ନ ହେଲେ ନାହିଁ,
ଦୂରକୁ ଦେବନି ଠେଲି
କଳଙ୍କିତ ପଛେ ହେଉ ଦେହ ମନ
ତୁମ 'ଚକ୍ଷୁ' ରଖିବ ଖୋଲି ।
ଜଗିଥିବ ସେହି ଚକା ଚକା ଆଖି
ଦେଉଥିବ ଦିଗ୍‌ଦର୍ଶନ
ତୁମରି ପ୍ରେରଣା, ପବିତ୍ର କରିବ
ଅମୃତମୟ ଜୀବନ ।

●●

ମୁକ୍ତି ଚାହିଁଲେ ମିଳେ ନାହିଁ ଭକ୍ତି କ'ଣ ମୁଁ ଜାଣିନାହିଁ
ପ୍ରୀତିରେ ଅନ୍ତର ଭରିଛି, ସାମର୍ଥ୍ୟ କିଛି ବି ନାହିଁ
ମୋହାଚ୍ଛନ୍ନ ହୃଦ ଚାହେଁ, ନିର୍ବାସନ ମାୟା ଜାଲରୁ
କରୁଣା ମିଳିଲେ ପାଇବି ସିନା, ଯିବି ଏହି ପରିସୀମାରୁ ।

●●

ତୁମରି ସତ୍ତା, ସବୁରି ଜୀବନେ
'ନ୍ୟାସ' ହୋଇ ରହିଥାଅ
ସ୍ପନ୍ଦନେ, ସ୍ପର୍ଶରେ, ଅଲକ୍ଷ୍ୟରେ ଥାଇ
ବିଚରଣ କରୁଥାଅ ।
ଫମ୍ପା, ଅହଙ୍କାରେ, ପ୍ରତି ମୁହୂର୍ତ୍ତରେ

ରିକ୍ତ ଦେଉଳି ତୋଳି
କେଉଁ 'ଦେବତା' ବା ରହିବେ ସେଠାବେ
ପୂଜିବି ଲୋତକ ଢ଼ାଳି ।

●●

ତୁମରି ଆସିବା ବାଟକୁ ଚାହିଁଛି,
ସେଦିନ କେବେ ଆସିବ ?
ପ୍ରତୀକ୍ଷା ମୁହୂର୍ତ୍ତ ଅନ୍ତ ହୋଇବ,
ଅକସ୍ମାତେ ପହଞ୍ଚିବ
ଜାଣିଥିଲେ ସିନା ସଜାଇ ରଖନ୍ତି
ଶରଧାର ପୂଜା ଥାଳି
ବ୍ୟଥା ବେଦନା, ବିଷାଦ ଚେତନା
ଆପେ ହୋଇଯାଏ ଅଞ୍ଜଳି ।

●●

ଆଭାମୟ ପୂର୍ଣ୍ଣ, ସମୁଦାୟ ସତ୍ତା
ପରିବେଶ ମଧୁମୟ
ଶିରା ପ୍ରଶିରାରେ ମିଠାପଣ ଢ଼ାଳି
ପାଗଳ କରେ ହୃଦୟ ।
ପରିବ୍ୟାପ୍ତ ସେହି, ଅନାବିଳ ଶକ୍ତି
'ଜୀବନ'ର ବରଦାନ
ନିଷ୍କପଟେ ତାକୁ ଆହରଣ କରି
ନିରୁତ୍ତାପେ ରଖ ମନ ।

●●

ଆସିଛି କାନ୍ଦି କାନ୍ଦି, ହସାଇ ଅପରରେ,
ହସିଯିବାକୁ ଇଚ୍ଛା, ତୃପ୍ତ ହୃଦୟରେ ।
ନ କାନ୍ଦୁ କାହା ହୃଦ, ନ ଆସୁ ଅବସୋସ
ସଭିଙ୍କ ଅନ୍ତରରେ ରହୁ ମୋ ଖୁସି 'ବାସ' ।

●●

ଶ୍ରେଷ୍ଠ ଜନ୍ମ ମୋର, ଶ୍ରେଷ୍ଠ ରହିଥିବି
ଚିନ୍ତନେ, କାମିକ, ଗୁଣେ

ଆଣେ ସେହି ଦୀକ୍ଷା, ବ୍ରତେ, ବ୍ରତୀକରି
ଅନ୍ତରାତ୍ମା, ସାଧୁପଣେ ।
ଅପେକ୍ଷା କରିବି, ଅୟୁତ ଆୟୁଷ
ବ୍ୟର୍ଥ ହେବନି ସାଧନା
ମୁହୂର୍ତ୍ତଟିଏ ବି ଛୁଡ଼ିବିନି କେବେ
'ଅତୁଲ୍ୟ'ରେ ହେବି ଗଣା ।

●●

ସାଧନାର ସିଦ୍ଧିପଥ, ହାତଧରି ଚଲାଉଛି
କଙ୍କରିତ ଗତିପଥ ସନ୍ତର୍ପଣେ ଡିଆଁଉଛ
ପାଶେ ସଦା ଅଛ ବୋଲି, ନିର୍ଭୟେ ଯାତ୍ରା କରୁଛି
ପରମ ଆଶ୍ୱସ୍ତ 'ଆତ୍ମା' ତୃପ୍ତି ଝର ଝରାଉଛି ।

●●

ବହିରାବରଣ, ଶୁଦ୍ଧ, କରେ ତନୁମନ
ସୁନ୍ଦର ତୃପ୍ତ ପରଶେ
ଯେତେ ତହିଁ ଥାଉ, କଠୋର, କୁଦୃଶ୍ୟ କଳଙ୍କ
ପଶି ପାରନ୍ତିନି ପାଶେ ।
ଶ୍ରେଷ୍ଠ ଜନ ହେବ, ନ ଆଣି ଅହଂ ଭାବ
ଭଲ ସବୁ ଆଣି, ଛାଣି
ସୁନ୍ଦର ତୃପ୍ତିରେ 'ତୃଷିତ ପରାଣ'
ରଣେ କରାଇବ ରଣୀ ।

●●

କ୍ଷୁଦ୍ରରୁ କ୍ଷୁଦ୍ରରେ ଜୀବ ସୃଷ୍ଟି କରି,
ତୁମେ କରିଛ ଜୀବନ ଦାନ,
ତେବେ କିଆଁ ତାଙ୍କୁ ହୀନିମାନ କରି
ଦିଆଉଛ ହତମାନ ।
ତାଙ୍କ କରୁଣ କାନ୍ଦଣା, ଆକୁଳ ପ୍ରାର୍ଥନା
ଶୁଣିବାକୁ ଲୋଭକରି
ହନ୍ତସନ୍ତ କରି, ହଇ ଭିଆଉଛ
ଉଦ୍ଧାର କର, ହାଟ ନ କରି ।

●●

ଦାତା ପଣେ ବଡ଼ ପଣ 'ଉତୁଙ୍ଗେ' ରହିଛ
କେତେ ଦୀନ ଦୁଃଖୀ ରଙ୍କି ଆଶ୍ୱାସ ଦେଉଛ
ଆପଣାର କଲା କର୍ମ ଫଳ ଭୋଗୁଥାନ୍ତି
ଅସହାୟ ପଣେ, ହାତ ଟେକି ଦେଇଥାନ୍ତି ।

●●

ଯାହା ଶିଖାଉଛ, ତାହା ହିଁ କରୁଛି
ଅନ୍ତର, ଦ୍ୱାହି ଦେଇ,
କର୍ମରେ ସୁଖ୍ୟାତି, ଅଖ୍ୟାତି ଅରଜି,
'ଜୀବ' ଫଳ ଭୋଗୁଥାଇ ।
ତୁମରି କର୍ମରେ, ତୁମକୁ ଖୋଜୁଛି
ଲୋଡୁଛି ତୁମ ପରଶ
ଥରେ ମସ୍ତକରେ ହସ୍ତ ସ୍ପର୍ଶ ଦିଅ
ଯାଉ ଅଭିମାନ ରୋଷ ।

●●

ମୁକ୍ତ ମୋତେ କରିଦେଇ ତୃପ୍ତି ତୁମେ ପାଅ କି ?
ହୁଗୁଳା, ହସ୍ତ କରି ଦେଲେ, ବାଟ ହୁଡ଼ିବିନି କି ?
ଆଣ୍ଟେ ଧରି, ଛାଟ ମାରି, କଣ୍ଟକିତ, ପଥେ ରଖି
ସୁପଥେ, ସୁବ୍ରତୀ କର, କୀର୍ତ୍ତିର ଅୟୁତ ଚାପି ।

●●

ତୁମ 'କଳ୍ପବଟ' ମୂଳ ଝରାପତ୍ର ମୁଁ
ଦିନେ ଓଳାଇ ଫିଙ୍ଗା ହେବି
ଆଶା ଆକାଙ୍‌କ୍ଷା ଦେଇ ଜଳାଞ୍ଜଳି
'ତବ' ଚରଣେ ଶରଣ ନେବି ।
ଏହି ଆଶାର ବଳବ୍ରତୀ ରହି, ରଖି
ମୋ କାଳକ କଟି ଗଲାଣି,
ତେବେ ବି ନିରାଶା ମନକୁ ଛୁଉଁନି
ରହିଛି, ରହିଥିବି ଗୁଣ ଗୁଣି ।

●●

ପ୍ରକୃତି, ଋତୁର ବିଭିନ୍ନ କରଣେ
ଭିନ୍ନ ଭିନ୍ନ ରଙ୍ଗେ ରଙ୍ଗାଇ
ରୂପର ପ୍ରାଚୁର୍ଯ୍ୟ, ପ୍ରେମର ସ୍ୱରୂପେ
ହୃଦୟ ଦିଅନ୍ତି ଭୁଲାଇ ।
କୁହୁକ ପେଡ଼ିରୁ ପରସ୍ତ ପରସ୍ତ
କୁହୁକିତ ମନ ଖୋଲନ୍ତି
ସ୍ୱର୍ଗର ନୀଳିମା, ପାହାଡ଼ି ଝରଣା
ସାଗର ବେଳରେ ନଚାନ୍ତି ।

●●

ପୁଷ୍ପର ଝୁଲଣାରେ ଝୁଲନ୍ତି ମୋ ମନ ଦିଅଁ,
କେଉଁ ଅର୍ଘ୍ୟ ଆଉ ଦେବି, ସେ ତ ନିଜେ ସେହି ସୁଅ ।
ଏ ଦେହ ମନ୍ଦିର ମୋର, ତହିଁ ତାଙ୍କ ଅବସ୍ଥାନ
ଅବିରତେ, ନିର୍ଝରିତ, ନିର୍ଦ୍ଧାରିତ ସୁକିରଣ ।

●●

ଅପେକ୍ଷାରତ ମୁଁ ତବ ବନ୍ଦଦ୍ୱାରେ
କେବେ ଉନ୍ମୋଚିତ କରିବ
ଅଖଣ୍ଡ ବିଶ୍ୱାସ ହୃଦୟେ ସାଇତି
ରଖିଛି ତା' ଜାଣୁଥିବ ।
ଅଭିମାନ ସିନା, ଧୂଳି ଧୂସରିତ
ତବ ବିଶ୍ୱାସେ ମୁଁ ନାହିଁ ।
ତବ ସ୍ନେହ ପ୍ରେମ, ଅମୂଲ୍ୟ ସମ୍ପତ୍ତି
ଜଳୁଥିବ ଅଖଣ୍ଡ ପ୍ରଦୀପ ହୋଇ ।

●●

ବିନ୍ଦୁଏ ଲୁହରେ, ସିନ୍ଧୁଏ ଗଭୀରତା
କଳନା, ନ କଲେ ନାହିଁ ।
ସାଗର ବକ୍ଷକୁ ତଟିନୀ ନଚାଏ
ଭିନ୍ନ ନୁହନ୍ତି କେ, କା' ପାଇଁ ।
ପବିତ୍ର ମିଳନେ ମାଦକତା ଥାଏ
ସର୍ଜନାରେ ଏକ ହୋଇ,

ମଧୁର ପ୍ରୀତିରେ ସରାଗ ରସରେ
ଅନବଦ୍ୟ ସାଥୀ ରହି ।

●●

ତବ ପଦ ତଳେ ଢ଼ାଳିଛି ମୁଁ 'ପ୍ରଭୋ'
ନିତ୍ୟ ନୂତନ ଅର୍ଘ୍ୟ
ଏହି ମନ ମୋର, ତୁମେ ହିଁ ଦେଇଛ
'ମା' ମୋର 'ଧରା ସ୍ୱର୍ଗ' ।
ଯାହାବି ଦେଇଛି, ଯାହାବି ପାଇଛି
ଅଭିମାନେ, ବାଟ ଭୁଲିନି,
ତୁମେ ପାଶେ ରହି, ସାହା ହୋଇଅଛ
ସେ କଥା କି ମୁଁ ଜାଣିନି ?

●●

ଆଜିର ଦିନଟି ଶ୍ରେଷ୍ଠ ମୋ ପାଇଁ
କାଲି କ'ଣ ହେବ ଅଜଣା
ବାଞ୍ଛିତ ଯାହା, ଚିନ୍ତନେ ରହିଛି
ସଯତ୍ନେ କରିବି ଭରଣା ।
'ମୁହୂର୍ତ୍ତ' ମୋ ପାଇଁ ଅମୂଲ୍ୟ ସମ୍ପଦ
ଭବିଷ୍ୟତ, ତହିଁ ନ ଯୋଡ଼,
ଅତୀତକୁ ଘାଣ୍ଟି, ଘାରି ହେବି ନାହିଁ
ହୃଦୟ ରଖିବି ସଜାଡ଼ି ।

●●

ତୁମ ଅଗଣାର କଳ୍ପବଟରେ
ମୁଁ ଏକ କଅଁଳ ପଲ୍ଲବ ।
ତୁମରି ବିଶ୍ୱାସ, ନିଃଶ୍ୱାସରେ ନେଇଁ
ଦେଖାଉଛି ମୋର ବୈଭବ ।
ଅଯୁତ ସ୍ୱପ୍ନ ମନରେ ପୂରାଇ
ଶିହରିତ ମନ ମନ୍ଦିର
ଅକ୍ଷୟ, ଅବ୍ୟକ୍ତ ଅନ୍ତର ବନ୍ଦିତ,
ଧୂଳି ଧୂସରିତ ଶରୀର ।

●●

ଭାଗ୍ୟକୁ ମୁଁ ଆବାହନ କରେ
ପ୍ରତିଟି ମୁହୂର୍ତ୍ତ ଗଢ଼େ ସେ ସ୍ୱଇଛାରେ,
ଆଗମନ, ପ୍ରସ୍ଥାନ, ଅବାରିତ
ଭଙ୍ଗାଗଢ଼ା, ଚାଲିଛି ଅନିତ୍ୟ ସଂସାରେ ।
ପାଇବା ଖୁସିରେ ଆତ୍ମହରା,
ନ ପାଇବା କ୍ଷୋଭର ଦୋଷ ଲଦେ ତା ମୁଣ୍ଡେ
କେଡ଼େ ଆପଣାର ଜନ ସେହି
ସହୁଥାଏ ସ୍ୱାଗତ ଆଘାତ ନିର୍ବିବାଦେ ।

●●

ତୁମରି ଶକ୍ତିରେ ଶକ୍ତିମତୀ ମୁହିଁ
କର୍ମ କ୍ଷମତା ହରାଇଛି
ବାହୁଡ଼ିବା ବେଳ ପାଖେଇ ଆସିଲା
କେବେ ନେବ ଚାହିଁ ବସିଛି ।
କର୍ମ କାଳେ ମୋର ଖୁସି କିମ୍ବା କଷ୍ଟ
କେତେ କାହାକୁ ଦେଇଛି
ସେଥିପାଇଁ ଦଣ୍ଡ ଅବା ପୁଣ୍ୟଫଳ
ପାଇଁ ଚିନ୍ତା କେବେ ନ କରିଛି ।

●●

ଅଳୀକ ଜୀବନ, ମିଛ ସୁଖ ସ୍ୱପ୍ନ
ମାୟା ମରୀଚିକା ମୋହେ
ଧାଉଁଥାଏ ସିନା ଅଙ୍କାବଙ୍କା ରାସ୍ତା,
ଘାଣ୍ଟିହୁଏ ଲହୁ ଲୁହେ ।
ଜୁଇଫୁଲ ପରି ମନ ତାର ଥିଲା
ବସୁଥିଲା ଅହରହ
ଝରିଗଲା କେବେ ଅଲୋଡ଼ା ବନ୍ଧନେ
ଅପହଞ୍ଚ ପ୍ରୀତି ସୁଅ ।

●●

ମନ୍ଦାକିନୀ ଧାରା ମୁଁ ନ ହେଲେ ବି

ଶୁଷ୍କ ନଦୀଧାର ନୁହେଁ
ତ୍ୟାଗର ନିଦର୍ଶନ ନ ହେଲା ନାହିଁ
ସ୍ନେହର ମଧୁ ହସ ଦିଏ ।
ପବିତ୍ରତାର ସ୍ୱଚ୍ଛ ନିର୍ମଳ ସୁଧା
ସହସ୍ର ଧାରେ ବୋହୁଥାଏ ।
ତହିଁରେ ଅବଗାହନ, ସର୍ବସୁଖ,
ଆତ୍ମ ଚେତନା ଆଣୁଥାଏ ।

●●

ସାଗର ବକ୍ଷରେ ସମାହିତ ପାଇଁ
କେତେ ନଦୀ ଥାନ୍ତି ଧାଇଁ
ଥରେ ମିଶିଗଲେ ସ୍ୱାତନ୍ତ୍ର୍ୟତା ତାଙ୍କ
ଲୁଚେ ସବୁଦିନ ପାଇଁ ।
ସୁକୋମଳ ମନ ସୁବିଚାର ଧାରା
ତଟିନୀ ରଖେ ସଂଗୋପନେ,
ମହୋଦଧି ଗର୍ଭେ, ବିଶାଳ ଗଭୀର,
(ସୁପ୍ତ) ତୃପ୍ତ ଚେତନା ଜ୍ଞାନେ ।

●●

ବିବେକ, ବୁଦ୍ଧି, ବିବେଚନା, ବିନମ୍ରତା
ସାମାଜିକ, ଶିକ୍ଷା ସଂସ୍କାର
ନିତ୍ୟ, ନୂତନ, ଆଲୋକ ଶୁଦ୍ଧ କିରଣେ
ସ୍ରଷ୍ଟାଙ୍କ ସର୍ଜନା ସମ୍ଭାର ।
ଜୀବନର ପ୍ରତିଭା ଜାଗରିତ କରାଅ
'ପ୍ରତିଭୂ' ଆଶା ସଂଚାର ।
ପ୍ରଳୟ ପରିବର୍ତ୍ତନେ ନଷ୍ଟ ହୁଏନା
ବିପ୍ଳବ ପ୍ରଜ୍ଜ୍ୱଳିତ ସ୍ୱାକ୍ଷର ।

●●

ବିଶ୍ୱ କରେ ଆଲୋକିତ, ଅନନ୍ୟ ପ୍ରତିଭା
ସୁପ୍ତ ରହି ଗୁପ୍ତେ ଥାଏ ପ୍ରଜ୍ୱଳିତ ଆଭା
ମନ ଆତ୍ମା ଦୃଢ଼ ରହି, ଅରୁଣିମା ଧାରା

ବହୁଥାଏ ସଦର୍ପଣେ ସତ୍ୟର ନିର୍ଝର ।

●●

ଅନନ୍ୟ ଚରିତ୍ରାଲୋକ ବିଚ୍ଛୁରିତ ଭାବ
ଅପର ହୃଦେ ଜଗାଏ ଅପରାଜେୟ ରାଗ ।
ତହିଁରୁ ଉତ୍ପତ୍ତି ଅନିନ୍ଦ୍ୟ ଆନନ୍ଦିତ ପ୍ରୀତି
ମନ୍ତ୍ରମୁଗ୍ଧ ଜୀବନର ସଂରକ୍ଷିତ ଶକ୍ତି ।

●●

ଜୀବନର ଚିତ୍ରପଟେ ଅଙ୍କିତ ଯେତେ
ଚୁନା, ଚୁନା, ଧୂନି ପ୍ରତିଧ୍ୱନି
ସରସ ସୁନ୍ଦର ମଧୁରିମା ପ୍ରୀତିମନ୍ତ
ତରଙ୍ଗିତ ପ୍ରାଣ ସଞ୍ଜିବନୀ ।
ଆଶା, ବିଶ୍ୱାସର ରାଗ ରାଗିଣୀ ଗାଏ
ସୁଜନ, ସୁଲଳିତ, ବଂଶୀଧ୍ୱନି,
ଉଦ୍‌ବେଳିତ ହୃଦୟେ ଅନୁରାଗ ଆଣେ
ଲିଭିଯାଏ ସଞ୍ଚିତ ଆତ୍ମଗ୍ଲାନି ।

●●

ନିଜକୁ ଜାଣିବା ନିଜକୁ ବୁଝିବା, ଚେଷ୍ଟିତ ମାନବ
ଅପରେ କିପରି ବୁଝେ ?
ଭୁଲ୍ ଠିକ୍ ବାଛ ବିଚାର କରିବା
ତୁମ ପାଇଁ ରଖେ ସେ ଯେ ।
ପରମ ବିଶ୍ୱାସେ ମନପ୍ରାଣ ସବୁ
ପଦ୍ମପାଦେ ସମର୍ପିଣ
ଚିନ୍ତା ଚେତନ, ଜ୍ଞାନ ବିବେଚନାର
କରେ ନାହିଁ ବଡ଼ ପଣ ।

●●

ଅଖିଳ ବ୍ରହ୍ମାଣ୍ଡ ପତି,
ପିଣ୍ଡକୁ କଷ୍ଟ ନ ଦିଅ
କଷ୍ଟ ପାଇ ସେହି ପିଣ୍ଡ
କେଉଁଆଡ଼େ ଯିବ କହ ?

ଯାତନା, ବେଦନା, ବ୍ୟଥା,
ସବୁତ ତୁମରି ଭିଆଣ ।
ନିର୍ବିଚାର ବିଚାରରେ
କର ତାର ସମାଧାନ ।

●●

ପାଷଣ୍ଡ, ଧର୍ମାତ୍ମା, କୁକର୍ମ, ସୁକର୍ମ
ଆତ୍ମାରୁ ହୁଏ ପ୍ରକାଶ,
ଶରୀର ପାପରେ, ପ୍ରକାର ଭେଦରେ
ଆତ୍ମା କି ନ ପାଏ ପ୍ରାସ ?
ଏକ ଅବୟବ, ଏକ ଅନ୍ତରାତ୍ମା
ପାପପୁଣ୍ୟ ବହୁଥାଏ ।
ତୁମ୍ଭ ସହାୟତା, ଭରସା ଆଶାରେ
ସବୁ ଗର୍ତ୍ତୁ, ବର୍ତ୍ତିଯାଏ ।

●●

ତୁମ ମନଲୋଭା ରୂପ ମୋ ମନରେ
ଆପେ ଆଙ୍କି ହୋଇଯାଏ ।
ଅଶେଷ ଆଶ୍ୱାସ, ପରମ ବିଶ୍ୱାସ
ହୃଦୟରେ ଉପୁଜାଏ ।
ପରମ ତୃପ୍ତିର ଅମୃତ ଧାରାରେ
ସିକ୍ତ କର ମୋ ଅନ୍ତର
ଆହେ ଜଗନ୍ନାଥ ଦେଖି ଚକାଆଖି
ଯାଏ ଛାଡ଼ି ଏ ସଂସାର ।

●●

ଶ୍ରେଷ୍ଠ ମାନବ ଜନ୍ମର ଅହଂକୁ ଜାବୁଡ଼ି,
ମୁଁ, ର ମହତ୍ୱକୁ, ନାରଖାର କରି
ଅନ୍ୟର ପରାକାଷ୍ଠାକୁ ବେଖାତିର ପଣେ
ଦୁର୍ଜନ, ମୁଁ ସୃଷ୍ଟି କରେ, ଦୁଷ୍ଟ ପଣେ, ପଣେ
ଏ କି ଦୁର୍ନିବର ଇଚ୍ଛା
କହ ପ୍ରଭୁ, ମନୁଷ୍ୟର ଏ କି ଦୁଃସ୍ଥାବସ୍ଥା !

●●

ଭଲମନ୍ଦ ମୁହିଁ, ବୁଝିପାରେ ନାହିଁ
ଏ କି ଜ୍ଞାନ ଦେଲ ମୋତେ
ପାରିବାର ପଣେ ଗଢ଼ିଛ ବ୍ରହ୍ମାଣ୍ଡ
ମୋ ପାଇଁ କି ପକ୍ଷପାତେ ?
ବିଚାର ବୁଦ୍ଧି ନ ଦେଇ
ଯାହା ବି କରିଲି, ସବୁ ଭୁଲ୍ ହେଲା
ହଟହଟା କରାଇଲ ।

●●

ମୋହମାୟାମୁକ୍ତ କର 'ମହାପ୍ରଭୁ'
ଚରଣରେ ଶରଣ ଦିଅ ।
ତୁମ ଅନୁଗ୍ରହ ବିନା ଅସମ୍ଭବ
ଅନ୍ୟଥା ନାହିଁ ଆଶ୍ରୟ ।
ଏତେ ପଥ ଯଦି, ଚଳାଇ ଆଣିଲ
ହାତ ଧରି ବାଟ ଦେଖାଇ
ଶେଷ ବେଳେ, ମଧ୍ୟ ସୁପଥେ ରଖିବ
ଏ ବିଶ୍ୱାସ ରଖିଛଇଁ ।
ତୁମ୍ଭ ପାଶୁ, ଅନ୍ତର ନ କରିବ
ସୁମାର୍ଗ ଦର୍ଶାଇ, ହର୍ଷ ଉପୁଜାଇ
ଏ ବନ୍ଧନ ସୁଦୃଢ଼ କରିବ ।

●●

କପୋତ କପୋତୀ ଧରି ଦିନଗଲା ଚାଲି,
ଏକ ବିହୁନେ, ଅନ୍ୟତ୍ର ଖୋଜେନା ବର୍ଣ୍ଣାଳୀ
ସାଥୀହୀନ ଜୀବନରେ କାହୁଁ ସଂଗୀତ ଉସ୍ତ
ସ୍ଥବିରତା ଘୋଟିଲାଣି ମନ ଭାରାକ୍ରାନ୍ତ ।
କେବେ ହେବ ଅନୁଗ୍ରହ,
କୋମଳ ସ୍ପର୍ଶେ, ଅନୁଭବ ହୃଦେ
ନିରବେ ହେବି ବିଲୟ ।

●●

ଅସମ୍ପୂର୍ଣ୍ଣ ତୁମେ ଆମରି ଚକ୍ଷୁରେ
ଅଧାଗଢ଼ା ଦିଅଁ କହୁ କ୍ଷୋଭ ଭରେ,
ଠିକ୍, ଠ, ବର୍ତ୍ତୁଳ, ଶ୍ରୀ ପୂର୍ଣ୍ଣ, ତୁମ୍ଭ ଅବୟବ
ଅନ୍ତଃଚକ୍ଷୁ ଆହରଣ କରେ, ସେହି ଅପରୂପ
ଯାହା ବର୍ଣ୍ଣନାତୀତ
ସ୍ରଷ୍ଟାଙ୍କ ବର୍ଣ୍ଣନା କାହୁଁ କେ କରିବ
ଶ୍ରଦ୍ଧାରେ ହୁଅନ୍ତି ସେ ପ୍ରାପ୍ତ ।

●●

କେତେ ସୁନ୍ଦର ଏହି ଧରାଧାମ
ସୁନ୍ଦର ନୀଳ ନଭ,
ବନ, ଗିରି, ନଦୀ, ଯଥାଯଥ ସ୍ଥଳେ
ଅପୂର୍ବ ଉପଲବ୍ଧ ।
ଜୀବଜଗତକୁ ଉପଯୁକ୍ତ ଭାବେ
ସର୍ଜନା ଅଛନ୍ତି କରି
ସ୍ରଷ୍ଟାଙ୍କ ସୃଷ୍ଟିକୁ ବର୍ଣ୍ଣନା କରିବା
କ୍ଷମତା ନାହିଁ ମୋହରି ।

●●

ଅଦୃଶ୍ୟରେ ରହି ସମ୍ମୁଖରେ ଥାଅ
ହୃଦୟ ନିର୍ମଳ କର,
ଭକ୍ତିପୁଷ୍ପ ଅଞ୍ଜଳି କର୍ପୂର ଆଳତି
ଶ୍ରଦ୍ଧାରେ ଗ୍ରହଣ କର
କାହାର ଜାଣିବା ପ୍ରୟୋଜନ ନାହିଁ
ତୁମେତ ଜାଣୁଛ ସବୁ
ଶ୍ରଦ୍ଧା ଅର୍ପଣ, ଅନ୍ତର ପ୍ରେମ ଭାବ
ଶ୍ରୀପୟରେ ଢ଼ାଳୁଥିବୁ ।

●●

ଶ୍ରୀକ୍ଷେତ୍ରେ ମନ ମୋର ଉଡ଼ି ଉଡ଼ି ଯାଏ
କଳା ଶ୍ରୀମୁଖ ଦର୍ଶନେ ଲୋଭାୟିତ ହୁଏ
ସେ ନ ଚାହିଁଲେ ଏ ଭାବ କାହୁଁ ବା ଆସିବ

ଛଟପଟ ପ୍ରାଣପକ୍ଷୀ ଶ୍ରୀପଦ ଛୁଇଁବ ।
ହୋଇବ କି ଏ ଆକାଙ୍‌କ୍ଷା ପୂର୍ଣ୍ଣ !
କଳା ସୁନ୍ଦର ବଦନ ଚାହିଁ ଚକ୍ଷୁ ହେବ ଧନ୍ୟ
ତୁମ୍ଭ ଶ୍ରୀଚରଣେ ହେବ ଲୀନ ।

●●

କେତେ ଅହଂ, ଅଭିମାନ, ରାଗ, ଶୋକ ଅପମାନ,
ଅନ୍ତରେ ଜାଗରୁକ ରହି
ବୃଥା କର୍ମ ଯାତ୍ରାକରି ଧର୍ମ ସଞ୍ଚୟ ନ କରି
ସମୟର ଅପଚୟ ସହି
ଆଜି କିମ୍ବା ଅବଶୋଷ, ସମୟ ହେଲା ନିଃଶେଷ
ଅମୂଲ୍ୟର ମୂଲ୍ୟ ନ ବୁଝି
ଯାହା ପାଇଛି ଯାଉ, ତାହା ଫେରିବ କି ଆଉ
ପାରିବତ ପାର କର୍ମ କରିଦିଅ ସୁଝି ।

●●

ଅଗତିର ଗତି ଦିଅ ହେ ମୁକତି
ମାୟା, ମୋହ, ଅବିଚାରୁ
ଧର୍ମପଥ ଧରି ପ୍ରଣିପାତ କରି
ସୁବିଚାରେ କର୍ମ କରୁ ।
ତୁମରି ସୃଷ୍ଟ ମାନବ
ତୁମ୍ଭେ ଦୟା କଲେ ଯାତ୍ରା କରି ହେଲେ
ପାଇବ ସେ ଶୀର୍ଷ ଭାବ ।

●●

ଅଶିରିରୀ ରହି, ଶରୀରେ ସଜାଇ
ଦର୍ଶନେ ତୃପ୍ତି ଦେଉଛ,
ମୋହମୟ ତୁମେ ମାୟାରେ ମୋହିତ
ତନୁ ମନ କରାଇଛ
ମାୟାବୀ ତୁମେ, ମାୟାରେ ନଚାଅ ଜଗତ
କେତେ ମନ୍ତେ ଚିନ୍ତି ଭକତ ନିମନ୍ତେ
ସୃଷ୍ଟି କରିଅଛ ନୂଆ ନୂଆ କେତେ 'ଯାତ' ।

●●

ମୋକ୍ଷ ପାଇ କି କରିବି, ଯଦି ଦର୍ଶନ ନ ପାଇବି
ଏ ପିଣ୍ଡରୁ ପ୍ରାଣ ଚାଲିଗଲେ
ଏ ମନ ବୁଝୁଛ ତୁମେ, ବିଶ୍ୱାସ ରଖିଛି ମନେ
ଦୂର କରିବନି କେବେହେଲେ ।
ଛୋଟ ବେଳୁ ଯଦି ଅନ୍ତରେ ଆସିଲ
ହୃଦୟେ କରିଲ ବସା,
ଦୂରେଇ ରଖିଲ, ଛଟପଟ କଲ
ଅସରନ୍ତି ମନ ତୃଷା ।

●●

ସଜାଗତା, ସରାଗରେ ନିଭୃତେ କହିଲା
ଜୀବନକୁ ବ୍ୟାଖ୍ୟା ଜମା କରନି ବୋଇଲା
ତହିଁରୁ ମିଳିବ କି ସୁଧାମୟ ପରିବେଶ ?
ଗଢ଼ିହେବ କି, ଯହୁଁ ହେବ ଆତ୍ମାର ପ୍ରକାଶ ?

●●

ବିଚଳିତ ମନେ ଆସେ କେତେ ଧ୍ୱନ୍ଦ ଛନ୍ଦ
କେତେ ବିଜଡ଼ିତ ସ୍ମୃତି, ଅପାର ଆନନ୍ଦ
ବିହ୍ୱଳ କୋଳାହଳ ଆଚମ୍ବିତେ କରେ
ମଧୁମୟ ସେ ମୁହୂର୍ତ୍ତ, ପୁଣି ସେ ପାସୋରେ ।

●●

କେତେ ମଧୁରେ, କେତେ ଶ୍ରଦ୍ଧାରେ,
ମନ ଦେଇ ଗଢୁ ପିଣ୍ଡ
ପ୍ରାଣ ଦେଇ ତାକୁ , ସ୍ନେହରେ ଶିଖାଉ
ଜୟ କର ଏ ବ୍ରହ୍ମାଣ୍ଡ ।
ରୋମାଞ୍ଚିତ ତନୁମନ, ପୁଲକ ଶିହରଣେ
ଆଶ୍ରା କରେ 'ପ୍ରଭୁପଦ', 'ଗୁଡ଼' ଆଶାର ପୂରଣେ ।

●●

ଶୂନ୍ୟ ଆକାଶର ଇଞ୍ଚ, ବର୍ଗ ମାପି ମାପି
ଥରି ଥରି ଯାତ୍ରା କରେ ଚତୁର୍ଦ୍ଦିଗ ବ୍ୟାପି ।

ଖାଲ ଢ଼ିମା ନାହିଁ, ଏଠି ନାହିଁ ପାପ ପୁଣ୍ୟ
ତଥାପି ଅଜଣାତରେ ଥରେ ତନୁମନ ।

●●

ଏକ ନୀଳ ପଦ୍ମ ଫୁଟେ, ସରୋବର ମନ ମୋହି
ଏକରୁ ଅଧିକ ହେଲେ, ଦିଏ ମନ ଦୋହଲାଇ ।
ଚେତନା, ବାସନା, ଅଭିଳାଷ, କେତେ କ'ଣ ଭାବ
ଜାଗ୍ରତ ହୋଇ ଜଗାଏ, ଅୟୁତ ଅଖଣ୍ଡ ଅଭାବ ।

●●

ମୁଗ୍ଧ ଶୈଶବ, ବାଲ୍ୟ ସରଳତା,
ଛପି ରହିଥାଏ ହୃଦେ,
ବିଜନ ବେଳାରେ, ଅଙ୍କୁରିତ ହୋଇ
ଅକୁହା ପ୍ରେମରେ ବାନ୍ଧେ ।
ଅବିସ୍ମରଣୀୟ ମୁହୂର୍ତ୍ତଗୁଡ଼ିକ
ଏକଜୁଟ ହୋଇ ଆସି
ମଧୁମୟ କରି ତନୁମନ ଗୁଣି
ଫେରନ୍ତି, ପ୍ରାଣ ସରସି ।

●●

ତୁମରି ଜୀବନଯାତ୍ରା
ଆମରି ମଙ୍ଗଳସୂତ୍ର
ତୁମରି ଅଦୃଶ୍ୟ ସ୍ପର୍ଶ
ଆମରି ହୃଦୟ ବିତ୍ତ ।
ତୁମରି ଚେତନା ଦିଏ
(ଲେଖେ) ଅଲେଖା ଅଲକ୍ଷ୍ୟ
ତୁମରି ମିଳନ ଇଚ୍ଛା
କର୍ମ ହୁଏ ସୁବାଚ୍ୟ !

●●

ମନର ଗୋପନ ଇଚ୍ଛା
ଦଳ ପୋଖରୀର କଇଁ ।
ପଙ୍କଜିନୀ ହୋଇ ଫୁଟେ

ପଙ୍କ ଖାତ ମଧ୍ୟେ ରହି ।
ସସାଗରା ଧରା ଚଳେ,
ଏହି ଧାରା ବ୍ରତୀ ହୋଇ,
ଅସଫଳତାର ମଧ୍ୟେ
ସଫଳତା ଲୁଚି ରହି ।

●●

ଅଣୁ କଣିକାରେ ଅନୁକ୍ଷଣେ ରହି
ଅନୁଧ୍ୟାନ ସବୁ କରୁଛ
ଦୃଶ୍ୟପଟେ ରହି ଅଦୃଶ୍ୟରେ ଥାଇ
ଛଳନାରେ ଛଳାଉଛ ।
ଯାହା ତୁମ୍ଭ ଇଚ୍ଛା ତାହାକର ତୁମେ
କିଛି ତା' ଅଜଣା ଅଛପା ନୁହଁ ।
ଛଟପଟ କରି କଳବଳେ ରଖି
(ଆପେ) ହଟହଟା ହେଉଥାଅ ।

●●

ଆକାଶ କୁସୁମ ତୁମେ ଶୂନ୍ୟରେ ବାସ
ସେ ବାସ ବ୍ୟାପୃତ ରଖେ ଜୀବନର ରସ ।
ସେ ରସରେ ଛନ୍ଦିହୋଇ, ହଟହଟା ବନ୍ଦୀ ରହି
ତାହା ମଧୁ ପାଉ ପୁଣ୍ୟ ଅମୀୟ ପରଶ ।

●●

ବିଶ୍ୱ ଚେତନା, ବିଜୟ ଲଭୁଛି,
ତୁମ କୃପା କରୁଣାର କଟାକ୍ଷେ
ବୁଝୁଛି, ଜାଣୁଛି, କର୍ମ କରୁଛି
ସର୍ବଦା, କିମ୍ବା ଆନ୍ଦୋଳିତ ବକ୍ଷେ ?
ନିର୍ଭରତା ଦୃଢ଼ କରୁନି
ସଦା, ଥରହର ଅଜଣା ଭୟରେ
ତୁମେ ଅଛ ପାଶେ ବୁଝୁନି !

●●

ହସି ହସି ଆସି ଛପି ଛପି ବସି

କେତେ ଖୁସି ରସ, ବରଷ,
ଅଜଣା ଦମ୍ଭରେ, ପ୍ରୀତି ଝୁଲଣାରେ
ଝୁଲି ଝୁଲି ଦିଅ ପରଶ ।
ଥିର, ସ୍ଥିର ପ୍ରାଣ ନୁହେଁ ଅକାରଣ
ଆଶା ଆକାଂକ୍ଷାରେ ଭରିଛି ।
ଅମୋଘ ଅସ୍ତ୍ର ବାନ୍ଧିଣ ହୃଦରେ
ନିର୍ଭୟରେ ଦୋଳି ଖେଳୁଛି ।

●●

ପ୍ରକୃତି କରଇ କର୍ମ, ନିଗୁଢ଼େ ନିବିଡ଼େ
ଅବିଶ୍ରାନ୍ତ ସହଯୋଗ, ଅଲକ୍ଷ୍ୟେ ଆବୋରେ ।
ଆଶ୍ୱସ୍ତ ସେ କର୍ମସ୍ଥଳେ କର୍ମ ତା' ସହଜ
ବନ୍ଧନେ ନ ରହି, ସର୍ବେ କରେ ସୁସ୍ୱାଗତ ।

●●

ହୃଦୟେ ରହୁଛି ଫୁଲର ସୁବାସ
ନିଃଶ୍ୱାସେ ବିଛାଡ଼ି ଦେଉଛି
ମୁଖରେ ରହିଛି କୋମଳ ଆକୃତି
କଳାକୃତି ରେଖା ଆଙ୍କୁଛି ।
ମନ ସୌନ୍ଦର୍ଯ୍ୟ ରସରେ ଭରିଛି
କଳା ବଉଦ ତ, ଭସା ମେଘ ଖଣ୍ଡେ
ଉଡ଼ିଯିବ କ୍ଷଣେ, ସେ ତ ସବୁ
ନିଜେ ଆପେ ବୁଝି ପାରୁଛି ।

●●

ଓଁ ନମଃ ଶିବାୟଃ କହି, ଭାବୁଛି
ଏଡ଼ାଇବି ସର୍ପ ଦଂଶନର ଭୟ ।
ଘଞ୍ଚ ଅରଣ୍ୟର କଣ୍ଟା ବଣ ଡେଇଁ
ଦିଗନ୍ତେ ପହୁଞ୍ଚିଅଛି ମୋର ଲୟ ।
ସେହି ସୀମାରେଖା ପରେ, ନିଅଣ୍ଟ
ହେବ ଯଦି ମୋ ପଥର ଗତିପଥ
ବିଶ୍ୱାସ ରଖିଛି, ନିକଟେ ଆସିଣ

ଗତିଶୀଳ କରିବ ମୋ ଜୟରଥ ।

●●

ଭାରତ ମାଟିର ମହକି ନିଆରା
ସବୁଆଡ଼େ ଥାଏ ବାସନ,
ଯେତେ ଖୋଜୁଥିବ ସେତେ ମିଳୁଥିବ
ଅନୁଭବେ, କର କାମନା ।
ସମାପ୍ତିର ଖେଳ, କେବେ ବି ଖେଳେନା
ନିତି ନୂତନ ଅଙ୍କୁରୋଦ୍‌ଗମ
କେଡ଼େ ହରଷରେ ବ୍ୟାପ୍ତତ ସଂସାରେ
ସୁସମ୍ପର୍କେ ସଦା ନିମଗ୍ନ ।

●●

ତୁମ୍ଭେ ସିନା ଅବିନାଶୀ ବ୍ୟାପ୍ତତ
ସଚରାଚର ଧରାରେ,
ମୁଁ ପରା ଗୋଟେ ଅଭିଶପ୍ତ ଧାରା
ଝରୁଛି ପ୍ରତି ନିତ୍ୟରେ ।
ନବାଗତ ଅବା ପୁରାତନ ଯାହା
ସମୟ ସ୍ୱଚ୍ଛତାରେ ଗୁନ୍ଥା
ନିନ୍ଦା ଅପବାଦ, ଆକ୍ଷେପ ଅଭିଯୋଗ
ସମ ସାମୟିକ ସଖା ।

●●

ମୁଁ ଏକ ଅଧା ଶୁଖା ଡେଙ୍ଗର,
ଥରହର ଝରା ଫୁଲ ପେନ୍ଥା,
ଲୋଭ ଛାଡୁନି ପଛର, ଆଗକୁ
ଆଦରର ବରଣ ମାଳା ଗୁନ୍ଥା ।
ଲାଞ୍ଛନାର, ଜାତିଗୋତ୍ର ହଜିଛି,
ଥମି ଯାଇଛି, ତୁଣ୍ଡ ବାଇଦ,
ମହାଶୂନ୍ୟରୁ ନୀଳଆକାଶ ଦେଖେ
ନିତିଦିନର ଏହି ଅପବାଦ ।

●●

ସ୍ୱାର୍ଥପର ନୋହି, ସ୍ୱାର୍ଥତ୍ୟାଗ ଦେଇ
ତୁମରି ଚେତନା ଖଇ
ଯାହା କରିବାକୁ ହୃଦୟ ମଧ୍ୟକୁ
ଟାଣିଟୁଣି କରି ନେଇ ।
ବାନ୍ଧି ଧରି ରଖି ନିରୀକ୍ଷଣେ ଦେଖି
ଉତ୍‌ଫୁଲ୍ଲ ଅନ୍ତର ଲେଖା ।
ଜାଣିପାରେ ନାହିଁ ଅନ୍ୟ ଜଣେ
କେହି ଟାଣନ୍ତି 'ତ୍ରିଗାର' ରେଖା ।

●●

ଶୁଭ ଦିନଟିରେ ଜନମ ହୋଇ ମୁଁ
ମନେ ମନେ କେଡ଼େ ଖୁସି,
ଅନ୍ୟର ତୁଣ୍ଡରେ,ଅର୍ଜି କେଡ଼େ ଭାଗ୍ୟ
ହୋଇଛି ସୌଭାଗ୍ୟବତୀ ।
କୀଟ ପତଙ୍ଗଠୁ; ବୃକ୍ଷ ଲତା ଯେତେ
ଅଙ୍କୁରିଛନ୍ତି ଏହି ଦିନେ
ସଭିଏଁ କି ଏହି ସଉଭାଗ୍ୟ ଦାବି
କରିଛନ୍ତି ତାଙ୍କ ଜୀବନେ ?

●●

ତ୍ୟାଗର ମହତ୍ତ୍ୱ ମାନସ ମନ୍ଥନ
ମନ ସିନା ଜାଣୁଥାଏ !
ତାର ଫଟାଫଳ ଅନ୍ୟ ମାନସରେ
କି ଉତ୍ପତ୍ତି କରିଥାଏ ?
ଶୁଭ ଚିନ୍ତକର ଶୁଭଙ୍କରୀ ବାର୍ତ୍ତା
ଶୁଭ ତ ନିଶ୍ଚୟ ହେବ
ବାଉଳା ମନ ତା କ୍ଷଣେ ଭୁଲିଯାଇ
ଦାରୁଣ କଷ୍ଟ ପାଇବ ।

●●

ମନ ପବନରେ ଉଡ଼ି ଉଡ଼ି ଯାଇ
ନିରୀକ୍ଷଣ ଯାହା କରେ,

ନୟନର ତୃପ୍ତି ହୃଦୟ ଆବେଗ
ଭାଷା ତ ଦେଇ ନ ପାରେ ।
ତା' ମନ ସିନା ଆପଣା ସର୍ବସ୍ୱ
ଅପର ଚିନ୍ତାରେ, ତା' ନୁହେଁ ଶ୍ରେଷ୍ଠ
ତେଣୁ ନିଜ ଖୁସି ନିଜେ ଜାଣ
ଭାଗ୍ୟବଳ ଥିଲେ, ଅପରେ ହସାଇ
ଶାନ୍ତି କରୁଥିବି ବିତରଣ ।

●●

ବଳି ଦେଲି ମୋର ନିଜସ୍ୱ ସତ୍ତ୍ୱା
ଯାହା ଜାଣିନି, କେବେ ହଜିଲା !
ତୁମକୁ ଖୋଜିବା ବାହାନା ନେଇ
ନିଜେ ଠକିବାଟା ସାର ହେଲା !
ତଥାପି ଅପଥ ବାଟରୁ ଫେରି
ସଯତନେ ଗୋଟାଇ ମନକୁ
ତୁମ ପାଦତଳେ ଅର୍ପଣ କଲି
ଭରସା ରଖି ଆମ ସମ୍ପର୍କକୁ ।

●●

ସୁପଥ, କୁପଥ, ଅପଥଗାମୀ ହେଲେ
ଆନନ୍ଦ, ବିଷାଦ, ଯୋଗ ରହିଛି ।
ମନସ୍ତାପ କରି, ମୁଣ୍ଡ କଚାଡ଼ିଲେ
ଅଧିକ ଦହଗଞ୍ଜି ହେଉଛି
ଏଇ ମଣିଷଟା କେତେ ଶୁଭ ଆଲୋକ
ସ୍ୱପ୍ନକୁ ଖୋଜି ଚାଲିଛି !
କଳନା କରିନି, କେତେ କଷ୍ଟକର
ପନ୍ଥା ସେ ବାଛି ନେଇଛି ।

●●

ତୁମକୁ ହିଁ ଚିହ୍ନି, ତୁମକୁ ଜାବୁଡ଼ି
କର୍ମ ଯିଏ କରୁଥାଏ ।
ତା'ର କର୍ମଫଳ, ତୁମକୁ ଅର୍ପିଣ,

ଚିତ୍ତେ, ଶାନ୍ତି ଲଭୁଥାଏ ।
ଊର୍ଦ୍ଧ୍ୱେ ଗତି ହେବ ଅବା, ନିମ୍ନଗାମୀ ହେବ
ତାହା ତା' ଚିନ୍ତନେ ନାହିଁ ।
ଧର୍ମକୁ ଧାରଣ, ସ୍ୱଧର୍ମେ ତାରଣ,
ଦୃଢ଼ ଚିତ୍ତେ ଚିନ୍ତୁଥାଇ ।

●●

ବୃନ୍ଦାବନେ କିମ୍ବା ଯିବି
ତୀର୍ଥାଟନେ କି ପାଇବି,
ଅନ୍ତରେ ଶୁଦ୍ଧତା ଆଣି
ନିଜକୁ ନିଜେ ଚିହ୍ନିବି ।
ଅତୀତର ଯଶ, ଅତୀତେ ରହିବ
ଏବର କର୍ମକୁ ଚିହ୍ନ ।
ସେହି ଆଣୁଥିବ, କର୍ମେ ସଫଳତା
ଶାନ୍ତି ରହିବ ଅକ୍ଷୁର୍ଣ୍ଣ ।

●●

ସ୍ୱାଧୀନ ଯାତ୍ରାର, ଶୁଭକ୍ଷଣ ଖୋଜି ଖୋଜି
ଗହନ ଏ ବନ ମଧ୍ୟେ ଯାଇଛି ମୁଁ ହଜି ।
କେତେକାଳ ଆଉ ଖୋଜିବା, ହଜିବା,
କଠିଣ ଦୁରୂହ ପଥ ।
ସମୟ ଅସମୟ, ଲୋଡ଼ା ଅଲୋଡ଼ାର
ଅମୂଲ୍ୟ ଜୀବନ ବ୍ୟର୍ଥ !

●●

ଅନ୍ୟ ପାଇଁ ଜନ୍ମ, ପର ପାଇଁ ମୃତ୍ୟୁ
କହିବା କଥାଟି ସାର,
ଏ ମଣିଷ ଖାଲି, ଭାଗ୍ୟ ଖେଳ ଖେଳି
ଝୁଣ୍ଟୁଥାଏ ବାରମ୍ବାର ।
ନିଜେ ତ ଅନାଥ, ଅନ୍ୟ ଅନାଥକୁ
କିପରି ହେବ ସେ ସାହା
ଯିଏ ରକ୍ଷାକର୍ତ୍ତା, ସସାଗରା ଧରା

ସାହା ସେହି ଚଉବାହା ।

●●

ଅୟୁତ ଅୟୁତ ଆକାଙ୍‌କ୍ଷା ନେଇ ମୁଁ
ସଜାଉଛି ତୁମ ଘର ।
ବ୍ୟାପକ ସେ ଗୃହେ ଏକାକିତ୍ୱ ପଣ
ସହୁଛି ଯାହା ଦୁର୍ବାର ।
ଅଭିମାନ ମୋର ବୁଝ ନାହିଁ ତୁମେ
ଧୂଳି ଧୂସରିତ କୋହ ।
ଉପେକ୍ଷିତ ମନ ଅପେକ୍ଷାରେ ଥାଏ
(ଝୁରି ତୁମ) ଆଶ୍ୱସ୍ତ ହସ୍ତର ମୋହ ।

●●

ନିରନ୍ତର କର ପରା ହୃଦୟରେ ବାସ
ପାପପୁଣ୍ୟ ବିଚାରକ ଚିନ୍ତ ଦୋଷାଦୋଷ ।
ପୁଣ୍ୟ କର୍ମେ ଯଦି ଥାଅ, ସବୁ ହୁଏ ଶୁଭ
ପାପେ କିମ୍ବା ଦୂରେ ଯାଅ ଦେଖାଇଣ ଲୋଭ ?

●●

ନିଷ୍ପତ୍ତି ତୁମ୍ଭର, ନିର୍ବାଚିତ କର ତୁମେ
ତୁମରି ସ୍ୱ ସତ୍ତାକୁ
କର୍ମର ଲେଖନୀରେ, ଜୀବନ ପତ୍ରିକାରେ
ସୃଷ୍ଟିକର ନିଜକୁ ।
ମୁଁ କେଉଁଠୁ କିପରି, କାହିଁକି ଆସିଲି
ତା, ତୁମକୁ ହିଁ ଜଣା
ତେବେ କିମ୍ବା କେଉଁ, ସ୍ୱତନ୍ତ୍ରତା ପାଇଁ ଲଢ଼େ,
ତୁଚ୍ଛା ନିଷ୍ଫଳ ଭାବନା ।

●●

ତୁମେ କର ମୋର, ଅନ୍ତରରେ ଘର
ମୁଁ 'ସେ' ଘରକୁ ସଜାଉଥିବି ।
ଉଷାର ଅରୁଣ, କଅଁଳ ରଙ୍ଗରେ
ସଜାଇ, ପ୍ରେମରସେ ଲିପୁଥିବି ।

ସଜଫୁଟା ଫୁଲ, ସାଦରେ ତୋଳି ମୁଁ
ଆଦରେ, ଗଜରାମାଳ ଗୁନ୍ଥିବି,
ଅତି ସରାଗରେ, ପ୍ରୀତି ପରଶରେ
ତୁମରି, ଗଳାମାଳି ହୋଇଥିବି ।

●●

ଥରୁଟିଏ ତୁମେ ରତ୍ନ ସିଂହାସନୁ
ଗୋପନେ ଓହ୍ଲାଇ ଆସି
ବାଇଶି ପାହାଚେ, ଥିର ପଦ ଥାପି
ଆସିଥାନ୍ତ କି ଚୁପି ଛପି ।
ମୋ ଗୃହ ଅଙ୍ଗନ ଆଲୋକିତ କରି
ରଙ୍ଗ ଅଧରରେ ହସି
କୃତ୍ୟକୃତେ ଧନ୍ୟ ହୁଅନ୍ତା ହୃଦୟ
ତୁମ ସଙ୍ଗ ରସେ ରସି ।
'ଠା' ପିଢ଼ା, ପାଣି, କରିଣ ଯତନେ
ଆଦରେ ନେଇ ପାଛୋଟି ।
ପ୍ରଣମି ଚରଣେ ଶାଗ, ପଖାଳ, ଯା
ଦେଇଛ, ଦିଅନ୍ତି ପରଶି ।
ବିଦୁରଙ୍କ ଗୃହ, ଶାଗ, ଭାତ ତୁମେ
ସାଦରେ ଗ୍ରହଣ କରିଛ ।
ଦ୍ରୌପଦୀଙ୍କୁ ରକ୍ଷା କରିବା ଆଳରେ
ପ୍ରାପ୍ତିର ସୁଖରେ, ତୃପତ ମନରେ
କଣିକାଏ ଶାଗ ଖାଇଛ !
ତୁମରି ତୃପ୍ତିରେ, ମୋ ଅନ୍ତର ତୃପ୍ତ ।
ସର୍ବସୁଖ ମିଳିଯାଉ
ମୋ ଭାଷା ଅକୁହା ରହୁ ।
ଜଗତଯାକର, ଯାତନା ମୁଣ୍ଡାଇ
ଅପଲକେ ଚାହିଁ ରହି
ସଭିଙ୍କର ଦୁଃଖ ନିମିଷେ ମିଟାଇ
ଆନନ୍ଦାଶ୍ରୁ ଭରିଦେଇ ।

ସୁଖ ସାଗରେ ଉବୁଟୁବୁ କରାଉଛ
ଅକିଞ୍ଚନାର ଏତିକି ମାଗୁଣି, କରାଅ ପୂରଣ
ଅନ୍ୟ ସବୁ ମୋ ପାଇଁ ହେଉ ତୁଚ୍ଛ ।

●●

ସତ୍ୟର ସନ୍ତୋଷରେ, ଆତ୍ମଜ୍ଞାନ ପେଡି
ଖୋଲିଦିଅ ଆନନ୍ଦରେ ବାଣ୍ଟ ଝୁଡି ଝୁଡି ।
ବିତରଣ 'ବିତ୍ତ' କରି, ଟାଳି ଶତ ବାଧାବିଘ୍ନ
ହୃଦୟ(ର) ଟାଣପଣ ସେ ମହନୀୟ ରହୁ
ହୁଏନା କୃତଘ୍ନ ।

●●

ତୁମ ସିନ୍ଧୁ ସମ ମହାନତା
ମୋର ବିନ୍ଦୁଏ ଦୁଃଖ ବୁଝନା
ସାଗର, ତଟିନୀ ମିଳନ ପ୍ରୀତି
ବିରହକୁ କେବେ ଝୁରେନା ।
ଯେତେ ଶୂନ୍ୟେ ଥାଅ, ଅନୁଭବେ ରହ
କ୍ଲାନ୍ତ ହୁଏନା ଅନ୍ତର
ମହତ୍ ଆବେଗ, ଅଜଣା ସୁବାସ
ସଦା ରହେ ଭରପୁର ।

●●

ସବୁ ତୁମେ କରାଉଛ ତାହେଲେ ମୁଁ କିପରି କଲି
ଚେତନାରେ, ତୁମେ ଥାଇ, କାହିଁକି ବାଟ ଭୁଲିଗଲି ।
ଏପରି ଭୁଲ୍ ଯାହାର, ଫେରନ୍ତା ରାସ୍ତା ଲିଭିଯାଇ,
ଆଗକୁ ବଢ଼ିବା ପଥ, ଠିକଣା, ଦେଇଛି ହଜାଇ ।

●●

ଶ୍ରଦ୍ଧାହୀନ, ଶବ୍ଦପୁଞ୍ଜ, ବେଦନା ଅଙ୍କୁରୋଦ୍‌ଗମ
ବିଷାଦଯୋଗର ସ୍ଥୁଳ, ସୂକ୍ଷ୍ମ, ସ୍ତୁପୀକୃତ ଭ୍ରମ ।
ଏଠି, ସେଠି, ସବୁଠି ବିଞ୍ଚି, ଛିଞ୍ଚାଡ଼ି ପଡ଼ିଛି
ଗୋଟାଇ ଏକାଠି କରି ସଜାଡ଼ିବା ମନ ହରାଇଛି ।

●●

ଅନ୍ତରେ ଥାଅ, ସଦା ହସୁଥାଅ
ନିବିଡ଼ ପ୍ରେରଣା ଦିଅ
ତୁମେ ହେଲେ କର୍ତ୍ତା, ନ ହେବ ଅନ୍ୟଥା
ସବୁ ସୁକର୍ମର ଖିଅ ।
ସଯତ୍ନେ ସଜାଡ଼, ହୃଦୟୁ ନିଗାଡ଼ି
ସକଳ କର୍ମରେ ରହ
ସଦା ଏହିପରି, ନିର୍ମଳ ସୁଧାରି
ସତ୍ୟ ପଥେ ବ୍ରତୀ କରାଅ ।

●●

ସବୁ ତ ଅଜଣା ମୋତେ
ଜାଣିଛି ଜାଣିଛି, ବଡେଇ କରିଲେ
ପାଇବି କି ଖୋଜି ତୋତେ ।
କେତେ ଲୁଚୁକାଳି ଖେଳ
ଖେଳୁଖେଳ ବେଳ ହେଲା ଅଟକଳ
ଝୁରୁଥା ପୁରୁଣା ବେଳ ।

●●

ସ୍ୱାଧୀନ ଚିନ୍ତାରେ ତୁମକୁ ଚିନ୍ତିବି
କର୍ମ କି ପାରିବି କରି ?
କେତେ ଖାଲ, ଢ଼ିମା, ସୃଷ୍ଟି କରିଅଛି
ଡେଇଁ ଝୁଣ୍ଟି ହେବି ପାରି ।
ସତେ ରହିବ ସଙ୍ଗେ,
ତେବେ ସିନା ଏହି ଦୁର୍ଗମ ପଥ,
ପାର ହୋଇଯିବି ସୁକର୍ମ କରିବି
ତୁମ ମନୋମତ ରଙ୍ଗେ ।

●●

ତୁମ ପାଇଁ ମୋର ହୃଦୟ ଚେତନା
ନିଗୁଢ଼ ନିବିଡ଼ ଉଚ୍ଛ୍ୱାସ ଭାବନା
ଅନ୍ତରାଳେ ଲୁଚି ରହୁ
ଅନ୍ୟେ ଜାଣିବା, ଅବା ଜଣାଇବା ଭାବ

ତହିଁରେ କି ଲାଭ, ହେବ କି ସୁଲଭ
ତୁମ ସମ ସଙ୍ଗୀ ଆଉ ?

●●

ମୋର ସ୍ୱାଧୀନତା, ତୁମେ ଦୃଢ଼ ବନ୍ଧନେ ବାନ୍ଧି
ହସାଉଛ, ଖେଳାଉଛ, ନଚାଉଛ
ବୃଥାରେ ମରେ ମୁଁ କାନ୍ଦି ।
ସବୁ ତୁମ ଇଚ୍ଛା ସିନା
ତାରଣ, କାରଣ, ବାରଣ ଯା କର, କରାଅ
ଆଉ, କେବା ଅଛି ତୁମ୍ଭ ବିନା ?

●●

ପ୍ରକୃତି ଶୋଭା ସମ୍ଭାରେ ପରିପୂର୍ଣ୍ଣ ରହି
ନିରନ୍ତର ପ୍ରାଣୀ, ସୁଖ ଦୁଃଖ ବୁଝୁଥାଇ ।
ଅବୁଝା 'ଜୀବଜଗତ', ତଳେ ନ ନହୁଏ ଚିନ୍ତିତ
ସଜାଡ଼ି, ସମ୍ଭାଳି, କିପରି ସମ୍ଭାରି ରଖିବଇଁ ।

●●

ଊର୍ଦ୍ଧ୍ୱେ ସିନା ମନ ଚାହେଁ ଉଡ଼ିବାକୁ
ଅଜଣା ସେ ଗତିପଥ
ନୀଚରୁ ନୀଚକୁ, ନିରଖେ ଚାହିଁଲେ
ହୃଦ ହୁଏ ଭୟଭୀତ ।
ଏ ଦ୍ୱନ୍ଦ୍ୱରୁ ମୁକ୍ତି ମିଳିବାର ନାହିଁ,
କର୍ଣ୍ଣ ଗହ୍ୱରରୁ ଶୁଭେ ।
ନିରାଶାର ବହ୍ନି ଦିକ୍ ଦିକ୍ ଜଳି
ତୃଷିତ ପ୍ରାଣ ଜଳ ମାଗେ ।

●●

ତୁମେ ଆଶାର ଆଲୋକ ଦେଖାଅ
ତୁମେ ଅନ୍ଧକାରେ ପ୍ରଦୀପ ଜଳାଅ ।
ତୁମେ ବରଷାର ଜଳଧାରା ହୋଇ
ସଚରାଚର ପାଳନ କର୍ତ୍ତା ରହି
ଇଚ୍ଛା ମତେ ଗତି କରୁଛ

ତେବେ, ଜୀବଜଗତକୁ
କିମ୍ବା ହରବର କରାଉଛ ?

●●

ଅନ୍ତରେ ଜାଣଇ ଶୁଭଙ୍କରୀ ଗୀତ
କର୍ମେ ଗୁଞ୍ଜରିତ ହୁଏନା ।
କର୍ମ ତ ବିଛାଏ ଆପଣା ଚିହ୍ନକୁ
ହୃଦୟେ ଜଗାଇ ସାନ୍ତ୍ୱନା ।
ଆଗକୁ ରହିଛି, ଅସରନ୍ତି ପଥ
କଳନା ବାହାରେ ତାହା,
ତେବେ ବି ଯାତ୍ରୀ ଦଣ୍ଡେ ଥକ୍କାମାରୀ,
ନବ ବର୍ଷେ ଖୋଜେ ରାହା ।

●●

ଜୟ ଯାତ୍ରା ମୋର ଥମିବାର ନାହିଁ
ପଥ ହୁଡ଼ି ବାଟ ଭୁଲିବାର ନାହିଁ
ଦୃଢ଼ ବିଶ୍ୱାସେ, ଆତ୍ମ ପ୍ରକାଶେ
ଚେଷ୍ଟିତ ରହିବଇଁ ।
ତୁମେ ମୋ ଜାଗ୍ରତ ପ୍ରହରୀ
ମୁଁ ତୁମ କରୁଣାର ପୂଜାରୀ ।
ସେହି ଆଶା, ଭରସା ରହିଛି ବୋଲି
ଅବିରତ ପଦଚାରୀ ।

●●

ଆଶା ଭରସାର 'ସୂତ୍ରଧର' ତୁମେ
ପ୍ରେରଣାର ଉତ୍ସ ଝରାଉଛ ମନେ ।
ସ୍ଥିର ନୋହି ତାହା, ଅସ୍ଥିରତା ପଣେ
ଅହରହ ଯୁଦ୍ଧେ, କ୍ଲାନ୍ତ ରଣାଙ୍ଗନେ ।

●●

ଜୀବନର ଶୂନ୍ୟପାତ୍ର, ପରିପୂର୍ଣ୍ଣ କରି
ଅନାବିଳ ଅନ୍ତରର ପବିତ୍ରତା ଭରି
ସୁଖାନଳେ ଧରିତ୍ରୀକୁ ପ୍ରଣିପାତ ହୁଏ

ପ୍ରାର୍ଥନାରେ ଦୃଢ଼ୀଭୂତ ମନୋବଳ ପାଏ ।

●●

ସତ୍, ଅସତ୍‌ର ଧ୍ୱନ୍ଦ କଟାଳ କରଇ
ସ୍ଥାନ, କାଳ, ପାତ୍ର କେତେ, ଆଳ ସେ ଖୋଜଇ
ସହଜରେ ମିଳେ ଯାହା, ନିର୍ଭୟରେ ଜପି ତାହା
ମିଳିବ ସେ ପୁଣ୍ୟପଥ, ଅଛି ସେ ଅନ୍ତରେ ରହି ।

●●

ଏ ମନ ଖୋଜେ ଯାହା, କାଳେ ପ୍ରାପତ ହୁଏ ତାହା
ସେ କେଉଁ ମହାକାଳ, ଅପେକ୍ଷାରେ ବିତିଯାଏ ବେଳ ।
ପ୍ରାଣପକ୍ଷୀ, ଘୂରେ ଚକ୍ରାକାରେ
କେବେ ସ୍ଥିର ହେବ ତାହା, ଦେଖାଇବ ପୁଣ୍ୟ ରାହା ।

●●

ନିତି ପ୍ରତି ଚଳଣିରେ,
ଗୁପ୍ତ ଆତ୍ମ ନିବେଦନେ
ତୁମେ ଦେବା ଆଶ୍ୱାସନା
ଆହରଣ କରି ମନେ ।
ଦୁସ୍ତର କଠିଣ ଏହି ସଂସାର ସାଗର
ଶରଣପଞ୍ଜୀର ବଳେ ହୋଇଯିବି ପାର ।

●●

କିପରି ଏ ବିଶ୍ୱାସ କାହୁଁ ଉପୁଜିଲା
କିଏ ଅବା 'ଖଡ଼ିଧରି' କେବେ ଶିଖାଇଲା ?
ତୁମକୁ ଭଜିଲେ, ତୁମେ ଦେଖାଇବ ପଥ
ଅଙ୍କାବଙ୍କା ନୋହି ହେବ ସଳଖ ସେ ବାଟ ।

●●

ଐଶ୍ୱରୀୟ ଶକ୍ତି, କାହୁଁ ଆସେ ହୃଦେ
'ଅବିନେଶ୍ୱର' ଚେତନା ଜାଗେ ପ୍ରତି ପଦେ ।
ଆତ୍ମା ଋଦ୍ଧ ହୋଇ, ଆତ୍ମ ସାକ୍ଷୀ ରହି
ସତପଥ ଚାଳନା, ସଦା କରୁଥାଇ ।

●●

ପରୋପକାରର ଦ୍ୱାହୀ ଦିଏ ମୁଖେ
କଠିଣ ସେ ପଥ, କୁଣ୍ଠିତ ବକ୍ଷେ
ପାର ହେବା ପାଇଁ ପୁଣ୍ୟପଥ ଖୋଜେ,
ନିର୍ଭରତାରେ ଯାହା ମିଳଇ ସହଜେ ।

●●

ଶାନ୍ତ କୋମଳ, 'ବିଶ୍ୱରୂପ' ତବ
ଅନିବର୍ଚ୍ଚନୀୟ, ଅନିନ୍ଦ୍ୟ ବିଭବ ।
ଅକାତରେ ଢ଼ାଳେ ଅମୃତ ପିୟୁଷ
ସେ ଅମୃତ ପ୍ରାଣୀ ଜଗତ ଆଶ୍ୱାସ ।

●●

ଅକସ୍ମାତ ସାଧନାର ସନ୍ଧି କ୍ଷଣ ଆସି
ହୃଦୟ ପଞ୍ଜୁରୀ ମଧ୍ୟେ, ଥିରିଥିରି ଭାସି,
କହିଲା ଅକୁହା ଭାଷା, ଗୁଞ୍ଜରେ ଯା କର୍ଣ୍ଣେ
ସାଧନାର ସିଦ୍ଧି ଅଛି, ତୁମ ମର୍ମେ ମର୍ମେ ।

●●

ମୁକ୍ତ ମନପକ୍ଷୀ ଉଡ଼େ ଶୂନ୍ୟେ ନୀଳ ନଭେ
ନାହାନ୍ତି କେ ସାଙ୍ଗ ସାଥୀ, ପଛେ ଅବା ଆଗେ ।
ଶୂନ୍ୟରୁ ଜନ୍ମିତ ସେହି, ଶୂନ୍ୟେ ହେବ ଲୀନ,
ସେହି ଭଲ, ଏହି ଭାବେ ଏ ଧରାରେ, ନେବ ପୁନର୍ଜନ୍ମ ।

●●

ନୀଳ ନଭେ ପଚାରେ ସେ ଏହାପରେ ଆଉ କ'ଣ ଅଛି
ଅଛି ସେହି ଗନ୍ତାଘର, ରତ୍ନ ପେଡ଼ି ନିବୁଜେ ରଖିଛ
ଯତନରେ ସାଇତିଛି, ଯଦି କେହି ଅକସ୍ମାତେ ଆସି,
ଉଲ୍ଲସିତ ଆବେଗରେ, ଚେତନାର କୁହୁକ ପରଶି ।

●●

ନିର୍ଜନ ନୀଡ଼କୁ ଫେରେ ଶାନ୍ତ ବିହ୍ୱଳତା ନେଇ
ସେ ବିହ୍ୱଳ ଚେତନା ପୁଣି, ସୃଜନ ବେଦନା ଜଗାଇ
ଅପସରି ଯାଏ ଦୂରେ, କାଳକ୍ରମେ ହୁଏ ଯା ବିଲୀନ
ପୁଣି ଜନ୍ମି ମାନବ ରୂପରେ, ପାଳେ ପୁଣି ମାନବର ଧର୍ମ ।

ସେ ଧର୍ମରୁ ସୃଷ୍ଟ ହୁଏ ଅକଳନ୍ତି ଅସରନ୍ତି ପୁଣ୍ୟ ।

●●

ତୁମକୁ ଭଜିଣ ତୁମକୁ ଚାହିଁଣ
ଦରଶନେ ମନ ରଖି
ଜୀବନର ଏହି, ଦୀର୍ଘପଥ ଡେଇଁ
ଚାଲିବାର ତୁମେ ସାକ୍ଷୀ ।
କ'ଣ ପାଇଲି, କ'ଣ ହରାଇଲି
ସେ ତୁଳନା କରିନାହିଁ ।
ଦିଗଦର୍ଶକ ତୁମେ ଯାରଅଛ
ତାର ଭୟ କାହିଁ ପାଇଁ ?

●●

ଅନୁଭବେ ତୁମେ ଆସ, ରଚି ତୁମ ନିତ୍ୟ ରାସ
ହୃଦୟର କୋଣେ ଅନୁକୋଣେ
ପରମ ପୁଲକେ ଭରି ତନୁ ମନ ଶୁଦ୍ଧ କରି
ପବିତ୍ରତା ଢ଼ାଳି ପ୍ରାଣେ ପ୍ରାଣେ ।
କେତେ ଅନୁଗ୍ରହ ଦିଅ ଅଯାଚିତେ,
ଯେ ପାଉଛି ଏହି ଭାବ, ସେ ଅବା କ'ଣ ଚାହିଁବ
ପ୍ରାର୍ଥନା କରିବ ବାସ କର ଏହି ଚିତ୍ତେ ।

●●

ଦେଖେନି ସ୍ୱପ୍ନରେ, ନଆସ କଳ୍ପନାରେ
ସଶରୀରେ ଦେଖାଦିଅ
ସ୍ପର୍ଶ ସୁଖ ଦେଇ ଆଲିଙ୍ଗନ ପାଇ
ଏ ଚର୍ମ ପବିତ୍ର କରାଅ ।
ପାପପୁଣ୍ୟ ବିଚାର, ମନେ ନ ଆସୁ,
ତୁମ ସଙ୍ଗ ସୁଖ ଅପୂର୍ବ ପରଶ
ପ୍ରେମ ମୋହମୟ, ପିୟୁଷ ପରଶୁ ।

●●

କିପରି ତୁମରି ଆଗରେ ମୋହର
ଆତ୍ମପ୍ରକାଶ ହୋଇବ

ସବୁ ପାପ ପଙ୍କ ଦେହେ ବୋଲି ହୋଇ
ପବିତ୍ରତା ରହିଥିବ ।
ପଦ୍ମପତ୍ରେ ଜଳ ସମ ଢ଼ଳଢ଼ଳ
'ଜୀବନ'ର କକ୍ଷେ ପ୍ରାଣ
ତହିଁରୁ ନିର୍ଗତ, ସତ୍ୟ, ଧର୍ମ, ପ୍ରେମ
ଅହରହ ସୁଧା ପାନ ।

●●

ମୁଁ ତ ଫେରନ୍ତା ବାଟ ପଥିକ
ସାଥୀ, ସଖାହୀନ, ସ୍ୱାଦର ଜୀବନ
ଫୁଟଇ ପଦେ କଣ୍ଟକ ।
ଉଖାଡ଼ି, ସେ କଣ୍ଟା ପଦପାତେ ଏକା
ଚାଲିବା କଷ୍ଟକୁ ସହି ।
ଅମୂଲ୍ୟ ଦରବ ସାଉଁଟି ସାଉଁଟି
ଠୁଳ ହୁଏ ଗଦା ହୋଇ
ଶୂନ୍ୟରୁ ମିଳଇ ଶୁଦ୍ଧ ମହକ
ମୁଁ ତ ଫେରନ୍ତା ବାଟ ପଥିକ ।

●●

ଜ୍ଞାନ ଅଜ୍ଞାନ, ଚିନ୍ତା ଚେତନା,
ଅହର୍ନିଶି ଖେଳୁଥାଏ
ଆପଣା ମନର ଶୁଦ୍ଧ ଗତିପଥ
ଅଗ୍ରଗାମୀ ରହିଥାଏ ।
ସତ୍ୟ ଧର୍ମପଥ ଅଳଙ୍କୃତ କରି
ନିର୍ମଳ ମନର ଭାବ
ହୃଦୟ ମନ୍ଦିରେ ଜାଗରୁକ କରେ
ଅନିର୍ବାଣ ଅନୁରାଗ ।

●●

ତୁମେ ଲୁଚି ଛପି, ଥିରି ଥିରି ଆସି
ହୃଦୟ ମନ୍ଦିରେ ବସ
ଆବାହନ କରି, ଆରତି ଅଞ୍ଜଳି

ନ କରି ହୁଏ ଅବସୋସ ।
କେଉଁ ଭାବେ ପୂଜି, କିପରି ହେଜିବି
ସ୍ଥିର ମନେ ଚିନ୍ତେ ନାହିଁ
ସେଥିପାଇଁ କିଗୋ ପାଶେ ଥାଇ ସଦା
ଦୂରତ୍ୱ ରଖ ଗୋସାଇଁ ।

●●

ମହାପାପୀ ହୋଇ ତବ ପଥ ଚାହିଁ
ବ୍ୟଥିତ ଅନ୍ତରେ ଭାଳେ
କେଉଁ ବିଡ଼ମ୍ବନା ପୂର୍ବଜନ୍ମ ଫଳ
ଏ ଜନ୍ମେ କବଳ କରେ ।
ଜଣାଇବ ନାହିଁ ଅବା ଜଣା ନାହିଁ
ତୁମ ଅଗୋଚରେ ଘଟେ ନାହିଁ ।
ଜାଣିଶୁଣି ସବୁ କର୍ମଫଳ ଭାବି
ଏ ମଣିଷ ନିରବେ ସହି ।

●●

ଶୂନ୍ୟ ମନରେ ଶୂନ ଦେବତା
ରେଖାଙ୍କିତ ହୋଇ ଆସ
ଚରଣ ଧୂଳି ମଥାରେ ବୋଳି
ପୂର୍ଣ୍ଣ ହୋଇବ ଆଶ ।
ଯାହାବି ଖୋଜଇ ତାହା ହଜିଯାଏ
ଶୂନ୍ୟ ଅନ୍ତର ପୁରୀ
ତହିଁରେ ତୁମରି ସ୍ଥାପନା କରିବା
ଆଶା ଯାଏ ଅପସରି ।

●●

ତେବେ ବି ଭରସା ରଖିଛି ମନରେ
ଦିନେ ତୁମେ ଉଭା ହେବ
ସାଉଁଳି ଦେବ ମୋ ଦଗ୍ଧ ତନୁମନ
ଶୀତଳତା ଛାଇଦେବ ।
ତାହା ହେବ ମୋର ପରମ ପ୍ରାପ୍ତି

ପୁଲକିତ ହେବ ପ୍ରାଣ
କୋଟି ଜନ୍ମଫଳ ପ୍ରାପତ ହୋଇବି
ଜନ୍ମ ହୋଇଯିବ ଧନ୍ୟ ।

●●

ତୁମର ମୋର ଦୂରତ୍ୱ
ବଢ଼ି ବଢ଼ି ଚାଲିଅଛି
ଏ ପୁରର ମୋହମାୟା
ବନ୍ଧନ ଦୃଢ଼ ହୋଇଛି ।
ସ୍ଥବିରତା ଧୀରେ ଆସି
ଆକାଙ୍‌କ୍ଷାର ପାପରାଶି
ଅଯଥା ଦହନ କରେ
ନିର୍ମଳତା ଯାଏ ଭାସି ।

●●

ବୈଚିତ୍ର୍ୟମୟ ଦୁନିଆର
ବିଚିତ୍ର ଚରିତ୍ର,
ମୋହନୀୟ ମନୋହରଣ
କେତେ ବା ପବିତ୍ର ।
କେତେ ମନ୍ତେ କରେ ରୁଦ୍ଧିମନ୍ତ
ବିବେକ ବିଚାର
ମାନବର ଅଗ୍ରଗତି ରଚେ
ନୂତନ ସମ୍ଭାର ।

●●

ମନରେ ଯାହା ଭଲ ଭାବି କରେ
କର୍ମେ ହୁଏ ବିପରୀତ ।
ଶୂନ୍ୟ ନୟନ, ପୂର୍ଣ୍ଣତା ଆଣେନା
ଚିନ୍ତନ ସଦା ଚିନ୍ତିତ ।
ନ୍ୟାୟ ଅନ୍ୟାୟ, ରଢ଼ ବାସ୍ତବତା
କଠିଣ କର୍ମ ଆହ୍ୱାନ
ଅଟକି ରହେନା ତାର ପଦପାତ

(ସେତ) ଜନ୍ମରୁ ମହା ମହାନ୍ !

●●

ଭଲ ମନ୍ଦ ପାପପୁଣ୍ୟ ବିଚାର ନ କରି
ସମୁଚିତ କର୍ମେ, ରହି ଜାଗ୍ରତ ପ୍ରହରୀ ।
ଲାଞ୍ଛନା ନ ଆଣି ପ୍ରାଣେ ନ୍ୟାୟ ସୂତ୍ରେ ଚଳି,
ପ୍ରେମ ଭାବ ଆସି ଯିବ, ହୃଦୟ ତରଳି ।

●●

ଅନ୍ତରକୁ ସ୍ୱଚ୍ଛ ନିର୍ମଳ କରିଲେ
ମଧୁମୟ ପରିବେଶ
ସେହି ପରିବେଶୁ ପୁଣ୍ୟର ଉତ୍ପତ୍ତି
ସୁଚିନ୍ତନ, ସୁପ୍ରକାଶ ।
ଜୀବଜଗତର ଅମୂଲ୍ୟ ସମ୍ପତ୍ତି
ଏହି ସୁନିର୍ମଳ ଭାବ,
ସିଞ୍ଚନ କରିଏ ପିୟୁଷଧାରା
ଜାଗ୍ରତ କରାଅ 'ଜୀବ' ।

●●

ବନ୍ଧନ କର ଛିନ୍ନ
ଉନ୍ମୁକ୍ତ ହେଉ ମନ
ଆନନ୍ଦ ଆହରଣ
ଲକ୍ଷ୍ୟ ହେଉ ସୁସମ୍ପନ୍ନ ।
ସହଜ ସରଳ ରେଖା
ଅଗ୍ରଗତି ସମୁଚିତ
ସୁପ୍ରଭାବେ ସ୍ୱସୌରଭେ
ଆଲୋକିତ ଉଦ୍ଭାସିତ ।

●●

ଭଲ ମନ୍ଦ ପାପପୁଣ୍ୟ, ଚିନ୍ତନେ ନ ଆଣି
ସଦାଚାର, ସୁବିଚାରେ, ରହିଣ ଅଗ୍ରଣୀ,
ଆସୁ ଯେତେ ବାଧାବିଘ୍ନ, ଆପେ ହେବ ଦୂର
ଅନୁଭବେ ଆସୁଥିବ, ଜୟ ଜୟକାର ।

••

ରିକ୍ତ କରି ମନ, ଶୂନ୍ୟ କରି ଧନ
ତ୍ୟାଗ ବ୍ରତେ ବ୍ରତୀ ହୋଇ
ପୁଣ୍ୟାର୍ଜନ କରି ପ୍ରକୃତି ପ୍ରେମରେ
ଭାବରେ ମଜାଅ 'ମହୀ'।
କର ଯେଉଁ କର୍ମ, ସବୁ ତାଙ୍କ ଦାନ
ମୁକ୍ତ ଅନ୍ତରେ ଚିନ୍ତି
ଲୋଭାସକ୍ତ ନୋହିଁ ସ୍ନେହ ପ୍ରେମ ଦେଇ
ଅନୁରାଗେ ହୋଇ ବ୍ରତୀ ।

••

'ମନ' ତ ନୀଳ ନଭେ ପକ୍ଷୀ ପରି
ମୁକ୍ତ ଅନ୍ତରେ 'ମୁକ୍ତାକାଶେ' ଥାଏ ଘୂରି
ଯେବେ ସ୍ଥିର ହୋଇ ବସି ରହିବାକୁ ଚାହେଁ
ଉଚ୍ଚ ବୃକ୍ଷେ ବସି ନୀଚେ ନିରୀକ୍ଷଣ କରୁଥାଏ ।

••

ଗୀତା ଜ୍ଞାନ ଭୁଲି କର୍ତ୍ତବ୍ୟ କର୍ମରେ
ସନ୍ତୋଷ ଆସିବ କାହୁଁ ।
ସବୁ ମୂଳେ ସେହି 'ଆଦିମୂଳ' ପାଇଁ
ତ୍ୟାଗରେ ସନ୍ତୋଷ ପାଉ ।
ଦୃଢ଼େ ତାଙ୍କୁ ହୃଦେ ଧରିଥିଲେ ଭାବେ
ସେହି ଦେଖାଇବେ ବାଟ,
ସେହି ଭାବ, ଅନୁସରି, କର୍ମ ବ୍ରତୀ,
ପାରିହେବ କର୍ମ ହାଟ ।

••

ଆପଣା ଅଗୋଚରେ କାହାକୁ ଦେବ ଦୋଷ ?
'ପରମ ବାନ୍ଧବ' ସହିଥାନ୍ତି ସବୁ ରୋଷ ।
ଅଭିମାନ କୋହ, ସବୁ 'ସେ' ସହନ୍ତି 'ଭାବେ'
ତୁମେ ଭୁଲ, ସବୁ ଭାବ ଭକ୍ତି, କେଉଁ ଅହଂ ଭାବେ ?

••

କେତେ କଳବଳ ହେଉଅଛ ତୁମେ
ଜଗତ ଉଦ୍ଧାର ପାଇଁ
ସବୁ ଆଦର୍ଶକୁ ଦେଲେ ଜଳାଞ୍ଜଳି
'ସେବକ' ଗରବେ ରହି ।
ପରମ୍ପରା ଗୌରବ, ହିନିମାନ କଲେ
ଭାବର ଗରବ ଖେଳେ
ସେହି ଭାବର ଅଭାବ, ଅନୁଭବୀ ଦିନେ
ମିଳାଇବା ରସାତଳେ ।

●●

ଅଘଟଣ ଯାହା ଘଟୁଅଛି କିମ୍ବା,
ଅଟକାଇ ରଖୁନାହଁ ?
ପରିଜନ ହାତେ ହଟହଟା ହୋଇ
କି ଲାଭ ପାଉଛ କହ ?
ନିର୍ବୋଧ ଜ୍ଞାନେ, ଅହଂ ଭାବନା ତେଜି
ଧରାକୁ ମଣନ୍ତି 'ସରା'
ମୁହୂର୍ତ୍ତେ ସରିବେ, ରସାତଳେ ଯିବେ
ଭୁଲି ମହତ୍ୱ 'ପରମ୍ପରା' ।

●●

ପବିତ୍ର ଓଁକାର, ଧ୍ୱନି ଗୁଞ୍ଜରି କର୍ଣ୍ଣେ
ମଧୁମନ୍ତ୍ରେ କରେ ଅଭିଷିକ୍ତ
ତାହାରି ମଧ୍ୟରେ ଥାଏ ଅଦୃଶ୍ୟ ଅମୃତ
ସଞ୍ଚିତ ଯେତେ ପୁଣ୍ୟ ସ୍ରୋତ ।
କାଳ କାଳକୁ ରଚାଏ ସ୍ୱଲିଖିତ ବାର୍ତ୍ତା
ହୁଏନାହିଁ ଯାହା କେବେ ଅନ୍ତ
ହୃଦୟର ବାର୍ତ୍ତାରେ ଧରିତ୍ରୀକୁ ସୁଖ ଦେଇ
ଉତ୍‌ଫୁଲ୍ଲେ ହୁଏ ଉଲ୍ଲସିତ ।

●●

ଯେଉଁଆଡ଼େ ଦେଖ ସୌନ୍ଦର୍ଯ୍ୟ ସରଣୀ
ବିପଣୀ ଏକକୁ ଆରେକ ବଳି

ଆକାଙ୍‌କ୍ଷିତ ଦ୍ରବ୍ୟେ ଭରପୂର ସଦା
ଆଦରେ ଯେତେ ନେବ ନିଅ କଳି ।
ଆପଣାର ସେ ଯେ ନିକଟତର
ଚାହିଁଛି ତୁମରି ସୁଖକୁ ସଦା
ଗୌରବେ ତାକୁ ମଣ୍ଡିତ କର
ତାଙ୍କରି ସମ୍ମାନେ ତୁମ ମର୍ଯ୍ୟାଦା ।

●●

ସମର୍ପିତ କର ତୁମ କର୍ମଭୂମି
ସଂସାରେ ଲଭୁ ପ୍ରସିଦ୍ଧି
ଜନ୍ମଭୂମି ସଦା ଶୀର୍ଷରେ ରଖିଣ
ସର୍ବ କାର୍ଯ୍ୟେ ଆଣ ସିଦ୍ଧି ।
ଶ୍ରଦ୍ଧାରୁ ଉପୁଜି ଶୁଭଙ୍କରୀ ଫଳ
ବିଶ୍ୱରେ ବିଖ୍ୟାତ କୀର୍ତ୍ତି
ସେ ଗୌରବଗାଥା ସଯତ୍ନେ ସାଇତି
ଯୁଗେ ଯୁଗେ ବଢୁ ଖ୍ୟାତି ।

●●

ଫୁଲସମ ମୋର ମନ ତୁମକୁ ଦେଲି ପଦାର୍ଘ୍ୟ
ସେ ମନ ତୁମେ ଗଢ଼ିଛ, ତାହା ତ ତୁମରି ପ୍ରାପ୍ୟ ।
କିଛି ମୁଁ ତ ମାଗିନାହିଁ, ଆଉ କାହିଁକି ମାଗିବି ?
ସବୁ ତ ଦେଇଛ ତୁମେ, ରହିଥିବି ଯା ପାଇକି କର୍ମ ଭୋଗ ।

●●

ପ୍ରାଣପକ୍ଷୀ ତୁମ ବନ୍ଦୀ ରହିନାହିଁ
ସ୍ୱାଧୀନେ ଘୂରଇ ନଭେ ।
ସେହି ସ୍ୱାଧୀନତା ଜନ୍ମଗତ ତାର
ଯେ ଦିନୁ ଆସିଛି ଭବେ ।
ଆଶାର ଆଲୋକେ ଉଦ୍‌ଭାସିତ ରହି
ଚକ୍ରାକାରେ ଘୂରି ଘୂରି
ଅମୃତମୟ ଧରିତ୍ରୀ ବୁକୁରେ, ଢ଼ାଳେ,
ପ୍ରୀତିପୂର୍ଣ୍ଣ ସୁଧାବାରି ।

●●

ପୁଷ୍ପଗୁଚ୍ଛ ପେନ୍ଥା ପେନ୍ଥା ହଲି ଦୋହଲି
ବେସୁରା ରାଗିଣୀରେ, ସୁସ୍ୱର ସ୍ୱନ ମେଲି ।
ଅବୁଝା ସଙ୍ଗୀତେ କରି ପ୍ରାଣ ସୁରକ୍ଷିତ
କେତେ ମନ୍ତେ, କେତେ ମଣ୍ଡେ ଅନ୍ତର ସ୍ପନ୍ଦିତ ।

●●

ମୁଁ ଏବଂ ମୋ ମନ, ଭୁଲିଛି ତୁମକୁ
ଏ କଥା କି ଜାଣିପାରୁ ନାହଁ ?
ତେବେ କିମ୍ପା ଆଚମ୍ବିତେ ଆସି
ଛଟପଟ କର ଅହରହ ।
ମୁଁ ଭୁଲିଛି, ତୁମେ ବି ଭୁଲିଯାଅ
ଅବଶୋଷ ଜମା କରିବିନି
ଯାହା ପ୍ରାପ୍ୟ ତା' ଯଦି ଦେଉଛ
ଅଭିଯୋଗ କର୍ଣ୍ଣେ ଶୁଣିବନି ।

●●

ଆତ୍ମଗ୍ଲାନି, ଆତ୍ମଶ୍ଲାଘାରେ ପୂର୍ଣ୍ଣ ଜୀବନ
ଅକାରଣେ ଝରେ ଶତ ଧାରେ ହୋଇ ବିଦୀର୍ଣ୍ଣ ।
ଆପଣାକୁ ଦେଇ ସମ୍ମାନ ହୁଅ ଆନନ୍ଦିତ
ସେ ଆନନ୍ଦେ ପରିପୂର୍ଣ୍ଣ କର ଏ ଜଗତ ।

●●

କରି କରାଉଛ କେଡ଼େ ସହଜରେ,
କରି, ଆପଣା ଜନେ ହନ୍ତସନ୍ତ ।
ବଡ଼ପଣେ ବଡ଼ଠାକୁର ବୋଲାଇ
ସନ୍ତାନେ କର ଯେତେ ସନ୍ତାପିତ ।
କେଉଁ ଲାଭ ଅବା ଏଥିରୁ ପାଉଛ
ଜାଣେ ହେଉ ନ ଥିବ ହରଷ,
ମିଛ ହସ ହସି ରଙ୍ଗ ଅଧରରେ
କରନି ସଭିଁଙ୍କ ପ୍ରାଣ ସରସ ।

●●

ଯେତେ ଭୁଲାଇବ ଭୁଲାଅ ପଛକେ
ଦୃଢ଼େ କରିଛି, ମୁଁ ଟାଣପଣ,
ତିଳ ତିଳ କରି ଖୋଜିବି ତୁମକୁ
ଜାଣେ ତୁମ ଲୁଚାଛପା ଗୁଣ ।
ଦିନେ ମିଳିଯିବ ଅଙ୍କାବଙ୍କା ବାଟେ
ଛପି, ଛଟକରେ ଦେଖାଦେଇ,
ସେହି ମୁହୂର୍ତ୍ତରେ, ବାନ୍ଧି ରଖିଦେବି
ଯାଇ ପାରିବନି ଠକି ଦେଇ ।

●●

ପୁଷ୍ପିତ ଜବୀନର ଗୁନ୍ଥା ଫୁଲହାର
ସଦା ସମର୍ପିତ 'ଶ୍ରୀପୟରେ'
ଯାହା କିଛି ଝରାଫୁଲ ଝରାଇଛ
ଏଠି, ସେଠି ଅଙ୍କାବଙ୍କା ଗଳିରେ
ସେହିପରି ସେ ଝରୁ ବିନା ପରିଚୟେ
ଅଲୋଡ଼ା, ଅଦେଖା ଏକାକିନୀ
ମୂଳତ ଦେଇଛି ଅଞ୍ଜଳି ପୂରାଇ
ସେ ସମର୍ପଣ ହିଁ ସଞ୍ଜିବନୀ ।

●●

ମନର ମୁକୁରେ ଆଙ୍କିଛି ଯେତେ
ଅଲିଭା ଗହନ ଗାର
ଦୀପ୍ତିଶିଖା ହୋଇ ଜ୍ୱଳଜ୍ୱଳ ଜଳେ
ଗଭୀରୁ ଗଭୀରତର ।
ଶାଖା, ପ୍ରଶାଖାର ମୂର୍ତ୍ତିମନ୍ତ ଶକ୍ତି
ବ୍ୟାପିଛି ଦିଗୁ ଦିଗନ୍ତ
ପ୍ରୀତି, ପ୍ରଣୟର ଅମୃତଧାରା
ଗାଏ ଜୀବନ ସଙ୍ଗୀତ ।

●●

ନିତି ପ୍ରତି ମୁହୂର୍ତ୍ତରେ, ତୁମ ସୃଷ୍ଟିରେ ତୁମେ
ଗଢୁଥାଅ ନବ, ନବ କଳେବର

ପ୍ରକୃତିରାଣୀ, ଥୁଣ୍ଟା ବୃକ୍ଷେ, ପତ୍ରଝଡ଼ା ଦେଇ
ନବପଲ୍ଲବେ, ସଲ୍ଲାଜେ, ବିଭୋର ।
ଋତୁ ପରେ ଋତୁଙ୍କର, ବଦଳାଇ କଳେବର
କେତେ ରଙ୍ଗେ ହସାଅ ଧରଣୀରାଣୀ
ଆପଣା ସୌନ୍ଦର୍ଯ୍ୟେ ଶିହରିତ, ବିହ୍ୱଳିତ 'ଧରା'
ସଭିଙ୍କ ପରାଣେ ଦିଏ 'ସେ' ରଙ୍ଗ ବୁଣି ।
ଅପରୂପ ସେ ସୌନ୍ଦର୍ଯ୍ୟ ଅବର୍ଣ୍ଣନୀୟ ସେ ଭାବ
ପ୍ରତିଟି 'ଜୀବ' ଅଙ୍ଗେ ଆଣେ ଶିହରଣ
ବନ୍ଧୁତା, ଶତ୍ରୁତା, କଳହ, ପ୍ରଶଂସା, ଆଦି ଖେତ୍ୟା
ଭଲମନ୍ଦ ଚିନ୍ତା କରେ ନାହିଁ ବିସ୍ଫୋରଣ ।
ମୁଗ୍ଧ ହୃଦୟେ, ଭରେ, ପ୍ରେମ ସହୃଦୟତାର ଫଲ୍‌ଗୁ
ଦୁଃସ୍ୱପ୍ନ ସବୁ ଦୂରୀଭୂତ ଅଜାଣତେ
ବାର୍ଦ୍ଧକ୍ୟ, କୈଶୋର, ଯୌବନର ପରଶ ତରଙ୍ଗାୟିତ
ଗୋପନେ, ଉଲ୍ଲାସେ ପ୍ରତି ହୃଦଗତେ ।
ଏହିପରି କରୁଥାଅ ନିତ୍ୟ ନୂତନ କଳେବର
ଆସୁଥାଅ ଜାଳି, ପ୍ରେମ ଦୀପାବଳି ।
ହସୁଥାନ୍ତୁ ଧରିତ୍ରୀମାତା, ଦେଖି ଆପଣା ପ୍ରତିକୃତି
ପାଇ ପ୍ରୀତି, ସ୍ନେହ, ସୋହାଗ ଅଞ୍ଜଳି ।
ଅନିନ୍ଦ୍ୟମୟ କଳେବର ଅପରିବର୍ତ୍ତନୀୟ
ନିରବଚ୍ଛିନ୍ନ ପୂଜିତ ହୃଦ ମନ୍ଦିରେ
ବିଲୟ ଲଭି ପୁଣି ଅଙ୍କୁରିତ କର
ଶୁଭଙ୍କରୀ ଲାଗେ ତୁମରି ସୃଷ୍ଟିରେ ।

●●

ଶୀର୍ଷରେ ପହଞ୍ଚିବା ଆକାଙ୍କ୍ଷା ପରିହତ
ମୋ ଜୀବନାଦର୍ଶରେ ।
ତୁମରି ମନୋମତ କର୍ମେ ଅର୍ପିତ ମୁଁ
ଏ ଜୀବନକାଳରେ ।
ଏବେ ତ ସ୍ଥବିରତା ବାନ୍ଧିଲାଣି ଦେହକୁ
ଅକର୍ମା ନିର୍ବଳ ଶରୀର

କାହିଁକି ଭାରାଗ୍ରସ୍ତ, ହୋଇବେ ଧରଣୀ
ଲଜ୍ଜିତ ହେଉଚି ଅନ୍ତର ।

●●

ଆଶ୍ରିତା ମୁଁ ତବ 'ଶ୍ରୀପୟରେ' ଜ୍ଞାନ ହେବାଦିନୁ
ଜାଣିଥିବ ମୋର ଭଲ ମନ୍ଦ ଗୁଣ,
ସେଥିପାଇଁ ଚିନ୍ତିତ ମୁଁ ନୁହେଁ ମାଗିଅଛି ସଦା
ତୁମରି ଭରସା, ତୁମରି ଶରଣ ।
ଦୁଃଖ, ଶୋକ, କ'ଣ ପାଇଲି, ଅବା ନ ପାଇଲି
ଅଭିଯୋଗ ମୋର ନାହିଁ ଜାଣିଛ
ଏ ଶରୀର ସବୁ ତ ପାଇଲା, ଆଉ କିମ୍ବା ତେବେ
ବୃଥାଟାରେ ଘୋଷାରି ଚାଲିଛ ?

●●

ଅନ୍ତରେ ଅବା ବାହୀତଃ ତୁମେ କେଉଁ ରୂପେ ଥାଅ
ଅନୁଭବେ ଆସ ନାହିଁ ।
ସେହି ଟିକକ ପାଇବା ଆଶାରେ
ଯୁଗ ଯୁଗ ଅଛି ଚାହିଁ ।
ବୃଥା ଏ ପ୍ରତୀକ୍ଷା, ଜାଣେ ତୁମ ମନୋନୀତ ହୋଇ
ତୁମ ଦେବା କର୍ମ କରିନାହିଁ ।
ସଫଳକାମୀ ନ ହୋଇ, ଆକାଙ୍କ୍ଷା ଆଞ୍ଜୁଳିପାତି
ବୃଥା ଚାହାଁ, ପୂର୍ଣ୍ଣ ହେବ ନାହିଁ ।

●●

ଅନ୍ତରୁ ଉଦ୍‌ଭାସିତ ଗଭୀର ନିର୍ମଳ ପ୍ରେମ,
ଚିର ପ୍ରବାହିନୀ ସ୍ରୋତ ଆତ୍ମାର ନିଗୁଢ଼ ବନ୍ଧନ
ସେତ 'ଶ୍ରୀରାଧା' ଆଦର୍ଶ ପୂଜାରିଣୀ, ଗରବିଣୀ
ନାହିଁ ପ୍ରତାରଣା, ପ୍ରବଞ୍ଚନା, ଶାଶ୍ୱତ ଆହ୍ଲାଦିନୀ ।

●●

ଚିର ବନ୍ଦନୀୟା 'ମାତୃ' ଶକ୍ତି ବଳେ
ଗତ କରେ ଜଗତ ଚେତନା ।
ଆସୁ ମହାସୁଖ ଅବା ମହାଦୁଃଖ

ଶାଶ୍ୱତ ବନ୍ଦନୀୟା ତା ପ୍ରେରଣା ।
ଚିର ପ୍ରବାହିନୀ ସେ ନିର୍ଝର ସ୍ରୋତୁ
ଜାତ ସାବିତ୍ରୀ ଶୈବ୍ୟା ଶକୁନ୍ତଳା
ସବୁ ଅନର୍ଥ ନିର୍ବାପିତ ହୁଏ
ବୀଜବପନ କରେ ରହେ, ସୁଜଳା ସୁଫଳା ।

●●

ସର୍ବବ୍ୟାପି ଅସଜଡ଼ା ମୁହୂର୍ତ୍ତ ଅକସ୍ମାତ ଆଣେ
ଲକ୍ଷ୍ୟହୀନ ଜୀବନର ସାମୟିକ ଶାନ୍ତି
ଗତିଶୀଳ ଜୀବନର ଚକ୍ରବ୍ୟୂହ ଭେଦି ସ୍ତବ୍ଧତା
ବୋହି ଆଣେନା କୃତ କର୍ମ ଜୀବନର ମୁକ୍ତି ।
ବିତିଥିବା ମୁହୂର୍ତ୍ତର ଅସଜଡ଼ା ହୃଦୟ ମଧ୍ୟୁ
ଯେଉଁ ଅଶାନ୍ତ ମନ ମୁକୁଳି ଉଡ଼ିବାକୁ ଚାହେଁ
ସେ ତ ଅଚଳ ଅଟଳ ମହାମେରୁ ସମ ସ୍ଥିର
ଆପଣା ଭାଗ୍ୟର ପ୍ରଭାବରୁ କେହି ନିସ୍ତାର ପାଏ ?

●●

ମୁଁ ଯାଏ ଯେଉଁ ଆଡ଼େ, ଦିଅ ମୋତେ
ନିର୍ମଳ ସୁନ୍ଦର ମନଟିଏ
ତାର କୋଣ, ଅନୁକୋଣରେ ସତ୍ୟ,
ସାଧନା ସଂକଳ୍ପର ବ୍ରତ ଖିଏ ।
ତହିଁରୁ ଫୁଟି ଉଠୁଥାଉ ସ୍ନେହସ୍ନିଗ୍ଧ
ନବ ଦିଗନ୍ତର ପ୍ରେମ କଳିକା
ଶାଖା ପ୍ରଶାଖା ମେଲାଇ, ବ୍ୟଥା ହଜାଇ
ଯେ ଗଢୁଥିବ ଭବ୍ୟ ନାୟକ ନାୟିକା ।

●●

ଅତୀତର ବିତିବା ଖେଳିବା ଦିନ, ସ୍ମୃତି
ମନେ ଆସି ଖେଳୁଛନ୍ତି ଅଭୁଲା ସେ ପ୍ରୀତି ।
'ଦୟାମୟ ବିଶ୍ୱବିହାରୀ'ଙ୍କୁ ଭଜିବା ବେଳେ
ଜାଣି ନ ଥିଲି, କେଉଁଠି ଅଛନ୍ତି 'ସେ ଏ ଖେଳେ' ।

●●

ନିତ୍ୟ ନୂତନ ପ୍ରଭାତେ ଗଢ଼ଇ
ନୂଆ ନୂଆ କର୍ମ ଯୋଜନା
ଚଳଚ୍ଚିତ୍ର ପରି, କଳ୍ପନାରେ ଖେଳି
ଶେଷ ହୁଏ ସେହି କାମନା ।
ତୁମେ ଆସି, ମୋର ପାଶେ ବସି,
କହନ୍ତ, ମୋ କାନେ କାନେ,
ସାଧନା ତୋହର ସିଦ୍ଧ ହୋଇବ
ଭୁଲନା ଏକଥା କ୍ଷଣେ ।

●●

ପଣିକିଆ ଘୋଷି ଘୋଷି, ମନେ ଛାପି ରହିଥାଏ
ଅକସ୍ମାତ ମୁହୂର୍ତ୍ତେକି ଦରକାରେ ଉଭା ହୁଏ ।
ତା ଅମୂଲ୍ୟ ଧନରାଶି, ବିଲୁପ୍ତ ନ ହୋଇଥାଏ
ଜୀବନର ଅଙ୍କ ଖେଳେ, ଚେତନା ଚେତାଇ ଦିଏ ।

●●

ହସ୍ତରେଖା ଗାର, କର୍ମଫଳ ନୁହଁ
ହୃଦୟର ବାର୍ତ୍ତା ଶୁଣି
କର୍ମେ ବ୍ରତୀ ରହି, ସ୍ୱଚ୍ଛ ବାର୍ତ୍ତା ଦେଇ
ଅପର ଗୁଣକୁ ଗୁଣି
ସ୍ୱତଃ ନିର୍ମଳ ପ୍ରଶାନ୍ତି ବ୍ୟାପିବ
ସରସ ହରଷେ, ପ୍ରେମର ପରଶେ
ଅନ୍ତର ମହମହ ବାସିବ ।

●●

ଯାଯାବର ମନ ମୋର ଘୂରି ବୁଲୁଥାଏ
ଅଦୃଶ୍ୟରୁ ଦୃଶ୍ୟ ଦେଖି ମୋହେ ମଜ୍ଜି ରହେ ।
ରହେ ନାହିଁ ଏକ ଠାବେ, ଗଢ଼େ ନାହିଁ ଘର,
ବନ୍ଧନେ ବନ୍ଦୀ ହୁଏନା, ତେଣୁ ଯାଯାବର ।

●●

ତୁମରି ଶକ୍ତିରୁ କାଣିଚାଏ ଦେଇ
କେତେ ଦୁରୂହ ବୋଝ ମୋ ମୁଣ୍ଡେ ଲଦି

ତୁମରି ବଳରେ ବଳିୟାନ ହୋଇ
ବୋହି ଚାଲେ ସେହି ସରାଗ ବୋଝ
କ୍ଲାନ୍ତ ନ ହୋଇ, ସରସ ମନରେ
ସଫଳତା ଆଣେ ଅଶେଷ ଖୁସି ।
ବୁଣି, ବିଞ୍ଚିଦେଇ ଖୁସିର ହରଷ
ବିଷାଦ ରହଇ ଦୂରରେ ଘୁଞ୍ଚି ।

●●

ସରସତା ଅର୍ଘ୍ୟ ନେଇ, ଖୋଲା ମୋ କୁଟୀର ଦ୍ୱାର,
ପ୍ରୀତିର ପୁଷ୍ପାଞ୍ଜଳିରେ, ସୁସ୍ୱାଗତ ବାରମ୍ବାର ।
ଥକ୍କା ମାର, ପଥିକ ହେ, କ୍ଷଣେ ଦଣ୍ଡେ, ରହିଯାଅ,
ହରଷିତ ହୃଦେ ପୁଣି, କର୍ମପଥେ ବ୍ରତୀ ରୁହ ।

●●

ବାରମ୍ବାର ଜନ୍ମ ନେଇ, କର୍ମଭୂମି ଖୋଜିବି !
ସୁକର୍ମେ ବ୍ରତୀ ରହି, ସତ୍ ପଥେ ଚାଲିବି
ଅକ୍ଷୟ ପୁଣ୍ୟ ଭଣ୍ଡାର, ସତ କର୍ମେ ବଢ଼ିବ
ବିସ୍ତାରିତ ପବିତ୍ରତା ମଧୁ ଭାଣ୍ଡୁ ଝରିବ ।

●●

ଯାହା ମୁଁ ଚିନ୍ତଇ, ଯାହାବି ଦେଖଇ
ଅନ୍ତରେ ଗୋପନେ ସଞ୍ଚି ।
ପ୍ରଶ୍ମିଳ ମନ ମୋ, ଖୋଜି ବୁଲୁଥାଏ
ଆପଣା ଭିତରେ ହଜି ।
'ପରମ ପୁରୁଷ' ଆତ୍ମା ରଢ଼ ରହି
ଆଶ୍ୱସ୍ତ ହିସ୍ତେ ଆଉଁସି
ସଫଳ କରନ୍ତି ଜନମ ଜୀବନ
ସୁଧା ପରଶେ ପରଶି ।

●●

ତୁମରି ପ୍ରଦତ୍ତ ଶକ୍ତିରେ ଚଳୁଛି
ଜୀବ ଜଗତର ଆତ୍ମା,
ସଜ୍ଞାନେ, ଅଜ୍ଞାନେ ଯାହାବି କରେ ସେ

ତୁମେ ହିଁ ତାର ପୁଣ୍ୟାତ୍ମା ।
ତୁମ ବିନା ସେତ ଚଳତ ଶକ୍ତିହୀନ
ଅନ୍ୟ ଗତି ଲୋଡ଼େ ନାହିଁ
ଦୃଢ଼ ସେହି ପଦ ଜାବୁଡ଼ି ଧରିଛି
ଜାଣେ ତାର ମୁକ୍ତିପଥ ଏହି ।

●●

ନିତି ନବ ନବ ଭାବେ ରଚି ଲୀଳା ଅପରୂପେ
କେତେ ମନ୍ତେ ଭୁଲାଅ ଏ ମନ
ଯେଉଁ ଭାବେ ଚାହୁଁଥିବ, ସେହିଭାବ ସଜାଇବ
ପରାଣ କରିଣ ସୁଧାପୂର୍ଣ୍ଣ ।
ସମ୍ପୂର୍ଣ୍ଣ ନିର୍ଭର ରହି ଚରଣେ ଶରଣ ପାଇ
ଆଶାତୀତ ଗୁଣେ ଋଣୀ ରହିଛି
କି ଅବା ଆଉ ମାଗିବି ମୁଣ୍ଡ ପାତି ସବୁନେବି
ପାପପୁଣ୍ୟ ଯାହା କିଛି ଅର୍ଜିଛି ।

●●

ଅହଂର ମୋହରେ ଭାସି ନପାରେ ମୋ ମନ
ଛିନ୍ନ କର ନାହିଁ ନିଜ ଆତ୍ମ ସନମାନ ।
ନିବୃତ୍ତ କରି, ପ୍ରବଳ ପ୍ରତାପୀ ଏ ରିପୁ
ଆପେ ସୁଖୀ ରହ, ବଞ୍ଚିତ କରନା ଅନ୍ୟକୁ ।

●●

ମନଟିକୁ ମୋର ଫୁଲପରି କର
ହରଷିତ କରି ଅନ୍ୟେ
ଝଡ଼ି ହଜିଯାଉ, ସୁରଭିତ ରହି
ଆପଣାକୁ କରି ଧନ୍ୟେ ।
ଭରସା ବିଶ୍ୱାସ, ଆନନ୍ଦ ଉଲ୍ଲାସ
ଫୁଟି, ଯାହା ଦେଇଥିଲା
କାକର ପରି ସେ ଲୁହ ଟୋପେ ଢ଼ାଳି
ଅଜାଣତେ ହଜିଗଲା ।

●●

ମହତ୍ତ୍ୱେ ମହକି, ଏକନିଷ୍ଠ କର୍ମେ
ସତ୍ ସାଧନାର ବ୍ରତୀ
ଆତ୍ମାର ଶାନ୍ତି, ଅତୁଲ୍ୟ ସମ୍ପଦ
ସହଜ ଲଭ୍ୟ ନୁହନ୍ତି ।
ଅସରନ୍ତି ଏହି ପୁଣ୍ୟ ଫଳ ରହେ
ବଂଶଗତ ଧାରା ହୋଇ
ଅକ୍ଷୟ ସମ୍ପଦ, ଚିରନ୍ତନୀ ରଖ
ଆତ୍ମ ସଚେତନ ରହି ।

●●

ସମର୍ପଣ କରି ନିଜକୁ, ହୋଇଛ ଧନ୍ୟ
ବିଶ୍ୱାସର ପ୍ରତିଟି ମୁହୂର୍ତ୍ତ, କରି ଅର୍ପଣ ।
ପୁଣ୍ୟ ଶ୍ଳୋକ, ଶାନ୍ତି ଅନୁଭବ କରିଛି 'ସତ୍ତା'
ସେହି ମୋ 'ଈଶ୍ୱର', ଅନ୍ତରାତ୍ମେ ଚିର ସ୍ଥିତା ।

●●

ମୋ ମନ ପାଖୁଡ଼ା, ସମର୍ପି ତୁମକୁ
ଆକୁଳ ନୟନେ ଅନେଇ ରହେ
ନାହିଁ ତହିଁ ଅହଂ, ଅବା ମାୟା ମୋହ
ଦିବ୍ୟ ଫୁଲ ସମ ଫୁଟିଣ ମୋହେ ।
ଉଚ୍ଛନ୍ନ ଆତୁର ଯତିପାତ ନୋହି
କହେ କୁରେଁଇ ଫୁଲର ଭାଷା
ବଣ ମଲ୍ଲୀ ସେତ, ଝଡ଼େ ଝଡ଼ିଯାଏ
ନିଃସର୍ଗ ପ୍ରୀତି ପସରାର ଆଶା ।

●●

ଆଞ୍ଜୁଳାଏ ମଲ୍ଲୀକଢ଼ ଢ଼ାଳି ଶ୍ରୀଚରଣେ
ଆହ୍ଲାଦିତ ମନ, ହସେ ସରାଗେ
ବିଶ୍ୱାସର ନିଶ୍ୱାସତା, ପ୍ରେରଣାର ଧାରା,
ଖୋଜେନା ସେ ଚରାଭୂଇଁ ବିରାଗେ ।
ଚତୁଃପାର୍ଶ୍ୱ ତାର ବିହରଣ ଘାସବଣ
ତୁଷ୍ଟ ସେ ଶୀତଳ,କାକର ଟୋପାରେ

ନିର୍ଭୟ ତା ତନୁମନ, ଚିରସ୍ଥାୟୀ ପ୍ରେମ
ବହୁଛି ଗହନେ ଗଭୀର ନିର୍ଝରେ ।

●●

କର୍ମଭୂମିର ପୁଷ୍ପରାଗେ ଭରିଛ
ମୋ ମନ ବୃନ୍ଦାବନ
ପ୍ରତିକ୍ଷଣ ପ୍ରତି ମୁହୂର୍ତ୍ତେ ଶୁଭୁଛି ସେ
ପୁଲକିତ ବଂଶୀସ୍ୱନ ।
ବିମୋହିତ ସେହି ଅନୁରାଗେ ଫୁଟି
ଭରିଛି ମୋ ପଦ୍ମବନ ।
ଉନିଦ୍ର, ଉଚ୍ଚାଟ, ଉନ୍ମନା ରହିଛି
ପ୍ରେମ ପ୍ରତ୍ୟୟର ସମ୍ମୋହନ ।

●●

ବଣଫୁଲ ମୁହିଁ, ପାଇବି ଚରଣେ ସ୍ଥାନ ?
କିଏ ତୋଳି ଦେବ ଅଭିଳାଷ ହେବ ପୂର୍ଣ୍ଣ ।
ଏ ଜନମ ସରିଯିବ, ନିରାଶେ ରହିଥିବ
ଫୁଲ ହୋଇ ଫୁଟିବା ତା ନିରର୍ଥକ ହେବ ।

●●

ବୁଦ୍ଧି ଶୁଦ୍ଧି ହୀନ ଶୂନ୍ୟ ପରାଣ,
ଭ୍ରୁକ୍ଷେପ, କାହାର ନାହିଁ ।
ବ୍ୟଥିତା ନୋହି ସେ କୁଳୁକୁଳୁ ବହେ
ଚିରସ୍ରୋତା ମନ ଭୂଇଁ ।
ସମୁଦ୍ର ଛାତିର ଲହଡ଼ି ପରାସେ
ଗର୍ଜନେ ତା ଶିହରଣ
ଜହ୍ନ ଆଲୁଅର ଶୀତଳ ପବନେ
ନିତି ନୂତନ ସର୍ଜନ ।

●●

ଜୀବନ କିଆଁ ହେବ ଝଡ଼ର ଯନ୍ତ୍ରଣା
ସେ ତ ରଙ୍ଗର ବିଚିତ୍ରବର୍ଣ୍ଣା
ଭାଗ୍ୟ ହାତର ଡୋରି ବନ୍ଧନ ହେଲେ ବି

ସେ ତ ସ୍ୱୟଂସିଦ୍ଧା ଋତୁପର୍ଣ୍ଣା ?
ମୁଗ୍ଧ ଅନୁଭବେ ଯୋଡୁଥାଏ ସଦା
ନିର୍ବେଦ, ହୃଦ, ଯୋଗାଯୋଗ
ଅତୁଟ ବିଶ୍ୱାସ ଅଖଣ୍ଡ ଆଶ୍ୱାସେ
ଉଜ୍ଜୀବିତ ନବ ସଂଯୋଗ ।

●●

ପବିତ୍ର ଆତ୍ମାର ପରିପୂର୍ଣ୍ଣତା, ଛାଇ ରହେ
ଗୋପନେ ସଞ୍ଚାରେ ମଧୁରତା
ବାତାବରଣ, ପରିବେଶ ବ୍ରାହ୍ମ ମୁହୂର୍ତ୍ତେ
ସଜାଡ଼ି ଧନ୍ୟ ଧରିତ୍ରୀ ମାତା
ଆକର୍ଷିତ କର ଆକାଶ ପୃଥିବୀ ମିଳନେ
ଦୁହିଁଙ୍କ ପ୍ରଣୟତ, ଚିରନ୍ତନୀ
ମୁଗ୍ଧ ଅନୁଭବ, ଅମୃତ ପରଶ ଆଣେ
'ଈଶ୍ୱରସତ୍ତା' ମଧୁ ସଞ୍ଜିବନୀ ।

●●

ଅନ୍ତର ବେଦନା ଚକ୍ଷୁରେ ଭାସେ, କେବେ
ଫୁଟେ ଲୋତକବିନ୍ଦୁ ହୋଇ
ମଧୁ ସ୍ମୃତି, ଚକ୍ ଚକ୍, କାକର ଟୋପା
ରୂପ ନେଇ ହସେ ଶୋଭା ପାଇ ।
ନିତିଦିନିଆ ଏ ପ୍ରୀତିର ପସରା, ଭାଷା
ଅମୂଲ୍ୟ ଅଖଣ୍ଡ, ପ୍ରେରଣା
ପୂର୍ଣ୍ଣତା ଦେଇ, ଶୂନ୍ୟତା ହଜାଏ, ଆଣଇ
'ପ୍ରଭୁ'ଙ୍କ ଅପାର କରୁଣା ।

●●

ପ୍ରଭୁ ବେଦ ମନ୍ତ୍ର, ଗୀତା ଜ୍ଞାନ ସବୁ ତୁଚ୍ଛ
ଯହିଁ ତୁମର ଉପଲବ୍ଧି ମିଳୁଛି
ନିଭୃତେ ଛପି ରହି ଆଦୃତ କରୁଛ
ପୂର୍ଣ୍ଣ ସତ୍ତା ପ୍ରେମମୟ ହୋଇଛି ।
ଆଉ କିବା ଲୋଡ଼ା ଅନିତ୍ୟ ଜୀବନେ

ଆକାଙ୍କ୍ଷିତ ଅମୃତ ପାଇଛି
ଧନ୍ୟ ଜୀବନ, ଧନ୍ୟ ହେବ ବି ମରଣ
ପରିପୂର୍ଣ୍ଣ ପୂର୍ଣ୍ଣତା ଲଭିଛି ।

●●

ଚିନ୍ତନେ, ଚେତି, ସୁଶାନ୍ତ ସଂଗୀତ
ହୃଦୟେ ଭରିଛି ସୁଧା ଅମୃତ
ସେ ଏହି ଧରଣୀର ସନ୍ତାନ ।
ପ୍ରାଣୀ ଜଗତର ଶ୍ରେଷ୍ଠ ସମ୍ପଦ
ନବ ନବ ସୃଷ୍ଟି ନବ ଅନୁଭବ
ଜଗାଇ ରଚାଏ ସ୍ପନ୍ଦନ ।

●●

କର୍ମର ବନ୍ଧନେ, ବନ୍ଦୀ ସେହି ନୁହଁ
ଯିଏ 'ବିଭୂ' କୃପା ଲାଭ କରିଛି,
ସଂସାରୀ ଜୀବନଘାତ, ପ୍ରତିଘାତ
କଷଣ, ହେଲେ ନାଶ କରିଛି
ଦୃଢ଼ ସଂକଳ୍ପ ମନୋଭାବ ହୃଦୟେ
ପ୍ରୀତିଧାରା ଝର ବୁହାଇ
ଅପର ଆନନ୍ଦେ, ବିଷାଦେ ନିୟତ
ଆପଣାକୁ ରଖେ ମିଶାଇ ।

●●

ସେ ତ ମୁକ୍ତ ଆକାଶର ବିହଙ୍ଗ
ଗଗନେ ପବନ ସଙ୍ଗେ ଖେଳି ବୁଲେ
ଲୋଡ଼ା ନାହିଁ କାହା ସଙ୍ଗ
ଅକସ୍ମାତ ଭୟ ପାଇଁ ଭାବେ ନାହିଁ
ଝଡ଼ ବତାସ ଆସିଲେ, ଆସନ୍ତୁ
ସେ 'ବାୟା' ଚଢ଼େଇ ଭାଇ ।

●●

ବିଶ୍ୱନିୟନ୍ତା ସର୍ବ ଶକ୍ତିମୟ,
ଅଜଣା କାହାକୁ ନୁହେଁ ।

ତେବେ କେଉଁ ଅହଂ ଭାବେ ପ୍ରାଣୀ ସଦା
ଛଳନା ଆଶ୍ରୟ ନିଏ ?
ଅନ୍ତର ଜାଣଛି କଲା କର୍ମ ଗୁଣ
ଫଳ ତ ନିଶ୍ଚୟ ମିଳିବ ।
ବାହାଦୂରୀ ଅବା, ସଂଯତ ଶକ୍ତି
ଫଳାଫଳ ପ୍ରାପ୍ତ ହୋଇବ ।

●●

ତାରା ସମ ଫୁଟି ନୀଳ ନଭେ ରହି
ପ୍ରକୃତି ରାଣୀ ସଙ୍ଗେ ଖେଳି
ପ୍ରାଣୀଙ୍କ ହୃଦୟ ସରସିତ କରି
ବାୟୁମଣ୍ଡଳରେ ଘୂରି ।
ଚିରନ୍ତନୀ ସୁଖ ବିତରଣ କରି
ଆବେଶେ ଦିଅନ୍ତି ଭରି ।
ଚିନ୍ତନେ, କରମେ ସମତା ଆସିଲେ
ରହିବ ମସ୍ତକ ମଣ୍ଡଳି ।

●●

ଅପର ସୁଖେ, ନିଜକୁ ନିୟୋଜିତ କରି
'ଜୀବ' ହୁଅଇ ପରମ ସୁଖୀ
ଦୁଃଖ ଛଳନା, ବିଷାଦ ବେଦନା ନ କରେ
ତାକୁ କେବେ ହେଁ ପରାଣେ ଦୁଃଖୀ ।
ସ୍ୱୟଂ ସମ୍ପୂର୍ଣ୍ଣ, ଶୁଦ୍ଧ ଆଚରଣ, ସମ୍ବାଦ
ସେତ ସଭିଙ୍କ ଆଦର ଧନ,
ସବୁରି ଶ୍ରଦ୍ଧା, ଆଦର ପ୍ରୀତି, ସମ୍ମାନ
ପାଇ, ସେହି ବଳେ ବଳିୟାନ ।

●●

ପଙ୍କ ସରୋବର, ପଦ୍ମ ପରି ଫୁଟି
ସବୁରି ଆଦରର ଧନ ହୁଅ ।
ବଂଶ, ଗୁଣ ଗାରିମା, ବଢ଼ାଇ ନ କରି
ନିଜ ଗୁଣେ, ବଶୀଭୂତ କରାଅ ।

ଆପେ ବଢୁଥିବ ବଂଶର ମର୍ଯ୍ୟାଦା
ହେବ ଲୋକମୁଖେ ଗୁଣ କୀର୍ତ୍ତନ ।
ବଣ ମଲ୍ଲୀ ପରି ଝରିଯିବ ନାହିଁ
କାଳକାଳକୁ ସୌରଭେ ମଣ୍ଡନ ।

●●

ଶ୍ରଦ୍ଧା ସ୍ନେହ ଶୁଦ୍ଧ ମନୋଭାବ ଶକ୍ତି
କର୍ମ କରାଏ ପବିତ୍ର, ଅନ୍ତରେ ଶାନ୍ତି
ଅଜାଣତେ ଛପିଆସେ, 'ମୁଁ' ମନୋଭାବ
ଦୃଢ଼ ପଣେ ପଥରୋଧ, ସେ ହିଁ ଶତ୍ରୁ ତବ ।

●●

ଘଣ୍ଟା ଘଣ୍ଟି ଧ୍ୱନି ଶୁଭ ଶଙ୍ଖ ସ୍ୱର
ଶାନ୍ତ ସମାହିତ ହୃଦ ।
ମଧୁର ଗୁଞ୍ଜନ ଗୁଞ୍ଜରିତ ହୁଏ
ମିଟିଯାଏ ହୃଦ ଧ୍ୱନ୍ଦ ।
ଜୟ ଜୟକାର, ପ୍ରତିଧ୍ୱନି ଧୂନ୍
ସୃଷ୍ଟି କରେ ଶିହରଣ ।
ଚତୁର୍ଦ୍ଦିଗେ ଚାହେଁ, ଅକଳନା ଶକ୍ତି
କରେ ନିର୍ବାକେ ନିରୀକ୍ଷଣ ।

●●

ଅକସ୍ମାତେ ଘଟେ ଯେତେ ଅଘଟଣ
ଅଗ୍ନି ଉତ୍ତାପ ଜଳାଇବ ତନୁମନ ।
ମୃତ୍ୟୁକୁ ଲୋଡ଼ିଲେ, ସ୍ୱସ୍ତି କି ପାଇବ
ସେପଟ ପରଦା, ଅନ୍ତରାଳେ ତବ ।

●●

'ବିଜୟ'ର ଟୀକା ଭାଇପଟେ ଲେଖା
ସାର୍ବଜନିକ ଆତ୍ମାର ଅଦୃଶ୍ୟ ରେଖା
ତୁଷାର ସମ ଜମାଟ ଜମି ବାନ୍ଧି ରଖିଛି
ତହିଁରୁ ଚାହେଁନା ମୁକ୍ତି, ତାକୁ ହିଁ ଗୋପନେ ସଞ୍ଚିଛି ।

●●

ପରମାତ୍ମା ଖଞ୍ଜିଛନ୍ତି, ଶୁଦ୍ଧ ସ୍ୱାଧୀନ ଚେତନା
ସେ ଚେତନାର ବଳ ଆଣେ ସାତ୍ତ୍ୱିକ ଭାବନା
ସୁଭାବନା ଅଗ୍ରଗତି ପଥେ, ସନ୍ତୋଷିତ ମନ
ସହ୍ୟ ଶକ୍ତି ଦୃଢ଼, ଶୃଙ୍ଖଳିତ ଆତ୍ମାର ବନ୍ଧନ ।

●●

ମନେ ପ୍ରାଣେ ତୁମକୁ ମୁଁ ଯେତେ ଖୋଜୁଥାଏ
ମନେ ହୁଏ, ତୁମ ସଖ୍ୟ, ସେତେ ଦୂର ଯାଏ ।
ନ ଚାହିଁଲେ ତୁମ ବନ୍ଧନ, ଆସିବ କି ପାଶେ ?
ଲୋଡ଼ା ନାହିଁ ତେବେ ତାହା ଥାଅ ହୃଦ ବାସେ ।

●●

ତୁମ ଅନୁଭବ ସୃଷ୍ଟି କରାଏ
ଉଚ୍ଚତର ଅଭିଳାଷ ।
ନବ ନବ ଶକ୍ତି, କାହୁଁ ଆସେ ପ୍ରାଣେ
ରଚାଏ ପ୍ରୀତି ପରଶ ।
ସେ ପରମ ଭାବ, ଅନନ୍ୟ ଅଭିଜ୍ଞ
ଅକଳନ୍ତି ଯାର ସୀମା
ଧନ୍ୟ କରାଏ ଜନମ, ମରଣ
ସୃଜନନେ ଆଣେ ମହିମା ।

●●

ସିଧା ସରଳ ମନ ଦିଆନିଆ
ଭାବ କି ଆସଇ ଆପେ ?
ଅଦୃଶ୍ୟ ଦେବତା, ଗୋପନେ ଥାଇ
ଭିଆଣ କରନ୍ତି ସତେ ?
କେଡ଼େ ଅନୁପମ, ସାର୍ଥକ ସେ ମନ
(ଯାହା) ନ ଛୁଡ଼ି ଚେତନା ପଥ
ଜୀବନ ଦର୍ଶନ, ଅଙ୍କନ କରେ
ଆଦର୍ଶେ ଚଳେ ସତତ ।

●●

ତ୍ୟାଗରେ ବଡ଼ିମା ଛାଇ ରହେ ଯଦି

ପ୍ରେମେ କର ସଂଶୋଧନ
ନୀତି ନିୟମର ବନ୍ଧନେ ନ ରହି
କର, ଆନନ୍ଦ ବିତରଣ ।
ତହିଁରୁ ସୃଜିବ ତ୍ୟାଗର ମହିମା
ଯିବ ମନ୍ଦ, ବୁଦ୍ଧି, ଅକ୍ଳେଶେ,
କେଡ଼େ ସହଜରେ, ଆସିବେ ନିକଟେ
ପରମ ପୁରୁଷ ସହାସ୍ୟେ ।

●●

ଏ ମୁଖୁ ନ ଫୁଟୁ ମନ୍ଦ ବଚନ
ଏ ହୃଦ ନଚିନ୍ତୁ ଘୃଣ୍ୟ ଚେତନ ।
ଏ ଚକ୍ଷୁ ନ ଦେଖୁ କଲୁଷ ଦୃଶ୍ୟ
ଏ କର୍ଣ୍ଣେ ଶୁଭୁଥାଉ ପ୍ରଭୁଙ୍କ ଭାଷ୍ୟ ।

●●

ସ୍ୱାଧୀନ ଏ ତନୁମନ, ସ୍ୱାଧୀନ ଚିନ୍ତନ
ଏ ସ୍ୱାଧୀନତା ମୋର, ଜନମୁ ଆହରଣ ।
ଉପଯୁକ୍ତ ଅଭିନବ ସୁକର୍ମେ ସଦା ବ୍ରତୀ
ଅଲଙ୍କୃତ ଜୀବନର ଆଦର୍ଶେ ବଞ୍ଚନ୍ତି ।

●●

ଦେଶ ମାତୃକାର ପୂଜା କର, ଧନ୍ୟ ଜୀବନ ଗଢ଼ି
ଆକାଙ୍‌କ୍ଷିତ ହୃଦେ, ଅମାପ ଶାନ୍ତି ପୁଣ୍ୟ ସଂକଳ୍ପ ବଢ଼ି
କର୍ମେ ଆଚରେ ସୃଜନ ଶକ୍ତି, ଚିନ୍ତନେ ରହେ ଧର୍ମ
ମାନବଜାତି ଯୁଗେ ଯୁଗେ ଆସି ଧରଣୀ କରନ୍ତି ଧନ୍ୟ ।

●●

ସଦାନନ୍ଦ ପ୍ରବୃତ୍ତି ଚିରାନନ୍ଦେ ରହି
ଅଭିନବ ସୌନ୍ଦର୍ଯ୍ୟ ସୃଷ୍ଟି କରୁଥାଇ ।
ସୃଷ୍ଟିକର୍ତ୍ତା ହେଉଥାନ୍ତି ପରମ ଆନନ୍ଦ
ସର୍ଜନା ତାଙ୍କର କେବେ ହେଁ ହୋଇବ କି ମନ୍ଦ ।

●●

ଆପଣା ଖୁସିରେ ଜଗତର ଖୁସି

ହର୍ଷିତ ନୟନେ ଦେଖି,
ପୁଲକିତ ମନ ପ୍ରାଣ, ନିରନ୍ତର
ଭାବାବେଗ ରଖେ ଚାପି ।
'ସେ' ନ ଚାହିଁଲେ କାହୁଁ ବା ମିଳିବ
ଅପୂର୍ବ ହୃଦୟ ହର୍ଷ ।
ଦୁଃଖ, ଝଡ଼, ଝଞ୍ଜା ସଂସାରୀ ଜଞ୍ଜାଳ
ମଧ୍ୟେ ଅପରୂପ ପ୍ରକାଶ ।

●●

ଚିନ୍ତା ଚୈତନ୍ୟରେ ଦୃଢ଼ତା ଆଣିଲେ
ହୁଅଇ ସର୍ବଦା ଜୟ
ଖାଲ ଢ଼ମା ଆସୁ, କଷଣ କପଟେ
ନ ହୁଏ ଚେତନା କ୍ଷୟ ।
ସୁଚିନ୍ତିତ ହୃଦ 'କମଳ' ସଦୃଶ
ସୌରଭ ବର୍ଣ୍ଣନ କରେ ।
ଆପଣା ବଳରେ ବଳୀୟାନ ରହି
ବାସେ ସବୁରି ଅନ୍ତରେ ।

●●

ନିଷ୍ପାପ କଳିକା ସମ କଢ଼ିଟିଏ ହୁଅ
ବାୟୁର ପରଶେ ନିଜ କର୍ତ୍ତୃତ୍ୱ ଦେଖାଅ ।
ସୁଗନ୍ଧିତ ପୁଷ୍ପସମ ସୌରଭ ଖେଳାଇ
ଧରଣୀ ବକ୍ଷକୁ ଦିଅ ଆମୋଦେ ହଜାଇ ।

●●

ଧର୍ମର ଆଖ୍ୟା ଦେଇ ଖୋଜିଲେ ମାଧବଙ୍କୁ
ସ୍ୱପ୍ନ ସମ ହଜନ୍ତି ଛଟକେ, ଆଖିପତା ଫାଙ୍କୁ
ମାନବ ସେବା ତ, ମାଧବ ସେବା ଯାଇଣ ଭୁଲି
ବ୍ୟଥିତ ନ ହୋଇ, କ୍ରୋଧିତ ହୁଏ ନିଜସ୍ୱ ହାରି ।

●●

ଅନ୍ତର ପବିତ୍ରତା ଗୁଞ୍ଜରିତ ରହି
ଚତୁଃପାର୍ଶ୍ୱ କରୁ ରଞ୍ଜିତ,

ବଞ୍ଚିତ ନ କରି ପ୍ରାଣୀ ଜଗତଙ୍କୁ
କ୍ଷୁଧାର୍ତ୍ତଙ୍କୁ କରାଅ ତୃପିତ ।
ସନ୍ତୁଷ୍ଟ ରହନ୍ତୁ ଆତ୍ମା, ପରମାତ୍ମା,
ବଢ଼ି ଚାଲୁ କର୍ମ ଦକ୍ଷତା
ଭକ୍ତି ରସେ ବୁଡ଼ୁ, ଅନ୍ତର ବାହାର
ପୂଜ୍ୟ, ଜୀବନ୍ତ ଦେବତା ।

●●

ସୂକ୍ଷ୍ମରୁ ସୂକ୍ଷତର ଚିନ୍ତନେ
ଅନ୍ଧାରେ ବିଦ୍ୟୁତ ସମ ଆସି
ସଞ୍ଚରି ଯାଅ ମନ ଗହନରେ
ବିନା ହୃଦ୍‌ବୋଧ ତିଳେ ନ ଆସି ।
ସଫଳତା ସୂତା କିପରି ଦେଖିବି
ଭାଗ୍ୟକୁ ଆଦରି ରହିବି ?
ଲକ୍ଷ୍ୟସ୍ଥଳ ଦୂରେ ଘୁଞ୍ଚୁଥିବ
ନିଷ୍ଫଳ ଆକ୍ରୋଶେ କାନ୍ଦିବି ?

●●

ଅନ୍ଧାରେ ଦେଖିବା ସ୍ୱପ୍ନ,ଆଲୋକେ
ଉଭେଇ ଯାଏ
ଗହନ ମନର ଭାଷା, ନ ଫୁଟି
ପାଶୋରି ଦିଏ
ବ୍ୟଥିତ ଅନ୍ତରେ ଧ୍ୱନ୍ଦ, କୁହୁଳି
ରାହା ହରାଏ ।

●●

ମୂଲ୍ୟାଙ୍କନ କର, ଆପଣା ମନର
ଅମୂଲ୍ୟ ସେ ମନୋଭାବ
ସ୍ୱଧର୍ମେ ପୂଜିତ ସ୍ୱକର୍ମେ ରଞ୍ଜିତ
ସେହି ଶ୍ରେଷ୍ଠପୂଜ୍ୟ 'ଦେବ' ।
ସମୁଚିତ ଭାବେ, ସଭିଙ୍କୁ ସେବିଣ
ପୁଣ୍ୟର ଆଶ୍ରୟ ନିଅ

ଛଳନା, କପଟ, ସେ ତ ଜାଣୁଛନ୍ତି
ତହିଁରୁ ଯୋଜନ ଦୂରେ ରହ ।

●●

ସରଳତା ଦିଏ ଆହ୍ଲାଦ, ନିଷ୍ପାପ,
କୋମଳ, ତହିଁରୁ ଜନ୍ମ
ଦୟା, କ୍ଷମା, ସେବା, କାର୍ଯ୍ୟ କରୁଥାନ୍ତି
ପ୍ରସ୍ଫୁଟିତ ପୁଷ୍ପ ସମ ।
ଅଜାଣତେ କେତେ ବାସ୍ନା ବାଣ୍ଟୁଥାଏ
ମହକେ ରଖଇ ବାନ୍ଧି
ଅଲୋଡ଼ା ଗଣ୍ଠି, ଅଫିଟା ରହଇ
ବୃଥାରେ ନ ହୋଇ ଛନ୍ଦି ।

●●

ମହତ ସତ୍ୟ, ଶୀର୍ଷରେ ରହେ
କରେ ଶ୍ରେଷ୍ଠତା ପ୍ରତିପାଦିତ
'ମୁଁ'ର ଅହଂ, ନିନ୍ଦିତ, ଚେତନା
ହୁଏ ସବୁକର୍ମ ବିଡ଼ମ୍ବିତ
ମନୁଷ୍ୟ ସୃଷ୍ଟି, ଶ୍ରେଷ୍ଠ ସର୍ଜନା
କରେ 'ଦେବଗଣେ' ଲୋଭାସକ୍ତ
ସର୍ବଦା ରହିବ ସେହି ସ୍ଥାନେ
ସେତ, ମହତ ପଣେ ପରିଚିତ ।

●●

ତୁମ ଚରଣରେ ଅର୍ପଣ କରି ନିରାଶକ୍ତ ଏହି ମନ
କିଛି ପାଇବା, ଲୋଡ଼ିବା, ଚାହୁଁନାହିଁ ତୁମେ ହିଁ ସର୍ବ ଜାଣ ।
ଭଲ ମନ୍ଦ ଯାହା ଭୋଗି ଭୋଗାଇଛ ଫଳାଫଳ ଜାଣିଛ
ଶୂନ୍ୟ ହୃଦୟ ଜାଣିବାକୁ ଚାହେଁନା ଆଗକୁ କ'ଣ ରଖିଛ ।

●●

ଅର୍ପଣ କରି, ପ୍ରାଣ ଶକ୍ତି ଧନ
ଆକାଙ୍‌କ୍ଷା ଲୁଚାଇ ରଖେନା
ଚିନ୍ତା, ଭାବନା, କାମନା, ବାସନା,

ଶୂନ୍ୟ ଅନ୍ତରେ କିଛି ଗଢ଼େନା ।
ତୁମ ପରେ ସବୁ ଭାରା ଲଦି ଦେଇ
ମୁକ୍ତ ମୁଁ, ମୋ ପରିଧିରେ
ଭରସା ଭରିଛି ଚତୁର୍ଦ୍ଦଶ ମୋର
ନିତ୍ୟ ସୁଧାରସ ପାନ କରେ ।

●●

ମୋର ଚାରିପଟେ, ଯେତେ ପ୍ରତିଧ୍ୱନି
ପିଟିପିଟି ଯାଉଛି ଛାତିକୁ
ଇନ୍ଦ୍ରଧନୁ ରଙ୍ଗେ ସଜାଉଛି
ପବନର ଅଦେଖା ହାତ, ଢାଙ୍କୁଛି
ଅଦୃଶ୍ୟ ତୀର ବିନ୍ଧା, ସେ କ୍ଷତକୁ
ଧୈର୍ଯ୍ୟର ଅସୀମ ଜୟଯାତ୍ରା
ପଥ ଧାର ବୃକ୍ଷର ଛାୟା
ରବିଙ୍କ ଗତି ସାଙ୍ଗେ ବଦଳେ
ଆଲୋକିତ ମନର ମାୟା ।

●●

ଶିଶୁର କୋମଳ ମନ, ନିର୍ମଳ ପବିତ୍ର ପ୍ରେମ
ଅନାବିଳ ସ୍ନିଗ୍ଧ, ଦରୋଟି ଭାଷା,
ସେହିପରି ଯଦି ମୋ ମନ ରହିଥାନ୍ତା ସବୁଦିନ
ବୁଝୁଥାନ୍ତି ସେହି ପରିଭାଷା ।
ଗଣା ହେଉଥାନ୍ତି ଶ୍ରେଷ୍ଠ ମଣିଷରେ
ପଦେ ପଦେ ଝୁଣ୍ଟି ଖାଲ ଢ଼ିମା ଟପି
ହରବର ହୁଅନ୍ତିନି ହାଟବାଟରେ ।

●●

ଆତ୍ମାରେ ଝରୁଛି ବର୍ଷା ବାରିଧାରା
ତୁଷାର ସମ ହୃଦୟ ଶୀତଳ,
ନିତି ଜୀଇଁ, ନିତି ମରୁଛି, ଜୀବନ
ଅଗ୍ନି ଉତ୍ତାପ, ତୁଚ୍ଛା କାକର ।
ମୋ ନିରୋଳା ମନ, ପୃଥିବୀ ଏକାକିତ୍ୱ

ସାଉଁଟି ସଜାଡ଼ି ରଖି ପାରେନି
ପ୍ରତିବିମ୍ବ କଣ କୁହେ ବୁଝେନି ।

●●

ନିତି ପ୍ରତି ଚଳଣିରେ ସୁଧା ଭରିଦିଅ
ଆଖି ବୁଜି ନିଜକୁ ନିଜେ ଭୁଲିଯାଅ ।
ଅନନ୍ତର ଅନ୍ତ ନାହିଁ ସ୍ଥିରତା ମଧୁର
କାନ ଡେରି ଶୁଣ ତାହା, ଅନ୍ୟର ସ୍ୱର ।

●●

କ୍ଷତ, ବିକ୍ଷତ ଜୀବନ ପ୍ରଣାଳୀ
ପ୍ରାଣୀ ଜଗତର କୁହୁକ
ଶରୀର ଧାରଣ ଆଘାତ ଆଣେ
ସୁଦୃଢ଼ କରେ ସମ୍ପର୍କ ।
ଜହ୍ନର ଜୋଛନା, ସ୍ୱପ୍ନର ଉନ୍ମନା
ଦୂରର ଦିଗ୍‌ବଳୟ
ବିନ୍ଦୁରୁ ସିନ୍ଧୁର ଉତ୍ପତ୍ତି କରାଏ
ଆପେ ହୁଏ ଦିଗ ନିର୍ଣ୍ଣୟ ।

●●

ସ୍ୱଚ୍ଛନ୍ଦରେ ଘୂରି ବୁଲିବା ପକ୍ଷୀଟିଏ
ବୁଝିବନି 'ମହୁମାଛି'ର ବ୍ୟଗ୍ରତା
ଘରଟି ଗଢ଼ି, ଅପର ସୁଖ ଆଣି
କଣ ବା ପାଏ ନିଜ ସାର୍ଥକତା ।
ଊର୍ଦ୍ଧ୍ୱ ଗଗନେ ବାଦଲ ଗହଣେ ରହି
ମର୍ତ୍ତ୍ୟର ଯାତନା କେତେ ସୁମଧୁର
ଅନୁପମ ହୃଦୟ ପ୍ରୀତି ମନ୍ଦିର ।

●●

ଆଶ୍ୱାସନା ଦିଏ, ଆପଣା ମନକୁ
ପାଦଧୂଳି ଥାପେ ମସ୍ତକେ ।
ମରମେ ମରି, ବ୍ୟର୍ଥ ଚିନ୍ତା କରେନା
ଶାଶ୍ୱତ ଜୀବନ ଝୁରେନା ।

ପୁରାତନ ରୀତି, ମଧୁଭରା ପ୍ରୀତି
ଅମରତ୍ୱ ରହିଥିବ
ସ୍ୱଚ୍ଛ ସଂଯମ ପବିତ୍ର ଧାରା ମିଳନ ଗୀତି
ପିୟୁଷ ବିଶ୍ୱେ ଢ଼ାଳିବ
ଭୁଲିବନି ବ୍ୟର୍ଥ ଲୋତକେ।

●●

ଆତ୍ମା ଅଧିଶ୍ୱର, ଆତ୍ମାରେ ନିବାସ
ଆତ୍ମଜ୍ଞାନ ଉପୁଜାଅ
ପାପାତ୍ମା କିପରି, ଉତ୍ପତ୍ତି ହୋଇବେ
ସେ ସନ୍ଦେହ ଫେଡ଼ିଦିଅ ।
ସବୁରି ହୃଦୟେ ନିବାସ ତୁମ୍ଭର
ସବୁରି ହୃଦୟ ଆଶ
କହ ତେବେ କିମ୍ପା ହୁଏ ହିନିମାନ
ଭେଦଭାବ ହୁଏ ଦୃଶ୍ୟ ?

●●

ମଙ୍ଗଳମୟ ମଙ୍ଗଳ ଚେତନା ଢାଳୁଛ
ସେ ମଙ୍ଗଳଧାରା, ଝରେ ଧୀରେ ଧୀରେ
ଧୈର୍ଯ୍ୟ ନିରନ୍ତରେ, ଅଦୃଶ୍ୟ ପରଖୁଛ ।
ଆକାଙ୍କ୍ଷା ବାସନା, ହୁତାଶନ ସମ ଜଳେ,
ଦିଅ ପୂର୍ଣ୍ଣାହୁତି, ଦୂରାଅ ଅଶାନ୍ତି
ବଶୀଭୂତ କର ଅନ୍ତର ଅନଳ ପଳେ ।

●●

କରିପାରିବ କି ମୋତେ ତୁମ ପାଖଲୋକ
ଦେଇ ପାରିବକି 'ତୁମରି' କର୍ମ ରକ୍ଷକ
ବିଶ୍ୱାସ କରିଣ ସହାୟ ହୋଇଣ
ରଖିବ ମୋ ଧର୍ମର ଟେକ
ଅକିଞ୍ଚନା ନୁହେଁ ମୁହିଁ ପାଖଲୋକ ପଣ ପାଇ
(ରଖିଛି) ମହତ ପଣର ମାପ ।

●●

ତୁମରି କରୁଣା ଭିକ୍ଷାରେ ସତତ
ହସ୍ତପାତି ଚାହିଁଅଛି
ତୁମ ଓ ଅନୁଗ୍ରହ ବିନା ମୋ ଜୀବନ
ମରୁଭୂମି ପାଲଟିଛି ।
ଧ୍ୱନ୍ଦ, ବିକ୍ଷୁବ୍ଧ, ଅବିଶ୍ରାନ୍ତ କରତେ
ଅଶାନ୍ତ ହୃଦୟ ଭୂମି
ଯହିଁ ଥାଅ, ଥରେ ନିକଟକୁ ଆସ
ମଧୁର ଚେତନେ ରମି ।

●●

ଅନୁଭବେ ସଦା ତୁମକୁ ପାଇଣ
ହୃଦ ହୁଏନା ସନ୍ତୋଷିତ,
ପ୍ରେମମୟ ଚିନ୍ତନେ, ପୂଜନ କରଇ
ହୁଏ ନାହିଁ ବିହ୍ୱଳିତ ।
ସାଧନା କି ନ ହେବ ପୂରଣ
ଜାଣିଛି ଯୁଗ ଯୁଗ ଧରି ଯୋଗୀ ଋଷିଗଣ
କରି ଚାଲିଛନ୍ତି ସାଧନ ।

●●

ସୁନ୍ଦର ଏହି ଧରଣୀ, ସଜ୍ଜିତ ବହୁ ରଙ୍ଗେ
ତୁମେ ସେହି ଚିତ୍ରକର ଚିତ୍ରିତ କରିଛ
ମନ ଲାଖୀ ମନ ସଙ୍ଗେ ।
ବିବିଧତା ସୃଷ୍ଟି କରି ସୌରଭ ତହିଁରେ ଭରି
ସୁଖାନନ୍ଦେ, ପ୍ରାଣୀଗଣେ ପ୍ରୀତିପୂର୍ଣ୍ଣ ହୃଦେ
ଛଳାଇଛ ମଧୁଛନ୍ଦେ ।

●●

ଛୋଟ ଛୋଟ ଯେତେ ମଧୁ ଆଶା
ସେଥିପାଇଁ ଆକାଙ୍କ୍ଷାର ଭାଷା
ମୁହଁ ଖୋଲି ଆସେ ନାହିଁ ଅପେକ୍ଷାରେ ଥାଏ ରହି
ପ୍ରତୀକ୍ଷାରେ ପୂରେ ଅଭିଳାଷା
ମରମେ ସରମେ ମଧୁ ଆଶା ।

●●

ରଙ୍ଗୀନ ଏକ, ପୁଷ୍ପ ସ୍ତବକ
ପ୍ରାତଃ କାଳେ ଫୁଟେ ଅନ୍ତରେ
ଅର୍ଚ୍ଚନା କରେ ଆପଣା ବନ୍ଧୁଙ୍କୁ
ଗୁପ୍ତ ଅନ୍ତର, ଅଭ୍ୟନ୍ତରେ
ତୃପ୍ତ ହୃଦୟ, ଦୀପ୍ତ ରହଇ
ଉତ୍ତାପେ ହୁଏନା ବ୍ୟଥିତ
ଆଶ୍ୱସ୍ତ ହସ୍ତ ମସ୍ତକେ ରହେ
ସାଧନା ବ୍ରତୀ ସେ ସନ୍ତତ ।

●●

ଧର୍ମ ବୀଜରୁ ଉତ୍ପତ୍ତି ମାନବ
ଶ୍ରେଷ୍ଠ ପ୍ରାଣୀ ରୂପେ ହୋଇ ଉଦ୍‌ଭବ ।
ଧର୍ମେ ରହି ସେତ ଅଜୟ ଅମର
ପାଳନ କରେ ସେ ସତ୍ୟର ତ୍ରିଗାର ।

●●

ହସ ଖୁସି ଆନନ୍ଦ ଭରପୁର ଅଛ ରହି ମନେ
ବିତରଣ କର ସେହି ହସଖୁସି ଅନ୍ୟେ
ବଢୁଥିବ ତାହା ଅଜାଣତେ ଦିନେ ଦିନେ
ଯିବା ପରେ ତାହା ଝୁରୁଥିବ ଅନ୍ୟ ମନେ ।

●●

ବିଭିନ୍ନତା ରଙ୍ଗ ଦେଇ ଧୀରେ ଧୀରେ
ବଦଳନ୍ତି ବସୁମତୀ
ତହିଁ ସଙ୍ଗେ ତାଳ ଦେଇ ତୁମେ ମଧ୍ୟ
ବଦଳାଅ ଇଚ୍ଛା ଶକ୍ତି
ଏହା ତ ଅଦେଖା ଶକ୍ତିର ସର୍ଜନା
ସଭିଙ୍କ ସହଜ ମନର ସଣ୍ଡଣା
ହେଳା ନ କରିଣ ସୁଧାର ଆଣିଣ
ଦୂରାଅ ବିପତ୍ତି ଆପତ୍ତି ।

●●

ତୁମକୁ କହଇ, ମୁଖରେ ନ ଦିଅ କୁଭାଷା ?
ଅନ୍ତର ଫୁଟି ବିକଶିତ ହେଉ ସୁଭାଷା
ତୁମେ ତ ରହିଛି ଅନ୍ତରେ ବାହାରେ
କିପିର ନ ହେବ ମଧୁରେ ସଧୀରେ
ବିକଶିତ ବାକ୍ୟର ଅଭିଳାଷ ।

●●

ପରଂବ୍ରହ୍ମ ତୁମେ ଦାରୁବ୍ରହ୍ମ ରୂପେ ଆସ
ବ୍ରହ୍ମାଣ୍ଡ କର୍ତ୍ତା ଲୀଳା ବ୍ରହ୍ମ ରାସ ରସ ।
ସତ୍ୟ ବ୍ରହ୍ମ ରୂପେ ଶୂନ୍ୟ ବ୍ରହ୍ମ ରୂପ ନିଅ
ଜ୍ୟୋତିବ୍ରହ୍ମ ତୁମେ ଆଦି ବ୍ରହ୍ମ ରୂପ ନିଅ ।

●●

ଓଁକାର ପରମବ୍ରହ୍ମ ଆତ୍ମା ବ୍ରହ୍ମେ ରହି
କୁଶଳୀ ଜ୍ଞାନଭଣ୍ଡାର, ଦାତା ରୂପେ ଦେଇ
କାଳକାଳକୁ ରହିଛ ଶୂନ୍ୟ ବ୍ରହ୍ମ ରୂପ ନେଇ
ସ୍ୱର ବ୍ରହ୍ମ, ସୁସ୍ୱର ଦେଇଛ ନାଦ ବ୍ରହ୍ମ ହୋଇ ।

●●

ସଙ୍ଗତି ଅସଙ୍ଗତି ନେଇ ଆମରି ଗଢ଼ଣ
ଆପଣା କ୍ରିୟାରେ ଆଣ ତହିଁରେ ସଗୁଣ ।
ପ୍ରୀତି ଜ୍ୟୋତି ଦେଇ ତାକୁ ପ୍ରଜ୍ୱଳିତ କର
ସୁଷମା କ୍ରିୟାରେ ତହିଁ ମଧୁରତା ଭର ।

●●

ଏହି ମନ ରତ୍ନଗର୍ଭା, ଅସରନ୍ତି ଧନେ ପୂର୍ଣ୍ଣ
ନିଶେଷଃ ନ ହୁଏ କେବେ, ଯେତେ କାଢ଼ ଧନଧାନ୍ୟ ।
ଆପେ ଆପେ ହୁଏ ପୂର୍ଣ୍ଣ କର୍ମ ଗୁଣେ ଧର୍ମ କରେ
ସେ ଫଳ ପ୍ରାପତ ହୁଏ ଏପାରେ, ପରପାରେ ।

●●

ତୁମରି ସଭାରେ ତୁମେ ଗଢ଼ିଚାଲ
ନିତି, ନିତ୍ୟ ନବରୂପ,
ସ୍ଥାବର ଜଙ୍ଗମ କୀଟ ପତଙ୍ଗ

ଅଭିନବ ଅପରୂପ ।
ଶ୍ରେଷ୍ଠ ମାନ୍ୟତା, ନିଜ ନିଜ ଗୁଣେ
ଲଢ଼ିବାକୁ ଛାଡ଼ିଦେଇ
କେଉଁ ପରୀକ୍ଷାରେ ଉତ୍ତୀର୍ଣ୍ଣ ହେବାକୁ
ବାଟକୁ ଦେଲ ପଠାଇ ?

●●

ମନର ସନ୍ତାପ ହୃଦୟର ମିଳାପ
ମୁଖରେ ଭାଷା ନ ଦିଏ ।
ଟଗବଗ ପୁଟି ରାମ୍ପୁଡ଼ି ବିଦାରି
କୋହକୁ ସଜାଡୁଥାଏ ।
ପଙ୍କରୁ ପଙ୍କଜ, ବଣ ମଲ୍ଲୀ ଫୁଲ
ସୁଗନ୍ଧ ହରାଏ ନାହିଁ
ଦୂରୁ ଦୂରେ ଯାଇ ସୁବାସ ବାଣ୍ଟଇ
ପାଖକୁ ଟାଣି ଆଣଇ ।

●●

ସ୍ୱପ୍ନର ବିଳାସିଣ କାର୍ଯ୍ୟତଃ କଠିଣ
ଚିନ୍ତା ଚେତନାରେ ଆଣି ଶିହରଣ
ମନ ଉତ୍‌ଫୁଲ୍ଲ କରାଏ
ମଧୁର ସ୍ୱଭାବ, କୁହୁକ ପ୍ରଭାବ
ଆପେ ହସି, ଖୁସି ଝରାଏ ।

●●

ସୃଷ୍ଟିର ଆରମ୍ଭ କରି, ସର୍ଜନା କରି ଚାଲିଛ,
ଗଢ଼ି ଗଢ଼ି ଭାଙ୍ଗି ଭାଙ୍ଗି, ହତାଶ ନ ହେଉଛ ?
ମନ ତୁଷ୍ଟି ନ ହେଲାତ ମଧୁରତା ଢ଼ାଳୁଛ
ସନ୍ତୋଷ ଆସିଲେ ପୁଣି କାଳିମାକୁ ଖୋଜୁଛ ।

●●

ଅନ୍ତରୁ ଗଭୀର ଉଦାରତା ଢ଼ାଳି
ପ୍ରାଣକୁ କର ସରସ
ଉଚ୍ଛ୍ୱାସ ଆବେଗ ଆତୁରତା ପଣେ

ମନ ନ ହେଉ ନିରାଶ ।
କର୍ମରେ, କଥାରେ, ଆଚରଣେ ଆଣ
ସୁଧୀର ସତ୍ ସାହସ
ପରୋକ୍ଷ କଟାକ୍ଷ ଲୁଚି ରହିଯାଉ
ପ୍ରାଣୀଙ୍କୁ ଦିଅ ଆଶ୍ୱାସ ।

●●

ତୁମରି ସତର୍କ ଆଖି, ଖୋଲା ରଖି
ଚାହିଁ ଥାଉ ଥାଉ
ଅଘଟଣ ଘଟେ ଯାହା, ନିବାରଣ
ନ କର ବେଳ ଥାଉଁ ?
ଏ କି ଅବାନ୍ତର ଆଚରଣ,
ଅପଲକେ ଦେଖୁଁ ଦେଖୁଁ ନିରନ୍ତର କରି ଚାଲ
ଆଡ଼ମ୍ବରେ ପାରିବାର ପଣ ?

●●

ଅନ୍ତରର ଗୋପନ ଗହ୍ୱରୁ ଭାସିଆସେ
ଅପୂର୍ବ ଓଁକାର ଧ୍ୱନି
ବଶୀଭୂତ ହୁଏ ଆପଣା ନିଜସ୍ୱପଣ
ପ୍ରେମମୟ ସ୍ୱର ଶୁଣି
ସେହି ଲହରୀରେ ଭାସିଯାଏ
ସରସତା, ନିରସତା ହଜାଇ ଦୂରେଇ
ଶୁଦ୍ଧ ସୁସଂଗୀତ ଗାଉଥାଏ ।

●●

ମାତା ଧରିତ୍ରୀ ଧାରଣ କରନ୍ତି
ବନସ୍ପତି ଦୁର୍ବାନଳ
ନଦ ନଦୀ, ମହୋଦଧି ଝରଣା
ସଜାଇ ଆପଣା କୋଳ ।
କେତେବେଳେ ଶୃଙ୍ଖଳିତ ଥାନ୍ତି
ଅନ୍ୟ ବେଳେ ବିଡ଼ମ୍ବନା
ଆଚରଣେ ଆଣି ଉଚ୍ଛୃଙ୍ଖଳ ଭାବ

ସଂହାର ଧ୍ୱଂସ ଭାବନା ।

●●

ସତ୍ ଚିନ୍ତା, ସତ୍ କର୍ମ, ସଦିଚ୍ଛା, ସଦ୍‌ଗୁଣ
ପରିପ୍ରକାଶେ, ବିକଶିତ ଶୁଦ୍ଧ ଆଚରଣ
ଦିନୁଦିନ ବଢ଼ିଚାଲେ ମହକେ ମହକି
ପୂର୍ଣ୍ଣ ସମର୍ପିତ ପ୍ରାଣ ରତ୍ନେ ସଦା ସୁଖୀ ।
ସାଉଁଟି ଗୋଟାଇ ଚାଲ କର୍ମ ଗୁଣ କୀର୍ତ୍ତି
ସଂଗୀତେ ସଂଳାପେ, ଶ୍ରଦ୍ଧା ସ୍ନେହ ସୁପ୍ରୀତି
ନୀଳ ନଭେ ଭସାମେଘ ସମ ଭାସିଯାଅ
ସେ ସୌନ୍ଦର୍ଯ୍ୟ ବିତରଣେ ଆପେ ହଜିଯାଅ ।
ମଧୁର ଉଷ୍ମତା ବିଞ୍ଚିଦିଅ ଅବିଶ୍ରାନ୍ତ
ନ ଆସୁ ବିଷର୍ଣ୍ଣ ଭାବ ହୁଅନାହିଁ କ୍ଲାନ୍ତ
ସ୍ପର୍ଶର କୁହୁକେ ଫୁଟୁ କୋମଳ କଳିକା
ପୁଷ୍ପିତ ସୌରଭେ ଆସୁ ରଙ୍ଗର ଇଲାକା
ସମୁଦ୍ର, ଆକାଶ, ନଦୀ ଅରୁଣ ପବନ
ଶିଶିର କାକର ଟୋପା ଭିଜାମାଟି ଗୁଣ
ସୌନ୍ଦର୍ଯ୍ୟର ଅଗଣିତ ରୂପ ଅକଳନ୍ତି
ନିର୍ବିଚାରରେ ଦାତା ରୂପେ, ଦାନରେ ଅମାପ
ଅସରନ୍ତି ଦାନ ସେ ଯେ ଅକ୍ଷୟ ଅଜୟ
କାଳ ପାତ୍ର ସ୍ଥାନ, ଚିହ୍ନି କରେନା ସେ ବ୍ୟୟ ।
ସୁବିଚାରେ ସୁଗୁଣେ ସେ କର୍ମ କରିଥାଏ
ସେହି ରୂପେ ତୁମ ରୂପ ଉଦ୍‌ଭାସିତ ରହେ ।

●●

ମୁକ୍ତ ଆକାଶର ବିହଙ୍ଗ ସମ ମୁଁ
ଉଡ଼ିବାକୁ ଚାହେଁ ।
ଚିରନ୍ତନୀ ଏହି ଭାବନାର ଧାରା
ବନ୍ଧନରେ ବନ୍ଧା ରହେ ।
ଯେଉଁ ମୁକ୍ତି ଲୋଡ଼େ ସେହି ମୁକ୍ତି ସିନା
'ସେ ହିଁ' ଚାହିଁଲେ ମିଳିଯିବ

ଅପେକ୍ଷାରତ ରହିଛି ରହିଥିବ
କେବେ ସେ ବେଳ ଆସିବ ।

●●

ଅମୃତର ସିନ୍ଧୁ ଉଛୁଳି ପଡୁଛି ସସାଗରା ଧରା ପରେ
ଋତୁ ଆସେ ଯାଏ, ଅକ୍ଷୁଣ୍ଣ ରଖେ ଚିହ୍ନ ନିରନ୍ତରେ
ଉଷା ଆଗମନେ ଅରୁଣ ପ୍ରଭା ହୋଲି ରଙ୍ଗ ଖେଳିଯାଏ
ଗୋଧୂଳି ବେଳାର କଳା ଓଢ଼ଣୀରେ ବର୍ଣ୍ଣାଳୀ ରୂପ ନିଏ ।

●●

ଆମରି ପୂର୍ବଜ ଆମରି ସଂପଦ, ଆମ ପାଇଁ ଦେଇ ସଜାଡ଼ି
ଗଢ଼ି ଯାଇଛନ୍ତି ଅପୂର୍ବ ପରମ୍ପରା ଭାବନାହିଁ ତାକୁ ଅଗାଡ଼ି
ଦିବା, ରାତ୍ରି ପରି ଗତି କରୁଥିବ କାଳେ କାଳେ ଯୁଗେ ଯୁଗେ
ଯୁଗରୀତି ଅନୁଯାୟୀ ବଢ଼ି ଛିଡୁଥିବ, ଚିରନ୍ତନୀ ଅନୁଭବେ ।

●●

ଛପି ଛପି ଆସ, ମୋ ମନରେ ବସ
କଲମ ଚାଳନା କରାଅ
ଯାହା ଚାହୁଁଥାଅ, ଲେଖନୀ ମୂନରେ
ତାକୁ ରୂପ ଦେଇ ସଜାଅ
ମୁଇଁକଲି ବୋଲି, ଅହମିକା ଗୁଣେ
ବଡ଼ତିରେ ଭାସ ନାହିଁ ।
କରି କରାଉଛନ୍ତି, ତାଙ୍କ ବଡ଼ପଣେ
ସେହି କଥା ଭୂଲ ନାହିଁ ।

●●

ଗତିଶୀଳ ଜୀବନର, ଆଶା ନିରାଶାର ଧ୍ୱନ୍ଦ
ରହିଥିଲା, ରହିଥିବ ଖେଳି ଭିନ୍ନ ଭିନ୍ନ ରଙ୍ଗ ।
ଯୁଗ ଯୁଗ ପ୍ରତୀକ୍ଷାର ଅନ୍ତ କେବେ ହେବ ନାହିଁ
ବିତିଯିବ କାଳକାଳ ପଦପାତେ ଚାହିଁ ଚାହିଁ ।

●●

ଜୀବନର ସାଧା କାଗଜରେ କାଳିମାର ଲେଖା ନାହିଁ
ତେବେ ବି ଅଙ୍କାବଙ୍କା ଅସ୍ପଷ୍ଟ ରେଖା ଫୁଟି ଦିଶୁଥାଇ

ଦୁଃଖ ସୁଖ କ୍ଷତାକ୍ତ ଘଟଣା ଜାକିଜୁକି ହୋଇ
ଲୁଚି ଛପି ରହିଛନ୍ତି ଫୁଟି ଉଠି ଉଙ୍କି ମାରୁଥାଇ ।

●●

ସ୍ୱାଧୀନ ଚିନ୍ତାରେ ସ୍ୱାଧୀନ ଚେତାରେ
ସ୍ୱତଃ ସମାଧାନ ଚଳଣି,
ସୁ ସମାହିତ, ସ୍ୱକର୍ମେ, ସୁଶୋଭିତ
ସଦାନନ୍ଦେ ରଖେ ଧରଣୀ ।
ସଂକଳ୍ପ ସାଧନା, ସର୍ବକ୍ଷଣ ରକ୍ଷା,
'ସତ୍‌କର୍ମ' ଦୀକ୍ଷା ଦିଏ
ଶ୍ରେଷ୍ଠ ସମ୍ପଦ, ଶାଳୀନତା, ଚିର-
ସାଥୀ ସଙ୍ଗ ଦେଇଥାଏ ।

●●

ଆକାଙ୍‌କ୍ଷିତ ହୃଦୟର ବିଭଙ୍ଗ, ବିଭାଜନା
ବିଳମ୍ବେ ଆଣଇ ଚିତ୍ତେ, ମଧୁର ଚେତନା
ଦୂରେ ରଖ, ଦୂଷିତ, କଳୁଷିତ, ଚିନ୍ତା
ଆଶ୍ୱସ୍ତ ହେବ ଅନ୍ତର ବିକଶିତ ସତ୍ତା ।

●●

ଏହି ଅମୃତ ସାଗରର ମୁଁ କ୍ଷୁଦ୍ର ବିନ୍ଦୁ
ଛିଟ୍‌କି ପଡ଼ିଛି ବାୟୁ ଘାତେ ପ୍ରତି ରନ୍ଧ୍ରୁ ।
ଅସହାୟ ବୋଧେ, ଅସ୍ୱଚ୍ଛନ୍ଦ ଭାବେ ଚିନ୍ତେ
କି କର୍ମ କରିବି, ଅମୃତ ସାଗରର ମନ୍ତ୍ରେ ।

●●

ମଣିଷ ପଣିଆ, ଭଲମନ୍ଦ ଗୁଣ
ଚିନ୍ତାରେ ଚିନ୍ତି ସେହି
ନିତିଦିନିଆ ଚଳଣି ଭୁଲି ସଜାଡ଼େ
କଳ୍ପନା ସୌଧେ ଥାଇ ।
ସୁକର୍ମେ ସମାଧାନ, ସରଳ ଗୁଣ
ନିହିତ ଅନ୍ତରେ ଗୋପ୍ୟେ
ନ ଲୋଡ଼ି ତାହାକୁ ଇତସ୍ତତଃ ଘୂରେ

ବୃଥା ଭ୍ରମେ ମନଃସ୍ତାପେ ।

●●

କ'ଣ ସେ ଆଧ୍ୟାତ୍ମିକ ଥଳକୂଳ
କଣ ତାର ପରିଧି
କେତେ ବ୍ୟାପକ ହୋଇ ରହିଅଛି
କେତେ ତାର ଅବଧି ?
ଉବୁଟୁବୁ ତହିଁରେ ହେଉ ହେଉ
କ'ଣ ଖୋଜେ ଏ ମନ
କେଉଁ ଦୁର୍ନିର୍ବାର ଆକାଙ୍‌କ୍ଷା, ଅଦେଖା
ଅମାପ ଯା ପରିମାଣ !

●●

ସୁନ୍ଦର ତୃପ୍ତିର ଅବସାଦ ନାହିଁ
ସେ ଆଖିର ସୌନ୍ଦର୍ଯ୍ୟ ମନ ମୁଗ୍ଧ ଚାହାଣୀ
ଅବିରତ ତା' ପାଇଁ ହୁଏ ହାଇଁ ପାଇଁ ।
ସେ ଆଖିତ ଚାହିଁଛି ଚାହିଁଥିବ ଅପଲକେ
ଭୁଲିବାକୁ ଦେବ ନାହିଁ ଟିକେ ସମୟ ।
ସେ କରୁଣା କଟାକ୍ଷ କଟାଳରେ ଅସ୍ତବ୍ୟସ୍ତ
କରୁଥିବ, ନ କରି ସମୟ ଅପଚୟ ।

●●

ପ୍ରତି ମୁହୂର୍ତ୍ତରେ ଶକ୍ତିର ପ୍ରାଚୁର୍ଯ୍ୟ
ଅହଂ ଭାବ ଉପୁଜାଏ
ନିର୍ଲୋଭ ନିର୍ଲିପ୍ତ ସାଧନା ବଳରେ
ତୃପ୍ତ ଭାବ ମିଳିଥାଏ ।
ମୁଁ 'ମୋର' ଜାବୁଡ଼ି ବନ୍ଧନ କଠିଣ
ସରସ ହରେ ଜୀବନୁ ।
ତେବେ ହେଁ ତାହାକୁ ବଡ଼ପଣ କରେ
ଆପଣା ଗରିମା ଗୁଣୁ ।

●●

ଖୋଲା ମେଲା ମନ ପୁଲକିତ ପ୍ରାଣ

ସରସ ଫୁଲକେ ହସେ
ସେହି ମନ ପୁଣି କେତେ ସହଜରେ
ଅପରେ, ସୁଖ ପରଖେ ।
ତହିଁରୁ ଗଢ଼ଇ, ସୁଖ ଦୁଃଖ ଖେଳେ
ଦୃଢ଼ ହୃଦୟ ଆସ୍ଥାନ,
ଦୁନିଆ ବୁକୁରେ ସ୍ୱଚ୍ଛଳେ ଜଳଇ
ଦୃଢ଼ୀଭୂତ ସ୍ୱତଃ କର୍ମ ।

●●

ଆତ୍ମ ଜ୍ଞାନେ, ଆତ୍ମା ତୃପ୍ତି, ଶୁଭଙ୍କରୀ ବାର୍ତ୍ତା
ଉପୁଜାଏ ଅନୁକ୍ଷଣେ ସତ୍ତ୍ୱ ଗୁଣ ଚିନ୍ତା ।
ସୁମଙ୍ଗଳ ପରିବେଶେ ପରିସ୍ଫୁଟ ଗୁଣ
ମଙ୍ଗଳମୟଙ୍କ ଆଶିଷ ମିଳେ ସର୍ବକ୍ଷଣ ।

●●

ଶୁଭ ଚିନ୍ତକଙ୍କ ସତ୍‌ବାର୍ତ୍ତା ମଙ୍ଗଳ ମାନସୁ ଆସେ
ସେହି ସତ୍‌ଗୁଣ ସଂସାରୀ ଜୀବନେ ପ୍ରୀତି ମଧୁ ବରଷେ
ଅଗ୍ରଗତି କରେ ଦୃଢ଼ ପଦପାତେ ଯାହାବି ବିଘ୍ନ ଆସୁ
ମନବଳେ ବଳୀୟାନ ସେହି, ସର୍ବ ଶୁଭବାର୍ତ୍ତା ମାନସୁ ।

●●

ପ୍ରକୃତି ପୁରୁଷ ମିଳିତ ବାର୍ତ୍ତା ଅନୁଭବେ ଆସିଥାଏ,
ଉପଯୋଗୀ ହୋଇ ଶୁଦ୍ଧ ଆଚରଣେ ଆନନ୍ଦ ଉପୁଜାଏ ।
ସଦାନନ୍ଦେ ସେହି ଅମୂଲ୍ୟ ମୁହୂର୍ତ୍ତ ହୃଦୟେ ବାନ୍ଧିରଖ,
ହୃଷ୍ଟି ପଥାରୁଢ଼ ହୋଇବ ସୌଭାଗ୍ୟ ମିଳନ ରୂପରେଖ ।

●●

ଆନନ୍ଦେ କର ଆହରଣ
ଅମୂଲ୍ୟ ମନେ ନିରୀକ୍ଷଣ ।
କି ବାର୍ତ୍ତା ତହିଁ ରହିଅଛି,
କେଉଁ କର୍ମେ ମନ ବଳୁଛି ।
ସେ କି କରୁଣା ଢ଼ାଳିଦେବ,
ଅନ୍ୟର ଶୁଭ କରାଇବ ।

ନିଶ୍ଚିନ୍ତେ ଅଗ୍ରଗତି କର,
ସୁଖ ଯେ ମିଳିବ ଅପାର ।

●●

ବ୍ରହ୍ମତ୍ତ୍ୱର ବିକାଶ ପୁନଃ ପୁନଃ ଘଟୁଥାଏ
ପରିଚର୍ଯ୍ୟାର ମହତ୍ତ୍ୱେ ବିକଶିତ ହୁଏ ।
ଗ୍ରନ୍ଥରେ ରହିଛି କାଳଜୟୀ ପରିଭାଷା
ଯେତେ ତହିଁ ଖୋଜିବ ପାଉଥିବ ଆଶା ।

●●

ମନ ଗହୀରେ ଖୋଜୁଥାଅ ପରଂବ୍ରହ୍ମ
ସର୍ବଦା ରହନ୍ତି ସେଠି, ତାଙ୍କ ବାସସ୍ଥାନ
ସେ ଛାଡ଼ିବେନି ତୁମକୁ, ତୁମେ ବାନ୍ଧିରଖ
ପାଉଥିବି ନିତି ପ୍ରତି ଅପୂର୍ବ ସୁଖ ।

●●

ନିଜର କରିଣ ସଭିଙ୍କୁ ଦେଖିଲେ
ଆପେ ହେବେ ଆପଣାର
ଅଳପ ହସରେ ମୁଖ ମଧୁରତା
ପରକୁ କରେ ନିଜର ।
ଧୀରେ ଧୀରେ କରେ ମୁଗ୍ଧ ପରିବେଶ
ତନ୍ମୟ ମନ ଗହନ
ସବୁ ବିଷାଦର ଅବସାନ ହୁଏ
ପ୍ରାପ୍ତିରେ ମିଳଇ ପୁଣ୍ୟ ।

●●

ଅନୁଭବେ ପାଅ, ସୁଖର ମହତ୍ତ୍ୱ
ଅପରକୁ ସୁଖ ବାଣ୍ଟି
ସେହି ମହତ୍ତ୍ୱର ବିକଶିତ ରୂପେ
ଅନ୍ତରେ ଖେଳୁଥା ଘାଣ୍ଟି ।
'ସତ୍' ସାଧନାର ମହତ୍ ଉଦ୍ଦେଶ୍ୟ
ହୁଏନା କେବେ ବିଫଳ
ଅଜାଣତେ ତୁମ ମିଳିଯାଉଥିବ

ସୁଖମୟ ଫଳାଫଳ ।

●●

ମହୋଦଧି ତୁମେ ବେଳାଭୂମି ପରେ
ଗର୍ଜଣ ବର୍ଷୁଥାଅ
ଜାଣିକି ପାରୁଛ, ସେ ଗର୍ଜନ ସହ
କେତେ ସୁଖ ବାଣ୍ଟୁଥାଅ ?
ତୁମ ଲହରୀ ନୃତ୍ୟର ବିଭଙ୍ଗ ଦୃଶ୍ୟ
ଲୋଭରେ ମୋହିତ ହୋଇ ।
ଧାଇଁ ଆସୁଥାନ୍ତି ଅଗଣିତ ହ୍ରଦ
ଆଶାର ଆଲୋକେ ଚେଇଁ ।

●●

ଶାନ୍ତ ହୃଦୟର ଅଶାନ୍ତ ଆକାଙ୍କ୍ଷା
ନରକାଗ୍ନି ସମତୁଲ,
ଆପେ ଜଳି ପୁଣି, ନିର୍ବାପିତ ହୁଏ
ବୁଝେ ଆଲୋକର ମୂଲ୍ୟ ।
ଗଭୀର ଅନ୍ତର ଉଦ୍‌ବେଳିତ ଅଙ୍ଗ
ଶାନ୍ତ ମହୋଦଧି ସମ
ଶତ ନଦ ନଦୀ, ଅନିର୍ବାର କ୍ଷୁଧା
ସମାହିତ ଅନୁକ୍ଷଣ ।

●●

ହେ 'ବିଶ୍ୱପୁରୁଷ' ଅପୂର୍ବ ଦାନରେ
ମାନବ ସମାଜ ଗଢ଼ି,
ପ୍ରକୃତି ପୃଥିବୀ ଧନ୍ୟ କରିଦେଲ
ଯୁଗେ ଯୁଗେ ଶ୍ରେଷ୍ଠ କରି ।
ଆଶା ନିରାଶାର ଖେଳେ ଚେତାଇଲ
ସୁକର୍ମ କୁକର୍ମ ଦୀକ୍ଷା,
ଚିନ୍ତା, ଚେତନାର ଶୀର୍ଷରେ ରଖିଲ
ବୁଦ୍ଧି ବିବେଚନା ପନ୍ଥା ।

●●

'ବାଳୁତ ସୂର୍ଯ୍ୟ', ଉଦୟେ ଖେଳାନ୍ତି
ମହନୀୟ ମଧୁ ପ୍ରୀତି
ସେହି ପ୍ରଭାବେ ଲୋଭନୀୟ ମନ
ଜଳାଏ 'ସଳିତା' ବତୀ ।
ସେହି ମୁହୂର୍ତ୍ତ ଅମୃତମୟ ଜୀବନୁ ହରାଏ ପ୍ରାଣ
ଅନୁଭବେ ପ୍ରଖର ତାପ ଶେଷେ
ରହିଛି ଶୀତଳ ସ୍ପର୍ଶ ।

●●

ତୋରଣ ପରେ ତୋରଣର
ଅଳିନ୍ଦରେ ହଜି
ଖୋଜୁଥାଏ ସଳଖ ବାଟ
ଆତ୍ମଜ୍ଞାନ ଖୋଜି ।
ପାପ ପୁଣ୍ୟ ଚିରନ୍ତନୀ
ପୁଣ୍ୟତୋୟା ନଦୀ
ଅବଗାହନେ ଆକାଙ୍‌କ୍ଷା
ଇଚ୍ଛାଶକ୍ତି ହେଜି ।

●●

ପବିତ୍ର, ଅପବିତ୍ରର ଅମୃତ ପରଶେ
ସାର୍ଥକ ଜନ ଲଭେ କର୍ତ୍ତବ୍ୟ ଆଦର୍ଶେ ।
କ୍ଷତ ବିକ୍ଷତ ଅଙ୍ଗର ଅମଳିନ ଶିଖା
ପ୍ରଜ୍ୱଳିତ ଅହରହ ଚିରଦୀପ୍ତ ରେଖା ।

●●

ଚିରନ୍ତନୀ ସତ୍ୟ, ଅନିର୍ବାଣ ଅଗ୍ନି
ସ୍ୱର୍ଗ ନରକର, ପୁଣ୍ୟ ବେଳାଭୂମି
ଶତ ପଦପାତେ, ଧନ୍ୟ ଯା'ର କାୟା
ନିର୍ବିବାଦେ ରହେ, ସେ ଯେ 'ସର୍ବଂସହା' ।

●●

ରୂପାନ୍ତର, ଘଟୁଥାଏ ଅହର୍ନିଶି ଅହରହ ।
ଅସୁମାରୀ ସଂକଳ୍ପର ଛାୟାଚ୍ଛନ୍ନ ମାୟାମୋହ

ସମୟର ଝଙ୍କାର ଆଣିଥାଏ ସମ୍ପୂର୍ଣ୍ଣତା
ବାସ୍ତବ ରୂପ ନିଏ କଳ୍ପନାର ମୋହମତ୍ତା ।

●●

ତନୁମନ ଗଢ଼ା ଅପର ହସ୍ତରେ
କୃତଜ୍ଞ ସଦା ହୃଦୟ,
ଭାଷା ତ ନ ଥିଲା, ମନ ବୁଝୁଥିଲା
ଜାଣୁଥିଲା ପରିଚୟ
ଭାଷା ଫୁଟି ଉଠି ନାମକରଣରେ
ଚିହ୍ନିଲା ଆପଣାଜନ
ଦୃଢ଼େ ବାନ୍ଧିରଖ ଅଦୃଶ୍ୟ ସ୍ରଷ୍ଟାଙ୍କୁ
ସେହି ତୋର ଗଣ୍ଠିଧନ ।

●●

ଆଦର, ସମାଦାର, ହୃଦୟେ ସଞ୍ଚିତ
ସେହି ସ୍ନିଗ୍ଧତାରେ ହସି,
ହସ ଉକୁଟାଅ ସବୁରି ପରାଣେ
ନିରନ୍ତରେ ହୋଇ ଖୁସି ।
ଅପର ଆନନ୍ଦ, ସୁଖ ସମାହିତ
ଅନୁଭବୀ ଅନ୍ତରରେ
ପ୍ରୀତି ପ୍ରଣୟର ସୁଖ ସମୃଦ୍ଧିର
ଶିଖା ବ୍ୟାପୁ ଘରେ ଘରେ ।

●●

ଲକ୍ଷ୍ୟ ସ୍ଥଳ ସ୍ଥିର ଅଛି, ସେଠାରେ ପହଞ୍ଚି
ପଛେ ଚାହିଁ ଖୋଜିଦେଖ, ଦୋଷାଦୋଷ ତ୍ରୁଟି
ସହଜ ସରଳ ହେବ,
ସିଧା ପଥା ଦେଖା ଦେବ
ପ୍ରାପ୍ତ ହେବ, ପଦ୍ମପାଦ
ମନୋବାଞ୍ଛା ପୂର୍ଣ୍ଣ ହେବ ।

●●

ପ୍ରକୃତି ରାଣୀଙ୍କର ଖିଆଲି ମନ ଶୋଭା

ହରଷେ ସରସରେ ମଣ୍ଡନ କରେ ଗଭା
ବିଚିତ୍ରବର୍ଣ୍ଣା ହୋଇ ରଙ୍ଗେ ମଣ୍ଡିତ ମହୀ
ଉପମା କିବା ଦେବା ସୁଷମା ମନ ଲୋଭା
ଭାଷା ଦେବାର ରୂପରେଖ ତାହାକୁ ଜଣା ନାହିଁ ।

●●

ନିଜକୁ ନ ଭୁଲି ମହତ୍ୱ ନ ସାରି
ମହମହ ମହକିବ
ତେବେ ସିନା ଯାଇ ସ୍ୱାଭାବିକ ରଙ୍ଗେ
ସ୍ୱଧର୍ମକୁ ସମ୍ଭାଳିବ ।
ହୃଦୟ ମନ୍ଦିରେ ଯାହାଙ୍କୁ ଥାପିଛ
ବାହ୍ୟ ଆଚରଣେ ଦେଖ
କରୁଛନ୍ତି ସେହି କର୍ମେ ଗୁଣେ ପାଇ
ସରସିତ ମନ ରଖ ।

●●

ଭଲ କଲେ ସିନା, ଭଲ କଥା ଶୁଣି
ମନ ହାଲୁକା କରିବ,
ଭେଲ, ହୋଇଥିଲେ ଫେଲ୍ ହେବା ସାର
ଅନ୍ତର, ଭାର ହୋଇବ ।
ସାର କଥା ମାନି ମନ କଥା ଶୁଣି
ମନୋମତ କାମ କରି
ସରସିତ ମନେ ହରଷିତ ରହି
ଶରଧା ଆଣ ସବୁରି ।

●●

ଆପଣା ଦୋଷକୁ ଆପେ ବୁଝି ସୁଜି
ନିତି ପ୍ରତି ଚଳଣିରେ ।
ହୃଦୟ କବାଟ ଉନ୍ମୁକ୍ତ କର
ଜଞ୍ଜାଳ ପୂର୍ଣ୍ଣ ସଂସାରେ ।
ହରଷିତ ମନେ ସତ୍‌କର୍ମ କରି
'ସୁବୀଜ' ରୋପଣ କର

ତହିଁରୁ ଉପୁଜି ସୁଫଳ ଫଳିବ
ନାହିଁ ତାର ପଟ୍ଟାନ୍ତର ।

●●

ଖୋଜିଲେ ମିଳିବ, ଅଟଳ ଧର୍ଯ୍ୟର
ସଫଳତା ଧୀରେ ଆସେ,
ସମ୍ମୋହିତ (ଫଳେ) ଗୁଣେ, ସଚେତନ ରହି
(ତାଙ୍କୁ) ଆଣ ପାଛୋଟି ପାଶେ ।
ଦୂରତ୍ୱ ନ ଥାଏ ତୁମର ତାଙ୍କର
ବୁଝାମଣା କରୁଥାଅ
ଏହି ନିତ୍ୟକର୍ମ ନିରତେ କରିଣ
ଅନୁଭବେ ରୂପ ଦିଅ ।

●●

ସୁସଂଯତ ଆଚରଣ, ଅକାଟ୍ୟ, ଶ୍ରେଷ୍ଠ ସମ୍ପଦ
ବିଧି ତୀକ୍ଷ୍ଣ ପାଳନେ ଆଣେନା କେବେହେଁ ପ୍ରମାଦ ।
ଦୀକ୍ଷୁ ସୂକ୍ଷ୍ମ ବୁଦ୍ଧି ବିପଦ ଆପଦ ଟାଳିଦିଏ
ସଗୌରବେ ତା ପ୍ରଚାର ମର୍ଯ୍ୟାଦା ହାନି କରାଏ ।

●●

ଏ ବିଚିତ୍ର ଦୁନିଆ ଗଢ଼ି ନ ଥିଲେ
ସୁଖୀ ତୁମେ ହୋଇ ନ ଥାନ୍ତ ?
ଏତେ ଦହଗଞ୍ଜି, ଜ୍ୱଳା ଯନ୍ତ୍ରଣା
ଅନୁଭବେ ପାଇ ନ ଥାନ୍ତ ।
'ଗଣ' ତ ଭୋଗନ୍ତି ପ୍ରାରବ୍ଧ ଫଳ
ତୁମେ ହୁଅ ହନ୍ତସନ୍ତ
'ସ୍ରଷ୍ଟା' ତୁମ ଅଚିନ୍ତ୍ୟ ସୃଷ୍ଟିର
କଳନା କିମ୍ପାଇ ତିକ୍ତ ?

●●

ଦୃଢ଼େ ଧରିଥାଅ ଆତ୍ମବଳ ସତ୍ ଚିନ୍ତା,
ସେହି ତୁମ ହୃଦୟର ଗୋପନ ସଂହିତା ।
ତହିଁ ଅଛି ରାମାୟଣ, ପ୍ରକୃତିର ଗାଥା

ନିତି ପ୍ରତି ଚଳଣିର ଉଚ୍ଚତମ ସତ୍ତା ।

●●

ବିଚିତ୍ର ଭାବନା ଅନ୍ତରୁ ଠେଲି, ତୁମ ରୂପ ଭାଳି ବସେ,
ଅପରୂପ, ଅରୂପ ରୂପେ ଗଢ଼ି ହୋଇ
ରଖିଲ ଜନଙ୍କୁ ବଶେ ।
ସହାସ୍ୟ ତୁମର ମନୋହର ସୁନ୍ଦର
କବଳିତ କରି ମନ
ଆଶା, ଆକାଙ୍‌କ୍ଷାର ମଧୁର ପ୍ରବାହେ
ଜନମ କରଇ ଧନ୍ୟ ।

●●

ଆପଣା ମନର ଭଲମନ୍ଦ ଗୁଣ
ତନଖି ସର୍ବଦା କର
ତାହା ନ କରିଲେ ଖିଅ ଛିଣ୍ଡିଯିବ
ହଜିଯିବ ଗୁଣ ତାର ।
ସୁଗୁଣ ଗରିମା ସର୍ବକାଳେ ଲୋଡ଼ା
'ପାପୀ' ସୁମରଣା କରେ
ମନ୍ଦର ଅଲୋଡ଼ା, ଗାରିମା ନିନ୍ଦିତ
ସର୍ବକାଳେ 'ମହୀ' ପରେ ।

●●

ମହତ୍ୱ ରହିଛି ମହତ୍ ବାଣୀର
'ଅନନ୍ତ'ର ଅନ୍ତ କାହିଁ ?
ଆତ୍ମ ଗର୍ବେ ତାହା ଦୂରେ ଠେଲିଦେଲେ
ପାଖେଇ ଆସିବେ ସେହି
ରହିଥିବେ ଗୋପନରେ
ବେଳକାଳ ଦେଖି ଉଙ୍କି ମାରୁଥିବେ
ସଲଜ୍ଜ କୋମଳ ହସରେ ।

●●

ପିତାମାତା ସୁକୃତରୁ ସନ୍ତାନର ସୁଖ
ପୁଣ୍ୟବଳେ ବଳୀୟାନ ଧର୍ମବଳେ ରକ୍ଷ ।

କୃତକର୍ମ ଫଳପ୍ରାପ୍ତି ଏହି ଜନ୍ମେ ଭୋଗି
ପରଜନ୍ମ ସଞ୍ଚୟ 'ବିଭୁ' ଶରଣେ ସରାଗୀ ।

●●

ଏଇ ମନେ ଆସେ କେତେ ଭଲ ମନ୍ଦ ଚିନ୍ତା
ଏଇ ମନ ଝୁରୁଥାଏ, ଅତୀତ ସଂହିତା
ଏଇ ମନ କର୍ମ କରେ ଆଗ, ପଛ ଚିନ୍ତି
ଏଇ ମନେ ଛାଏଁ ମିଳେ, ପୁଣ୍ୟ ଫଳ ଶାନ୍ତି ।

●●

ଶରୀର ତତ୍ତ୍ୱରେ 'ଶ୍ରୀ' ମଣ୍ଡିତ ରହି
ଅନୁଶାସନର ବଳେ,
ଆପଣା 'କାୟା'କୁ ଛାୟା ସମ ଚିନ୍ତି
ନିର୍ବାହ କର ନିଶ୍ଚଳେ ।
ପ୍ରବୃତ୍ତି ନିବୃତ୍ତ କର
ସବୁ ଦୁଃଖ ଶୋକ ଦୂରୀଭୂତ ହେଉ
ଶିଦ୍ଧି ମିଳୁ ସାଧନାର ।
ଆଦର୍ଶକୁ ଶ୍ରେଷ୍ଠ ମଣି
ରଖି ଦେଇଯାଅ ଗୌରବ ସନ୍ତକ
ପୂର୍ବ ପରଜନ୍ମ ଖଣି ।

●●

ଶୁଭ ଚିନ୍ତୁଥିଲେ ମଙ୍ଗଳ ମିଳଇ
କର୍ମେ ଧର୍ମେ ଆଚରଣେ ।
ଅଶୁଭ ଚିନ୍ତନ ଦୂରୀଭୂତ କର
ସାଧୁ ସଙ୍ଗ ସମ୍ମିଳନେ ।
ଭଲ ମନ୍ଦ ହୋଇ ଜନମି ମହୀରେ
ସେହିପରି ହେବ ଜ୍ଞାନ,
ତଥାପି ତହିଁରୁ ବାଲୁଙ୍ଗା ଓପାଡ଼ି
ଉତ୍ପାଦନ ସୂକ୍ଷ୍ମ ଧାନ ।

●●

ଯେଉଁପରି ଯେଉଁ ଭାବେ ଯେତେବେଳେ ଆସ

ମଧୁର ମହିମାମୟ ଚିନ୍ତନ ପରଶ ।
ଦୂରୀଭୂତ ହୋଇଯାଉ କ୍ଳେଶ ପରାଭବ
ତୁମରି ଅମୃତ ସ୍ପର୍ଶ ଫେରାଉ ଗୌରବ ।

●●

ଏହି ସଂସାର ବିଚିତ୍ର ଭଣ୍ଡାର
ଭିନ୍ନ ଭିନ୍ନ ରଙ୍ଗେ ଆସି
ଜଣ ଜଣ କରି ରଙ୍ଗୀନ କରେ
ସ୍ୱ ସ୍ୱଭାବେ ମିଳିମିଶି ।
କେଉଁ ଭାବେ ତାହା ଆଚ୍ଛନ୍ନ କରେ
କି ରୂପରେ କର୍ମ କରେ
ସ୍ୱତନ୍ତ୍ରତା ଆସେ ସୁସ୍ୱଭାବ ବଳେ
କୁ ସ୍ୱଭାବେ ମର୍ମେ ମରେ ।

●●

ତୁମ ଚିନ୍ତା ବିନୁ ହୃଦୟ ମନ୍ଦିରେ
ଅନ୍ୟ ଭାବ କିମ୍ପା ଦିଅ
ଭାବରେ ଭକ୍ତିରେ ଉବୁଟୁବୁ କରି
ଉଲ୍ଲାସେ ଆନନ୍ଦ ନିଅ ।
ଏହି ସୁଚେତନା, ସୁପ୍ରକାଶ ଭାବ
ବଖାଣିବାର ଦକ୍ଷତା
ତିଳେମାତ୍ର ଦେଇ ଆହେ ଭାବଗ୍ରାହୀ
କରାଅ ଜଗତଜିତା ।

●●

ଶୁଭ ଚେତନାର ଶୁଭ ସଙ୍କେତ
ନିତ୍ୟ ତୁମେ ଢ଼ାଳୁଥାଅ
ନ ବୁଝି ସେ ଗୂଢ଼ ରହସ୍ୟ ଭାବ ମୁଁ
ଆପେ ଦୋଷୀ କରୁଥାଅ ।
ବିଚିତ୍ର ଏ ଲୀଳା ବୁଝି ମୁଁ ପାରେନା
ଗତି ମୁକ୍ତିଦାତା ହୋଇ
କେଡ଼େ ସହଜରେ ଭାରାମୁକ୍ତ କର

ଚଳନ ରେଖା ଆଙ୍କି ଦେଇ ।

●●

'ମୁଁ'ର ଅହମିକା ସାରିଦେଲା ମୋତେ
ଅଗାଧ ସ୍ରୋତେ ଭାସୁଛି
ରକ୍ଷା କବଚ ପ୍ରଭୁ, ତୁମେ ଥାଉଁ ଥାଉଁ
ଉତ୍‌କ୍ରାନ୍ତେ ବୁଡ଼ି ମରୁଛି ।
ଦ୍ରୌପଦୀ ଡାକିଲା ଦୁଇହାତ ଖୋଲି
ରଖିଲ ତୁମ୍ଭେ ତା ଟେକ
କିମ୍ବା ଶିଖାଇଲ ଆପଣା ମର୍ଯ୍ୟଦା
ଆପେ ସମ୍ଭାଳିଣ ରଖ ।

●●

ସରସ ସୁନ୍ଦର ଏ ଦୁନିଆ ଗଢ଼ି
କୋଣେ ଅନୁକୋଣେ ଦୁଃଖ,
ଥାପିଦେଇ କେତେ ପରଖିବ ଆଉ
ଟିକିନିକି କରି ବକ୍ଷ ?
ମଣିଷ ଜୀବନ 'ସାହାରା' ଭୂଇଁରେ
ତୁମେ ଦିଅ ବୃକ୍ଷ ଛାଇ
ଏପରି ହନ୍ତସନ୍ତ ଭିଆଣ ନ କରି
ଗଢ଼ିଲନି ଏହି ମହୀ ?

●●

ନିରପେକ୍ଷ ନିର୍ବିଚାର ନିଃସର୍ତ୍ତ ଆହ୍ୱାନ
ନିଜ ଅଙ୍ଗୀକାର, ନିଜେ ନିର୍ବାହ କରିଣ
ଦୃଢ଼େ ଧରି ସଂସାର ରଜ୍ଜୁ ଅହମିକା ଭୁଲି
କଠିଣ ଜଟିଳ ପଥ ନିର୍ବିଘ୍ନେ ହୁଅ ପାରି ।

●●

କେଡ଼େ ମନୋହର ଏହି ଧରା ସ୍ୱର୍ଗ
ବିଭୂଙ୍କ ଅପୂର୍ବ ଦାନ
ସାଉଁଳି, ସଜାଡ଼ି ସଯତନେ ରଖି
ରହି ସଦା ସଚେତନ ।

ତାଙ୍କ ମନୋବାଞ୍ଛା ପୂର୍ଣ୍ଣ କରିବା
କଲ୍ୟାଣ ଲଭିଣ ପ୍ରଫୁଲ୍ଲିତ ରହି
ଚିନ୍ତନୁ ପାପ ପୁଣ୍ୟ ଭୁଲିଯିବା ।

●●

ପଦ୍ମ ପତ୍ରେ ଜଳସମ, ଢ଼ଳ ଢ଼ଳ ରହି କର୍ମ
ନିତ୍ୟ କରି ସୁଖାନନ୍ଦ ସଂକଳ୍ପ ।
ଆତ୍ମାର ଚିନ୍ତନେ ଥିଲେ, ହୃଦୟ ବିଶାଳ ହେଲେ
ଅଜାଣତେ ପୁଣ୍ୟଫଳ ଅମାପ
ଝରିଲେ ବି ଗଙ୍ଗ ଶିଉଳି ଦେଇ ଅର୍ଘ୍ୟ ପୁଷ୍ପାଞ୍ଜଳି
ଆପଣକୁ କରିଦେଇ ଅର୍ପଣ
ପ୍ରତିଦାନ ଚାହେଁ ନାହିଁ, ଉଷା ଆଗମନେ ଚାହିଁ
ପଦ୍ମପାଦେ ନିଏ ନିଜ ସ୍ଥାନ ।

●●

ଦରଦୀ ମନର ଭାଷା, ମୁଖରେ ଫୁଟେନା
ସହାସ୍ୟ ମଧୁର ମୁଖେ, ଛଳନା ଆସେନା ।
ଅପୂର୍ବ ସେ ଭାବଧାରା ଶକ୍ତି ତା ଅମାପ,
ନିମିଷକେ ଦୂର କରେ ଦୁଃଖୀ ଦୁଃଖ ତାପ ।

●●

ବିଚଳିତ ମନ ସଂଯତେ ରହେନା
କର୍ମେ ଆଣେନା ସଙ୍ଗତି
ବିକ୍ଷିପ୍ତ ଭାବନା, ସୁଚିନ୍ତନେ ଆଣି
ସ୍ୱଧର୍ମେ ଆଣ ବଢତି ।
ଅପାର ସନ୍ତୋଷ ଆତ୍ମ ସୁଖେ ଆସି
ହୃଦୟକୁ କରେ ଜୟ
ସଂଯତ ମନର ସୁଭାବନା ଫଳେ
ନ ହୁଅଇ ପରାଜୟ ।

●●

ଦୁଃଖେ ନୋହି ପରାଜିତ ନ ହୁଡ଼ି ସ୍ୱଧର୍ମ ପଥ
ଯାତ୍ରା କର ମଙ୍ଗଳ ମନାସୀ

ବିଭୂ ପଦେ ଧ୍ୟାନ ରଖି କର୍ମରେ ରହି ବିଶ୍ୱାସୀ
ଅର୍ଜିବ କର୍ମଫଳ ହୋଇ ସନ୍ତୋଷି ।
ନିଶ୍ଚିତ ଚିରନ୍ତନୀ ଏ ଜୀବନଧାରା,
ଶତ ଶତ ବାଧାବିଘ୍ନ ଅଜାଣତେ ହୁଏ ଲୀନ
ସୁରମ୍ୟେ ଖେଳୁଥାଏ ଜୀବନ ପସରା ।

●●

ରିପୁ ଗୁଣେ ବଶ ନୋହି
ଭାବେ ଚିନ୍ତି ଭାବଗ୍ରାହୀ
ଭବେ ଯାତ୍ରା ରଚ ସୁ ସ୍ୱଭାବେ
ସୁଫଳ ଦେବ ସେ ଯାତ୍ରା ସ୍ୱଧର୍ମେ ସନ୍ତୋଷି ଆତ୍ମା
ତ୍ରୁଟି (ଭାବନା) ଶାନ୍ତ ନଆଣି ଲବେ ।
ଆପଣ ପଣକୁ ବାଣ୍ଟି ନିଜ ହୃଦୟ ପରଖି
ଅକୁଣ୍ଠିତେ ଦିଅ ସ୍ନେହ ଶ୍ରଦ୍ଧା
ଅକସ୍ମାତେ ଆଚମ୍ବିତେ ପହଞ୍ଚିଯିବେ ସେ ଯେବେ
(ମିଳିଯିବ) ପାଇଯିବ ପୁଣ୍ୟପ୍ରଭା ।

●●

ଭଲକରି ଭଲ ଫଳ ପାଉଥିବ
ଭୁଲ୍‌ରେ ସେ ଆଶା ନ ରଖ ।
ଭଲେ ସମ୍ପାଦିତ କାର୍ଯ୍ୟ ହୋଇଗଲା
ତାହା ହିଁ ଶ୍ରେଷ୍ଠ ବିଚିତ୍ର ।
ଶୁଭକର୍ମ ନିଶ୍ଚେ ଶୁଭଫଳ ଦେବ
ସୁଚିନ୍ତିତ ଏ ଚେତନା,
କେତେବେଳେ କେଉଁ ରୂପେ ସେ ଆସିବ
ତା' ଈଶ୍ୱରଦତ୍ତ ପ୍ରେରଣା ।

●●

ଜୀବନ କାଳ ମୋ ଅହମିକା ବଳେ
ଗଢ଼ିଲି ତାସ୍‌ର ଘର,
ଅହଂ ସରିଗଲା ଘର ଭୁଶୁଡ଼ିଲା
ବୃଥା ଚିନ୍ତନ ସାର ।

ଯାହା ହଜିଗଲା, ତା' ଦୁଃଖେ ପ୍ରବଳ
ଗୋପନେ ସଞ୍ଚିତ ରଖ ।
ସଭିଏଁ ଲୋଡ଼ନ୍ତି ସୁଖର ପ୍ରବାହ
ବୁଝଇ 'ଦରଦୀ' ଦୁଃଖ ।
କୋଟିକରେ ଗୋଟେ ଦରଦ ବୁଝନ୍ତି
ସେ ମନ ଅଲଗା ଗଢ଼ା,
ଝୁରିଲେ ମିଳେନି, ଖୋଜିଲେ ଦିଶେନି
ତା' ଅମୂଲ୍ୟ ରତ୍ନ ପସରା ।
ଏଇ ମାଟି ପାଣି ପବନ ଯା' ଦେଲା
ସେହିତ ପରମ ଅମୃତ ଧନ
ସେ ଧନକୁ ଯତ୍ନେ ସାଇତି ସଜାଡ଼ି
ସୁଅର୍ଜନେ କର କର୍ମ ।
ଯେଉଁ କର୍ମ ଦେବ ଅନ୍ୟକୁ ସନ୍ତୋଷ
ମଙ୍ଗଳ, ଶୁଭ, ଆନନ୍ଦ,
କିଞ୍ଚିତେ ଆତ୍ମବଡ଼ିମା ନ ଆସି
ମିଳିବ ପରମାନନ୍ଦ ।
ଆତ୍ମମନ୍ଦିରେ 'ଆତ୍ମବ୍ରହ୍ମ' ତୋଷି
ଶୂନ୍ୟ ବ୍ରହ୍ମେ କରି ଧ୍ୟାନ
ଭବ ଦୁଃଖ, ସୁଖ, ଅଙ୍ଗରେ ଲେପିଣ
ସୁଖାନନ୍ଦେ ଭର ମନ ।
ଅଶେଷ ତୃପ୍ତିର ଅଖଣ୍ଡ ଭଣ୍ଡାର
ରହିଛି ସେହି ମନରେ
ସମର୍ପି ସେ ମନ ସେହି ପଦ୍ମପାଦେ
ସୁଯାତ୍ରା ଭବ ସଂସାରେ ।

●●

ସ୍ନେହ, ପ୍ରେମ, ଶ୍ରଦ୍ଧା, ଅକାତରେ ଢ଼ାଳି
ପୁରୁଷ୍ଟ କର ଧରଣୀ,
ମଧୁର ବଚନେ ସୁମଧୁର ହାସ୍ୟେ
ଅପର ମନକୁ ଜିଣି

ନିତ୍ୟ ସ୍ନିଗ୍ଧତା ନିର୍ଝରେ ଝରି,
ବ୍ୟଥା ବେଦନାର କୁହୁଡ଼ି ହଟାଇ
ହୁଅ ସୁକୋମଳ ପୁଷ୍ପ କଢ଼ି ।

●●

ଆପେ ହସୁଥିଲେ ଜଗତ ହସିବ
ସେ ତ ଈଶ୍ୱରଙ୍କ ଅବଦାନ,
ସଂଗୋପନେ ତାହା ସଞ୍ଚିତ ରଖିଣ
କର ସୁଧାମୟ ଆଚରଣ ।
ଯାହା ସେ ଚାହାନ୍ତି ତୁମେ ତା ମାଧ୍ୟମ
ଭୁଲ ନାହିଁ ଏହା ତିଳେ
ତୁମେ ହିଁ ତାଙ୍କର ସେ ସଦା ତୁମର
ସଦା ତୁମ ସମୀପରେ ।

●●

ଅସରନ୍ତି ସଦ୍‌ଭାବେ, ହୃଦ ପୂର୍ଣ୍ଣ କୁମ୍ଭ
ଉଚ୍ଛୁଳି ସ୍ୱାଗତ କରେ,
ସ୍ୱାଭାବିକ ଯାହା 'ମହୀ'ରୁ ମଣ୍ଡନ
ଚିତ୍ରିତ ପ୍ରତି କୋଣରେ ।
ଆବେଶେ ଭୂଲାଏ କ୍ଷୋଭରେ କନ୍ଦାଏ
ଦ୍ୱୈତ୍ୟ ଗୁଣରେ ଆଚ୍ଛନ୍ନ,
ବିଭୂପଦ ସ୍ମରି ସଯତ୍ନେ ସଜାଡ଼ି
କର୍ମ କର ସୁସମ୍ପନ୍ନ ।

●●

ସୁଷମା ମଣ୍ଡିତ, ବର୍ଷା ଭିଜା ପଲ୍ଲବ,
କେଉଁ ସଙ୍ଗୀତ ଆବୃତ୍ତି କରେ ।
ଶୋଭିତ ସେ ଦୃଶ୍ୟ ଅନ୍ତର କୋଣରେ
କିଙ୍କଣ କୁଜନ ଝଙ୍କାରେ
ସେହି ପଲ୍ଲବର, ପଲ୍ଲବିନୀ ଇଚ୍ଛା
ହେବାକୁ ପରାଣ ବଳେ
ତାହାପରି ସ୍ୱଚ୍ଛ ପବିତ୍ର ପ୍ରଣୟେ

ଝଙ୍କୃତ ହେବି ମହୀରେ ।

●●

ଆଶା ନିରାଶାର ଭ୍ରାନ୍ତିରେ ମଣିଷ
ଅହରହ ଭ୍ରମୁଥାଏ ।
ସୁଫଳ, କୁଫଳ ଅନିବାର୍ଯ୍ୟ ଜାଣି
ବିକ୍ଷିପ୍ତ ମନ ହଜାଏ ।
ମନର ମୁକୁର, ସୁଗଭୀର ହ୍ରଦ
ସ୍ୱଚ୍ଛ ନିର୍ମଳ ଜଳ
ତହିଁରୁ ବହୁଛି ମଧୁମୟ ଝର
ଦୁଃଖ, ଶୋକ ତାପ ହର ।

●●

ଥୁଣ୍ଟା ଗଛରେ ପତର କଅଁଳି
ବୃକ୍ଷ ହୁଏ ବହୁ ବର୍ଣ୍ଣା
ମଣିଷ ଜୀବନେ କୋମଳ ପରଶ
ହୁଏ ସେ (ରହେ ସେ) ବିଚିତ୍ରବର୍ଣ୍ଣା
ଝରା ବଉଳର ମଧୁର ସୁଗନ୍ଧେ
ଉଲ୍ଲସିତ ଏ ଧରଣୀ
ଜୟ ଜୟନ୍ତୀର ବାଜଣା ବଜାଏ
ସପ୍ତ ସ୍ୱରେ ଗଣି ଗଣି ।

●●

ପାର ପାଇଯିବ ଅଜଣା ମୋହର
ଆତ୍ମାରେ ସ୍ଥିରତା ଆଣି
ଆଶା ଆକାଙ୍‌କ୍ଷାର ଉନ୍ମାଦନା ପଣ
ମିଳାଇବ ମନ ଜାଣି ।
ଆଶାର ଆଲୋକେ ଉଦ୍‌ଭାସିତ ହୃଦ
ପଦ୍ମପତ୍ରେ ଜଳ ସମ ।
କଲ୍ମଷ ନ ଛୁଇଁ, କୁଳୁକୁଳୁ ସ୍ୱରେ
କହିବ ଜୀବନ ଧର୍ମ ।

●●

ପ୍ରଭାତର ସ୍ନିଗ୍ଧ ସମୀରଣ
ତନୁମନେ ଭରେ ଶିହରଣ
କାହାନ୍ତି ସେ ଅଦୃଶ୍ୟ ପୁରୁଷ
ସେ ହାତ ଗଢ଼ା ଅମୂଲ୍ୟ ଏ ପ୍ରାଣଧନ ।
ଦିବସର କ୍ଳାନ୍ତି ହଜିଯାଏ
ଗୋଧୂଳି ଲଗ୍ନର ଆଗମନେ,
ଜ୍ୟୋସ୍ନା ପ୍ଲାବିତ ଚନ୍ଦ୍ରମା
ସୁଧା ଢ଼ାଳେ ରାତ୍ରି ଆବରଣେ ।

●●

ତ୍ୟାଗର ପରିସୀମା ନ ବସାଅ ମନେ
ନ ଆସୁ କ୍ଳାନ୍ତି କର୍ମର ଶୁଦ୍ଧ ଆଚରଣେ ।
ବିଘ୍ନ ନ ଘଟାନ୍ତୁ ଆତ୍ମସୁଖ ଆବରଣେ
ଅଚିନ୍ତ୍ୟ, ଅନିତ୍ୟ, ଚିର ସୁଖ ସମ୍ପାଦିତ ମନେ ।

●●

ଭୀମକାନ୍ତ ରୂପ, ନିଏ ବିଷର୍ଣ୍ଣତା,
ନୀପିଡ଼ନ କରେ ଆତ୍ମସୁଖ, ଆତ୍ମ ଚିନ୍ତା ।
ଅପର ସୁଖରେ, ଆପେ ହଜ ଅହରହ,
ସେ ହଜାଇବ, ବିଷାଦ ବିଦୀର୍ଣ୍ଣ ହୃଦୟ ।

●●

ଆତ୍ମା, ପରମାତ୍ମା ସତ୍, ଅସତ୍‌ର ଦ୍ୱାହି ଦେଇ
କିଛି ଅବୁଝା, ଅଝଟ ପଣିଆକୁ ମନ ଦେଇ
ଶୀର୍ଷରେ ଶ୍ରେଷ୍ଠ କରିଦେଇ
ହେବ ନାହିଁ ବଡ଼ କେବେ, ନିଜଠାରେ ବା ଅନ୍ୟ ନୟନରେ
ରଖିକି ପାରିବ ଲୁଚାଇ ନିଜକୁ ଅପଲକେ ଚାହିଁ ଥିବା
ସେ ଗୋଲ ଗୋଲ୍ ଚକା ଚକା ଆଖିର ଅନ୍ତର୍ଦୃଷ୍ଟିରେ ।

●●

ନିଜକୁ ଖୋଜୁଛୁ ମୁଁ, ହୃଦୟର ନିଗୁଢ଼ତାର
ମନର ନୟନରେ ବାହ୍ୟ ଚଳଣିରେ
କେତେ ଭୁଲ୍, କେତେ ଠିକ୍ କରିଚାଲିଛି ଜୀବନକାଳରେ ।

ଅନାଟନ ଅର୍ଥର ଅଭାବ, କରି ଚାଲିଥାଏ ନଷ୍ଟ ସ୍ୱଭାବ
ତହିଁରୁ କୁଭାବନା, କୁସ୍ୱଭାବ, ଜୀବନକୁ ଦେଇଥିଲେ ପରାଭବ
କ୍ଷତ ବିକ୍ଷତ ଏ ସତ ମଣିଷଟା, ଦହଗଞ୍ଜେ ସହେସେ ପ୍ରଭାବ ।

●●

ଆପଣାର ସୁସ୍ୱଭାବ, ଭକ୍ତିରସେ ଭିଜି ଭିଜି
କରେ ଯେତେ ସୁଯୋଜନା, ପାରେନା ତହିଁରେ ମଜ୍ଜି
ଦେବେନି ଯଦି ସେ ପୂର୍ଣ୍ଣ ସହଯୋଗ ତାହାସହ
କାହୁଁ ସେ ଆଣିବ ଶକ୍ତି ଏଡ଼ାଇବ ମାୟା ମୋହ ?

●●

ଛଅଟି ଋତୁର, ବାରଟି ମାସରେ
ବାରଟି ମୁହୂର୍ତ୍ତ ଆସି
ମଜ୍ଜାର ଦେବକି ଆପଣା ପ୍ରାଣକୁ
ଆନନ୍ଦରେ ଘସି ମାଜି ?
ସେ ସମୟଗୁଡ଼ିକ ଅଲିଭା ଅକ୍ଷରେ
ଜ୍ୱଳଜ୍ୱଳେ ଚାହିଁଥିବ ?
ସ୍ମୃତି ପଟଳରେ ମାନସ ମନ୍ଥନେ
ସୁଖାନନ୍ଦେ ଭିଜାଇବ ?

●●

ବିଶ୍ୱରୂପ ଦର୍ଶନ, ଅନ୍ତର ଚକ୍ଷୁରେ ଚିହ୍ନି
ବିଶ୍ୱନିୟନ୍ତାଙ୍କ ସୃଷ୍ଟି ଅନୁଭବେ ପ୍ରାଣେ ଗୁଣି ।
ମୁକ୍ତି ମିଳୁ ସବୁ 'ଅହଂ' ତୃପ୍ତି ମିଳୁ ଅନ୍ତରରେ
ଅହଂ ନାହିଁ ସ୍ରଷ୍ଟାଙ୍କର, ବୃଥା ଅହଂ କିମ୍ପା ଘାରେ ?

●●

ଗ୍ଲାନି ଭାବ ହୃଦେ ରଖ ନାହିଁ ଲବେ
ବୃଥା ଚିନ୍ତନେ କି ଲାଭ ?
ଭଲ ମନ୍ଦ ଗୁଣେ ବିଚଳିତ ପଣେ
ମିଳିବ ନାହିଁ ବୈଭବ ।
ଆତ୍ମା ରଢ଼ 'ଦେବ' ଶୂନ୍ୟ ଦେବେ ଭାବ,
ସେହି ପଥେ ଅଗ୍ରସର

ହେଉଥିବ ଯେବେ କର୍ମପଥେ କେବେ
ଅଟକି ନ ଯିବା 'ସାର' ।

●●

ମୁକ୍ତି କର, ତିକ୍ତ ଭାବ
ହୃଦୟ କରିଣ ରିକ୍ତ
ଅନୁଶୋଚନା ଦହନେ
ଅନ୍ତର ହେଉଛି ସିକ୍ତ ।
ସେ ସିକ୍ତତା ଦେବ ତୃପ୍ତି
ପାଇବ ଅପାର ଶାନ୍ତି
ଏ ବଳେ ଯେ ବଳୀୟାନ
ଦୂରୀଭୂତ ହୁଏ କ୍ଲାନ୍ତି ।

●●

ଦରାଣ୍ଡି ଦରାଣ୍ଡି ଖୋଜି ହେଉଥିଲେ
ଭ୍ରମୁଥିବ କାଳେ କାଳେ
ସମର୍ପିଣ ଦିଅ ଚିନ୍ତା ଚେତନାକୁ
ଫଳ ମିଳିଯିବ ବଳେ ।
ଆଶା ଭରସାର ଏକମାତ୍ର ସ୍ଥଳ
ପାଶେ ତୁମେ ଥାଉ ଥାଉ
ଆଶାୟୀ ରହିଣ ନିରାଶାର କୋଳେ
ବିଲୀନ ନ ହୁଅ ଆଉ ।

●●

ଆପଣ ତୃପ୍ତିରେ, ତୃପ୍ତି ତ ରହିଲେ
ଅବସାଦ କାହୁଁ ଆସିବ ?
ହସର ଫୁଆରା, ଭିତରୁ ଫୁଟିଲେ
ବିଷାଦ କାହିଁକି ଘାରିବ ?
ମଧୁ ଝରୁଥିବ ଅନ୍ତରୁ ବାହାରୁ
ସୁଧାମୟ ପରିବେଶ
କଳକଳ ସ୍ୱନେ, ଛଳଛଳେ ବୋହି
ପରାଣ କରିବ ସରସ ।

●●

ସବୁରି ପରାଣେ 'ସରାଗ' ବୋଲିଣ
ସରସିତ କର ପ୍ରାଣ
ପ୍ରତିଦାନେ ତାହା, ତୁମ ପାଶେ ଫେରି
ଶୂନ୍ୟତା, କରିବ ପୂର୍ଣ୍ଣ ।
ଅନ୍ୟର ସୁଖରେ ସୁଖୀ ହେଉଥିଲେ
ସର୍ବ ସୁଖେ, 'ସୁଖୀ' ହେବ
ହୃଦୟ ମନ୍ଦିରେ 'ପ୍ରଭୁ' ବିରାଜିଣ
ନ ଦେବେ ମନେ ବିରାଗ ।

●●

ଶୂନ୍ୟ କରି ଆପଣାକୁ
ପୂର୍ଣ୍ଣ କଲେ ଅପରେ ।
ଅଜାଣତେ 'ଶୂନ୍ୟ ବ୍ରହ୍ମ'
ବିରାଜିବେ 'ହୃଦ'ରେ ।
ଭାବେ ଆସି 'ଭାବ ବ୍ରହ୍ମ'
ଭକ୍ତି ଭାବ ଭୋଳରେ,
ଭରିଦେବେ 'ଭାବେ' ପ୍ରାଣ
ଭାସିବୁ ତୁ ପ୍ରେମରେ ।

●●

ଯେତେ ଖୋଜୁଥିବୁ ସେତେ ମିଳୁଥିବ
ଅସରନ୍ତି ଧରା ବକ୍ଷ,
କେତେ ରୂପ ରଙ୍ଗେ ସଜାନ୍ତି ଅଙ୍ଗନ
ଚିରନ୍ତନୀ ତାଙ୍କ କକ୍ଷ ।
ସମ୍ପୂର୍ଣ୍ଣ ଭଣ୍ଡାର ପରିପୂର୍ଣ୍ଣ ରହେ
ପ୍ରେମରେ ହୁଏ ଭରଣା ।
ଅତୁଲ୍ୟ ସମ୍ପଦ ସ୍ନେହ, ଶ୍ରଦ୍ଧା ବଳେ
ଆନନ୍ଦେ ବିଚିତ୍ରବର୍ଣ୍ଣା ।

●●

କଷ୍ଟ କଲେ କୃଷ୍ଣ ମିଳେ, ଶାଶ୍ୱତ ଏ ବାଣୀ

କିମ୍ବା କଷ୍ଟ ପାଉଥିଲେ, ହୃଦ ହୁଏ ହାଣି ?
ଏହି ମନ ଅନ୍ତରରେ ସବୁ ଜାଣିଶୁଣି,
ବ୍ୟଥା ବେଦନାରେ, ନିରନ୍ତର ଭୋଗେ ପ୍ରାଣୀ ।

●●

ଉଷାର ଆଲୋକେ ପ୍ରତିଭାତ ହୁଏ
ହୃଦୟର ସୂକ୍ଷ୍ମ ସତ୍ତା
ନମାମି 'ଶ୍ରୀପଦେ' ଆହରଣ କରେ
ପୁଣ୍ୟଶ୍ଳୋକ ପୁଣ୍ୟ ପ୍ରଭା ।
ଅରୁଣ ରାଗରେ ରଞ୍ଜିତ କରାଏ
ଆପଣାର 'ଅଙ୍ଗ', ରଙ୍ଗ,
ତୂଳୀ, ଲେଖନୀରେ ଲେଖି ଦେଉଥାଏ
ଜୀବନର ଯେତେ, ଭାଙ୍ଗ ।

●●

ଏତେ ଟିକେ ଜାଣି ମୁହିଁ, ବଡ଼େଇ କରିଣ,
ଅନ୍ୟ ଦୁର୍ଗୁଣ ବଖାଣି, ନିଜେ ହୁଏ ହୀନ ।
ସାମାନ୍ୟ ଏ କଥାଟିକୁ, ଅବୁଝା ପଣରେ
ନ ବୁଝି, ଅହଂରେ ବୁଡ଼େ, ସ୍ୱଭାବ 'ବଶ'ରେ ।

●●

ଅଭ୍ୟାସେ, ସ୍ୱଭାବ, ସୁଉଚ୍ଚେ ପ୍ରତିଭାତ
ସୁଚିନ୍ତା, ସୁକର୍ମେ, ନିରତେ ରହେ ରତ ।
ସୁଫଳ ମିଳଇ ସ୍ୱଗୁଣ କର୍ମଫଳେ
ସତ୍, ଚିତ୍ତ, ଆନନ୍ଦ, ପ୍ରାପ୍ତ ଅଭ୍ୟାସ ବଳେ ।

●●

ସବୁ ଭୁଲାପଣ, ଦେଇ ଭୁଲାଇଣ
ଆପଣା ପଣରେ ବାନ୍ଧି
ବିତରି ମନକୁ ହୃଦୟ ଧନଙ୍କୁ
ଗୋପନେ ରଖ ସାଉଁଟି ।
ଚଲାପଥ ରହୁ ଶୁଭ,
ଭୁଲ୍ ଭଟକାକୁ ଭୁଲାଇଣ ଦେଲେ

ସମ୍ମୁଖରେ ତୁମ 'ଦେବ' ।

●●

ବିତିଲା ଦିନର ସ୍ମୃତି ମଧୁମୟ
ଗୋପନେ ସଞ୍ଚିତ ରଖ
ଅନ୍ୟର ଦୃଷ୍ଟିରେ ତାର ପରିଚୟେ
ନ ହୁଅ କେବେ ବିମୁଖ ।
ସ୍ୱୟଂସିଦ୍ଧ ପରିଚୟ
ସତ୍, ଚିତ୍ତ, ଆନନ୍ଦ, ଢ଼ାଳି ପ୍ରେମାନନ୍ଦ
ପ୍ରାଣକୁ କରିଛି ଜୟ ।

●●

ମାନବ ଜୀବନ ସାର୍ଥକ ହୋଇଛି
ମନୁଷ୍ୟତା ପରିଚୟେ
ଉଜ୍ଜ୍ୱଳ ଆଲୋକ ପ୍ରତିଭାତ ହୁଏ
ପ୍ରତିକ୍ଷଣ ଆପଣାଏ ।
ସୁଖ ଦୁଃଖ ଯନ୍ତ୍ରଣା ଆସିଛି ଯାଇଛି
ଗ୍ରାହ୍ୟ ତା କରିନାହିଁ ।
ଅଗ୍ରସରେ ଅଗ୍ରଣୀ ରହିଛି ତା' ସାରଣୀ
ପଥରୁଦ୍ଧ ହୋଇନାହିଁ ।

●●

ଆସିବା ଯିବାଟା ନିତିଦିନ ଖେଳ
ସରସ, ସୁନ୍ଦରେ ଗଢ଼ି
ମନ ମନ୍ଦିରରେ ଅର୍ଚ୍ଚନା ଶ୍ରଦ୍ଧାରେ
କରୁଥାଅ ହସି ଖେଳି ।
ପୂରଣ ହେବ ଆକାଙ୍କ୍ଷା
ପଛକୁ ଚାହିଁଲେ ଖୋଲା ହୃଦୟରେ
ପାଇନାହଁ କେବେ ଧୋକା ।

●●

ଜଗତନାଥଙ୍କ ଚରଣେ ଶରଣ ମିଳିଛି,
ଅପୂର୍ବ ସେ ଭାବ, ସହଜ ଲଭ୍ୟ ହୋଇଛି ।

ତାଙ୍କରି ବଳରେ ହୋଇ ବଳୀୟାନ
କର୍ମଭୂମି ବାଛି ନେଇଛି,
ଭୁଲ୍ ଠିକ୍ ଯହା ସମର୍ପିଣ ତାଙ୍କୁ
ସଙ୍କଳ୍ପ ସିଦ୍ଧ କରିଛି ।

●●

ଯାହା ବିତିଗଲା ଭଲ ତାହା ଥିଲା
ଆଗକୁ ବି ଭଲ ହେବ
ଶୁଭ ସଙ୍କଳ୍ପ ଶୁଭ ମାନସ
ସର୍ବ ଶୁଭ କରାଇବ ।
ହର୍ଷ ବିଷାଦ ଦିବାରାତ୍ରି ସମ
ଅରୁଣୋଦୟ ଆନନ୍ଦ
ଅନ୍ଧକାରେ ଘୁଞ୍ଚେ ଜୀବନ ଦର୍ଶନୁ
ଜ୍ୟୋସ୍ନାର ମିଳନ ଛନ୍ଦ ।

●●

କେତେ ଯେ ସମୟ ସୁଖରେ ବିତିଛି
କେତେ ବା ଯାଇଛି ହତାଶେ ।
କେତେ ଯେ ଦହନ ଗୋପନେ ସହିଛି
ସମୟ କଟାଇ ସହାସ୍ୟେ ।
ସମୟ ତ ତାର ବାଟେ ଚାଲିଯାଏ
ରହିଯାଏ ଚିହ୍ନ କାଳକୁ,
କାଳଚକ୍ର ବଳେ, ବଳୀୟାନ ସ୍ଥିତି
ଦୃଢ଼େ ଧରି ରଖିଥାଏ ମନକୁ ।
ଦୃଢ଼ ମନୋବଳ, ହିସାବ ନିକାଶ
ହୃଦେ, ଅହରହ ଘାଣ୍ଟୁଥାଏ
ତା' ଭିତରୁ ଖୋଜେ, ସୁଖର ବଳୟ
ଦିଗ୍‌ବଳୟେ ଦୁଃଖ ହଜାଏ ।
କିଏ ଶିଖାଇଲା, କିପରି ଶିଖିଲା
ଚଳଣି, ଯା ସୁନ୍ଦର କଥିତ
ପୋଥି, ପୁରାଣରେ, ଲିଖନ ଶୈଳୀରେ

ସମାଜ ଶୀର୍ଷେ ଯାଅଛି ମଣ୍ଡିତ ।
ନିତିଦିନିଆ, ଘର ଚାରିକାନ୍ଥେ
ତାହା ବି ଆଣଇ ସାହସ ?
ଆପଣା ବୁଦ୍ଧିରେ, ତାହାରି ସାହାଯ୍ୟେ
ଗୃହକୁ କରଇ ସରସ ।
ଜନ୍ମଗତ ଶିକ୍ଷା, ସହଚର୍ଯ୍ୟ ଧନ,
ବଳେ, ହୋଇଥାଏ ବଳୀୟାନ ।
କର୍ଣ୍ଣ ଶୁଣା କଥା, ଚକ୍ଷୁ ଦେଖା ବାର୍ତ୍ତା
ନିରେଖି ପରଖୁ ଥାଏ ।
ଭୁଲ୍ ଠିକ୍ ଯାହା ହୃଦୟ ଗହ୍ୱରୁ
ପଥ ଭ୍ରଷ୍ଟ ନ କରାଏ,
ବିଭୂଙ୍କ ଆଶିଷ, ସେହି ବଳେ ଥାଏ
ସଦାମୁଗ୍ଧ କରୁଥାଏ ମନ ।

●●

ନିତିଦିନିଆ ଜୀବନ ଦର୍ଶନେ
'ତୁମ୍ଭେ' ରହିଥାଅ ସାହା
ସବୁ ଜାଣିଶୁଣି 'ମଣିଷ ପଣିଆ'
ଭୂଲଇ ଆପଣା ରାହା ।
ଜନ୍ମଗତ ଶିକ୍ଷା, ନିଃସ୍ୱାର୍ଥ ସେବା,
ନିର୍ବିଚାରେ ଭୁଲୁଥାଏ,
ସେହି ଭୁଲାପଣ, କଣ୍ଟକିତ ରହି
କଳଙ୍କିତ କରିଥାଏ ।
ସେ କଳଙ୍କ ଟୀକା ଶତ ସୁନାମରେ
ହଜାଏନି ରୂପରେଖ,
ବିବେକ, ବୁଦ୍ଧି, ବିବେଚନା ଭୁଲି
ରଖନ୍ତିନି ତାଙ୍କ ଟେକ ।
'ତୁମ୍ଭେ' ରହି ସାହା ଘଟିଗଲେ ଏହା
ପରିତ୍ରାଣ କିଏ ଦେବ ?
କାହାର ଭରସା, ଭବସିନ୍ଧୁ ଜଳୁ

ନିର୍ବିଘ୍ନେ ପାର କରିବ ?
ମଣିଷ ଜୀବନ 'ପାଣିଫୋଟକା' ସମ
କ୍ଷଣିକେ ମିଳାଇଥାଏ,
ଯାହା ମୁଁ କରୁଛି ଠିକ୍ ହିଁ କରୁଛି
'ଅହଂ' ଚିନ୍ତନରେ ରହେ ।
ବଡ଼ପଣିଆକୁ ଦୂରେଇ ରଖିଲେ,
ବଡ଼ପଣ ବଢୁଥାଏ
ସରଳ ମନର, ସତ୍ ଭାବନା ସଦା
ଦିଗ୍‌ଦର୍ଶନ ଦେଇଥାଏ ।
ଦୁରୂହ ପଥର ସହଯାତ୍ରୀ 'ତୁମ୍ଭେ'
ସୁଗମ ପଥର ସାଥି,
ପାପପୁଣ୍ୟ ଭରା ଅତଳ ପାତାଳୁ
ଉଦ୍ଧାରୁଛ ନିତି ପ୍ରତି ।
ସବୁ ଜାଣି ଯଦି ବନ୍ଧୁର ପଥରେ
ତୁମ୍ଭଙ୍କୁ ମୁଁ ଭୁଲିଯିବି,
ପ୍ରାର୍ଥନା ଏତିକି ଦଣ୍ଡ ଦିଅ ଯାହା
ନିଶ୍ଚେ ପଦ୍ମ ପାଦେ ଆଶ୍ରା ପାଇବି ।

www.ingramcontent.com/pod-product-compliance
Lightning Source LLC
Chambersburg PA
CBHW031056080526
44587CB00011B/709
* 9 7 8 1 6 4 5 6 0 0 5 9 6 *